O MUNDO DEPOIS DA QUEDA

Emir Sader
organizador

O MUNDO DEPOIS DA QUEDA

Tradução:
Jamary França
2ª Edição

PAZ E TERRA

© Paz e Terra, 1995
Edição de texto: Graphein Comunicação e Produção Editorial
Produção gráfica: Kátia Halbe
Diagramação: Angelica Nikakis e Solange Causin
Capa: Cláudio Rosas

Dados Internacionais de Catalogação na Publicação (CIP)
(Câmara Brasileira do Livro, SP, Brasil)

Blackburn, Robin, 1940
O mundo depois da queda / Robin Blackburn, Eric Hobsbawn, Göran Therborn ; Emir Sader (organizador) ; tradução Jamary França.
São Paulo : Paz e Terra, 1995.

ISBN 85-219-0211-5

1. Comunismo 2. Comunismo — História 3. Filosofia Marxista I. Hobsbawn, Eric. II. Therborn, Göran. III. Sader, Emir. IV. Título.

95-3335   CDD-320.53209

Índices para catálogo sistemático
1. Comunismo : História : Ciência política
320.53209
2. Marxismo : História : Ciência política
320.53209

EDITORA PAZ E TERRA S/A
Rua do Triunfo, 177
Santa Ifigênia, São Paulo, SP - CEP - 01212-010
Tel.: (11) 3337-8399
E-mail - vendas@pazeterra.com.br
Home page - www.pazeterra.com.br

2006
Impresso no Brasil / *Printed in Brazil*

ÍNDICE

Prefácio
Robin Blackburn 7

I. O capitalismo depois da queda 13
   1. Barbárie: o guia do usuário
      Eric Hobsbawm 15
   2. As agonias do liberalismo: as esperanças
      para o progresso
      Immanuel Wallerstein 31
   3. Os custos da estabilidade: os países
      capitalistas avançados nos anos 80
      Andrew Glyn 51
   4. A desigualdade mundial na distrubuição de
      renda e o futuro do socialismo
      Giovanni Arrighi 85

II. Marxismo e ideologia depois da queda 121
   5. A plausibilidade do socialismo
      Ralph Miliband 123
   6. Sobre o otimismo socialista
      Paul Auerbach 141

7. O verdadeiro domínio da liberdade: a filosofia marxista depois do comunismo
   Joseph McCarney   185

8. A crise atual das ideologias
   Eric Hobsbawm   213

9. Nosso pós-comunismo: o legado de Karl Kautsky
   Peter Wollen   227

10. Rosa Luxemburgo e a democracia
    Norman Geras   241

11. Fukuyama e a alternativa socialista
    Ralph Miliband   261

III. A esquerda depois da queda   271

12. A vida e os tempos da esquerda
    Göran Therborn   273

13. O balanço da esquerda
    Nicos Mouzelis   297

14. Resposta a Mouzelis
    Göran Therborn   303

IV. O que de fato existe depois da queda   313

15. As bases econômicas da crise política russa
    Michael Burawoy e Pavel Krotov   315

16. O futuro da China
    Entrevista com Liu Binyan   347

17. China hoje: o dinheiro dissolve a comuna
    Lin Chun   365

18. Superando o passado
    Jürgen Habermas e Adam Michnik   383

19. A esfacelamento da Iugoslávia e o destino da Bósnia
    Robin Blackburn   403

20. As repúblicas do Leste europeu
    Slavoj Zizek   431

PREFÁCIO

NOVAS REFLEXÕES SOBRE O COLAPSO DO COMUNISMO

Robin Blackburn[*]

Este livro deve ser lido como seqüência de *Depois da queda* e dessa maneira pode ser útil se eu sumariar algumas conclusões alcançadas aqui.[**] Esta coletânea, como a anterior, contém vários ensaios acerca do impacto colapso do comunismo sobre a teoria marxista. Três anos se passaram desde a edição inglesa de *Depois da queda*. Algumas tendências mencionadas no final do prefácio daquela edição encontram-se agora mais firmemente estabelecidas. A União Soviética foi formalmente liquidada, e Yeltsin, o presidente russo, ainda está empenhado em introduzir o capitalismo, embora com resultados dolorosos para a grande maioria dos russos, e de maneira destrutiva para os recursos produtivos do país. De fato, a experiência da "terapia" de choque da economia de mercado teve, em geral, resultados desanimadores ao longo das ex-terras comunistas. Mas em alguns países procedimentos democráticos recém-implantados permitiram que ao menos se manifestassem a inquietação e a oposição públicas dentro do sistema político. Na Polônia, na Hungria e na Lituânia, partidos baseados

---

[*] Robin Blackburn é editor da *New Left Review*. Nasceu em 1940 e estudou na London School of Economics e na Oxford University. Lecionou Sociologia na LSE e na Westminster University, e realizou pesquisas como *fellow* do Wilson Centre, em Washington. Seus escritos incluem *The Overthrow of Colonial Slavery: 1776-1848*.

[**] Os textos que compõem este livro foram publicados inicialmente na *New Left Review*.

na corrente reformista dentro do velho sistema político foram eleitos recentemente para o governo, porque atacaram os excessos da experiência do livre mercado. Na Rússia, em comparação, o regime de Yeltsin, ciente de sua crescente impopularidade, procurou diminuir a responsabilidade das instituições governistas. Se, como prevêem alguns, os comunistas russos e seus aliados ganharem as eleições para a Duma em dezembro de 1995, estará assegurado um severo teste para a Constituição do país. No entanto, em outros Estados onde os comunistas foram reconduzidos ao poder, falta-lhes robusta estratégia socialista própria e, em conseqüência, resvalaram com freqüência para medidas social-democratas suaves que se dobram diante de pressões capitalistas violentas.

Se a desilusão popular com o livre mercado foi fator importante na evolução das sociedades pós-comunistas, é também necessário registrar que, retrospectivamente, nem tudo na experiência comunista é visto agora em termos negativos. Sob o regime comunista construíram-se hospitais, escolas e universidades. Esquerdistas independentes freqüente e corretamente condenaram a opressão imposta sobre seus povos pelos regimes comunistas. Ainda assim, a respeito do comunismo, é possível dizer que preservou ideais nobres e generosos. Talvez por isso reformistas comunistas ainda sejam respeitados e reconduzidos tão rapidamente ao governo.

Diversos colaboradores de *Depois da queda* argumentaram que a própria existência do bloco comunista obrigava as elites ocidentais a se comportarem, ajudando as pressões para as reformas sociais. A derrocada do comunismo na Europa oriental foi seguida de uma guinada para a direita na Europa ocidental, com a social-democracia sofrendo uma série de reveses importantes. A meta do pleno emprego foi abandonada e comprometida a aspiração às provisões universais de bem-estar social. Mesmo assim, a onda de reação neoliberal não foi sucesso abrangente nem deixou de ser contestada. No Ocidente, como no Leste, o dogma do livre mercado está sendo cada vez mais desafiado em nome dos direitos humanos individuais e da solidariedade comunitária. Na Suécia, a social-democracia foi reconduzida ao governo, enquanto na União Européia foi introduzida uma nova Carta Social. Os povos da Europa oriental celebraram a queda do comunismo ao estilo soviético, porque não lhes permitira vida decente nem existência livre. Para muitos a experiência neoliberal significou empregos, fechamento de bibliotecas, dispersão de orquestras e privatização da medicina. Padrões inferiores no Leste geraram pressões para a queda dos padrões no Ocidente. Mas em si tais pressões estimulam a contestação, tanto da esquerda universalista quanto da direita nacionalista. Por isso a era pós-comunista é, ao mesmo tempo, de perigos e oportunidades.

No prefácio de *Depois da queda* expliquei que os eventos confusos que derrubaram o comunismo na Europa oriental e central tiveram o caráter geral de uma revolução democrática burguesa. Mas isso não significa que a melhor estratégia disponível nesses países é permitir que o modelo econômico e social seja determinado pela comunidade financeira internacional e pelo mercado capitalista mundial. Como também aponto no meu ensaio, o reconhecimento da força do mercado mundial não significa capitulação à dinâmica capitalista. É possível ganhar campo de ação muito maior para o desenvolvimento social autônomo através da participação na divisão internacional de trabalho do que se retirando para um isolamento autárquico. Na China, indústrias de propriedade coletiva — as chamadas empresas de aldeias ou pequenas cidades — continuaram a melhorar os padrões de vida do campo e a oferecer esperanças de que nesse enorme país as forças e os objetivos socialistas não serão inteiramente submersos pela onda crescente do capitalismo. Mas, naturalmente, tais conquistas populares reais são vulneráveis enquanto o governo central estiver nas mãos da liderança de um partido monopolista que teme seu próprio povo e procura acomodar-se ao capital estrangeiro.

A fragmentação da União Soviética e da Iugoslávia demonstrou a persistente vitalidade do nacionalismo bem como os fracassos e as pressões econômicas. Esse assunto não é muito explorado em *Depois da queda*. Ronald Suny argumentou que as ex-repúblicas soviéticas e seus partidos governistas eram organizados de maneira a promover a construção da nação e da consciência nacional.[1] Sem dúvida, o mesmo argumento poderia aplicar-se às ex-repúblicas iugoslavas. Em algumas dessas novas nações-Estado já existem sinais de vontade de explorar novas formas de federação ou associação. Mas é pouco provável que esses novos Estados desapareçam. Eles também representam um momento da revolução "nacional democrática", uma vez que no mundo moderno a democracia tende a fazer seu caminho via estruturas estatais que de alguma maneira refletem os contornos culturais e informativos de cada nação. O aspecto perigoso dessa fase nacional de desenvolvimento origina-se da facilidade com que os indivíduos podem reduzir a complexidade da identidade social simplesmente à propriedade nacional. Assim surge o perigo de *identitarianism*, como foi chamado, ou a noção de uma dimensão de estar-no-mundo que deve ou pode dominar todas as outras, seja baseada em sexo, idade, educação, ocupação, residência ou compromissos privados.

Muitas das aberrações do desenvolvimento pós-comunista têm sua raiz, como o próprio colapso do comunismo, na estrutura profundamente desigual do mundo capitalista e na perturbadora e desigual dinâmica do desenvolvimento capitalista. Mesmo alguns dos líderes mais pró-ocidentais dos Estados pós-comunistas ficaram surpresos e chocados com sua exclusão do clube privilegiado dos Estados capitalistas avançados e pelos critérios estreitos da comunidade financeira e comercial internacional, dominada como é por esses Estados capitalistas. Dessa maneira, os bancos ocidentais cobraram pagamentos dos serviços sobre quantias emprestadas aos ex-governos, enquanto os governos ocidentais pouco ou nada fizeram para tentar abrir seus mercados para os produtores da Europa oriental. Agora os ex-Estados comunistas serão, parece, condenados a um papel dependente dentro da economia mundial capitalista, fornecendo um número limitado de produtos para complementar as economias dos países da OCDE.

O ensaios de *Depois da queda* focalizam principalmente o destino do comunismo na Europa oriental e na ex-União Soviética; ênfase igual será encontrada neste livro. Continuo convencido de que o stalinismo — que inventou o termo marxismo-leninismo — é uma doutrina perniciosa e exaurida. Mas o comunismo ainda controla partes da Ásia. Nessas terras o comunismo foi associado com a libertação nacional e às vezes foi capaz de alcançar graus de progresso econômico. Por essas razões, pode ter a oportunidade de escapar à miséria do pós-comunismo na Europa oriental e à ex-União Soviética. Mas isso dependerá da sabedoria política, do talento e da coragem das forças socialistas que essas sociedades ainda abrigam.

Janeiro de 1995

Nota

1. Ronald Suny, "The Revenge of the Past", *New Left Review*, n° 184.

I

O CAPITALISMO DEPOIS DA QUEDA

I

BARBÁRIE: O GUIA DO USUÁRIO

Eric Hobsbawm

Chamei minha palestra de "Barbárie: o guia do usuário" não porque deseje dar instruções sobre como ser bárbaro.[1] Nenhum de nós, infelizmente, precisa delas. A barbárie — a menos que você deseje se tornar um torturador ou algum outro especialista em atividades desumanas — é antes um subproduto da vida num contexto social e histórico particular, algo que vem com o território, como diz Arthur Miller em *A morte de um caixeiro viajante*. A expressão *street-wise*,* ao indicar a atual adaptação das pessoas à vida numa sociedade sem as regras da civilização, retrata bem o que quero dizer. Ao compreender a expressão, todos nós nos adaptamos a viver numa sociedade que, pelos padrões de nossos avós ou pais e mesmo — para alguém tão velho quanto eu — dos nossos jovens, é incivilizada. Nós nos acostumamos a isso. Não quero dizer que ainda não podemos ficar chocados com este ou aquele exemplo. Ao contrário, ficar periodicamente chocado com alguma coisa horrorosamente fora do comum faz parte da experiência: ajuda a ocultar o quanto nos tornamos acostumados à normalidade do que nossos — certamente os meus — pais teriam considerado uma vida sob condições desumanas. Meu guia do usuário é, espero, um guia para compreender como isso veio a acontecer.

---

* Diz-se de uma pessoa que aprende a viver nas ruas. Geralmente empregado para marginais em geral. (N. do T.)

O argumento desta palestra é que, após 150 anos de declínio secular, a barbárie se manteve em alta na maior parte do século XX, e não há sinal de que esteja no fim. Nesse contexto, dou dois significados ao termo "barbárie". Primeiro, a ruptura e o colapso do sistema de regras e de comportamento moral pelo qual *todas* as sociedades regulam as relações entre seus integrantes e, em menor extensão, entre seus membros e os de outras sociedades. Segundo, a reversão do que podemos chamar projeto do Iluminismo do século XVIII, o estabelecimento de um sistema *universal* de tais regras e padrões de comportamento moral, incorporado nas instituições de Estados dedicadas ao progresso racional da humanidade: à vida, à Liberdade e à Busca da Felicidade, à Igualdade, à Liberdade e à Fraternidade, ou o que quer que seja. Ambos os significados estão em marcha agora e reforçam mutuamente os efeitos negativos sobre nossas vidas. Assim, a relação do meu tema com a questão dos direitos humanos deveria ser óbvia.

Permitam-me esclarecer a primeira forma de barbarização, que acontece quando desaparecem controles tradicionais. Michael Ignatieff, em seu recente *Blood and Belonging*, observa a diferença entre os combatentes das guerrilhas curdas em 1993 e os dos postos de controle bósnios. Com grande percepção, ressalta que na sociedade sem Estado do Curdistão todo menino que chega à adolescência ganha uma arma. Carregar uma arma significa simplesmente que um rapaz deixou de ser criança e deve se comportar como homem. "O caráter de significado na cultura das armas enfatiza, dessa maneira, responsabilidade, sobriedade e dever trágico." Armas são disparadas quando necessário. Pelo contrário, desde 1945, a maioria dos europeus, nos Bálcãs também, viveu em sociedades onde o Estado tinha o monopólio da violência legitimada. O colapso dos Estados provocou a quebra desse monopólio.

> Para alguns rapazes europeus, o caos que resultou [desse colapso] ofereceu a chance de entrar no paraíso erótico do tudo-é-permitido. Daí a semi-sexual, semipornográfica cultura das armas dos postos de controle. Para homens jovens havia uma carga erótica irresistível em ter um poder letal nas mãos e usá-lo para aterrorizar os indefesos.[2]

Suspeito de que boa parte das atrocidades cometidas hoje nas guerras civis dos três continentes reflete esse tipo de ruptura, característica do mundo do final do século XX. Mas sobre isso pretendo dizer algumas palavras mais tarde.

A defesa do Iluminismo

Quanto à segunda forma de barbarização, gostaria de declarar um interesse. Acredito que uma das poucas coisas que existem entre nós e a descida acelerada rumo à escuridão é o conjunto de valores herdados do Iluminismo do século XVIII. Não é uma visão em moda neste momento, quando o Iluminismo pode ser descartado como algo superficial e intelectualmente ingênuo ou como uma conspiração de homens brancos emperucados já mortos para fornecer um alicerce intelectual ao imperialismo ocidental. E pode ser ou não ser isso tudo, mas é também a única base para todas as aspirações de construir sociedades adequadas a *todos* os seres humanos em qualquer parte da Terra e para a afirmação e a defesa dos seus direitos como pessoas. De qualquer maneira, o progresso da civilidade ocorrido do século XVIII até o começo do XX foi obtido esmagadora ou inteiramente sob a influência do Iluminismo, por governos que, para benefício dos estudantes de história, ainda são chamados "absolutistas esclarecidos" por revolucionários e reformadores, liberais, socialistas e comunistas, todos da mesma família intelectual. Não foi atingido por seus críticos. Essa época, em que o progresso não devia ser meramente material e moral, mas que na realidade era, chegou ao fim. Mas o único critério que nos permite julgar, em vez de meramente registrar a conseqüente queda rumo à barbárie, é o velho racionalismo iluminista.

Permitam-me ilustrar a extensão da diferença entre o período anterior a 1914 e o nosso. Não me estenderei sobre o fato de que nós, que passamos por uma grande desumanidade, temos hoje menos probabilidade de ficar chocados com as injustiças modestas que ultrajaram o século XIX: o único malogro da Justiça na França (o caso Dreyfus) ou vinte manifestantes trancados por uma noite pelo Exército alemão numa cidade da Alsácia (o incidente de Zabenr, em 1913). O que quero lembrar-lhes são padrões de conduta. Clausewitz, escrevendo depois das guerras napoleônicas, supunha que as Forças Armadas dos Estados civilizados não matassem seus prisioneiros de guerra nem devastassem os países. As guerras mais recentes em que a Grã-Bretanha se envolveu, Falklands e a do Golfo, sugerem que isso não deve mais ser aceito como verdadeiro. Mais uma vez, para citar a 11ª edição da *Encyclopedia Britannica*, "a guerra civilizada, dizem os manuais, limita-se, até onde possível, à incapacitação das Forças Armadas do inimigo; de outro modo, a guerra continuaria até que uma das partes fosse exterminada. 'É com uma boa razão'" — e aqui a *Encyclopedia* cita Vattel, um advogado internacional do nobre Iluminismo do século XVIII — "'que essa prática se tornou um costume entre as nações da Europa'". Não é mais um costume das na-ções da Europa ou de qualquer outro lugar. Antes de 1914, a visão de que a guerra era contra combatentes e não contra não-combatentes foi compartilhada por rebeldes e revolucionários. O programa do Narodnaya Volya russo, o grupo que matou o czar Alexandre II, declarava explicitamente que "indivíduos e grupos não envolvidos na luta contra o governo seriam tratados como neutros, sua integridade e patrimônio se manteriam intactos".[3] Mais ou menos na mesma época, Frederick Engels condenou os fenianos irlandeses (que tinham sua simpatia) por colocarem uma bomba em Westminster Hall, arriscando a vida de transeuntes inocentes. Como velho revolucionário com experiência em conflito armado, ele achava que a guerra deveria ser lutada contra combatentes, não contra civis. Hoje tal limitação não é mais reconhecida por revolucionários, terroristas ou por governos em guerra.

Agora vou sugerir uma cronologia breve dessa queda morro abaixo para a barbarização. São quatro estágios principais: a Primeira Guerra Mundial, o período de crise mundial a partir do colapso de 1917-20 até 1944-47; as quatro décadas de Guerra Fria e finalmente, a partir e nos anos 80, em grande parte do mundo, o grande colapso da civilização como a concebemos. Existe continuidade óbvia entre os três primeiros estágios. Em cada um deles, as lições anteriores sobre a desumanidade do homem com o homem são aprendidas e se tornam a base de novos progressos da barbárie. Não existe conexão linear entre o terceiro e o quarto estágios. O colapso dos anos 80 e dos anos 90 não se deve a decisões humanas que poderiam ser reconhecidas como bárbaras, como os projetos de Hitler e o terror de Stalin, lunático, como os argumentos justificando a corrida para a guerra nuclear, ou ambos, como a Revolução Cultural de Mao. Deve-se ao fato de as lideranças não saberem o que fazer com um mundo que escapa a seu controle (ou ao nosso) e de não saberem que desde 1950 a transformação explosiva da sociedade e da economia tem produzido um colapso sem precedentes e a ruptura das regras que governam o comportamento em sociedades humanas. Dessa maneira, o terceiro e quarto estágios sobrepõem-se e interagem. Hoje as sociedades humanas estão entrando em colapso, sob condições às quais os padrões de conduta pública foram reduzidos por períodos iniciais de barbarização. Até agora não mostraram sinais de nova ascensão.

Existem diversas razões pelas quais a Primeira Guerra Mundial começou a degenerar em barbárie. Primeiro, abriu a era mais assassina já registrada na história. Zbigniew Brzezinski recentemente estimou em 187 milhões as megamortes entre 1914 e 1990, número que, apesar de especulativo, pode servir como grau razoável de magnitude. Calculo que corresponda a algo como 9% da população mundial em 1914. Acostumamo-nos aos assassinatos. Segundo, os sacrifícios ilimitados que governos impuseram aos seus próprios homens enquanto os arrastavam para o holocausto de Verdun e Ypres abriram um precedente sinistro, mesmo que apenas por impor ao inimigo massacres ainda mais ilimitados. Terceiro, o próprio conceito de uma guerra de mobilização nacional total abalou o pilar central do modo de guerrear civilizado: a distinção entre combatentes e não-combatentes. A Primeira Guerra Mundial foi a primeira que atingiu especificamente as populações civis do inimigo, embora os civis não fossem ainda o alvo principal dos canhões e das bombas. Mais uma vez, um precedente sinistro. Quarto, a Primeira Guerra Mundial foi a primeira de tal magnitude, em todos os eventos na Europa, desenrolada sob condições políticas democráticas pela ou com a participação ativa de toda a população. Infelizmente, democracias raramente podem ser mobilizadas por guerras quando estas são vistas como meros incidentes no jogo de poder internacional, como as encaravam Ministérios do Exterior antiquados. Tampouco lutam como corpos de soldados profissionais ou pugilistas, para quem a guerra é uma atividade que não requer o ódio ao inimigo, desde que ele lute segundo regras profissionais. As democracias, como mostra a experiência, exigem inimigos demoníacos. Isso, como demonstraria a Guerra Fria, facilita a barbarização. Finalmente, a Grande Guerra acabou num colapso social e político, revolução social e contra-revolução em escala sem precedentes.

Essa era de colapso e de revolução dominou os trinta anos posteriores a 1917. O século XX tornou-se, entre outras coisas, um período de guerras religiosas entre o liberalismo capitalista, na defensiva e em retirada até 1947, e o comunismo soviético e os movimentos fascistas, que também desejaram destruir-se mutuamente. Na realidade, a única ameaça real ao capitalismo liberal em seus domínios, à parte o seu próprio colapso depois de 1914, veio da direita. Entre 1920 e a queda de Hitler, nenhum regime *em parte alguma* foi derrubado pela revolução socialista ou comunista. Mas a ameaça comunista à propriedade e ao privilégio social era mais assustadora. Essa não foi uma situação conducente ao retorno dos valores civilizados. Ainda mais assim, uma vez que a guerra deixou para trás um depósito negro de crueldade e violência, e um grupo substancial de homens experimentados em ambas e a elas apegados. Muitos deles forneceram o potencial humano para uma inovação, para a qual não consigo encontrar precedente real antes de 1914, a saber, esquadrões da morte semi-oficiais ou tolerados que faziam o trabalho sujo que governos não estavam ainda dispostos a fazer oficialmente: *Freikorps*, Negros-e-Morenos, *squadristi*. De qualquer maneira, a violência estava em alta. A enorme incidência de assassinatos políticos depois da guerra foi notada há muito tempo, por exemplo, pelo historiador Franklin Ford, de Harvard. Mais uma vez, que eu saiba, não há precedente antes de 1914 para as sangrentas lutas de rua entre oponentes políticos organizados que se tornaram tão comuns na Alemanha de Weimar e na Áustria no final da década de

1920. E, onde houve precedente, este era quase trivial. Os tumultos de Belfast e as batalhas de 1921 mataram mais pessoas do que todo o século XIX naquela tumultuosa cidade: 428 vidas. E os combatentes de esquina não eram necessariamente velhos soldados com gosto pela guerra, embora 57% dos primeiros filiados ao Partido Fascista Italiano o fossem. Três quartos das tropas nazistas de assalto de 1933 era muito jovem para ter participado da guerra. A guerra, um tipo de uniforme (as notórias camisas coloridas) e a posse de armas eram então o modelo dos jovens despossuídos.

Sugeri que a história pós-1917 deveria ser a das guerras religiosas. "Não existe guerra verdadeira senão a religiosa", escreveu um dos oficiais franceses pioneiros na barbárie da política francesa de contra-insurgência na Argélia dos anos 50.[4] O que tornou mais brutal e desumana a crueldade que resulta das guerras religiosas foi o confronto da causa do Bem (isto é, das potências ocidentais) com a causa do Mal, representada em geral por povos cujas reivindicações pela humanidade plena eram rejeitadas. A revolução social e especialmente a rebelião colonial desafiavam o sentido da superioridade natural, divina ou cosmicamente sancionada, das pessoas de cima sobre as pessoas de baixo, em sociedades que eram naturalmente desiguais, seja por nascimento, seja por terem se tornado assim. Guerras de classe, como nos lembrou a sra. Thatcher, eram habitualmente conduzidas com mais rancor de cima do que de baixo. Era em si uma afronta a própria idéia de que pessoas cuja inferioridade perpétua é um dado da natureza, especialmente quando tornada evidente pela cor da pele, deveriam reivindicar igualdade ou rebelar-se contra seus superiores naturais. Se isso era a verdade da relação entre classes altas e baixas, era ainda mais verdade entre as raças. Teria o general Dyer, em 1919, mandado seus homens atirar numa multidão, matando 379 pessoas, se a multidão fosse composta de ingleses ou irlandeses, e não de indianos, ou se o lugar fosse Glasgow, e não Amritsar? Não, quase certamente. A barbárie da Alemanha nazista foi muito maior contra russos, poloneses, judeus e outros povos considerados subumanos, do que contra os europeus ocidentais.

A crueldade implícita nas relações entre os que se consideravam "naturalmente" superiores e seus supostamente inferiores "naturais" simplesmente acelerou a barbarização latente em qualquer confrontação entre Deus e o Diabo. Pois, em tais confrontos apocalípticos, só pode haver um desfecho: vitória total ou derrota completa. Nada poderia ser pior do que o triunfo do Diabo. Como diz a frase da Guerra Fria, "Melhor morto do que vermelho"*, o que, em qualquer sentido literal, é uma declaração absurda. Em tal luta, necessariamente, os fins justificam quaisquer meios. Se a única maneira de derrotar o Diabo era usar meios diabólicos, então era o que se devia fazer. De outra maneira por que os mais suaves e civilizados cientistas ocidentais teriam incitado seus governos a construir a bomba atômica? Se o outro lado é diabólico, então devemos presumir que usarão meios diabólicos, mesmo que não o estejam fazendo ainda. Não estou argumentando que Einstein estivesse errado ao considerar uma vitória de Hitler como o mal derradeiro, mas simplesmente tentando esclarecer a lógica de tais confrontações, que necessariamente levam à escalada mútua da barbárie. Isso fica bastante claro no caso da Guerra Fria. O argumento do famoso Long Telegram, de Kennan, em 1946, que forneceu a justificativa ideológica da Guerra Fria, não era diferente do que no século XIX diplomatas ingleses diziam constantemente sobre a Rússia: devemos contê-los, se necessário pela ameaça da força, ou eles avançarão sobre Constantinopla e a fronteira indiana. Mas durante o século XIX o governo britânico raramente perdeu a calma sobre isso. A diplomacia, o "grande jogo" entre agentes secretos, ou mesmo a guerra ocasional, não era confundida com o Apocalipse. Depois da Revolução de Outubro passaram a ser. Palmerston teria sacudido a cabeça; no fim das contas, creio, o próprio Kennan o fez.

É fácil ver por que a civilização retrocedeu entre o Tratado de Versalhes e a queda da bomba sobre Hiroshima. Fala por si mesmo o fato de a Segunda Guerra Mundial, ao contrário da Primeira, ter sido lutada de um lado por beligerantes que rejeitavam especificamente os valores do Iluminismo e da civilização do século XIX. Talvez seja necessário explicar por que essa civilização não se recu-

---

* Em inglês há uma rima, "Better dead than red". (N. do T.)

perou da Primeira Guerra Mundial, como muitos esperavam. Ela entrou numa era de catástrofes: guerras seguidas de revoluções sociais, o fim de impérios, o colapso da economia liberal mundial, o recuo constante de governos constitucionais e democráticos, a ascensão do fascismo e do nazismo. Que a civilização tenha retrocedido não é muito surpreendente, sobretudo quando consideramos que o período terminou na maior de todas as escolas da barbárie, a Segunda Guerra Mundial. Permitam-me então passar ao largo dessa era da catástrofe e tratar de um fenômeno tão deprimente quanto curioso: o avanço da barbárie no Ocidente após a Segunda Guerra. Muito longe de ser uma era de catástrofes, a segunda metade do século XX foi uma era de triunfo para um capitalismo liberal reformado e restaurado, pelo menos nos países do núcleo das "economias de mercado desenvolvidas". Esse período produziu sólida estabilidade política e prosperidade econômica sem paralelo. Mas a barbarização continuou. Como exemplo, deixem-me tratar do desagradável tópico da tortura.

O ressurgimento da tortura

Em períodos diversos a partir de 1782, em países civilizados, a tortura foi eliminada formalmente do procedimento judicial. Em teoria, não era mais tolerada dentro do aparato coercitivo do Estado. O preconceito contra tal prática era tão forte que ela não ressurgiu depois da Revolução Francesa, que a abolira. O famoso ou infame Vidocq, o ex-condenado que sob a Restauração se tornou chefe de polícia e modelo para Vautrin, de Balzac, carecia totalmente de escrúpulos, mas não torturava. Pode-se suspeitar de que nos bolsões da barbárie tradicional que resistiam ao progresso moral — em prisões militares ou em instituições semelhantes, por exemplo — ela não tenha morrido ou pelo menos sua lembrança se mantivesse. Impressiona-me o fato de que a forma básica de tortura aplicada pelos coronéis gregos entre 1967 e 1974 era, na verdade, o velho *bastinado* turco — variações de espancamento na sola dos pés —, embora nenhuma parte da Grécia tenha estado sob administração turca por quase cinqüenta anos. Pode-se também considerar que os métodos civilizados inexistiam onde os governos combatiam subversivos, como na czarista Okhrana.

O maior progresso da tortura entre as guerras deu-se sob regimes comunistas e fascistas. O fascismo, não comprometido com o Iluminismo, praticou-a amplamente. Os bolcheviques, como os jacobinos, aboliram formalmente os métodos usados pela Okhrana, mas quase imediatamente fundaram a Cheka, que não conhecia restrições em sua luta para defender a revolução. No entanto, uma circular de Stálin, em 1939, sugere que depois da Grande Guerra a "aplicação de métodos de pressão física na prática da NKVD" não foi oficialmente legitimizada até 1937 como parte do Grande Terror Stalinista. De fato, tornou-se compulsória em alguns casos. Esses métodos seriam exportados para os satélites europeus soviéticos depois de 1945, mas podemos presumir que nesses novos regimes houvesse policiais com experiência em tais atividades nos regimes de ocupação nazista.

No entanto, estou inclinado a pensar que a tortura ocidental não aprendeu muito nem imitou a tortura soviética, embora técnicas de manipulação mental possam dever mais às técnicas chinesas que os jornalistas batizaram de "lavagem cerebral" quando tiveram contato com ela na Guerra da Coréia. É quase certo que o modelo tenha sido a tortura fascista, particularmente a da repressão alemã contra os movimentos de resistência durante a guerra. Todavia, não devemos subestimar a disposição de aprender, até mesmo com o que se fez nos campos de concentração. Como sabemos agora, graças a documentos liberados sob o presidente Bill Clinton, os EUA engajaram-se, logo depois da guerra e até bem depois dos anos 70, em experiências sistemáticas de radiação com seres humanos, escolhidos entre os que eram considerados socialmente inferiores. Eram, como as experiências nazistas, conduzidas, ou pelo menos monitoradas, por médicos, uma profissão cujos integrantes, devo lamentar, deixaram-se envolver com freqüência na prática de tortura em todos os países. Pelo menos um dos médicos americanos que acharam repugnantes tais experiências protestou junto aos seus superiores, dizendo que havia um "cheiro de Buchenwald" nelas. É seguro presumir que não tenha sido o único a perceber tal semelhança.

Deixem-me tratar agora da Anistia, em cujo benefício acontecem estas palestras. Essa organização, como sabem, foi fundada em 1961, principalmente para proteger prisioneiros de consciência. Para sua surpresa, esses excelentes homens e mulheres descobriram que também tinham de lidar com o uso sistemático da tortura pelos governos — ou agências mal disfarçadas de governos — em países onde não esperavam encontrar tal prática. Talvez somente o provincianismo anglo-saxão seja responsável por essa surpresa. O uso da tortura pelo Exército francês durante a guerra de independência, 1954-62, há muito causara clamor político na França. Então, a Anistia teve de concentrar a maior parte de seus esforços na tortura, e seu relatório de 1975 sobre o assunto permanece fundamental.[5] Dois aspectos desse fenômeno eram notáveis. Em primeiro lugar, era singular seu uso sistemático no Ocidente democrático, permitindo até o precedente bizarro de aguilhões de gado nas celas argentinas depois de 1930. Em segundo lugar, o fenômeno agora era *puramente ocidental*, em todos os eventos na Europa, como apontou o Relatório da Anistia. "A tortura como prática stalinista sancionada pelo governo cessou. Com algumas exceções, nenhuma denúncia de tortura na Europa oriental vem alcançando o mundo exterior na última década." Talvez isso seja menos surpreendente do que parece à primeira vista. Desde a luta de vida ou morte na guerra civil russa, a tortura na URSS — tão distinta da brutalidade geral da vida penal russa — não serviu para proteger a segurança do Estado. Serviu a outro propósito, como à construção de julgamentos espetaculares e a formas similares de teatro público. A tortura declinou e caiu com o stalinismo. Frágeis como os sistemas comunistas vieram a se tornar, somente o uso limitado, mesmo nominal, da coerção armada foi necessário para mantê-los de 1957 a 1989. Por outro lado, é mais surpreendente que o período compreendido entre os meados dos anos 50 até o final dos anos 70 fosse a era clássica de tortura no Ocidente, que alcança o seu auge na primeira metade dos anos 70, quando floresceu simultaneamente na Europa mediterrânea, em diversos países da América Latina, com um histórico imaculado até então — Chile e Uruguai são exemplos —, na África do Sul e mesmo, embora sem aplicação de eletrodos nos genitais, na Irlanda do Norte. Devo acrescentar que a curva gráfica da tortura oficial no Ocidente declinou substancialmente desde então; em parte, espera-se, por causa dos esforços da Anistia. Apesar disso, a edição de 1992 do admirável *World Human Rights Guide* a registra em 62 dos 104 países examinados e confere a apenas 15 um atestado de saúde completo.

Como podemos explicar esse fenômeno deprimente? Certamente não pela racionalização oficial da prática, como expressou o Comitê Britânico Compton, que em 1972 informou de maneira ambígua sobre a Irlanda do Norte. Falava de "informações cuja rápida obtenção era operacionalmente necessária".[6] Mas não era explicação. Era simplesmente outra maneira de dizer que os governos abriram caminho para a barbárie, que não aceitavam mais a convenção segundo a qual prisioneiros de guerra não são obrigados a dizer a seus captores mais do que o nome, o posto e o número de série, e mais informações não seriam obtidas por meio de torturas, não importa a urgência necessidade operacional.

Acredito que três fatores estejam envolvidos. A barbarização ocidental pós-1945 aconteceu contra um pano de fundo de loucuras da Guerra Fria, um período que historiadores do futuro terão tanta dificuldade de entender quanto a caça às bruxas dos séculos XV e XVI. Não direi mais a respeito aqui, exceto para observar que era em si suficiente, para minar todos os padrões aceitos de civilidade, a extraordinária suposição de que somente a capacidade de provocar um holocausto nuclear com um estalar de dedos preservava o mundo ocidental da dominação imediata pela tirania totalitária. Mais uma vez, a tortura ocidental claramente se desenvolveu primeiro, em uma escala significativa, como parte da tentativa condenável de uma potência colonial, as Forças Armadas francesas, para preservar seu império na Indochina e no norte da África. Nada podia barbarizar mais do que a supressão de raças inferiores pelas forças de um Estado que recentemente tinha sido subjugado pela Alemanha nazista e seus colaboradores. Talvez seja significativo que, seguindo o exemplo francês, a tortura sistemática em toda parte pareça ter sido praticada pelos militares em vez de pela polícia.

Nos anos 60, seguindo a revolução cubana e a radicalização estudantil, um terceiro elemento entrou em cena: a ascensão do movimento terrorista e insurrecional, em essência uma tentativa de grupos voluntários minoritários criarem situações revolucionárias por atos de vontade. A estratégia essencial de tais grupos foi a polarização: ou demonstrando que o regime inimigo não tinha mais o controle ou — onde a situação era menos favorável — provocando-o a lançar uma repressão geral, acreditando que dessa maneira as massas passivas apoiariam os rebeldes. As duas variantes eram perigosas. A segunda era um convite aberto para um tipo de escalada mútua de terror e contraterror. Era necessário um governo muito sensato para resistir: até os britânicos na Irlanda do Norte não mantiveram a fleuma naqueles anos. Diversos regimes, especialmente militares, não resistiram. Nem preciso dizer que, numa disputa comparativa de barbárie, as forças do estado seriam as prováveis vencedoras. E foi o que aconteceu.

Mas um ar sinistro de irrealidade cercava as guerras subterrâneas. Exceto nas lutas remanescentes de libertação colonial, e talvez na América Central, as lutas travavam-se por prêmios menores do que pretendiam os dois lados. A revolução socialista das diversas brigadas de extrema-esquerda não estava na agenda. Suas chances reais de derrotar ou derrubar regimes pela insurreição eram insignificantes; e isso era sabido. O que os reacionários realmente temiam não eram estudantes armados, mas movimentos de massa que, como Allende no Chile e os peronistas na Argentina, pudessem ganhar eleições, o que os homens armados não podiam. O exemplo da Itália demonstra que a política rotineira podia prosseguir como antes, mesmo na presença da mais forte das forças insurrecionais na Europa, as Brigadas Vermelhas. O principal feito dos neo-insurretos era, dessa maneira, permitir que o nível geral de violência e da força fosse apertado em alguns furos. Os anos 70 deixaram um legado de terror, tortura e assassinatos num antes democrático Chile, onde seu objetivo não era proteger um regime militar que não corria o risco de ser derrubado, mas ensinar humildade aos pobres e instalar um sistema seguro de economia de mercado, a salvo da oposição política e dos sindicatos. No relativamente pacífico Brasil, uma cultura não sedenta de sangue como a do México ou a da Colômbia, a repressão deixou um legado de esquadrões da morte de policiais, expurgando as ruas dos "elementos anti-sociais" e das crianças abandonadas nas calçadas. E deixou para trás, em quase toda parte do Ocidente, doutrinas de contra-insurgência que posso resumir nas palavras de um dos autores que pesquisaram estes escritos: "A insatisfação sempre existe, mas a resistência só tem chance de sucesso contra um regime liberal-democrático ou um sistema autoritário ineficaz e ultrapassado."[7] Em resumo, a moral dos anos 70 foi que a barbárie é mais eficaz do que a civilização. Ela enfraqueceu de maneira permanente as coerções da civilização.

Tratemos finalmente do período atual. As guerras religiosas, na forma característica do século XX, estão mais ou menos terminadas, embora tenham deixado um substrato de barbárie pública. Podemos nos surpreender voltando às guerras religiosas ao velho estilo, mas permitam-me deixar de lado mais essa explanação sobre o recuo da civilização. O atual turbilhão de conflitos nacionalistas e de guerras civis não deve, de maneira alguma, ser considerado um fenômeno ideológico, muito menos um ressurgimento de forças há muito suprimidas pelo comunismo, pelo universalismo ocidental ou seja lá que nome lhe dê o jargão autocomplacente dos militantes da identidade política. É, em minha opinião, reação a um duplo colapso: o colapso da ordem política, como representada pelos Estados funcionais — *qualquer* Estado que fique alerta ao descenso para uma anarquia hobbesiana —, e o esfacelamento da velha estrutura de relações sociais em grande parte do mundo — *qualquer* estrutura que fique atenta à *anomia* durkheimiana.

Acredito que os horrores das atuais guerras civis são conseqüência desse duplo colapso. Não são um retorno a antigas selvagerias, não importa quão fortes possam ser as lembranças ancestrais nas montanhas de Herzegóvina e Krajina. As comunidades bósnias não deixaram de cortar seus pescoços mutuamente pela *force majeure* de uma ditadura comunista. Viveram juntas pacificamente e, pelo menos 50% da população urbana iugoslava, interligaram-se pelo casamento, num grau inconcebível em sociedades realmente segregadas como o Ulster ou as comunidades raciais dos EUA. Se o Estado britânico tivesse abdicado no Ulster, como o fez o Estado iugoslavo, teríamos tido muito mais do que as 3 mil mortes em um quarto de século. Além disso, como Michael Ignatieff ressaltou muito bem, as atrocidades dessa guerra são amplamente cometidas por uma forma tipicamente contemporânea de "classes perigosas", jovens desarraigados entre a puberdade e a idade do casamento, para quem não existem mais regras aceitas ou eficazes e limites de comportamento: nem mesmo as regras aceitas de violência numa sociedade de combatentes machos. E isso, claro, é o que liga o colapso explosivo da ordem política e social na periferia do nosso sistema mundial com o assentamento mais lento nas terras centrais da sociedade desenvolvida. Nas duas regiões, coisas indizíveis são feitas por pessoas que não têm mais diretrizes sociais de ação. A velha Inglaterra tradicional que Thatcher fez tanto para enterrar repousava sobre o enorme poder dos costumes e das convenções. Fazia-se não o que "devia ser feito", mas o que era feito: "o socialmente aceito", como dizia a frase. Mas não sabemos mais o que é o "socialmente"; existem apenas "os meus interesses".

Sob tais circunstâncias de desintegração política e social, devemos esperar o declínio da civilidade e o crescimento da barbárie. E o que torna as coisas piores, e que sem dúvida as tornará piores no futuro, é o desmantelamento incessante das defesas que a civilização do Iluminismo ergueu contra a barbárie, e que tentei esboçar aqui. O pior é que nos acostumamos ao desumano. Aprendemos a tolerar o intolerável.

A guerra total e a Guerra Fria nos fizeram uma lavagem cerebral, levando-nos a aceitar a barbárie. E ainda pior: fizeram a barbárie parecer pouco importante, se comparada a assuntos mais importantes como ganhar dinheiro. Deixem-me concluir com a história de um dos últimos avanços da civilização do século XIX: o banimento da guerra química e biológica, armas essencialmente planejadas para o terror, porque seu valor operacional é pequeno. Por acordo praticamente universal, foram banidas depois da Primeira Guerra Mundial sob o Protocolo de Genebra de 1925, previsto para entrar em vigor em 1928. O acordo sustentou-se durante a Segunda Guerra, exceto, naturalmente, na Etiópia. Em 1987, foi desprezível e provocadoramente violado por Saddam Hussein, que matou milhares de seus cidadãos com bombas de gás venenoso. Quem protestou? Somente o velho "exército teatral do bem", e mesmo assim nem todos, como sabem os que tentamos recolher assinaturas na ocasião. Por que tão pouca indignação? Em parte porque a rejeição absoluta dessas armas desumanas tinha sido discretamente abandonada havia muito. Foi suavizada por um compromisso de não ser o primeiro a usá-las, mas, naturalmente, se o outro lado usá-las... Mais de quarenta países, liderados pelos EUA, tomaram essa posição numa resolução de 1969 da ONU contra a guerra química. A oposição à guerra biológica continuou forte. Seus meios deviam ser totalmente destruídos sob um acordo de 1972, mas não os químicos. Podemos dizer que o gás venenoso foi calmamente domesticado. Países pobres agora o viam simplesmente como uma possível resposta às armas nucleares. Ainda assim, era terrível. O governo britânico e outros governos do mundo democrático e liberal, longe de protestarem, ficaram quietos e fizeram o possível para manter seus cidadãos no escuro, enquanto encorajavam seus homens de negócios a vender mais armas a Saddam, incluindo equipamentos para atacar com gás seus cidadãos. Não se indignaram, até que ele fez algo verdadeiramente insuportável. Não preciso lembrar o que fez: atacou campos petrolíferos vitais para os EUA.

Notas

1. Este artigo é uma palestra de Eric Hobsbawm realizada em 24 de janeiro de 1994 como parte das Palestras da Anistia em Oxford.
2. Michael Ignatieff, *Bood and Belonging: Journeys into the New Nationalism*, Londres, 1993, pp. 140-41.
3. Wolfgang J. Mommsen e Gerhard Hirschfeld, *Sozialprotest, Gewalt, Terror*, Stuttgart, 1982, p. 56.
4. Walter Laqueur, *Guerrilla: a Historical and Critical Study*, Londres, 1977, p. 374.
5. Anistia Internacional, *Report on Torture*, Londres, 1973.
6. *Report on Torture*, p. 108.
7. Walter Laqueur, *Guerrilla, p. 377.*

2

AS AGONIAS DO LIBERALISMO: AS ESPERANÇAS PARA O PROGRESSO

Immanuel Wallerstein

Estamos reunidos num triplo aniversário: o 25º aniversário da fundação da Kyoto Seika University em 1968; o 25º aniversário da revolução mundial de 1968; o 52º aniversário do dia exato (pelo menos pelo calendário americano) do bombardeio de Pearl Harbor pela frota japonesa. Permitam-me começar dizendo o que em minha opinião representa cada aniversário.[1]

A fundação da Kyoto Seika University é o símbolo de um grande avanço na história do nosso sistema mundial: a extraordinária expansão eqüitativa de estruturas universitárias nos anos 50 e 60.[2] Num certo sentido, esse período foi o ponto culminante da promessa iluminista de progresso pela educação. Em si, foi algo maravilhoso, que hoje celebramos. Mas, como acontece com muitas outras coisas maravilhosas, teve suas complicações e seus custos. Uma complicação foi a expansão da educação superior ter produzido grande número de formados que insistiam em empregos e rendimentos compatíveis com seu status, e houve alguma dificuldade em atender a essa demanda, pelo menos com a premência e a plenitude exigidas.

O custo era o custo social de fornecer essa educação superior expandida, que era apenas uma parte do custo de fornecer bem-estar social para o estrato médio em significativa expansão do sistema mundial. Esse maior custo do bem-estar social começaria a representar pesada carga para os tesouros nacionais, e em 1993 estamos discutindo em todo o mundo a crise fiscal dos Estados.

Isso nos leva ao segundo aniversário, o da revolução mundial de 1968, que na maioria dos países começou nas universidades. Um dos temas que serviram de combustível para o fogo foi, sem dúvida, a súbita ansiedade desses graduandos pelas perspectivas de emprego. Mas, naturalmente, tal fator, estreitamente egoísta, não foi o foco principal da explosão revolucionária. Em vez disso, constituiu simplesmente mais um sintoma do problema genérico, relacionado com o verdadeiro conteúdo do conjunto de promessas contidas no cenário progressista do Iluminismo — promessas que, aparentemente, pareciam ter-se concretizado depois de 1945.

E isso nos leva ao terceiro aniversário, o ataque a Pearl Harbor. Foi esse ataque que nos jogou formalmente na Segunda Guerra Mundial. De fato, no entanto, a guerra não se travou primordialmente entre os EUA e o Japão. Este, se me permitem a franqueza, era jogador de segundo escalão nesse drama global, e seu ataque foi um ato menor de intervenção num antigo conflito. A guerra era primordialmente entre a Alemanha e os EUA, e, de fato, desde 1914 tinha sido uma guerra contínua. Era uma "guerra de trinta anos" entre os dois principais contendores na sucessão da Grã-Bretanha como potência hegemônica do sistema mundial. Como sabemos, os EUA venceriam essa guerra e se tornariam hegemônicos, e dessa maneira presidindo assim sobre esse triunfo superficial planetário das promessas do Iluminismo.

Organizarei minhas palavras em termos desse grupo de temas que marcamos com esses aniversários. Discutirei primeiro a era de esperança e luta pelos ideais do Iluminismo, 1789-1945. Procurarei depois analisar as promessas da era do Iluminismo a serem concretizadas (falsamente) 1945-89. Tratarei em seguida da era atual, o "Período Negro" que começou em 1989 e possivelmente continuará por meio século. Finalmente, falarei das escolhas que temos pela frente — agora e também brevemente.

As funções do liberalismo

A primeira grande expressão política do Iluminismo, com todas as suas ambigüidades, foi, naturalmente, a Revolução Francesa, cujas finalidades se tornaram uma das grandes ambigüidades de nossa era. O bicentenário comemorado na França em 1989 foi ocasião de uma grande tentativa de substituir uma nova interpretação desse grande acontecimento para a "'interpretação social" há muito dominante e agora considerada superada.[3]

A Revolução Francesa foi em si o ponto final de um longo processo, não apenas na França mas em toda a economia capitalista mundial como sistema histórico. Em 1789, boa parte do globo, havia três séculos, já estava dentro desse sistema histórico. E durante esse tempo a maior parte de suas instituições principais tinha se estabelecido e consolidado: a divisão axial de trabalho, com significativa transferência de valor excedente das zonas periféricas para as centrais; a primazia de recompensa para os que atendiam aos interesses da acumulação interminável de capital; o sistema entre Estados composto dos chamados Estados soberanos, que, no entanto, eram restringidos pela estrutura e pelas "regras" desse sistema; e a sempre crescente polarização desse sistema mundial, não apenas econômica mas social e a ponto de se tornar demográfica também.

Faltava a esse sistema mundial de capitalismo histórico uma geocultura de legitimação. As doutrinas básicas estavam sendo forjadas pelos teóricos do Iluminismo no século XVIII (até antes), mas seriam socialmente institucionalizadas apenas na Revolução Francesa. Esta desencadeou o apoio público e até mesmo o clamor pela aceitação de duas novas visões mundiais: a mudança política era normal, e não excepcional; a soberania residia no "povo", e não no soberano. Em 1815, Napoleão, herdeiro e protagonista mundial da Revolução Francesa, foi derrotado, e houve na França (e onde mais os *anciens régimes* foram deslocados) uma suposta "Restauração". Mas a Restauração não desfez, nem poderia, a aceitação dessas visões mundiais. Foi para lidar com essa nova situação que surgiu a trindade ideológica do século XIX — conservadorismo, liberalismo e socialis-mo — fornecendo a linguagem para os debates políticos subseqüentes dentro da economia capitalista mundial.[4]

Das três ideologias, no entanto, foi o liberalismo que emergiu triunfante no que pode ser pensado como a primeira revolução mundial desse sistema, a revolução de 1848.[5] O liberalismo mostrou-se mais capacitado a fornecer uma geocultura viável para a economia capitalista mundial, capaz de legitimar as outras instituições tanto aos olhos dos cadres do sistema e, num grau significativo, quanto aos olhos da massa da população, os chamados cidadãos comuns. Uma vez que as pessoas se deram conta de que era normal a mudança política e que em princípio constituíam a soberania (ou seja, quem decidia a mudança política), tudo era possível. E esse foi precisamente o problema que enfrentavam os poderosos e privilegiados dentro da estrutura da economia capitalista mundial. Seu foco imediato de temor era o pequeno mas crescente grupo de trabalhadores industriais urbanos. Mas, como demonstrara amplamente a Revolução Francesa, trabalhadores rurais não-industriais podiam ser o foco das mesmas preocupações. O problema estava em como impedir essas "classes perigosas" de levar muito a sério tais normas, a ponto de, por meio enfraquecimento das estruturas básicas do sistema, interferir no processo de acumulação de capital. Era o dilema político das classes dominantes na primeira metade do século XIX.

Resposta óbvia era a repressão, amplamente empregada. Mas a lição dada pela revolução mundial de 1848 ensinava que a simples repressão não tinha eficácia, porque, acirrando os ânimos em vez de acalmá-los, provocava as classes perigosas. Compreendeu-se que, para ser eficaz, a repressão tinha de ser combinada com concessões. Por outro lado, os supostos revolucionários da primeira metade do século XIX já tinham aprendido uma lição. Levantes espontâneos tampouco eram eficazes, porque eram mais ou menos facilmente controlados. Ameaças de insurreição popular tinham de ser combinadas com organização política consciente de longo prazo, se pretendiam acelerar alguma mudança significativa.

Com efeito, o liberalismo ofereceu-se como a solução imediata para as dificuldades políticas da direita e da esquerda. Para a direita, pregava concessões; para a esquerda, organização política. Para ambas, recomendava paciência: a longo prazo, haverá mais a ganhar (para todos) por uma *via media*. O liberalismo era o centrismo encarnado, e seu canto era sedutor. Pois não pregava apenas o centrismo passivo, mas uma estratégia ativa. Os liberais depositavam sua fé numa premissa-chave do pensamento iluminista: o pensamento racional e a ação eram o caminho para a salvação, ou seja, o progresso. Os homens (nem se pensava em incluir as mulheres) eram natural, potencial e essencialmente racionais. Seguiu-se que "a mudança política normal" devia trilhar o caminho indicado pelos que eram mais racionais — ou seja, mais educados, mais talentosos, mais sábios, portanto. Esses homens podiam planejar os melhores caminhos de mudança política, ou seja, indicar as reformas a empreender e a decretar. O "reformismo racional" era o conceito organizador do liberalismo, que ditava a posição aparentemente errática dos liberais sobre a relação do indivíduo com o Estado. Simultaneamente, os liberais podiam argumentar que o indivíduo não devia ser constrangido pelo Estado e que a ação deste era necessária para minimizar a injustiça para com o indivíduo. Assim, ao mesmo tempo, podiam ser a favor do *laissez-faire* e de regras fabris. Aos liberais o que importava não era nem o *laissez-faire* nem as regras fabris em si, mas o progresso deliberado mensurável rumo à boa sociedade, que podia ser alcançada da melhor maneira e talvez somente por meio do reformismo racional.

A doutrina de reformismo racional provou-se na prática extraordinariamente atrativa. Parecia responder às necessidades de todos. Para os conservadores, pareceu o melhor meio de amortecer os instintos revolucionários das classes perigosas. Alguns direitos de sufrágio aqui, um pouquinho de cláusulas de bem-estar social ali, mais alguma unificação das classes sob uma identidade nacionalista comum — tudo isso acrescido, no final do século XIX, a uma fórmula de apaziguamento das classes trabalhadoras, enquanto se mantinham os elementos essenciais do sistema capitalista. Os poderosos e privilegiados nada perdiam de fundamental importância e dormiam mais tranqüilamente à noite (com poucos revolucionários à sua janela).

Para os da facção radical, por outro lado, o reformismo racional parecia oferecer uma casa a meio caminho, com algumas mudanças aqui e ali, sem jamais eliminar a esperança e a expectativa de mudanças mais fundamentais no futuro. Dava aos homens sobretudo algo em seu período de vida. E então dormiam pacificamente à noite (com poucos policiais à sua janela).

Não desejo minimizar 150 anos de luta política ininterrupta — algumas vezes violenta, a maior parte passional, quase toda com conseqüências, algumas delas sérias. Gostaria, no entanto, de colocar essa luta em perspectiva. Essencialmente, a luta desenrolou-se dentro de regras estabelecidas pela ideologia liberal. E, quando surgiu um grande grupo, os fascistas, que fundamentalmente rejeitavam tais regras, foi derrubado e eliminado — com dificuldade, sem dúvida, mas derrubado.

Há ainda algo que precisamos dizer sobre o liberalismo. Declaramos que não era fundamentalmente antiestatista, uma vez que sua prioridade real era o reformismo racional. Mas, se não antiestatista, o liberalismo era essencialmente antidemocrático. Sempre foi uma doutrina aristocrática que pregava o "domínio dos melhores". Sem dúvida, os liberais não definiam o "melhor" prioritariamente pelo berço, mas pela educação. Os melhores não eram da nobreza hereditária, mas os beneficiários da meritocracia. Os melhores eram sempre um grupo menor do que o todo. Os liberais queriam o governo dos melhores, aristocracia, precisamente para ter o governo de todo o povo, democracia. A democracia era o objetivo dos radicais, não dos liberais; ou, pelo menos, o objetivo dos que eram verdadeiramente radicais, verdadeiramente anti-sistêmicos. Era para impedir que esse grupo prevalecesse que se promovia o liberalismo como ideologia. E, quando falavam aos conservadores contrários a reformas, os liberais sempre asseguravam que somente o reformismo racional podia impedir o advento da democracia, um argumento que essencialmente podia ser ouvido com simpatia por conservadores inteligentes.

Finalmente, devemos observar uma diferença significativa entre a segunda metade do século XIX e a primeira metade do século XX. Na segunda metade do século XIX, o principal protagonista das exigências das classes perigosas ainda eram as classes trabalhadoras urbanas da Europa e da América do Norte. A agenda liberal trabalhou esplendidamente com elas. Ofereceu-lhes o sufrágio (masculino) universal, o começo do Estado de bem-estar social e a identidade nacional. Mas identidade nacional contra quem? Contra os vizinhos, certamente, mas mais profundamente contra o mundo não-branco. Sob a aparência de "reformismo racional", o imperialismo e o racismo faziam parte do pacote oferecido pelos liberais para as classes trabalhadoras européia e americana.

Enquanto isso as "classes perigosas" do mundo não-europeu estavam agitadas politicamente — do México ao Afeganistão, do Egito à China, da Pérsia à Índia. A derrota da Rússia pelo Japão em 1905 foi considerada em toda a região o começo da reversão da expansão européia. Foi um sinal estridente de advertência aos "liberais", que eram principalmente europeus e norte-americanos; que agora "mudança política normal" e "soberania" eram reivindicações que os povos do mundo inteiro estavam fazendo, e não apenas as classes trabalhadoras européias. Dessa maneira, os liberais dedicaram-se a estender o conceito de reformismo racional a todo o sistema mundial. Era a mensagem de Woodrow Wilson e sua insistência na "autodeterminação das nações", doutrina que era o equivalente global do sufrágio universal. Essa era a mensagem de Franklin Roosevelt e as "quatro liberdades" proclamadas como um objetivo de guerra durante a Segunda Guerra Mundial, que mais tarde seria traduzido pelo presidente Truman no "Ponto Quatro", o tiro inicial do projeto pós-1945 de "desenvolvimento econômico dos países subdesenvolvidos", doutrina que era o equivalente global do Estado de bem-estar social.[6]

No entanto os objetivos da democracia e do liberalismo estavam, mais uma vez, em conflito. No século XIX, o proclamado universalismo do liberalismo tinha sido compatibilizado com o racismo, "externalizando" os objetos do racismo (fora das fronteiras da "nação") e "internalizando" os beneficiários de fato dos ideais universais, a "cidadania". A questão era saber se o liberalismo global do século XX seria tão bem-sucedido e conteria as chamadas "classes perigosas", localizadas no que veio a se chamar Terceiro Mundo ou o Sul, quanto em âmbito nacional o liberalismo na Europa e na América do Norte conseguira conter suas "classes perigosas" nacionais. O problema, naturalmente, era que em nível mundial não havia lugar para onde externalizar o "racismo". As contradições do liberalismo estavam empoleirando-se em casa.

Triunfo e desastre

Em 1945 isso ainda estava longe de ficar evidente. A vitória dos Aliados sobre as forças do Eixo parecia ser o triunfo do liberalismo global (em aliança com a URSS) contra o desafio fascista. Nos EUA (tampouco na Europa) foi pouquíssimo discutido como reflexo talvez de alguma contradição do liberalismo o fato de o último ato da guerra ter sido o ataque americano com duas bombas atômicas contra o Japão, única potência não-branca do Eixo. A reação, desnecessário dizer, não foi a mesma no Japão. Mas este perdeu a guerra, e sua voz não foi levada a sério.

Na época, os EUA eram de longe a mais poderosa força econômica na economia mundial. E, com a bomba atômica, a mais forte potência militar, apesar do tamanho das Forças Armadas soviéticas. Seriam, em cinco anos, capazes de organizar politicamente o sistema mundial por meio de um programa de quatro pontos: *i*) um arranjo com a URSS garantindo a ela controle sobre parte do mundo em troca de permanecer no seu canto (não retoricamente, é claro, mas em termos de política real; *ii*) um sistema de aliança com a Europa ocidental e o Japão, que serviu a objetivos políticos, econômicos e retóricos, bem como militares; *iii*) um programa moderado ajustável para a "descolonização" de impérios coloniais; *iv*) um programa de integração interna nos EUA, ampliando as categorias de "cidadania" real e selado com uma ideologia anticomunista unificadora.

O programa funcionou admiravelmente bem durante quase 25 anos, precisamente até nosso ponto de virada de 1968. Como podemos avaliar então aqueles anos extraordinários de 1945-68? Período de progresso e triunfo dos valores liberais? A resposta tem de ser esta: em grande parte sim, mas em grande parte não. O indicador mais óbvio do "progresso" era material. A expansão econômica da economia mundial foi extraordinária, a maior na história do sistema capitalista. E pareceu ter ocorrido em toda parte — Oeste e Leste, Norte e Sul. Houve maior benefício para o Norte do que para o Sul, e a defasagem (absoluta e relativa) cresceu na maioria dos casos.[7] Como, no entanto, houve crescimento real e alto nível de emprego na maioria dos lugares, a era teve uma aura rosada. O que foi reforçado com o aumento das despesas em bem-estar social graças ao crescimento em particular dos gastos com educação e saúde.

Em segundo lugar, havia paz novamente na Europa. Paz na Europa, mas não, é claro, na Ásia, onde aconteceram duas longas e desgastantes guerras — Coréia e Indochina. Tampouco, é claro, em muitas outras partes do mundo não-europeu. Os conflitos da Coréia e do Vietnã não foram o mesmo. O conflito coreano deve ser combinado com o Bloqueio de Berlim, os dois acontecendo de fato quase associados. A Alemanha e a Coréia foram as duas grandes partilhas de 1945. Cada país foi dividido entre as esferas político-militares dos EUA de um lado e da URSS de outro. No espírito de Yalta, as linhas de divisão deviam permanecer intactas, fossem quais fossem os sentimentos nacionalistas (e ideológicos) da Coréia e da Alemanha.

Em 1949-52, a firmeza dessas linhas foi colocada à prova. Depois de muita tensão (e, no caso da Coréia, de enorme perda de vidas), o desfecho manteve, mais ou menos, o *status quo* ante fronteiriço. Assim, num sentido real, o Bloqueio de Berlim e a Guerra da Coréia concluíram o processo de institucionalização de Yalta. O segundo desfecho desses dois conflitos redundou na maior integração social de cada campo, institucionalizada pelo estabelecimento de fortes sistemas de alianças: Otan e Pacto de Defesa EUA-Japão de um lado, e Pacto de Varsóvia e acordos sino-soviéticos de outro. Além disso, os dois conflitos serviram de estímulo direto para grande expansão da economia mundial, impulsionada pelos gastos militares. A recuperação européia e o crescimento japonês foram dois grandes beneficiários imediatos dessa expansão.

A guerra travada no Vietnã foi diferente da feita na Coréia. Era o cenário emblemático (mas nem de longe único) da luta dos movimentos de libertação nacional no mundo não-europeu. Enquanto a Guerra da Coréia e o Bloqueio de Berlim constituíam parte e parcela do regime mundial da Guerra Fria, o conflito vietnamita (como o argelino e muitos outros) era um protesto contra as restrições e a estrutura desse regime. Eram, nesse sentido imediato e elementar, produto de movimentos anti-sistêmicos. O que era bem diferente dos conflitos na Alemanha e na Coréia, onde os dois lados nunca estavam em paz, mas somente em trégua: para cada um, a paz era *faute de mieux*. As guerras de libertação nacional eram, pelo contrário, unilaterais. Nenhum dos movimentos de libertação nacional queria guerra com a Europa/América do Norte; queriam ficar em paz para seguir seus caminhos. A Europa/América do Norte não desejava deixá-los em paz, até eventualmente ser forçada a fazê-lo. Os movimentos de libertação nacional estavam, dessa forma, protestando contra os poderosos, mas faziam-no em nome do cumprimento do programa liberal de autodeterminação dos povos e do desenvolvimento econômico dos países subdesenvolvidos.

Isso nos leva ao terceiro grande acontecimento dos anos extraordinários 1945-68: o triunfo mundial das forças sistêmicas. É apenas um paradoxo aparente que o próprio momento do apogeu da hegemonia americana no sistema mundial e a legitimação da ideologia liberal foi também o momento em que chegaram ao poder todos os movimentos cujas estruturas e estratégias se formaram no período 1848-1945 como movimentos anti-sistêmicos. A chamada velha esquerda, nas suas três variantes históricas — comunistas, social-democratas e movimentos de libertação nacional —, alcançou o poder estatal, cada qual em zonas geográficas diferentes. Partidos comunistas estavam no poder do Elba a Yalu, cobrindo um terço do mundo. Movimentos de libertação nacional estavam no poder na maioria da Ásia, África e Caribe (e seus equivalentes na maior parte da América Latina e Oriente Médio). E movimentos social-democratas (ou seus equivalentes) tinham chegado ao poder, pelo menos alternando-se no poder, na maior parte da Europa ocidental, América do Norte e Austrália. O Japão talvez fosse a única exceção significativa ao triunfo global da velha esquerda.

Era um paradoxo? Era o resultado do Jagrená do progresso social? Ou a cooptação maciça dessas forças populares? E existe um meio de distinguir intelectual e politicamente essas duas propostas? Tais questões estavam começando a criar inquietação na década de 1960. A expansão econômica, com seus claros benefícios para os padrões de vida em todo o mundo, e o aparente triunfo dos movimentos populares prestavam-se ambos para avaliações positivas e otimistas dos acontecimentos mundiais. Mas um exame mais atento revelava aspectos negativos importantes.

O regime mundial da Guerra Fria não era de expansão da liberdade humana, mas de grande repressão interna por todos os Estados, cuja justificativa era uma suposta seriedade de tensões políticas altamente coreografadas. O mundo comunista tinha expurgos, *gulags* e cortinas de ferro. O Terceiro Mundo, regimes de partido único e dissidentes presos ou exilados. E o macarthismo (e seus equivalentes em outros países da OCDE), se menos abertamente brutal, era bastante eficaz em reforçar o conformismo e destruir carreiras quando necessário. O discurso público, em toda parte, foi confinado a parâmetros claramente definidos.

Além disso, em termos materiais, o regime da Guerra Fria era de crescente desigualdade, nacional e internacionalmente. E, enquanto movimentos anti-sistêmicos se voltavam com freqüência contra velhas desigualdades, não se envergonhavam de criar novas desigualdades. As *nomenklaturas* dos regimes comunistas tinham seus paralelos no Terceiro Mundo e nos regimes socialdemocratas dos países da OCDE.

Estava bem claro que essas desigualdades não se distribuíam ao acaso. Relacionavam-se com *status* de grupos (seja relacionado com raça, religião ou fator étnico), e essa correlação existia interna e internacionalmente. E naturalmente correlacionadas com fatores de idade e sexo, bem como com diversas outras características sociais. Em resumo, havia grupos excluídos, muitos, mais do que a metade da população mundial.

Foi assim a realização de velhas aspirações nos anos 1945-68, que vieram a ser entendidas como falsamente concretizadas, que reforçaram e foram responsáveis pela revolução mundial de 1968. Esta, em primeiro lugar, foi dirigida contra todo o sistema histórico — contra os EUA como sua potência hegemônica, contra as estruturas econômicas e militares que constituíam seus pilares. Mas a revolução também foi dirigida contra, mais interessante talvez, a velha esquerda — contra os movimentos anti-sistêmicos considerados insuficientemente anti-sistêmicos: contra a URSS como parceiro conivente de seu ostensivo inimigo político, os EUA; contra os sindicatos e outras organizações trabalhistas considerados estreitamente economicistas, defensores sobretudo dos interesses de grupos de *status*.

Enquanto isso, os defensores das estruturas existentes estavam denunciando o que consideravam o anti-racionalismo dos revolucionários de 1968. Mas, de fato, a ideologia liberal se enforcara em seu próprio petardo. Depois de insistir por mais de um século em que a função das ciências sociais era estender as fronteiras da análise racional (como pré-requisito necessário para o reformismo racional), acabou muito bem-sucedida. Como mostra Fredric Jameson:

> A maior parte das teorias contemporâneas de Filosofia [...] envolveu uma prodigiosa expansão do que consideramos um comportamento racional e cheio de significado. Minha impressão é de que, particularmente depois da difusão da psicanálise, mas também com a gradual evaporação do sentido do outro num mundo em encolhimento e numa sociedade inundada pela mídia, resta muito pouco que possa ser considerado "irracional" no velho sentido de "incompreensível"[...]. Se tal conceito enormemente expandido de Razão então tem algum valor normativo [...] numa situação na qual seu oposto, o irracional, minguou até a virtual não-existência, é outra e interessante questão.

Se tudo se tornou virtualmente racional, que legitimidade especial existia ainda nos paradigmas particulares da ciência social do *establishment*? Que méritos especiais havia nos programas específicos das elites dominantes? E, mais devastador, que capacidades especiais têm os especialistas a oferecer que o homem comum não tenha, que os grupos dominantes têm, que os grupos dominados não têm? Os revolucionários de 1968 avistaram esse buraco lógico na blindagem defensiva dos ideólogos liberais (e na variação não muito diferente da ideologia marxista oficial) e pularam na brecha.

Como movimento político, a revolução mundial de 1968 não foi mais do que fogo de palha. Inflamou furiosamente e depois (em três anos) extinguiu-se. Suas brasas — na forma de múltiplas seitas maoístas em competição mútua — sobreviveram cinco ou dez anos, mas no final de 1970 todos esses grupos tinham notas de rodapé obscuras da história. Apesar disso, o impacto geocultural de 1968 foi decisivo, pois a revolução mundial de 1968 marcou o fim de uma era: a do centralismo automático do liberalismo, não apenas como ideologia dominante mundial, mas como o único que podia pretender-se irrepreensivelmente racional e cientificamente legítimo. A revolução mundial de 1968 devolveu o liberalismo para onde estava no período 1815-48, simplesmente uma estratégia em competição com outras. O conservadorismo e o radicalismo/socialismo ficaram, portanto, livres do campo de força magnético do liberalismo que os manteve em xeque entre 1848 e 1968. Após 1968, o processo de degradação do liberalismo do seu appel de norma geocultural a mero competidor no mercado mundial de idéias completou-se em duas décadas. O brilho material do período 1945-68 desapareceu durante a longa derrocada Kondratieff-B. Isso não quer dizer que todo o mundo sofreu igualmente. Países do Terceiro Mundo sofreram mais e primeiro. Os aumentos no preço do petróleo da Opep foram a primeira tentativa de limitar os danos. Grande parte do excedente mundial foi canalizado através dos países produtores de petróleo para os bancos da OCDE. Os beneficiários imediatos foram três grupos: os países produtores de petróleo que tiveram rendimentos; os Estados (no Terceiro Mundo e no mundo comunista) que receberam empréstimos de bancos da OCDE para restaurar seus balanços de pagamentos; os Estados da OCDE, que dessa maneira ainda podiam manter suas exportações. Esta primeira tentativa entrou em colapso em 1980, na chamada crise da dívida. A segunda tentativa de tentar limitar os danos foi o keynesianismo militar de Reagan, que alimentou o *boom* especulativo dos anos 80 nos EUA. Essa afundou no final dos anos 80, levando consigo a URSS. Na terceira tentativa, o Japão com os dragões do Leste asiático e alguns Estados vizinhos beneficiaram-se da necessária e inevitável realocação da produção de um período Kondratieff-B. Estamos assistindo aos fins desses esforços no começo dos anos 90.

O resultado líquido de 25 anos de conflito econômico foi uma desilusão mundial com a promessa do desenvolvimentismo, a pedra fundamental das promessas de liberalismo global. Não há dúvida de que até agora o leste e o sul da Ásia foram poupados desse sentimento de ilusão, embora possa ser apenas uma questão de tempo. Em outros lugares as conseqüências foram grandes e particularmente negativas para a velha esquerda — primeiro os movimentos de libertação nacional, depois os partidos comunistas (levando ao colapso dos regimes comunistas da Europa oriental em 1989) e finalmente os partidos social-democratas. Esses colapsos foram celebrados por liberais como triunfo. Mas, em vez disso, foi seu túmulo. Os liberais encontraram-se novamente na situação anterior a 1848, marcada pela demanda por democracia — muito mais do que o pacote limitado de instituições parlamentares, sistemas multipartidários e direitos civis elementares. Desta vez faz-se pressão pela coisa verdadeira: a divisão verdadeiramente igualitária do poder. E tal reivindicação foi historicamente o bicho-papão do liberalismo, que o combateu oferecendo seu pacote de compromissos limitados combinados com um otimismo sedutor sobre o futuro. Como hoje não existe mais fé indiscriminada no reformismo racional via ação do Estado; o liberalismo perdeu sua principal defesa político-cultural contra as classes perigosas.

O colapso da legitimidade

Assim, chegamos à era atual, que, segundo penso, é um Período Negro diante de nós, que começou simbolicamente em 1989 (continuação de 1968)[9] e continuará por 25 ou 30 anos pelo menos.

Enfatizei até aqui o escudo ideológico que desde 1789 as forças dominantes construíram contra as reivindicações apresentadas com insistência pelas "classes perigosas". Argumentei que esse escudo era a ideologia liberal, que operava tanto diretamente e, ainda mais insidiosamente, através de uma variante adocicada socialista/progressiva que tinha trocado a essência das reivindicações anti-sistêmicas por um substituto de valor limitado. Finalmente, argumentei que esse escudo ideológico foi amplamente destruído pela revolução mundial de 1968, da qual o colapso do comunismo em 1989 foi o ato final.

Por que tal escudo ideológico entrou em colapso depois de 150 anos de funcionamento eficaz? A resposta não está em alguma compreensão súbita pelos oprimidos da falsidade das alegações ideológicas. A consciência da especiosidade do liberalismo era conhecida desde o princípio e freqüentemente assegurada com vigor ao longo dos séculos XIX e XX. Apesar disso, na tradição socialista os movimentos não se conduziram de maneira coerente com suas críticas ao liberalismo, mas, na maioria dos casos, de maneira oposta!

Não é difícil descobrir a razão. A base social desses movimentos — que sempre reivindicaram estar falando em nome da massa da humanidade — era de fato uma faixa estreita da população mundial, o segmento menos próspero do setor "modernista" da economia mundial como foi estruturada entre 1750 e 1950. Estavam incluídas as classes trabalhadoras urbanas especializadas e semi-especializadas, as *intelligentsias* do mundo e os grupos mais especializados e educados nas áreas rurais em que o funcionamento da economia mundial capitalista era mais imediatamente visível. Perfaziam um número significativo, mas não a maioria da população mundial.

A velha esquerda era um movimento mundial apoiado por uma minoria, uma minoria poderosa, uma minoria oprimida, mas, de qualquer maneira, uma minoria numérica da população mundial. E essa realidade demográfica limitava suas opções políticas reais. Sob as circunstâncias, optou por ser a espora aceleradora do programa liberal de reformismo radical, e nisso foi muito bem-sucedida. Os benefícios para seus protagonistas foram reais, ainda que parciais. Mas, como proclamaram os revolucionários de 1968, muita gente foi excluída da equação. A velha esquerda falava uma linguagem universalista, mas praticava uma política particularista.

A razão pela qual esses antolhos ideológicos de universalismo especioso foram deixados de lado em 1968/1989 foi a mudança da realidade social subjacente. Tão incansavelmente a economia capitalista mundial tinha seguido a lógica de sua acumulação incessante de capital, que estava aproximando-se de seu ideal teórico: a mercantilização de tudo. Podemos ver esse fato refletido em novas e múltiplas realidades sociológicas: na extensão da mecanização da produção; na eliminação de limitações espaciais na troca de mercadorias e informação; na desruralização do mundo; na quase exaustão do ecossistema; no alto grau de monetarização do processo de trabalho; e no consumerismo (a ampliadíssima mercantilização do consumo).[10]

Todos esses fatos são bem conhecidos e constituem objeto de contínua discussão nos meios de comunicação mundiais. Mas considerem o que significam do ponto de vista da acumulação interminável de capital. Representam, em primeiro lugar, enorme limitação da taxa de acumulação de capital. E as razões são fundamentalmente sociopolíticas. Existem três fatores centrais. O primeiro já há muito é reconhecido por analistas, mas sua compreensão plena só está sendo alcançada agora: a urbanização do mundo e o aumento da educação e das comunicações geraram um grau de percepção política mundial que facilita a mobilização política e torna difícil ocultar o grau de disparidades econômicas e o empenho do governo em mantê-las. Tal percepção política é reforçada pela perda de legitimidade de fontes de autoridade irracionais. Em resumo, mais do que nunca, as pessoas exigem a equalização da renda e recusam-se a tolerar a condição básica da acumulação de capital, a baixa remuneração da mão-de-obra. O que se manifesta no aumento mundial significativo no nível histórico de salários e na muito alta e ainda crescente pressão sobre os governos para redistribuir o bem-estar social básico (em particular saúde e educação) e assegurar renda estável.

O segundo fator é o já alto custo para os governos subsidiarem o lucro por meio da construção de infra-estrutura e permitirem a externalização dos custos pelas empresas. É o que jornalistas chamam crise ecológica, a crise do custo crescente da assistência médica, a crise dos altos custos da grande ciência, e assim por diante. Os Estados não podem continuar a expandir ao mesmo tempo subsídios para a empresa privada e os compromissos de bem-estar social para a cidadania. Um ou outro deve ceder. Com a cidadania mais consciente, essa luta de classes promete ser monumental.

E o terceiro fator resulta do fato de que agora a consciência política é mundial. As disparidades globais e nacionais são raciais/étnicas/religiosas em distribuição. Dessa maneira, o resultado combinado da consciência política e as crises fiscais dos Estados será um conflito em ampla escala que tomará a forma de guerra civil, no âmbito do Estado e global.

As tensões múltiplas terão como primeira vítima a legitimidade das estruturas do Estado e, portanto, sua capacidade de manter a ordem. Enquanto perdem essa capacidade, existem custos econômicos e de segurança, que por sua vez tornarão ainda mais agudas as tensões e enfraquecerão ainda mais a legitimidade da estrutura estatal. Isso não é o futuro; é o presente. Está diante de nós na forma de um sentimento cada vez maior de insegurança — preocupação com o crime, com a violência indiscriminada, com a impossibilidade de assegurar a justiça nos judiciários, preocupação com a brutalidade das forças policiais — que se multiplicou infinitamente nos últimos quinze anos. Não estou sustentando que esse fenômeno seja novo ou necessariamente muito mais amplo do que antes. Mas é percebido como novo ou pior pela maioria das pessoas, e certamente muito mais ampliado. E o principal resultado dessa percepção é a perda de legitimidade das estruturas do Estado. Esse tipo de desordem em escalada que se auto-reforça não pode continuar para sempre. Mas pode continuar por 25 ou 30 anos. E é uma forma de caos no sistema, provocado pela exaustão de válvulas de segurança sistêmicas, ou, para dizer de outra maneira, pelo fato de que as contradições do sistema chegaram a tal ponto que nenhum dos mecanismos restauradores do funcionamento normal consegue fazer efeito.

Novas frentes de conflito

Mas do caos virá uma nova ordem, e isso então nos leva ao último tema: as opções que se nos apresentam a curto e a médio prazo. Não é porque atravessamos tempos caóticos que nos próximos 25 ou 50 anos não veremos em operação os grandes processos básicos da economia capitalista mundial. Pessoas e empresas continuarão a tentar acumular capital de todas as maneiras conhecidas. Os capitalistas buscarão apoio das estruturas estatais como fizeram no passado. Estados competirão com outros Estados, para serem o centro de acumulação de capital. A economia capitalista mundial provavelmente entrará num novo período de expansão, que em todo o mundo mercantilizará ainda mais processos econômicos e polarizará ainda mais a distribuição de renda.

Diferentes nos próximos 25 a 50 anos serão menos as operações do mercado mundial do que as operações das estruturas políticas e culturais do mundo. Basicamente, os Estados perderão a legitimidade e com isso terão dificuldade de assegurar a segurança mínima, internamente ou entre si. Na cena geocultural, não haverá discurso comum dominante, e mesmo as formas de debate cultural serão objeto de debate. Haverá pouco acordo sobre o que constitui um comportamento racional ou aceitável. O fato de haver confusão não significa, no entanto, que não haverá um comportamento consciente. De fato, haverá grupos múltiplos tentando alcançar objetivos claros, limitados, mas muitos deles estarão em conflito direto entre si. E poderão existir alguns grupos com conceitos de longo prazo sobre como construir uma ordem social alternativa, mesmo se sua claridade subjetiva puder ter apenas um ajuste precário com qualquer probabilidade objetiva de que esses conceitos sejam de fato guias heurísticos úteis de ação. Em resumo, de alguma maneira, todos agirão cegamente, mesmo que não pensem que estão agindo assim.

Apesar disso, estamos condenados a agir. Assim, nossa primeira necessidade é saber claramente o que foi deficiente em nosso moderno sistema mundial, o que deixou grande parte da população mundial furiosa com tudo, ou ao menos ambivalente quanto aos seus méritos sociais. Parece-me claro que a maior queixa foram as desigualdades do sistema, o que significa a ausência de democracia. Isso, sem dúvida, foi verdade em quase todos os sistemas históricos anteriores. Diferente sob o capitalismo é que seu próprio sucesso como criador de produção material parecia ter eliminado toda justificativa para as desigualdades, manifestadas material, política ou socialmente. Essas desigualdades pareciam ainda piores porque não separavam meramente um grupo muito pequeno dos outros, mas de um quinto a um sétimo da população mundial do resto. Esses dois fatos — o aumento material total de riqueza e o fato de que mais do que um simples punhado de pessoas, mas bem menos do que a maioria, poderia viver bem — exasperaram os sentimentos dos que foram excluídos.

Em nada podemos contribuir para o caos terminal do nosso sistema mundial, a menos que deixemos bem claro que só é aceitável um sistema histórico plenamente democrático e relativamente igualitário. Concretamente, devemos agir ativa e imediatamente, em diversas frentes. Uma é no desmanche ativo das suposições européias que têm permeado a geocultura por dois séculos. Os europeus deram grandes contribuições culturais para a nossa empreitada humana comum. Mas não é verdade que, ao longo de 10 mil anos, tenham contribuído mais do que outros centros civilizados; e não há razão para presumir que os múltiplos locais de sabedoria coletiva sejam mais reduzidos no milênio que se aproxima. A substituição ativa da atual concepção eurocêntrica por um sentido histórico mais sóbrio e equilibrado e sua avaliação histórica exigirão uma luta cultural e política constante e aguda. Não pede novos fanatismos, mas trabalho intelectual árduo, coletivo e individual. Precisamos, além disso, trabalhar arduamente para que o conceito de direitos humanos se aplique a nós e a eles, ao cidadão e ao estrangeiro. O direito das comunidades de proteger sua herança cultural nunca é o direito de proteger seu privilégio. Um grande campo de batalha estará no direito dos imigrantes. Se, como prevejo para os próximos 25 a 50 anos, a grande minoria de residentes da América do Norte, da Europa e do Japão for de fato composta por migrantes ou por seus filhos (não importa se a migração seja legal ou não), então todos teremos de lutar para que na região para onde migraram os migrantes tenham acesso igual a direitos sociais, econômicos e políticos.

Sei que haverá enorme resistência política sob alegações de pureza cultural e direitos de propriedade acumulados. Os estadistas do Norte já estão argumentando que sua região não pode assumir a carga econômica do mundo inteiro. E por que não? A riqueza do Norte foi em grande parte resultado da transferência de valores excedentes do Sul. E esse fato, ao longo de centenas de anos, nos levou à crise do sistema. Não é uma questão de caridade terapêutica, mas de reconstrução racional.

Essas batalhas serão políticas, mas não necessariamente no âmbito do Estado. De fato, precisamente por causa do processo de deslegitimização dos Estados, muitas dessas batalhas (talvez a maioria) serão locais, travadas entre os múltiplos grupos em que estamos nos reorganizando. E, uma vez que serão locais e complexas, entre grupos múltiplos, será essencial uma estratégia de alianças complexa e flexível, mas funcionará apenas se mantivermos em nossa mente objetivos igualitários.

Finalmente, a luta será intelectual, na reconceituação de nossos cânones científicos, na busca de metodologias mais sofisticadas e holísticas, na tentativa de livrarmo-nos do canto pio e enganoso do valor da neutralidade no pensamento científico. A racionalidade em si é um julgamento de valor, se é alguma coisa;

e nada é (nem pode ser) racional a não ser no contexto da mais ampla e includente organização social humana.

Vocês podem considerar muito vago o programa que delineei para a ação social e política criteriosa para os próximos 25 a 50 anos. Mas é tão concreto quanto possível em meio a um turbilhão. Primeiro decida para que litoral deseja nadar. E, segundo, assegure-se de que seus esforços imediatos serão nessa direção. Se quiser maior precisão, não encontrará, e se afogará na busca.

Notas

1. Esta palestra foi dada no 25º aniversário de fundação da Kyoto Seika University, em 7 de dezembro de 1993.
2. Ver John W. Meyer et al., "The World Educational Revolution, 1950-1970", em J. W. Meyer e M. T. Hannah, eds., *National Development 1950-1970*, Chicago, 1979.
3. Para um magnífico e bem detalhado relato dos debates intelectuais em torno do bicentenário na França, ver Steven Kaplan, *Adieu 89*, Paris, 1993.
4. Para análise desse processo, ver meu "The French Revolution as a World-Historical Event", em *Unthinking Social Science: The Limits of Nineteenth Century Paradigms*, Cambridge, 1991.
5. O processo pelo qual o liberalismo ganhou o palco central e transformou seus dois contestadores, conservadorismo e socialismo, em adjuvantes virtuais, é discutido em meu "Trois idéologies ou une seule? La problématique de la modernité", em *Genèses 9*, outubro de 1992.
6. A natureza das promessas feitas pelo liberalismo em âmbito mundial e a ambiguidade da reação de Lênin ao liberalismo global são exploradas em meu "The Concept of National Development, 1917-1989: Elegy and Requiem", em G. Marks e I. Diamond, eds., *Reexa-mining Democracy*, Newbury Park, 1992.
7. Ver sumário dos dados em John T. Passé-Smith, "The Persistence of the Gap: Taking Stock of Economic Growth in the Post-World War II Era", em M. A. Selligson e J. T. Passé-Smith, eds., *Development and Underdeveleopment: The Political Economy of Inequality*, Boulder, CO, 1993.
8. *Postmodernism, or the Cultural Logic of Late Capitalism*, Durham, NC, 1991, p. 268.
9. Ver G. Arrighi, T. K. Hopkins e I. Wallerstein, "1989, The Continuation of 1968", *Review*, vol. 15, nº 2, primavera de 1992.

3

OS CUSTOS DA ESTABILIDADE: OS PAÍSES CAPITALISTAS AVANÇADOS NOS ANOS 80

Andrew Glyn

A política econômica dos países capitalistas avançados mudou profundamente durante a década de 1980. Os índices de emprego foram deixados a cargo dos processos do mercado, os déficits governamentais seriam eliminados para pressionar a inflação e liberar recursos para a iniciativa privada, a lucratividade teve de ser restaurada para melhorar o clima de investimento previamente esgotado e as tendências igualitárias na intervenção governamental tiveram de ser revertidas em nome dos incentivos. Fundamentalmente, essa guinada representa a tentativa de tirar dos trabalhadores algumas conquistas econômicas trazidas pelo longo período de alto emprego; o emprego pleno, os aumentos de salários e os gastos com benefícios sociais levam a culpa pela deterioração da performance econômica no final dos anos 60 e 70.

O propósito deste artigo é lançar alguma luz sobre a questão fundamental: a mudança na estância política representa um novo padrão viável de desenvolvimento? Não foi nada espetacular, a julgar pelo crescimento da produção nos anos 80.

Mesmo entre a recessão do começo dos anos 80 e a estagnação de 1991-92, o crescimento da produção foi marcadamente mais lento (fora dos EUA) do que nos "anos dourados" de 1960-73 (ver Tabela 1). Nos anos 80, a produção cresceu um pouco mais rapidamente no Japão do que durante o "período de interchoque" de 1973-79, mas mais lentamente na Europa.

Tabela 1
A diminuição do crescimento 1960-1990
(% média anual das taxas de crescimento do PNB)

	1960-73	1973-79	1979-90	1979-82	1982-90
EUA	4,0	2,4	2,6	-0,1	3,6
Europa	4,8	2,6	2,3	0,9	2,8
Japão	9,6	3,6	4,1	3,5	4,3
OEDEC	4,9	2,7	2,7	0,9	3,4

Fonte: OCDE *Historical Statistics* e *Economic Outlook*.

Mas tal continuidade no crescimento da produção entre o período de interchoque e os anos 80 oculta mudanças muito significativas em outras facetas da performance econômica. Este texto mapeia rapidamente a extensão da reversão nos anos 80 dos mais óbvios indicadores da intensificação de conflitos dos anos 70 (inflação, levante industrial, pressão sobre os lucros e déficits governamentais). A inflação declinou, os lucros recuperaram-se, as finanças dos governos melhoraram e as greves diminuíram. Pelo menos a julgar por tais indicadores, o sucesso substancial em restaurar a estabilidade econômica interna foi alcançado. Parcialmente como resultado da busca desse objetivo, mas também para aguçar incentivos de mercado, houve um afastamento consciente das políticas igualitárias. A Seção 2 contrasta o abandono do pleno emprego nos países do núcleo europeu com o registro muito mais favorável de emprego em países "corporativistas" do norte da Europa e em algumas economias mais sob o *laissez-faire*, notadamente os EUA. Diante dos variados níveis de emprego, cortes nos gastos em bem-estar social e reduções no sistema progressivo de tributação representaram reversão bastante generalizada (ou pelo menos suspensão) do impulso igualitário das políticas típicas da era de ouro. A mudança política para o livre mercado não ficou isenta de elementos problemáticos até mesmo para os donos do capital. A Seção 3 esboça os indicadores problemáticos no final dos anos 80 da instabilidade financeira nas esferas interna e internacional. A acumulação de capital dos anos 80 aconteceu contra esse pano de fundo de conflito doméstico reduzido: uma pronunciada mudança política na direção do não-igualitário e tensões financeiras crescentes. A Seção 4 mostra que a recuperação de investimentos dos anos 80 deixou taxas de acumulação bem abaixo das registradas na era de ouro, especialmente na Europa. Além disso, desviou-se o padrão de investimento da manufatura para os setores de serviços mais estreitamente ligados às explosões de consumo e insulados da competição internacional. A Seção 5 mostra tropeços adicionais no crescimento em 1991 e 1992 no contexto dos padrões de desenvolvimento emergentes dos anos 80 e fala da aderência contínua de organizações internacionais como a OCDE e o FMI à política de prescrições que zelosamente promoveram na década anterior.[1] Enquanto se tenta mostrar uma variação muito substancial na performance como entre países (ou grupo de países), o espaço impede a discussão das relações econômicas internacionais entre os blocos.[2]

1. A redução do conflito

Durante o final dos anos 60 e nos anos 70, os países capitalistas avançados (PCA) experimentaram longo período de conflito distributivo intensificado. Períodos de inflação acelerada refletiam a relutância dos trabalhadores em aceitar o aumento nos padrões de vida inferidos pelo crescimento da produtividade e movimentos sobre as condições de trabalho, combinados com pressões para os governos preservarem o alto nível de emprego por meio do ajuste da expansão do crédito. Apertos nos lucros aconteceram quando, pelas condições competitivas da demanda, empregadores foram impedidos de repassar os grandes aumentos de salários enquanto os preços subiam. Déficits orçamentários refletiam, em parte, a relutância dos governos em aumentar a tributação para financiar o peso crescente dos gastos sociais, temendo que o conflito de distribuição fosse exacerbado à medida que os trabalhadores procurassem descarregar a carga tributária por meio de negociações salariais. As greves sinalizavam as relações geralmente carregadas entre trabalhadores e patrões.[3]

Embora claramente haja fatores específicos a cada país em ação, esses indicadores são úteis para sublinhar a turbulência dos anos 70 e o grau de estabilização alcançado nos anos 80. Por necessidade de concisão, nesta seção e na seguinte as tabelas mostram dados médios para toda a OCDE, os EUA, o Japão, um grupo de sete países do núcleo europeu e um grupo de cinco países corporativistas (Escandinávia e Áustria).[4] Os dados exibidos são de todo "período de interchoque", 1974-79, os anos 80 e seu último ano; a intenção é assinalar tendências dos anos 80.

(a) Inflação

A inflação foi mais baixa depois de 1979 (média anual de 5,2%) do que antes (8,8% ao ano), para quase todos os países, com queda bem similar nos EUA, no Japão e na Europa.

Na maioria dos países, a inflação foi mais baixa em 1990 (4,4% ao ano) do que durante os anos 80. Os principais fatores dessa queda foram rígidas políticas fiscais e monetárias envolvendo a realidade ou a ameaça de alto desemprego. Preços mais baixos de mercadorias, especialmente o petróleo depois de 1986, tiveram papel modesto e em todo caso refletiam parcialmente a política severa perseguida pelos países da OCDE.[5]

Tabela II
Inflação
(Deflator do PNB, % média do crescimento anual)

	1973-79	1979-90	1990
OCDE*	8,8	5,2	4,4
Núcleo Europeu	9,7	5,6	4,4
Corporativistas	9,5	6,4	4,7
EUA	8,0	4,6	4,1
Japão	8,1	1,9	2,1

* Islândia e Turquia excluídas da OCDE
Fonte: OCDE *Historical Statistics*.

(b) Lucros

Entre 1973 e 1979 (Tabela III), quinze em dezessete países tiveram declínio de lucratividade no sensível e importante setor manufatureiro. Entre 1979 e 1987, a lucratividade não se expandiu apenas em dois países, e dados parciais sugerem que essa tendência de alta prosseguiu até 1989.

Tabela III
Lucratividade do Setor Manufatureiro
(Mudança em valores líquidos, pontos % sobre o período)

	1973-79	1979-87
OCDE	-4,2	4,7
Nícleo Europeu	-5,4	5,3
Corporativistas	-1,3	3,7
EUA	-3,0	1,8
Japão	13,0	-1,3

Fontes: OCDE Historical Statistics; e Armstrong, Glyn e Harrison, Capitalism since 1945, Oxford, 1991. A lucratividade foi ajustada para auto-emprego.

A recuperação dos lucros foi mais forte na Europa (estando a Grã-Bretanha e a Suécia entre os países com maior incremento), o que reverteu a pressão do período de interchoque. A taxa de lucro pode aumentar tanto pela aceleração do crescimento da produtividade quanto pela desaceleração do crescimento do salário real.[6] O Gráfico I mostra que para toda a OCDE o fator dominante foi a diminuição (antes dos impostos) do crescimento real dos salários; a Suécia exemplifica esse padrão. A Grã-Bretanha foi excepcional, pois, apesar do crescimento real constante do salário, ocorreu recuperação muito forte dos lucros; a fonte dos lucros mais altos foi o "milagre de produtividade" de Thatcher.[7] Esmagadoramente, no entanto, foi a "moderação salarial" que financiou a pressão sobre os lucros, embora em circunstâncias bem diferentes em diversos países — o desemprego girava em torno de 2,5% na Suécia e 10% na Holanda.

Gráfico I
Participação do salário na OCDE 1973-87, manufatura

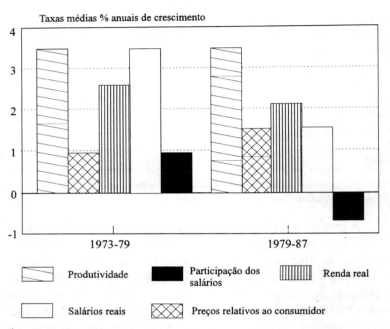

Fonte: OCDE *National Accounts.*

A participação dos lucros cresceu muito mais na Europa do que no Japão, apesar de taxas muito similares de crescimento do salário real e do rápido crescimento da produtividade na economia japonesa. A explicação foi o aumento rápido e sustentado no preço relativo dos bens de consumo no Japão (ver Gráfico I). Isso significou que até mesmo o crescimento modesto do salário real exigiu que uma cota constante de valor agregado se destinasse aos trabalhadores, dando-lhes poder aquisitivo diante do rápido aumento dos bens de consumo, como alimentação e habitação, fornecidos fora do setor manufatureiro. O crescimento lento do salário real ocorreu apesar de um mercado de trabalho apertado. Houve crescimento ligeiramente mais lento da população em idade produtiva do que nos anos 60 e diminuíram consideravelmente as reservas de mão-de-obra que podiam ser retiradas da agricultura. Mesmo o aumento da participação das mulheres em trabalho remunerado não evitou que, pela primeira vez desde 1974, a oferta de emprego excedesse o número de vagas em 1989.

(c) Déficits Orçamentários
A história do orçamento (Tabela IV) é um pouco mais complicada do que a dos lucros e da inflação. A maior parte dos governos incorreu em grandes déficits nos anos 80 (em média 3,3% do PNB) do que no período de interchoque (2,5%) — a tendência ascendente dos déficits continuou pelos anos 80 (a Grã-Bretanha e a Alemanha foram exceções notáveis).

Tabela IV
Equilíbrios Orçamentários
(Governo Geral, % PNB, média do período)

	1974-79	1980-90	1990
OCDE*	-2,5	-3,3	-1,6
Núcleo Europeu	-4,2	-5,4	-4,3
Corporativistas	0,2	0,0	1,5
EUA	-1,4	-3,3	-2,4
Japão	-3,4	-1,1	3,0

Fonte: OCDE *Historical Statistics*.

O final dos anos 80 assistiu à reversão generalizada da tendência crescente de déficits orçamentários; por volta de 1989, a média do déficit estava abaixo de 2%, com reduções espetaculares em alguns países (Irlanda, Suécia, Dinamarca, Japão, Grã-Bretanha). Mesmo os países com sucessivos déficits elevados (incluindo Itália, Bélgica e Holanda) não estavam mais empurrando para cima proporções de débito governamental para o PNB além dos níveis (muito altos) existentes. Proporções médias de dívida em relação ao PNB tiveram um pique em 1987 e caíam rapidamente em alguns países (Grã-Bretanha, Austrália, Suécia e Japão).[8]

(d) Greves

Apesar das notórias dificuldades em interpretar tendências grevistas, os dados sobre incidência de greves (dias parados por cem trabalhadores) contam uma história interessante (ver Tabela V).

Tabela V
Greves
(Dias ocupados em greves por 100 trabalhadores, média por ano)

	1974-79	1980-90	1989-90*
OCDE*	40	25	16
Núcleo Europeu	42	21	8
Corporativistas	11	23	10
EUA	47	12	10
Japão	11	1	0

* Números para 1989-90 excluem a Grécia
Fonte: Department of Employment Gazette, dezembro de 1991.

No Japão, nos EUA e nos países do núcleo europeu, os anos 80 trouxeram menos greves do que o período de interchoque e, em cada caso, a incidência de greve foi menor no final dos anos 80 do que durante toda a década. A Itália e a Grã-Bretanha, os dois países mais propensos a greves no período de interchoque, exemplificam isso. Em ambos os países, no final dos anos 80, as taxas de greves estavam por volta de 25% das registradas no período 1973-79; e registra-se o mesmo padrão abrangente no Canadá e na Austrália, que também tiveram médias altas de greves no período de interchoque. Os países corporativistas representam uma exceção parcial em que tanto a Finlândia (o mais sujeito a greves) e a Suécia (cujos números são dominados por algumas grandes disputas) experimentaram mais dias parados nos anos 80 do que nos anos 70 (embora poucos em termos absolutos). Dos países europeus periféricos, a Espanha e a Grécia sofreram extensas ondas grevistas no final dos anos 80, o que eleva a média (não-ponderada) da OCDE.

(e) Conclusões

Com a devida permissão para exceções individuais (especialmente os países do sul da Europa), os padrões gerais são bem consistentes através dos EUA, Japão, núcleo europeu e países corporativistas. O conflito que anteriormente se manifestara em inflação alta, pressões sobre os lucros, déficits orçamentários e greves foi moderado nos anos 80, enquanto a inflação declinava, os lucros recuperavam-se, as finanças governamentais estabilizavam-se e as greves estavam em níveis baixos. Além disso, tal estabilização não foi apenas um fenômeno cíclico; o crescimento mais rápido no final dos anos 80 não trouxe aumento rápido da inflação, greves, pressões sobre os lucros. Se a restauração dessas dimensões de estabilidade econômica doméstica foi a tarefa-chave para a mudança do regime de políticas, vista como precondição para a melhoria da performance econômica, então ela provou-se um sucesso considerável. A próxima seção examina a tendência de afastamento do igualitarismo dos anos 80, em parte como produto residual da restauração da estabilidade doméstica, e também como política deliberada para a intensificação dos incentivos de mercado.

2. Desigualitarismo

A redução do conflito doméstico não precisa necessariamente assumir formas não-igualitárias. Em princípio, a inflação pode ser reduzida com altos níveis de emprego, mediante a aceitação pelo movimento sindical, da tendência de salário real tornada "possível" pela produtividade e pelos movimentos de termos-de-comércio junto com as exigências de lucro para investimento adequado. Mesmo se se exigir aumento da lucratividade, pode-se restringir, mediante aumentos de dividendos e taxação dos ganhos de capital, a extensão do *consumo* extra pelos grupos de maior renda. Déficits orçamentários podiam ser fechados com aumento da tributação sobre os grupos de maior renda, principalmente. Podiam-se reduzir greves se essas políticas fossem vistas como a resolução, nos termos trabalhistas, do conflito gerado pela desaceleração do crescimento. A alternativa, um padrão não-igualitário, envolveria maior desemprego, junto possivelmente com uma legislação enfraquecedora dos sindicatos, com o objetivo de impor o desemaranhado da inflação enquanto se melhorava a lucratividade. O número de greves, depois talvez de um período de conflitos defensivos, diminuiria, apesar do baixo crescimento real dos salários. Os aumentos de lucro seriam refletidos no rápido aumento dos ganhos de capital (pouco tributados) sobre ações, enquanto o consumo gerado por rendas imerecidas era mais impulsionado pelas altas taxas (reais) de juros. Déficits orçamentários seriam fechados principalmente mediante cortes no bem-estar social, com os grupos de maior renda beneficiando-se de cortes nos impostos. Foi o último padrão não-igualitário de resposta que dominou a OCDE nos anos 80, embora com alguns padrões notadamente diferentes nos países corporativistas.

(a) Desemprego e emprego
Nos anos 80, o aumento do desemprego foi uma das mais destacadas características dos países capitalistas avançados. Enquanto a função básica de tal aumento é enfraquecer a posição de barganha dos trabalhadores, no geral o desemprego tem a conseqüência não-igualitária adicional de descarregar sobre a minoria que perde o emprego da parcela desproporcional dos custos do menor crescimento. Durante os anos 80, a média de desemprego foi de quase 7,5% na OCDE, o dobro, comparada ao período 1974-79. Enquanto o aumento do desemprego foi mais agudo na Europa, pouquíssimos países apenas (Austrália, Suécia e EUA) chegaram ao fim dos anos 80 com taxa menor do que em 1979; e em todos os casos a média foi maior nos anos 80 do que no período de interchoque.

O desemprego não é uma medida abrangente da performance do emprego.[9] Em termos de índice de emprego (emprego como percentual da população em idade produtiva), os países corporativistas tiveram desempenho ainda mais forte nos anos 80. Enquanto a América do Norte e a Austrália também registraram grandes aumentos na taxa de emprego, somente os países corporativistas (exceto a Dinamarca) conseguiram tanto baixo desemprego quanto rápido crescimento do emprego. Os países do núcleo europeu continuaram a mostrar quedas bem marcadas na taxa de emprego.

Tabela VI
Desemprego, emprego, diferenciais de salário

	Desemprego (taxas médias percentuais)			Taxa de emprego % da população 5 mudança p.a.		Feminino/masculino salários por hora % mudança	
	1974-79	1980-89	1990	1973-79	1979-88	1970-79	1979-89
OCDE*	4,2	7,4	6,8	-0,1	-0,1	6,4	0,6
Núcleo Europeu	4,4	7,9	6,5	-0,5	-0,4	6,1	-0,3
Corporativistas	3,0	4,3	4,6	0,7	0,5	7,9	1,5
EUA	6,7	7,2	5,4	0,9	0,7	—	—
Japão	1,9	2,5	2,1	0,1	0,2	-2,5	-1,9

Fontes: OCDE *Historical Statistics, Economic Outlook, Labour Force Statistics, Employment Outlook*; e OIT *Yearbook of Labour Statistics*. O taxa de emprego é a razão do emprego não-agrícola para a população não-agrícola em idade produtiva. A razão dos salários femininos para os masculinos refere-se à indústria.

A descrição da disponibilidade de trabalho deve ser complementada pela análise do padrão de remuneração. Dados para a Grã-Bretanha e EUA mostram aumentos consideráveis na desigualdade de distribuição de rendimentos, o que parece ter sido verdade também na Holanda e na Austrália.[10] Um aspecto da dispersão de salários para a qual existem dados sistemáticos é o diferencial feminino/masculino. É um indicador bastante interessante do distanciamento do igualitarismo, uma vez que em muitos países era objetivo político explícito aumentar o nível relativo da remuneração feminina. Nos anos 70, na indústria, houve em geral aumentos substanciais na média de remuneração por hora das mulheres em relação à hora masculina (aumentos em torno de 10% na Grã-Bretanha, Suécia, Irlanda e Dinamarca); o Japão foi o único país a ter queda (ver Tabela VI). Nos anos 80, somente a Grécia e a Noruega conseguiram aumentos significativos (no último caso de um ponto alto de partida). Dados irregulares apontam também tendência de baixa em diferenciais de habilidades nos anos 60 e/ou 70, medidos tanto em relação à média de rendimentos não-manuais para manuais (Japão, Austrália e Itália) quanto à média de salários mensais para salários semanais (Suécia, Finlândia, Dinamarca). Tais tendências geralmente detiveram-se nos anos 80 e, em alguns países, houve aumentos pronunciados nos diferenciais (Alemanha, Grã-Bretanha, Itália, Noruega).[11] Nos anos 70, os países corporativistas tinham diferenciais muito baixos, e não os alargaram muito nos anos 80, aumentando marcadamente o igualitarismo de seus registros de emprego.[12]

(b) Gastos sociais e tributação

Uma das mais fortes características dos anos 70 foi o aumento na cota de gastos do governo; nos anos 80, foi na maior parte estancado. Embora seja uma categoria mais ampla do que gastos em bem-estar, a expansão do estado de bem-estar social e depois as tentativas de suplantá-la dominaram as tendências em gastos totais. O fim do aumento de gastos governamentais ocorreu até mesmo nos países corporativistas em que nos anos 70 fora mais acentuado o aumento.

Cortes acentuados (1% do PNB ou mais) na cota dos gastos sociais são confirmados para a Grã-Bretanha e para a Holanda entre 1979 e 1989. Grandes reduções no total de gastos do governo sugerem que na Bélgica, na Austrália provavelmente, na Nova Zelândia e na Suécia[13] também ocorreram cortes substanciais na categoria mais limitada de gastos sociais. Outros países (incluindo França, Itália, Noruega, Finlândia, Grécia e Espanha) mostraram fortes aumentos sucessivos nos gastos governamentais ao longo dos anos 80, embora a tendência tenha se achatado na parte final do período. Enquanto nos anos 80 desaparecia a uniformidade de forte tendência de alta nos gastos sociais, o grupo que parece ter revertido definitivamente o padrão é heterogêneo, abrangendo tanto países corporativistas quanto países europeus em torno da Alemanha, todos com cotas iniciais de gastos sociais muito altas, mais a Grã-Bretanha, a Austrália e a Nova Zelândia, com cotas iniciais baixas.

Em todos os países da OCDE, exceto na Suíça, ocorreram cor-tes na taxa mais alta de Imposto de Renda, numa média de 17%. A Grã-Bretanha e os EUA lideraram com cortes de 40%, onde já era bastante precário o grau geral efetivo de progressividade do sistema de tributação direta.

Tabela VII
Gastos do governo e taxas de juros mais altas

	Gastos do governo % do PNB mudanças		Mudanças na média mais alta do Imposto de Renda %
	1970-79	1979-89	c.1980-c.1989
OCDE*	8,5	1,2	-17
Núcleo Europeu	7,9	-0,1	-14
Corporativistas	10,5	1,3	-11
EUA	2,4	2,1	-37
Japão	10,2	0,6	-25

Nota: Gastos do governo em bens e serviços (corrente e capital) e transferências com juros excluídos.
Fontes: Saunders e Klau, OCDE *Economic Studies*, n° 5; Oxley *et al.*, OCDE *Working Paper*, n° 90; OCDE *Economies in Transition*, 1989.

(c) Riqueza e pobreza

A tributação reduzida dos altos rendimentos deve ter contribuído para o aumento da renda dos 20% mais ricos da população, ocorrido em sete dos oito países com dados disponíveis; uma vez mais, o aumento foi maior na Grã-Bretanha. Os dados sobre rendimentos excluem ganhos de capital. Na Tabela VIII está uma medida dos ganhos de capital em ações; com preços de eqüidade medidos em relação aos ganhos dos trabalhadores, um indicador simples da importância dos ganhos de capital em relação à renda obtida.

Cada país da OCDE, no período 1979-89, mostrou aumento nesse indicador, cuja elevação média é maior do que 8% ao ano (implicando que o preço real das ações aumentou quatro vezes mais do que os ganhos reais). Isso reverteu a tendência de baixa ainda mais rápida desse indicador entre 1973 e 1979. Aumentos nos preços do mercado de ações depois de 1979 foram marcadamente maiores no Japão e nos países corporativistas (particularmente na Suécia e na Finlândia) do que no resto da Europa e nos EUA.[14] Além de indicarem ganhos para a propriedade relativos à mão-de-obra, tais aumentos nos preços das ações sugerem o grau de confiança na duração da estabilização econômica e o excesso de confiança no dinamismo da recuperação.

Finalmente, em cinco dos sete países da União Européia para os quais existem dados coletados, houve aumentos bem marcantes na pobreza; a Irlanda mostrou o maior aumento, e a Grã-Bretanha teve o maior aumento entre os países de maior renda.

Tabela VIII
Riqueza e pobreza

	Preços ações/salários % PNB mudanças		Pobreza, % da população com <50% de rendimento médio mudança	Mudança na faixa dos 20% mais altos do IR final
	1970-79	1979-89	c.1980-c.1989	c.1980-c.1989
OCDE*	-13,2	8,4	-1,3	1,2
Núcleo Europeu	-13,1	7,1	1,1	1,2
Corporativistas	-8,7	12,2	—	—
EUA	-8,0	7,5	2,3	2,0
Japão		14,7	—	0,6

Fontes: FMI *Financial Statistics*; M. O'Higgins e S. Jenkins, "Poverty in the EEC", em R. Teekens e V. van Praag, *Analysing Poverty in the European Community*, Bruxelas, 1990; e A. Boltho, "Macroeconomic Trends and Household Welfare in the Industrialised Countries since the First Oil Shock", em G. Cornea, ed., *Child Poverty in Industrialised Countries*, Londres, 1992.

(d) Conclusões

As várias dimensões da distribuição consideradas aqui, apesar de dados freqüentemente fragmentados, apontam geralmente o aumento das desigualdades nos anos 80. O quadro de emprego é mais complicado. Como argumentado em detalhe em outro lugar,[15] a manutenção do emprego relativamente alto no contexto de um crescimento mais lento depois de 1973 pode ser alcançada de diversas maneiras. Num extremo está a solução do "mercado", pequenos aumentos reais nos salários e expansão das oportunidades de emprego no setor de mercado. No outro, mais intervencionista, subsídios para preservar empregos no setor de mercado são combinados com pesada tributação, aceita pelos trabalhadores, para financiar a expansão dos empregos no setor público. Os últimos, dos quais os EUA se aproximam, representam um igualitarismo tosco mas eficaz, ou a disseminação da miséria, que é mais pronunciada quanto maiores forem os diferenciais de ganhos. O último é o igualitarismo social-democrata consciente, exemplificado pela Suécia dos anos 70 e começo dos 80, mas que de alguma maneira geralmente reinou no final dos anos 80, quando foram alcançados limites na compressão dos salários líquidos. Os resultados de maior desigualdade em termos de emprego ocorreram no núcleo europeu (e periferia), onde nem as pressões do mercado nem a disciplina coletiva foram suficientes para evitar o aumento agudo do desemprego.

Cortes nos gastos de bem-estar social, reduções na progressividade do sistema tributário, o peso aumentado da renda imerecida e dos ganhos de capital durante os anos 80 representaram uma reversão da tendência igualitária, mesmo naqueles países em que o compromisso com o pleno emprego foi preservado conscientemente. Obviamente, tais reveses tiveram uma série de pontos de partida, de tal maneira que, por exemplo, o corte nos gastos do governo na Suécia ainda deixou o país entre os que mais gastam em bem-estar social. Além disso, muitos dos ganhos obtidos durante a "era de ouro" foram apenas amostras, em vez de uma reversão abrangente. Dessa maneira, no final dos anos 80 os gastos em bem-estar social foram freqüentemente o dobro da parcela do PNB, que no começo dos anos 60 e em nenhum país era muito abaixo de 150% daquele ponto de partida. Similarmente, a diferença negativa entre a remuneração feminina e a masculina foi em geral muito menor no final dos anos 80 do que nos anos 60, mesmo naqueles países onde os anos 80 viram alguma reversão de tendência na direção da redução desses diferenciais.

3. Instabilidade financeira

A virada rumo a políticas de livre mercado foi exposta mais dramaticamente na esfera da desregulamentação financeira. Isso teve o objetivo de aumentar a competitividade dos mercados financeiros e, dessa maneira, aumentar a alocação de recursos. Em muitos países capitalistas avançados, pressionadas pela combinação de altas taxas de juros e pelo baixo retorno real de investimentos no setor produtivo e livres de algumas restrições regulatórias, as instituições financeiras adotaram entusiasticamente, em conjunto, novas formas ou níveis maiores de empréstimos, especialmente no setor manufatureiro. No final dos anos 80, a maior parte dos empréstimos revelara-se "excessiva", e a expansão que ajudara a sustentar, esvaneceu-se, inevitavelmente. Na esfera internacional, a abolição dos controles de câmbio e o recuo da intervenção oficial nos mercados de câmbio aumentaram a volatilidade das principais moedas. O que tornou menos seguro o retorno de investimentos reais dependentes da receita de exportações.

(a) Débito do consumidor

O acesso mais fácil ao crédito e crescimento limitado da renda real encorajaram aumentos rápidos nos empréstimos ao consumidor. Entre 1979/80 e o final dos anos 80, a taxa de poupança por residência caiu 7% ou mais na Noruega, Itália, Suécia, Grã-Bretanha, França e Finlândia. Isso implicou aumento de 1% ao ano no consumo, mais rápido do que a renda domiciliar, contribuindo substancialmente para a expansão de meados e do final dos anos 80. Só o Japão e a Alemanha, juntamente com seus vizinhos imediatos da "Zona do Deutsche Mark", mantiveram mais ou menos as taxas de poupança. O aumento da tomada de empréstimos para financiar o consumo, junto com o aumento em débitos de hipotecas, provocaram um considerável aumento. Nos anos 80, a maior parte dos países do G-7 assistiu ao aumento dos débitos por família, que subiram da faixa de 60-80% da renda familiar para a faixa de 80-115%; o aumento foi mais rápido na Grã-Bretanha e no Japão, e somente a Itália e a Alemanha ficaram imunes, com o endividamento familiar abaixo ainda de 20% da renda em 1990.[16]

Combinados com as altas taxas de juros reais (a partir de 1982 ficaram consistentemente na faixa de 2-7% na maioria dos países capitalistas avançados), empréstimos adicionais aumentaram na proporção da renda familiar disponível paga como taxa de juros sobre débitos. Na Grã-Bretanha o aumento de endividamento familiar foi mais rápido e prosseguiu mais longe ainda, enquanto bancos e sociedades de construção ficaram livres para competir agressivamente por negócios e o fizeram afrouxando os limites de crédito para tomadores individuais. Em conseqüência, a taxa de renda familiar paga como juros dobrou de 4,1% em 1978 para 8,6% em 1989. Muitos endividados não conseguiram cumprir seus compromissos, e a retomada de residências alcançou níveis recordes.

(b) Empréstimos de corporações e o setor financeiro

Uma vez que a acumulação de capital declinou junto com a queda de lucratividade, as corporações poderiam continuar financiando grande proporção de seus investimentos com recursos internos e, durante os anos 80, a tomada de empréstimos foi menor do que nos anos 70. No final dos anos 80, no entanto, a recuperação de investimentos levou ao aumento substancial da tomada de empréstimos por corporações japonesas e britânicas (chegando a 10% e 4% do PNB em 1989-90).

No final de 1980, no Japão, na Alemanha e na França, a proporção da renda das empresas paga em forma de juros foi similar à de 1979. Grandes empresas americanas, no entanto, pagaram muito mais de juros (31% dos lucros brutos em 1988 em comparação com 24% em 1979). Encorajado pelos incentivos tributários para juros de dívidas, o desenvolvimento do mercado de *junk bonds* em obrigações de alto risco, altos rendimentos e juros fixos permitiu às empresas dos EUA substituir empréstimos de juros fixos por fundos antes supridos por acionistas. Em 1990, os empréstimos estavam financiando 45% dos ativos de corporações americanas, contra 32% na década anterior. Quando o mercado sofreu um colapso no começo de 1990, deixou muitas empresas numa situação em que a redução em seus lucros as deixaria incapazes de pagar os juros devidos, tornando provável a bancarrota.

Uma avaliação cuidadosa da posição de financiamento das corporações nos EUA levantou este possível cenário:

> Bancarrotas ou arresto financeiro entre algumas das grandes empresas poderia contribuir para uma crise de liquidez de diversas maneiras. Talvez mais importante seria o efeito de tais notícias sobre [...] a confiança frágil [...]. Mais diretamente, os procedimentos legais iniciados pela bancarrota congelariam os compromissos das empresas fracassadas, convertendo em não-líquidos bens que

os credores consideravam claramente líquidos e piorando os problemas de falta de liquidez dos credores. De maneira similar, grandes falências podem contribuir para os problemas de fluxo de caixa dos fornecedores e clientes. Como a crise de liquidez dos anos 30 abalou seriamente a capacidade dos bancos de funcionar, uma crise de liquidez das corporações poderia romper a produção e os investimentos das empresas. Em tal situação, a liquidez de bancos e de empresas não-financeiras seria bastante interligada [...].[17]

A fragilidade de financiamentos das corporações nos EUA foi combinada com uma situação mais potencialmente ameaçadora no próprio setor financeiro. As instituições americanas de empréstimos e poupança (Savings & Loans) tiveram enormes perdas em conseqüência de investimentos especulativos permitidos pela desregulamentação financeira. No início de 1989, uma análise muito detalhada das perdas prováveis nesse setor chegou a quase US$ 150 bilhões, com 85% do prejuízo cobertos pelos cofres públicos (por causa das garantias oficiais aos investidores). A análise do custo para resolver a *Thrift Crisis* também concluiu sombriamente que "os problemas entre as S&L foram obscurecidos da visão da opinião pública, uma obrigação do contribuinte para com bancos falidos que em outros tempos seria altamente perturbadora". Os autores explicam:

> Dado o grande número e o volume dos bens de bancos fragilizados, a extensão pela qual [...] técnicas contábeis escondem perdas de valores de mercado, é possível que as perdas na atividade de bancos comerciais pudessem eclipsar as da atividade de S&L, especialmente se a economia entrar em recessão antes que a fraca capitalização de muitos bancos seja corrigida.[18]

Essas perdas, originando-se nos EUA na agricultura, imóveis, indústria petrolífera e nos empréstimos aos países subdesenvolvidos, reduziriam o capital de muitos dos grandes bancos a um nível perigosamente baixo.

Apesar dessas condições serem específicas dos EUA, houve uma atividade tremendamente especulativa também no mercado japonês. O *boom* dos preços das ações nos anos 80 empurrou os preços, em relação ao valor básico dos ativos, bem acima do nível de 1973, embora a taxa básica de lucros no Japão fosse bem menor do que a praticada no início dos anos 70. Com lucratividade mais baixa do que antes na atividade produtiva em indústrias e serviços, parte da explicação da alta dos preços das ações foi a expectativa de ganhos contínuos de capital sobre ativos nas mãos de empresas, tais como prédios de escritórios no centro de Tóquio. No final de 1990, no entanto, o *boom* do mercado de ações entrou em colapso com uma queda de 40% em relação ao momento de maior alta. Isso ameaçou a viabilidade dos grandes bancos que usaram ganhos de capital em sua carteira de ações como base de capital para um grande aumento nos empréstimos, especialmente para *property companies*.

(c) Conclusões

O sistema financeiro dos países capitalistas avançados apresenta um quadro notavelmente menos tranqüilizador do que os indicadores de intensidade de conflito sobre distribuição examinados na Seção 1. Essa base para a renovação acumulada de capital que parecia ter sido indicada pela inflação reduzida e pelos lucros restaurados (e refletida numa desigualdade crescente) coexistiu com tensões financeiras severas. O impacto global sobre a escala, o padrão e os efeitos da acumulação de capital são o assunto da próxima seção.

4. Acumulação de capital

(a) Investimentos empresariais

Os investimentos empresariais entraram em colapso durante 1974-75, e sua recuperação durante o resto do período de interchoque foi modesta pelos padrões da era de ouro. Então, a taxa de crescimento do capital em ações do comércio foi de 5,4% ao ano durante 1973 para 4,4% ao ano durante 1979; o declínio foi maior no Japão e menor nos EUA (ver Tabela IX). A indústria sofreu declínio ainda mais acentuado, especialmente na Europa, onde a taxa de crescimento do estoque de capital caiu pela metade entre 1973 e 1979, chegando a 2% ao ano.

Os três anos de crescimento muito lento depois de 1979 provocaram a estagnação dos investimentos fixos. Em 1983, a taxa de crescimento do capital em ações do comércio estava crescendo a menos de 1% ao ano. Houve forte aumento de investimentos depois de 1982, mas o tão propalado *boom* de investimentos não foi tão forte quanto o crescimento médio durante as recessões e a recuperação dos anos 60. Apesar disso, vindo depois de uma década de fracos investimentos, a recuperação impulsionou a taxa de crescimento do estoque de capital. Para os países capitalistas avançados, a taxa de acumulação empresarial recuperou-se para 4,6% ao ano em 1989 e 3,2% na indústria. Para o comércio, a taxa de acumulação ainda estava em torno de um quinto (Japão) a um terço (Europa) abaixo da taxa de 1973; na indústria, a queda foi maior (um quarto no Japão e metade na Europa).

Enquanto até o começo dos anos 80 o declínio na acumulação seguia amplamente o declínio na lucratividade, o padrão subseqüente de recuperação é surpreendente. No Japão, onde depois de 1973 mais caiu e menos se recuperou a taxa de lucro, a taxa de acumulação recuperou-se em grande parte, e no final dos anos 80 não estava muito abaixo da registrada em 1973.[19] Na Europa, onde anos de estagnação e desemprego em massa de maneira geral restauraram a lucratividade, a recuperação da acumulação foi muito experimental. Os Estados Unidos viram tendências menos pronunciadas em lucros e investimentos (ver Gráficos II-IV).

Parte da explicação para o investimento japonês flutuante provavelmente reside no fato de que, apesar de sua queda acentuada, a taxa de lucros no Japão ainda parece ter sido mais alta do que em outro lugar qualquer (embora as conclusões possam ser experimentais devido às dificuldades em fazer comparações de lucratividade entre países com diferentes critérios de cálculo). Desde 1973, a taxa média de lucro no comércio tem sido maior do que em outros grandes países com estimativas mais comparáveis (16% no Japão se comparado com 11% na Alemanha e nos EUA, e 6% na Grã-Bretanha). Além disso, a taxa de lucro ficou muito mais estável no Japão do que na maioria dos demais países, fator importante para manter a confiança capitalista.

A falta de relação entre recuperação de lucros e resposta de investimentos é confirmada pelos dados para o setor industrial de um grande número de países. O Japão não é de maneira alguma o único caso "perverso". O Canadá e a Noruega asseguraram rápidos aumentos de investimentos sem recuperação de lucros nos anos 80 e o crescimento de investimentos industriais.[20] Essa análise é confirmada pela análise econométrica mais sofisticada mostrando que a lucratividade é uma entre diversas influências sobre os investimentos.[21] Certamente, sugere que o aumento da lucratividade não é necessário nem suficiente para assegurar um aumento de investimentos.

Parece provável que a fraqueza específica de investimentos industriais, o setor em que a competição internacional foi extremamente forte e crescente nos anos 80, deve algo à instabilidade financeira internacional. Variações anuais relevantes em taxas reais de câmbio deixaram os retornos do setor industrial mais incertos se comparados a setores mais protegidos da competição. Juntamente com os temores de protecionismo, aumentou também a atração do investimento direto nos mercados de serviços estrangeiros em lugar de exportações. Durante os anos 80, nos países da OCDE (e com especial rapidez nos EUA, cuja taxa de câmbio flutuou espetacularmente), tal investimento interno direto cresceu duas vezes mais do que as importações.[22]

Desde 1979 observou-se em alguns países forte reversão no padrão de investimento, que se afastou do setor industrial na direção dos setores financeiro e de distribuição. Na Grã-Bretanha, entre 1979 e 1989, o investimento na indústria e na agricultura estagnou, na distribuição aumentou em dois terços e no setor financeiro triplicou. Os dados sugerem um padrão similar, possivelmente mais exagerado, nos EUA. Em outros países, como a França, a Alemanha e a Finlândia, não houve tendência observável para a distribuição de investimento, e a tendência a favor das finanças foi menos extrema.[23]

Além do investimento empresarial, deviam ser consideradas também três outras categorias de gastos relevantes ao potencial de crescimento a longo prazo: investimentos governamentais em infra-estrutura, gastos em educação e despesas em pesquisas e desenvolvimento. Na OCDE, investimentos governamentais (categoria mais ampla do que investimentos em infra-estrutura, incluindo habitação, hospitais e assim por diante) caíram em média 3,4% do PNB em 1979 para 2,8% em 1989. Em muitos países (Grã-Bretanha, Alemanha, Suécia, Bélgica, Dinamarca, Austrália, Nova Zelândia), o corte foi de mais de um terço e provavelmente incluiu um severo declínio no investimento em infra-estrutura.

Os gastos em educação saíram-se melhor do que os em infra-estrutura: de onze países com dados (incluindo os Estados Unidos e a Grã-Bretanha), a Holanda foi o único a acusar queda substancial da parcela gasta em educação do PNB. Com fatores demográficos geralmente favoráveis, o gasto real por estudante cresceu para 1,1% ao ano em média nos países da OCDE, embora fosse menos do que 1,8% gasto na segunda metade dos anos 70. A experiência por país foi bastante diversificada: nos EUA os gastos por estudante aceleraram de 0,6% ao ano para 4,2% ao ano; na Grã-Bretanha continuaram a declinar a mais ou menos 2% ao ano, enquanto no Japão e na Suécia caíram depois de 1980, tendo subido mais de 4% ano no final dos anos 70. Gastos em pesquisa e desenvolvimento foram um dos poucos itens dos anos 80 a sugerir um crescimento futuro melhorado. O gasto real nesse setor cresceu em média 5,6% ao ano no período 1980-85, comparado com 3,9% ao ano durante os anos 70. A Alemanha e a Grã-Bretanha foram exceções notáveis, pois reduziram investimentos em pesquisa e desenvolvimento.[24]

Tabela IX
Taxa de acumulação 1960-89
(% média anual das taxas de crescimento do estoque de capital)

	Comércio					
	1960-73	1973-79	1979-89	1979	1983	1989
EUA	3,7	-3,7	3,5	4,3	2,8	3,5
Europa	5,2	3,8	2,9	3,6	2,6	3,4
Japão	12,4	6,6	7,3	6,6	6,5	9,4
PCA	5,0	4,1	3,9	4,4	3,2	4,6
	Indústria					
	1960-73	1973-79	1979-89	1979	1983	1989
EUA	4,0	3,9	2,3	4,1	1,3	2,1
Europa	5,1	2,4	1,3	2,1	0,8	2,0
Japão	12,4	5,4	6,3	4,9	5,4	7,6
PCA	5,5	3,6	2,9	3,5	1,9	3,2

Fonte: Armstrong et al., *Capitalism since 1945*, Tabelas A5 e A6.

Gráfico II
Estados Unidos: taxas de acumulação e lucro, 1960-89

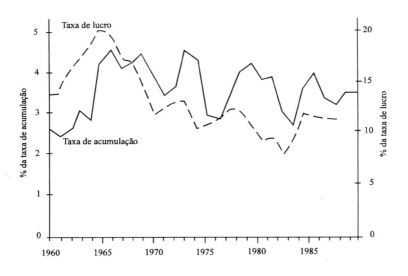

Gráfico III
Japão: taxas de acumulação e lucro, 1960-89

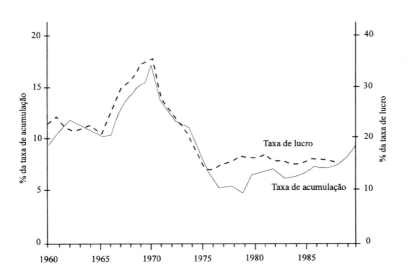

Gráfico IV
Europa: taxas de acumulação e lucro, 1960-89

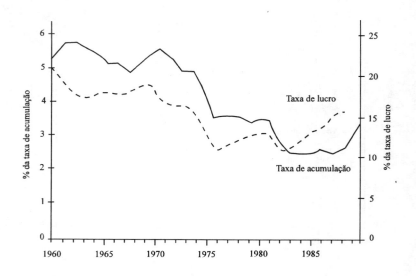

(b) Investimento e crescimento da produtividade

Diminuição do ritmo de investimentos não apenas representa crescimento mais lento da demanda, mas também retarda o crescimento da produtividade. Em média, manteve-se o crescimento menor da produtividade no período de interchoque, e na Europa em geral houve declínio no crescimento da produtividade.

O declínio no crescimento da produtividade comparado com a era de ouro foi particularmente grande no Japão (redução de 5-6% ao ano no comércio e indústria) e menor no resto (1,5 a 3% ao ano no comércio da Europa e dos EUA). O padrão comum era que o crescimento da produtividade diminuísse tanto quanto e geralmente muito mais do que o crescimento fixo de capital por trabalhador.[25] Assim, enquanto o fator geral responsável pela queda de produção foi o declínio da acumulação, mesmo o investimento rendeu ganhos de produtividade menores.[26]

Tabela X
Produtividade da mão-de-obra

	EUA	Japão	Europa
Comércio			
1960-73	2,2	8,6	4,2
1973-79	0,0	2,9	2,3
1979-89	0,5	3,0	2,2
Indústria (por hora)			
1960-73	3,3	10,3	6,0
1973-79	1,4	5,5	4,0
1979-89	3,6	5,5	3,2

Fontes: OCDE *Economic Outlook*, junho de 1992, Tabela 43, *Monthly Labour Review*, maio de 1991, Tabela 50.

Nos anos 80, acelerações marcantes no crescimento da produtividade na indústria limitaram-se a poucos países — Grã-Bretanha e EUA, onde o investimento no setor estava estagnado, e provavelmente Finlândia, onde foi mais promissor. Nesses casos, a produtividade recuperou-se da estagnação do interchoque e se aproximou da era de ouro, com taxas de crescimento pré-1973. Para o setor comercial, parece, apenas na Nova Zelândia houve crescimento significativo da produtividade nos anos 80 (mas de 1,2 para 1,4% ao ano), e apenas aí foi dentro de 1% da taxa de crescimento anterior a 1973. O crescimento da produtividade nos serviços foi geralmente mais lento nos anos 80 do que nos 70, e mais ainda do que nos 60. A virada de investimentos na direção do setor de serviços observada em vários países não parece ter produzido grandes ganhos de produtividade. Um estudo recente feito pela OCDE[27] notou a falha da recuperação nas indústrias de serviços de "informação-intensiva" — comércio varejista e atacadista, transportes e comunicações, finanças e serviços comerciais, citando como possíveis explicações investimentos mal-feitos e o tempo exigido para que os empregados aprendam a lidar com novas tecnologias.

O caso mais espetacular de recuperação de produtividade foi representado pela indústria da Grã-Bretanha, onde o crescimento da produtividade horária acelerou de 1,1% ao ano em 1973-79 para 4,2% ao ano em 1979-89. O fato de que isso refletiu a racionalização mais do que a modernização é indicado pelo próprio investimento industrial fraco assinalado. Um exame cuidadoso sugere28 que o "efeito de choque" da severa recessão da indústria da Grã-Bretanha (a produção caiu 14% entre 1979 e 1981) foi o principal fator dessa recuperação de produtividade. As fábricas maiores e mais sindicalizadas tiveram parcela desproporcional de fechamentos e mostraram maior aumento de produtividade. Empresas dispensaram o excesso de mão-de-obra que era o legado do período interchoque, quando o crescimento lento foi combinado a pressões sindicais e governamentais para a manutenção de empregos. Os exemplos mais dramáticos de racionalização aconteceram nas indústrias nacionalizadas, aço e carvão, depois de greves longas e amargas. Na indústria de carvão britânica, a produtividade mais que dobrou depois da greve dos mineiros de 1984-85; por volta de 1989, o emprego era um terço do nível de sete anos antes, enquanto jazidas "antieconômicas" eram fechadas e aumentava a produtividade nas demais. No setor privado, o padrão de confronto com a mão-de-obra e subseqüente racionalização foi menos dramático. Mesmo se na Grã-Bretanha persistissem mais atitudes de "cooperação" dos trabalhadores e sindicatos, é difícil ver quão rápido o crescimento da produtividade poderia ser mantido sem um nível muito mais alto de investimento industrial do que estava por vir, mesmo antes da recessão que começou em 1990.

O crescimento de produtividade gerado pela racionalização, com produção estagnada e emprego em queda, teve forte impacto não-igualitário na Grã-Bretanha. Os que mais sofreram foram os que perderam os empregos e continuaram desempregados ou aceitaram empregos que remuneravam menos. Os trabalhadores da indústria britânica que mantiveram os empregos conseguiram aumentos reais de salários de mais de um quarto na década após 1979; mas o salário real em geral diminuiu, os lucros cresceram muito mais rápido do que os salários e os dividendos cresceram mais rápido do que os lucros. Em 1989, os dividendos reais eram 73% mais altos na indústria britânica do que em 1979, enquanto o salário real em geral estava 5% mais baixo.[29] Longe de fornecer incentivos para maior investimento em produtividade (e dessa maneira expansão a longo prazo de produção e empregos), essa redistribuição obtida mediante mão-de-obra foi desperdiçada em consumo de ganhos de capital e em superinvestimentos especulativos no setor de serviços.

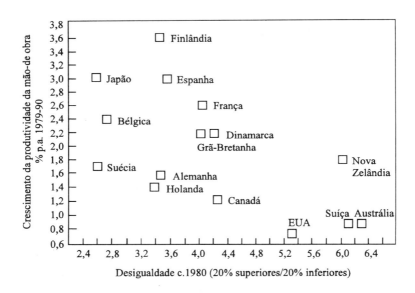

Gráfico V
Desigualdade e produtividade 1979-90

Fontes: OCDE *Economic Outlook*, *World Development Report*.

Existe uma crença geral de que aumentar a desigualdade se justifica com o objetivo de obter taxa de crescimento mais rápida. O respeitado *World Development 1991*, do Banco Mundial — geralmente criticado por prestar pouca atenção à desigualdade —, observou que "não há evidência de que a poupança esteja positivamente relacionada com a desigualdade de renda ou que a desigualdade de renda leve a maior crescimento. De certa forma, parece, a desigualdade está associada com um crescimento lento" (p. 1137). Enquanto os números do Banco Mundial se referem principalmente aos países em desenvolvimento, a mesma relação também vale para os países capitalistas avançados (ver Gráfico V). As economias com a mais desigual distribuição de renda no começo dos anos 80, como os EUA e Suíça, mostraram crescimento da produtividade muito mais lento no comércio durante a década seguinte do que países como o Japão, a Bélgica e a Suécia, onde aparentemente a renda era mais bem distribuída.[30] Enquanto algumas políticas simultaneamente pioravam a distribuição de renda e aceleravam o crescimento da produtividade num setor restrito da economia (como mostra o exemplo da indústria britânica discutido antes), a alegação geral de aumentar a desigualdade para acelerar o crescimento não recebe apoio empírico. Ainda assim, o retorno da estagnação no começo dos anos 90 foi acompanhado de um reforço das pressões do FMI e de outras organizações internacionais pelas políticas de promoção das desigualdades dos anos 80, como a seção final mostrará.

5. Nos anos 90

A expansão do final dos anos 80 foi bastante moderada. Somente em 1984 e em 1988 o crescimento da OCDE excedeu 4%, e em nenhum desses anos de pico atingiu a média de crescimento de 1960-73. O crescimento desacelerou para 1% em 1991 e para 1,8% (segundo a previsão talvez otimista da OCDE) em 1992. A Grã-Bretanha, os EUA e a Suécia estavam entre os oito países da OCDE em que o PNB foi mais baixo em 1991 do que em 1990; somente na Finlândia, particularmente atingida pelo colapso dos mercados na ex-URSS, esperava-se queda do PNB pelo segundo ano em 1992.

Muita atenção foi dada à queda do consumo, enquanto os domicílios aumentavam sua taxa de poupança com o objetivo de pagar débitos. Essa extrema fraqueza do consumo caracterizou a Grã-Bretanha, mas no restante foi um caso da média de poupança parar de cair de maneira que o consumo não estava mais crescendo a uma velocidade excepcional.[31] O investimento comercial desempenhou papel muito importante na diminuição, caindo 7% nos EUA em 1991 (a maior queda desde 1975) e 12% na Grã-Bretanha (a maior queda do pós-guerra). Até mesmo para o Japão, onde os investimentos cresceram muito rapidamente nos anos 80 (ver Seção 4), prevê-se queda de investimentos no comércio em 1992 (a primeira queda desde 1975), e a OCDE indagou se até aquele nível de investimento e, dessa maneira, crescimento do estoque de capital, seria sustentável. O *boom* de investimentos na Alemanha em 1989-91 (o maior desde os anos 60) também se esgotou em 1992.

Fator que contribuiu para a desaceleração de investimentos foi a reversão das fáceis condições de crédito dos anos 80, com os bancos restringindo seus empréstimos a fim de restaurar seus balancetes e ressarcir calotes acumulados. A OCDE observou:

> Problemas estruturais foram menos pronunciados nos mercados de crédito da Europa do que nos dos EUA e Japão. Apesar disso, o peso das dívidas alcançou níveis perigosos na Grã-Bretanha [...]. Em alguns países nórdicos, os bancos sofreram séria deterioração na qualidade de seus ativos. (*Economic Outlook*, junho de 1992, p. 17).

Na Suécia, o novo governo conservador foi forçado a socorrer bancos que tinham se metido em confusão como resultado da política de liberalização financeira dos social-democratas.

A OCDE e o FMI estão pedindo esforços redobrados para a consolidação fiscal e a desregulamentação do mercado. Refletindo o aumento nos déficits federais enquanto diminui o crescimento e (como na Suécia e na Grã-Bretanha) as porcentagens de tributação,[32] a OCDE está pedindo redução nos empréstimos públicos com o objetivo de não excluir investimentos privados assim que se recuperarem as economias da OCDE. O FMI acredita que orçamentos mais apertados (cortando os gastos do governo sem aumentar a tributação) logo ampliarão a produção maior e o emprego, "na medida em que a oferta e a demanda aumentem como resposta ao aumento da eficiência, produtividade e crescimento da renda".[33]

As duas organizações argumentam, em termos praticamente idênticos, a favor de maior desregulamentação do mercado-mão-de-obra; a OCDE, por exemplo, afirma:

> Os altos custos de admissão e demissão, exigências de salário mínimo e sistemas de barganha de salários que não se coadunam

com as condições locais do mercado parecem — apesar de reformas esporádicas — constituir obstáculo aos ajustes imediatos do mercado-mão-de-obra e, dessa maneira, à criação de empregos.[34]

Talvez o mais significativo ajuste no pensamento ortodoxo, contrário à tendência de reduzir o papel econômico do governo desde o final dos anos 70, seja enfatizar mais a importância do treinamento.

6. Conclusões

A OCDE espera que o desemprego se estabilize em 1993 em torno de 7,5% na OCDE e de 9,5% na Europa, 0,5% mais baixo do que os níveis de pico do começo dos anos 80. O que pode ser otimista. Este texto documentou o importante processo de estabilização do conflito doméstico nos países capitalistas avançados nos anos 80, como testemunhado pelo declínio nas taxas de inflação, déficits orçamentários, níveis de greves e pela restauração bem disseminada da lucratividade (ver Seção 1). Além disso, a tendência anterior para o igualitarismo foi moderada ou revertida na maioria dos países (ver Seção 2). No núcleo europeu, a disponibilidade de empregos diminuiu; a redução na desigualdade de rendimentos, especialmente a remuneração feminina, foi em geral paralisada ou revertida, como aconteceu com a tendência crescente de gastos no estado de bem-estar social. A progressividade do sistema de tributação foi reduzida; houve grandes ganhos de capital de ações e a pobreza esteve em alta. Esses alicerces centrais da ortodoxia — disciplina social e financeira combinada com maiores incentivos — fracassaram notoriamente em criar as bases para a expansão durável no final dos anos 80. A recuperação de investimentos acontecida nos anos 80 deixou as taxas de acumulação, especialmente na Europa, bem abaixo das alcançadas na era de ouro. O investimento na indústria foi particularmente fraco e em geral não respondeu à recuperação da lucratividade. Vários países presenciaram importante reversão no padrão de investimento, direcionada para distribuição e finanças, setores particularmente ligados aos *booms* de consumo e relativamente isolados da cada vez mais intensa — e, com taxas de câmbio oscilantes, cada vez menos previsível — competição internacional. O crescimento de produtividade foi geralmente fraco na indústria, com a notável exceção da Grã-Bretanha e de alguns outros países, onde feroz racionalização foi levada a efeito, mas com conseqüências fortemente não-igualitárias. Nos serviços, onde se concentrou a maior parte dos investimentos, o crescimento da produtividade foi muito lento (ver Seção 4). De fato, a expansão ocorrida no final dos anos 80 foi impelida e distorcida pela expansão insustentável do crédito (ver Seção 3). O desenrolar dos padrões resultantes de fragilidade financeira, especialmente nos EUA, no Japão e na Grã-Bretanha, está agindo como ímpeto deflacionário contínuo. Nada intimidados, o FMI e a OCDE estão defendendo o desdobramento de políticas de ortodoxia financeira e desregulamentação de mercados (ver Seção 5). Para eles, o fracasso de suas receitas políticas de gerar a esperada recuperação sustentada mostra apenas, axiomaticamente, que não foram executadas com a firmeza necessária.

Notas

1. As seções 1-4 baseiam-se num trabalho preparado para o Projeto Macroeconômico WIDER, para ser publicado em J. Epstein e H. Gintis, eds., *The Political Economy of Investment, Saving and Finance*. O trabalho contém dados detalhados sobre cada país. Agradeço os comentários aos editores Steven Marglin e Wendy Carlin.
2. Sobre isso, ver A. Glyn e B. Sutcliffe, "Global and Leaderless?", em R. Miliband e L. Panitch, orgs., *Socialist Register 1992*, Londres, 1992.
3. Para uma interpretação desse período ao longo dessas linhas, ver P. Armstrong, A. Glyn e J. Harrison, *Capitalism Since 1945*, Oxford, 1991.
4. O grupo da OCDE inclui América do Norte, Japão, Austrália e os países europeus "periféricos" (Espanha, Grécia, Portugal e Irlanda) com baixa renda per capita e grandes setores agrícolas; o "núcleo" europeu (Bélgica, França, Alemanha, Itália, Holanda, Suíça, Grã-Bretanha) exclui esses periféricos e também o grupo de países "corporativistas" cuja política e performance partilhavam algumas mas nem todas características. Ver J. Pekkarinen, M. Pohjola e R. Rowthorn, orgs., *Social Corporatism*, Oxford, 1992. Não são ponderadas as médias para os dois grupos de países europeus e para a OCDE (exceto Tabelas I, II, III).
5. Ver D. Coe *et al.*, "The Desinflation of the 1980s", OCDE *Economic Studies*, 9, 1988; e C. Gilbert, "Primary Commodity Prices and Inflation", *Oxford Review of Economic Policy*, n° 4, 1990.

6. Em tal comparação, a produtividade tem de ser ajustada para a mudança dos preços do consumidor (que deflacionam salários reais) relativos aos preços de valor agregado da indústria (que deflacionam a produção e a produtividade da indústria). Tais mudanças nos preços relativos refletem diversos fatores, como termos de comércio, taxação indireta, crescimento da produtividade na indústria e serviços que variam substancialmente entre países (durante 1979-87 os preços ao consumidor subiram 4% mais rápido no Japão do que os preços de valores agregados da indústria e 0,2% menos na Dinamarca) e através do tempo (nos EUA a diferença aumentou de 0,5% ao ano durante 1973-79 para 2,5% ao ano durante 1979-87).

7. A natureza excepcional da recuperação dos lucros na Grã-Bretanha é analisada em A. Glyn, "The 'Productivity Miracle', Profits and Investments", em J. Michie, ed., *The Economic Legacy 1979-82*, Londres, 1992.

8. A Grécia foi excepcional, visto que as proporções de débito estavam subindo no final dos anos 80. A fonte para os débitos dos governos é OECD *Economic Outlook*, dezembro de 1990, Tabela 34.

9. Ver R. Rowthorn e A. Glyn, "The Diversity of OECD Unemployment", em S. Marglin e J. Schor, orgs., *The Golden Age of Capitalism*, Oxford, 1990.

10. Para a Grã-Bretanha, ver M. Adams, "The distribution of earnings 1973 to 1986", Departamento de Emprego, Londres, 1988; para os EUA, B. Bluestone e B. Harrison, *The Great U-Turn*, Nova York, 1988.

11. Dados de OCDE *Employment Outlook*, 1987.

12. Ver em particular a contribuição de Bob Rowthorn para Pekkarinen *et al.*, eds., "Social Corporatism, Wage Dispersion and Labour Market Performance".

13. O problema com esses dados é que incluem consumo do governo e investimento em bens públicos tradicionais (defesa, administração pública) e em serviços econômicos e infra-estrutura (mas não juros de dívidas). Cortes substanciais (em torno de 1% do PNB) em subsídios ocorreram em diversos países (Grã-Bretanha, Finlândia, Grécia, Irlanda, Noruega, Nova Zelândia, Portugal); embora não incluam gastos em bem-estar social, tais subsídios geralmente têm forte função igualitária em manter empregos ou reduzir os preços de serviços essenciais.

14. Estimativas sugerem que o consumo fora de rendas de propriedades caiu como parcela da produção levada ao mercado entre 1973 e 1979, mas cresceu agudamente durante 1979-86, especialmente nos países do núcleo europeu. Ver A. Glyn, "Corporatism, Patterns of Employment and Access to Consumption", em Pekka-rinen *et al.*, orgs., *Social Corporatism*.

15. Ver *ibid*.

16. Dados de OCDE *Economic Outlook*, junho de 1992, p. 115.

17. B. Bernanke e J. Campbell, "Is There a Corporate Debt Crisis?", *Brookings Papers on Economic Activity*, I, 1988, p. 96.

18. D. Brunburgh, A. Carron e E. Litan, "Clearing up the Depository Institutions Mess", *Brookings Papers on Economic Activity*, I, 1988, pp. 250, 283.

19. A recuperação da taxa de lucro dependia da razão produção-capital e da parcela de lucro; nos anos 80, a tendência de queda nas razões capital-produção foi detida, enquanto os preços dos bens de capital cresciam mais lentamente do que os preços da produção. Em 1987, a taxa de lucro da Europa estava no nível de 1973 no comércio e indústria, embora ainda abaixo do pico de 1960; no Japão a taxa de lucro do comércio estava em torno de dois terços, e taxa da indústria a menos da metade das taxas de 1973. As taxas nos EUA eram em torno de um quinto a um terço abaixo das regitradas em 1973. Para mais detalhes, ver Armstrong et al., *Capitalism Since 1945*, cap. 14.

20. Gráfico 4.3 em A. Glyn, "The 'Productivity Miracle', Profits and Investment", confirma isso. Dados em R. Ford e P. Poret, "Business Investment in the OECD Countries", OCDE *Economic Studies*, n° 16, 1991, mostra que o crescimento dos investimentos no comércio acelerou acentuadamente (mais de 2% ao ano) depois de 1979 na Finlândia, no Japão, na Suécia, na Suíça, na Bélgica e na Grã-Bretanha (se comparado ao crescimento durante 1970-79); no entanto, desacelerou acentuadamente na Noruega, na Dinamarca, na Grécia e na Irlanda. Colocados ao lado dos cálculos da OCDE para a participação de lucros no comércio (OCDE *Economic Outlook*, dezembro de 1990, Tabela 55), que é menos que ideal por ser o bruto do capital de consumo e incluir aluguéis de casas, esses dados sugerem falta similar de relação entre recuperação de lucros nos anos 80 e resposta de investimentos de tal maneira que na indústria (nem a participação de investimentos nem a taxa de crescimento de investimentos no comércio nem sua aceleração nos anos 80 é significativamente correlacionada com a participação nos lucros no comércio no começo dos anos 80 ou sua mudança durante os anos 80).

21. V. Bhaskar e A. Glyn, "Profitability and Investment: Evidence from the Advanced Capitalist Countries", a sair em H. Gintis e J. Epstein, orgs., *The Political Economy of Investment, Saving and Finance*.

22. É muito importante observar que a relativa fraqueza do investimento industrial *não* refletiu um crescimento relativamente lento da produção industrial. Entre 1979 e 1990, este cresceu 2,6% ao ano na OCDE em comparação com 2,7% ao ano para a produção total. A percepção generalizada de "desindustrialização" refere-se ao *emprego* na indústria, que caiu 0,3% ao ano, enquanto o emprego total subiu 1,2% ao ano; por sua vez, o declínio na participação do emprego industrial refletiu crescimento muito mais rápido de produtividade na indústria. Para um estudo completo, ver R. Rowthorn e J. Wells, *Deindustrialisation and Foreign Trade*, Cambridge, 1987.

23. Ver Grafico 4.4 em A. Glyn, "The 'Productivity Miracle', Profits and Investment". Dados para investimentos de finanças geralmente incluem ativos cedidos em *leasing* para outros setores. No caso da Grã-Bretanha, é possível corrigir isso, mas em outros países (incluindo EUA e Noruega), onde aparentemente o investimento financeiro foi muito flutuante nos anos 80, nenhuma correção parece possível. Apesar disso, parece provável alto nível de investimento "genuíno" no setor financeiro desses países.

24. Os dados sobre investimentos governamentais e gastos em educação são de Oxley *et al.*; sobre pesquisa e desenvolvimento, de S. Englander e A. Mittelstadt, "Total Factor Productivity: Macro-economic Structural Aspects of the Slowdown", OCDE *Economic Studies*, n° 10, 1988.

25. Ver Gráfico 14.3 em Armstrong et al., Capitalism Since 1945.

26. P. Romer, "Crazy Explanations of the Productivity Slowdown", em NBER *Macroeconomic Annual*, Chicago, 1987, apresenta um modelo teórico em que o crescimento da produtividade depende, por causa das economias de escala, muito mais estreitamente da acumulação de capital do que a tradição neoclássica permite; isso parece compatível com a antiga relação entre crescimento de capital por trabalhador e a produtividade, mostrada por Romer e por Glyn *et al.*, "The Rise and Fall of the Golden Age", em Marglin e Schor, *The Golden Age of Capitalism*. Englander e Mittelstadt também fornecem evidência de que a contribuição da acumulação de capital na diminuição de produtividade após 1973 é maior do que indica a contabilidade de crescimento neoclássica convencional; enfatizam também o papel do lento crescimento da produção, em si parcialmente um reflexo dos fracos investimentos.

27. Englander e Mittelstadt.

28. N. Oulton, "Labour Productivity in UK Manufacturing in the 1970s e 1980s", National Institute Economic Review, n° 132, 1990.

29. A. Glyn, "The 'Productivity Miracle', Profits and Investments", Tabela 4.2.

30. Dados para dezesseis países da OCDE de *World Development Report 1991*, Tabela 30, sobre a proporção de renda recebida pelos 20% superiores e 20% inferiores; e de OCDE *Economic Outlook*, dezembro de 1991, Tabela 48, para crescimento de produtividade no setor comercial. Os dados de desigualdade excluem lucros não-distribuídos (ou os ganhos de capital que aumentam), mas certamente sugerem que a desigualdade na distribuição de renda pessoal não está, como geralmente se afirma, associada com o crescimento mais rápido (através, por exemplo, da maior disponibilidade de poupança dos ricos ou maior esforço de trabalho de gerentes graduados).

31. Ver OCDE *Economic Outlook*, junho de 1992, Tabela 35.

32. Déficits governamentais tinham diminuído de 4% do PNB em 1983 para 1% em 1989; em 1992 representavam 3% do PNB, e a proporção de débito para o PNB estava aumentando novamente na Europa e nos EUA (OCDE *Economic Outlook*, junho de 1992).

33. FMI *World Economic Outlook*, maio de 1992, p. 16.

34. OCDE *Economic Outlook, junho de 1992, p. xi.*

4

A DESIGUALDADE MUNDIAL NA DISTRIBUIÇÃO DE RENDA E O FUTURO DO SOCIALISMO

Giovanni Arrighi

A tese deste artigo é que os grandes levantes políticos de nossos dias — da Europa oriental e União Soviética ao Oriente Médio — originaram uma transformação radical da estrutura social da economia mundial, combinada com uma desigualdade de renda persistente, cada vez mais profunda, entre regiões e jurisdições políticas em que a economia mundial se divide.[*]

A transformação radical a que me refiro começou logo após o final da Segunda Guerra Mundial. Ganhou impulso nos anos 60 e minguou no final dos anos 70 e 80. Como disse sucintamente Eric Hobsbawm,

> o período de 1950 a 1975 [...] viu a mudança social mais espetacular, rápida, abrangente, profunda e global já registrada na história mundial [...] [Este] é o primeiro período em que o campesinato se tornou minoritário, não apenas nos países industriais desenvolvidos — em vários deles permaneceu muito forte — mas mesmo nos países do Terceiro Mundo.[1]

A mudança em questão atravessou as divisões Leste-Oeste, Norte-Sul e foi resultado primordialmente de ações propositais com o objetivo de estreitar as diferenças que por volta de 1950

---

[*] Este artigo é uma versão ampliada e revisada de um trabalho apresentado na Sexta Conferência sobre o Futuro do Socialismo: Socialismo e Economia, organizado pela Fundacion Sistema, Sevilha, 14-16 de dezembro de 1990. Gostaria de agradecer a Terence K. Hopkins, Mark Selden e Beverly Silver os comentários sobre uma versão anterior.

separavam a riqueza dos povos situados no lado privilegiado das duas divisões (o Ocidente/Norte) da relativa ou absoluta privação dos povos situados nos lados não-privilegiados (o Leste e o Sul). A mais importante dessas ações foi os governos buscarem o desenvolvimento econômico. Ao trazer para dentro de suas fronteiras algumas características dos países mais ricos, como a industrialização e a urbanização, os governos esperavam capturar o segredo de seu sucesso e dessa maneira equiparar sua riqueza e poder. Importantes também como complemento ou como substituto de ações governamentais foram iniciativas de organizações privadas ou de indivíduos — mais notadamente a migração de mão-de-obra, de capital e de recursos empresariais pelas fronteiras nacionais.

Apesar de sucessos individuais, essas ações fracassaram na tentativa de promover distribuição mais eqüitativa de riqueza na economia capitalista mundial. Pouquíssimos países conseguiram atrair parte da riqueza global, e muitos indivíduos conseguiram o mesmo resultado atravessando fronteiras. Mas essas conquistas de algumas nações e de muitos indivíduos não mudaram a hierarquia geral da riqueza. Ao contrário, depois de mais de trinta anos de todos os tipos de esforços de desenvolvimento, são hoje maiores do que nunca as diferenças que separam a renda do Leste e do Sul em relação ao Ocidente/Norte.

Nos anos 80, nações do Leste e do Sul encontraram-se numa situação em que internalizaram elementos da estrutura social dos países mais ricos através da "modernização", mas não conseguiram internalizar sua riqueza. Em conseqüência, seus governos e seus grupos dominantes não tinham os meios de atender às expectativas nem de acomodar as reivindicações das forças sociais que criaram com a modernização. E a rebelião dessas forças começou a gerar uma crise das ideologias e das práticas desenvolvimentistas. A crise do comunismo na Europa oriental e na URSS é apenas um lado da moeda da crise geral do desenvolvimentismo. O outro é a crise da variante capitalista do desenvolvimentismo — crise mais claramente visível na ascensão do fundamentalismo islâmico no Oriente Médio e no norte da África, mas, numa forma ou noutra, aparente no Sul.

Examinarei a seguir a crescente desigualdade na distribuição global de renda, porque, na minha visão, ela está se tornando rapidamente o assunto central de nossa época. Admitirei que os processos de urbanização e de industrialização alcançaram profundamente o Sul e que numerosos países do Terceiro Mundo vêm se industrializando rapidamente. Mas não presumirei, como muitos, que "industrialização" e "desenvolvimento" sejam a mesma coisa. Tão arraigado está esse ponto de vista que permaneceu inatacado apesar da recente onda de desindustrialização em vários dos países mais ricos e poderosos do Ocidente. Essas nações continuam a ser identificadas como "industriais" ou "industrializadas", enquanto a rápida industrialização correspondente de países comparativamente pobres é considerada equivalente ao "desenvolvimento". Essa visão obscurece o fato de que a industrialização foi perseguida não como um fim em si mesmo, mas como um meio de buscar a riqueza. Se a industrialização representou "desenvolvimento", depende de ela ter sido um meio eficaz ou não de alcançar seu objetivo. Como mostramos em outra parte, a eficácia da industrialização em desenvolver riqueza na economia mundial declinou com sua expansão até que, na média, seus retornos se tornaram negativos.[2]

Enfocando as cada vez mais profundas e persistentes desigualdades na distribuição de renda no espaço da economia capitalista mundial, quero sublinhar simplesmente que — algumas exceções à parte — a expansão da industrialização não cumpriu o que prometia. Houve muita industrialização (e ainda mais urbanização) com incalculáveis custos humanos e ecológicos para as pessoas envolvidas. Mas houve pouca equiparação com o padrão de riqueza estabelecido pelo Ocidente. A industrialização ou, mais geralmente, a modernização, fracassou em cumprir suas promessas, e essa falha está na raiz dos sérios problemas enfrentados atualmente pela maior parte dos países do Leste e do Sul. Esses problemas não são locais nem conjunturais, mas sistêmicos e estruturais. São problemas do sistema mundial a que pertencem tanto o Ocidente/Norte quanto o Leste e o Sul. Previsões e projetos relacionados ao futuro do socialismo no Ocidente/Norte que ignoram as origens sistêmicas e as conseqüências desses problemas são, na melhor das hipóteses, irrelevantes e, na pior, perigosamente enganosos.

O padrão em transição de sucesso e fracasso econômico

O que queremos dizer ao afirmar que o comunismo "fracassou" na Europa oriental e na URSS, ou que foi "bem-sucedido" no Japão e no restante da Ásia oriental? Claro que povos diferentes significam coisas diferentes. Ainda assim, em nossa mente aparece um padrão razoavelmente universal a partir do qual avaliamos a performance de regimes políticos e econômicos ao redor do mundo. Esse padrão é a riqueza do Ocidente/Norte — não de nenhuma região em particular ou jurisdição política em que o Ocidente/Norte está dividido, mas do Ocidente/Norte como conjunto de unidades diferenciadas engajadas em cooperação e em competição mútuas.

A prosperidade dessas unidades constituintes está sujeita a contínuos altos e baixos, o que pode importar muito às unidades mais afetadas; mas parece justificadamente irrelevante quando se trata de avaliar a performance de Estados e regiões que não pertencem ou até recentemente não pertenciam ao agrupamento Ocidente/Norte. Quando dizemos que o comunismo fracassou na Europa oriental e o capitalismo foi bem-sucedido no Japão, estaríamos nos referindo a Suécia, Alemanha, França, Grã-Bretanha, Estados Unidos, Canadá ou Austrália? A todos em geral e a nenhum em particular. O que de fato estamos referindo, intencionalmente ou não, é algum tipo de média ou padrão de riqueza múltiplo que em algum grau cada região e jurisdição política do Ocidente/Norte desfrutou durante muito tempo, embora não no mesmo grau o tempo todo.

Com o objetivo de tornar menos imprecisa a avaliação do sucesso ou do fracasso na economia mundial, usarei como indicador desse padrão composto o PNB per capita do que chamarei "núcleo orgânico" da economia capitalista mundial. Para os nossos objetivos, defino "núcleo orgânico" como todos os Estados que no último meio século mais ou menos ocuparam as posições mais elevadas na hierarquia global da riqueza e, em virtude dessa posição, estabeleceram (individual e coletivamente) os padrões de riqueza que todos os governos procuraram manter e todos os demais tentaram obter.

Esses Estados pertencem a três regiões geográficas distintas. A mais segmentada delas, cultural e jurisdicionalmente, é a Europa ocidental — definida aqui para incluir a Grã-Bretanha, os países da Escandinávia e do Benelux, a ex-Alemanha Ocidental, a Áustria, a Suíça e a França. Os Estados na margem externa, a oeste e ao sul dessa região (Irlanda, Portugal, Espanha, Itália e Grécia), não foram incluídos no núcleo orgânico, porque, na maior parte dos últimos cinqüenta anos, foram "relações pobres" dos países europeus ocidentais mais ricos — relações pobres que não contribuíram para o estabelecimento de um padrão global de riqueza, mas que, por intermédio de seus governos, estavam lutando mais e mais com sucesso para alcançar os níveis desfrutados pelos vizinhos. As duas outras regiões incluídas no núcleo orgânico são menos segmentadas cultural e jurisdicionalmente. Uma é a América do Norte (Estados Unidos e Canadá) e a outra — pequena em população mas grande em território — consiste da Austrália e da Nova Zelândia.

A Tabela I mostra, em anos selecionados do último meio século, o PNB per capita de cada uma das três regiões como uma porcentagem per capita do núcleo orgânico — ou seja, dessas mesmas regiões tomadas como unidade. Entre parênteses, a tabela mostra também a população de cada região como uma porcentagem da população total do núcleo orgânico. A característica mais digna de nota na tabela é o amplo alargamento, seguido por estreitamento constante, e um eventual desaparecimento, da diferença de renda entre a América do Norte e a Europa ocidental — as duas regiões onde se concentra a maior parte da população do Ocidente/Norte.

Essa trajetória reflete tendências bem conhecidas da economia mundial durante o período em consideração. O alargamento inicial das diferenças reflete o "grande salto para a frente" experimentado pela economia norte-americana durante a Segunda Guerra Mundial e nos anos imediatos ao pós-guerra. Graças a esse grande salto, a América do Norte ultrapassou todas as outras regiões da economia mundial, incluindo a Europa ocidental. Estabeleceu-se um padrão novo e mais elevado de riqueza, e começou uma corrida para alcançar esse padrão. Na busca desse objetivo, e com considerável assistência institucional e financeira da nova potência hegemônica (os EUA), os países da Europa ocidental reestruturaram suas economias domésticas à imagem e semelhança da economia norte-americana.

Tabela I
Performance econômica comparativa no Ocidente (núcleo orgânico)

	1938	1948	1960	1970	1980	1988
I. Europa Ocidental	83,2	56,5	65,7	73,5	103,0	91,4
	(57,0)	(51,2)	(48,9)	(47,7)	(45,7)	(44,1)
II. América do Norte	121,6	149,3	137,0	127,4	98,6	109,7
	(40,5)	(46,0)	(48,0)	(49,0)	(50,7)	(52,1)
III. Austrália e	134,4	84,6	67,4	76,3	81,7	67,0
Nova Zelândia	(2,4)	(2,8)	(3,1)	(3,3)	(3,6)	(3,8)
Média Ponderada	100,0	100,0	100,0	100,0	100,0	100,0
(Total)	(100,0)	(100,0)	(100,0)	(100,0)	(100,0)	(100,0)

Notas:
1. Os números representam PNB per capita de cada região dividido pelo PNB per capita das três regiões tomadas conjuntamente multiplicados por 100. Entre parênteses, população da região como porcentual da população das três regiões juntas.
2. A Europa ocidental consiste dos países do Benelux e da Escandinávia, Alemanha (Ocidental), Áustria, Suíça, França e Reino Unido; América do Norte consiste de Estados Unidos e Canadá.

Fontes: Os PNBs per capita das regiões foram calculados com dados fornecidos por W. S. Woytinsky e E. S. Woytinsky, World Population and Production: Trends and Outlook, Nova York, 1953, para 1938 e 1948; pelo Banco Mundial, World Development Report, Washington D.C., para 1982 e 1990, e World Tables, vols. 1 e 2, Washington D.C., 1984, para os outros anos.

Como mostrado na Tabela I, tal esforço foi muito bem-sucedido. Por volta de 1970, a diferença de renda que separava a Europa ocidental da América do Norte retornava aos níveis de 1938 e, por volta de 1980, desaparecia. A tabela, na verdade, mostra que em 1980 a renda per capita da Europa ocidental ultrapassou a da América do Norte, mas nos anos 80, mais uma vez, decaiu bastante. Esses últimos altos e baixos na prosperidade relativa das regiões européia-ocidental e norte-americana devem-se em grande parte a flutuações do dólar americano em relação às moedas da Europa ocidental. Se tais flutuações constituem apenas ajustes cíclicos que marcam o fim do processo de equiparação dos trinta anos anteriores ou se são precursoras de mudanças estruturais subjacentes que preparam nova grande diferenciação na prosperidade dessas duas regiões, como aconteceu entre 1938 e 1948, é questão que escapa aos objetivos deste artigo. Para o que pretendemos, é suficiente dizer que a desigualdade de renda no último meio século entre as regiões do núcleo orgânico foi menor nos anos 80 do que em qualquer outra época. Essa conclusão mantém-se constante mesmo que levemos em conta a trajetória mais errante da região australiana — de longe, demograficamente, a menos significativa das três. Em 1938, essa região era a mais rica do núcleo orgânico. Como a Europa ocidental, experimentou entre 1938 e 1948 uma piora aguda de posição em relação à América do Norte, mas, ao contrário da Europa ocidental, continuou a perder terreno entre 1948 e 1960. Depois de 1960, sua posição relativa começou a melhorar, mas depois de 1980 deteriorou novamente. Tendo começado como a mais rica das regiões ricas, em 1988 a Austrália e a Nova Zelândia terminaram como a mais pobre das três.

Essa trajetória errática não altera a conclusão de que, no último meio século, os diferenciais de renda entre as regiões do núcleo orgânico da economia mundial nunca foram tão baixos como nos anos 80. Dessa maneira, a razão entre o maior e o menor PNB regional per capita ficou em 1,6 em 1938, 2,6 em 1948, 2,1 em 1960, 1,7 em 1970, 1,3 em 1980 e 1,6 em 1988. Em suma, se confinarmos nossa atenção às regiões mais ricas da economia mundial, algumas das reivindicações mais fundamentais das ideologias pró-capitalistas parecem confirmar-se. Somente uma vez em cinqüenta anos houve um grande aumento na desigualdade de renda, que — ao incitar os retardatários a competir mais eficazmente — ativou forças que com o tempo reduziram as desigualdades. Além disso, dentro dessa estreita e estável faixa de desigualdades, parece ter havido considerável mobilidade para cima e para baixo. O último pode realmente tornar-se o primeiro e vice-versa.

Milagres e miragens

Doutrinas pró-capitalistas sustentam que o pequeno grupo de nações que estabelece o padrão de riqueza da economia mundial é um "clube" aberto, pronto a admitir qualquer nação que prove seu valor mediante de políticas e esforços adequados de desenvolvimento. Essa crença foi reforçada pela existência de alguns casos notáveis de mobilidade ascendente na hierarquia de riqueza da economia mundial — casos que, por serem tão poucos, na verdade merecem a designação de "milagres econômicos". Quantos desses milagres aconteceram? Quão "real" foram? Como se comparam entre si?

A Tabela II nos dá uma visão geral dos casos mais importantes de milagres econômicos supostos ou reais. Mostra — pelos mesmos anos que a Tabela I — o PNB per capita dos locais listados no lado esquerdo da tabela como porcentagem do PNB per capita do núcleo orgânico. Entre parênteses, mostra também a população dessas localizações como porcentagem da população total do núcleo orgânico.

Tabela II
Milagres econômicos comparativos

	1938	1948	1960	1970	1980	1988
I. Ásia Oriental						
I. 1 Japão	20,7	14,5	23,2	52,1	76,3	117,9
	(20,3)	(23,1)	(22,8)	(22,6)	(23,5)	(23,4)
I. 2 Coréia do Sul	—	—	7,7	7,2	12,7	20,2
			(6,0)	(7,0)	(7,7)	(8,0)
II. Sul da Europa						
II. 1 Itália	32,0	22,8	37,0	50,4	60,9	74,8
	(12,6)	(13,2)	(12,1)	(11,6)	(11,3)	(11,0)
II. 2 Espanha	41,6	18,4	18,6	28,9	48,0	43,4
	(4,8)	(8,0)	(7,4)	(7,3)	(7,5)	(7,5)
III. América Latina						
III. 1 Brasil	12,0	11,3	12,1	12,7	17,5	12,1
	(11,4)	(14,1)	(17,6)	(20,7)	(23,8)	(27,6)

Nota:
Os números representam o PNB per capita do Estado dividido pelo PNB per capita do núcleo orgânico (veja Tabela I) multiplicado por 100. Entre parênteses, população do Estado como porcentagem da população total do núcleo orgânico.
Fontes: As mesmas da Tabela I.

Para evitar mal-entendidos, é bom deixar claro que não tomamos a renda per capita relativa — medida pela proporção dos PNBs per capita — como indicador válido e confiável do bem-estar dos habitantes da região ou jurisdição a que o coeficiente se refere em relação ao dos habitantes do núcleo orgânico. Dessa maneira, quando dizemos que na maior parte dos últimos cinqüenta anos o PNB per capita do Brasil foi de um oitavo (mais ou menos 12%) do do núcleo orgânico — como mostrado na Tabela II —, não estamos dizendo que o bem-estar dos habitantes do Brasil foi oito vezes menor do que o dos habitantes do núcleo orgânico. Deve ter sido mais ou menos do que isso, dependendo de uma série de circunstâncias, tais como diferenças na distribuição de renda ou nos custos sociais e humanos envolvidos na produção de uma certa renda — sobre a qual nosso indicador nada diz. Nem consideramos os coeficientes de PNB per capita indicadores válidos e confiáveis da produtividade média dos habitantes da região ou jurisdição a que se refere a taxa em relação à produtividade média dos habitantes do núcleo orgânico. Também desse ponto de vista, se a produtividade média dos habitantes do Brasil realmente se manteve constante ou não a um oitavo da produtividade média dos habitantes do núcleo, depende das circunstâncias — tais como diferenças/mudanças em termos de comércio, taxas de câmbio, alegações sobre a renda de habitantes de outros Estados, pagamentos de transferência da ou para a região ou jurisdição, e assim por diante — sobre as quais nada diz nosso indicador.

A proporção dos PNBs per capita é um bom indicador — e melhor do que qualquer outro facilmente disponível — na medida em que representa o domínio dos habitantes da região ou jurisdição a que se refere sobre os recursos naturais e humanos do núcleo orgânico, relativo ao domínio dos habitantes do núcleo orgânico sobre os recursos naturais e humanos daquela região ou jurisdição. Então, nosso indicador nos informa que o domínio médio dos habitantes do Brasil sobre os recursos naturais e humanos é (e tem sido para quase a totalidade dos últimos cinqüenta anos) aproximadamente oito vezes menor do que o domínio do núcleo orgânico sobre os recursos naturais e humanos do Brasil.

A relação de domínio econômico desigual entre duas localidades da economia mundial não deve ser confundida com a noção de "troca desigual" de Emmanuel Arghiri.[3] Pelo menos em princípio, a relação de domínio econômico desigual pode existir e persistir entre domínio econômico desigual.[4] Mas, qualquer que seja o tipo de relação entre dois tipos de desigualdade num tempo e num lugar determinados, o domínio econômico relativo medido por nosso indicador é uma expressão não da troca desigual como tal, mas da totalidade das relações de poder (política, econômica, cultural) que têm privilegiado os habitantes do núcleo orgânico nos seus negócios diretos e indiretos com os habitantes das regiões e das jurisdições que estão fora do núcleo orgânico.

Recorrendo agora à Tabela II, verifica-se que a lista é encimada pelo milagre dos milagres: o Japão. Nosso indicador fornece uma imagem bastante nítida da façanha japonesa. Mostra tanto a extraordinária distância econômica "percorrida" pelo Japão quanto a velocidade com que a percorreu. Com PNB per capita ligeiramente um quinto acima (20,7%) do PNB do núcleo orgânico, em 1938, o Japão estava firmemente no comando do grupo de Estados (semiperiférico) com renda média. Em 1988, em contrapartida, o PNB per capita do Japão era cerca de 20% mais elevado do que a média do PNB do núcleo orgânico. Essa ascensão é tanto mais impressionante porque, entre 1938 e 1948, o PNB per capita do Japão caiu de 20,7% para 14,5% em relação ao PNB per capita do núcleo orgânico. Então, em apenas quarenta anos o Japão alcançou e ultrapassou o padrão de riqueza das regiões cujo PNB per capita era quase sete vezes maior do que o seu próprio.

O próximo país da lista é a Coréia do Sul — demograficamente o maior dos chamados " Quatro Tigres". Os outros três "Tigres" não estão listados, seja porque faltam dados comparativos (como o caso de Taiwan, para o qual nenhuma de nossas fontes fornece dados), seja porque são cidades-Estado (Hong Kong e Cingapura), cuja performance econômica deve ser avaliada conjuntamente com a das economias regionais de que são componentes inseparáveis.

Afirma-se que a Coréia do Sul está a caminho de repetir a façanha do Japão. Pode ser, mas os dados da Tabela II sugerem cautela. A Coréia do Sul, ao contrário do Japão, apenas nos anos 70 e 80 começou a ganhar terreno em relação ao padrão de riqueza do núcleo orgânico. Além disso, sua ascensão começou em um nível per capita muito mais baixo do que o Japão. Em conseqüência, em 1988 a posição relativa da Coréia do Sul em relação ao núcleo orgânico foi quase a mesma do Japão cinqüenta anos antes, em 1938. Acontece que — apesar de impressionante de outros pontos de vista — a ascensão econômica da Coréia do Sul ainda tem um longo caminho a percorrer antes que se possa dizer que repetiu a façanha do Japão. Se tivéssemos dados de comparação, seria possível afirmar que Formosa se saiu tão bem ou até melhor do que a Coréia do Sul. De qualquer maneira, devemos ter em mente que o milagre econômico sul-coreano (e ainda mais o de Formosa) envolveu uma massa demográfica bem menor do que o Japão.

O segundo grupo de milagres econômicos listado na Tabela II trata dos dois maiores países do sul da Europa, Itália e Espanha. Nos anos 80, a Itália, algumas vezes, foi chamada "o Japão da Europa", e a Espanha, com freqüência, tomada pelos europeus orientais (particularmente os da Polônia) como modelo do que seus países poderiam fazer se não estivessem sob domínio comunista. A comparação dos indicadores italianos e japoneses realmente revela uma analogia importante entre as trajetórias: ambas decrescem acentuadamente entre 1938 e 1948 e depois aumentam com firmeza até os anos 80. A principal diferença — além do maior peso demográfico do Japão — é que a trajetória italiana é menos encorajadora do que a japonesa: começa em um nível mais alto (32 contra 20,7) e termina num nível mais baixo (74,8 contra 117,9). A Itália, dessa maneira, nunca se equiparou (muito menos ultrapassou, como o Japão) ao padrão de riqueza do núcleo orgânico. Todavia, por volta de 1988, a Itália tornara-se mais rica do que a região pobre do núcleo orgânico (Austrália e Nova Zelândia), e seu PNB per capita era apenas 25% mais baixo do que o do núcleo orgânico como um todo.

A trajetória espanhola é ainda menos "encorajadora" do que a italiana. Cai marcadamente entre 1938 e 1948, cresce entre 1960 e 1980 e decresce levemente nos anos 80. Como resultado dessas flutuações, o PNB per capita da Espanha, como porcentagem do PNB per capita do núcleo orgânico, era em 1988 quase o mesmo de 1938 (43,4% contra 41,6%). Desse ponto de vista, o milagre espanhol — tal como foi — lembra menos o milagre japonês do que o "milagre" brasileiro, que atraiu muito mais atenção no final dos anos 70, para somente nos anos 80 ser percebido como mais uma miragem.

A característica mais notável da trajetória brasileira como revelada pelo nosso indicador é de absoluta e quase ininterrupta horizontalidade. De 1938 a 1970, o PNB per capita do Brasil permaneceu estacionário em mais ou menos 12% do PNB per capita do PNB per capita do núcleo orgânico. Entre 1970 e 1980, subiu até 17,5%, mas, por volta de 1988, retornava para seus 12% habituais. Foi esse salto para a frente temporário que no final dos anos 70 levou muita gente a anunciar que surgia de um novo milagre econômico e que o Brasil encontrava-se a caminho da equiparação com os padrões de riqueza do núcleo.

Mas o salto não passou de um espasmo numa trajetória absolutamente plana. Ainda assim, não devemos nos precipitar em classificar como miragem apenas o milagre brasileiro. Em comparação com milagres ao estilo japonês, ou mesmo italiano e coreano, as trajetórias do Brasil e da Espanha podem parecer retratar um fracasso menor em vez de uma grande história de sucesso. Mas tal avaliação baseia-se numa visão bastante distorcida do que foi um fato normal na economia capitalista mundial dos últimos cinquenta anos. Antes de fazer um julgamento final sobre a performance aparentemente pouco impressionante do Brasil e da Espanha, devemos ampliar o horizonte de nossas observações para abranger essas regiões que abrigam uma maioria em crescimento acelerado da população mundial.

A ampliação da diferença de renda entre ricos e pobres

O quadro geral que resulta da Tabela III (compilada como na Tabela II) é o crescimento substancial da já grande diferença de renda que havia cinquenta anos separava os povos do Sul dos povos do núcleo orgânico da economia capitalista mundial. Sem dúvida, como veremos, as diferenças ampliaram-se de maneira desigual no espaço e no tempo. Todavia, é inequívoca a tendência geral a longo prazo: a grande maioria da população mundial distancia-se cada vez mais dos padrões de riqueza do Ocidente.

Essa piora geral na posição econômica não afetou igualmente todas as regiões e agregados menores listados na Tabela III. Limitando nossas considerações às regiões e aos agregados com dados disponíveis sobre 1938 e 1988, a piora foi menor para a América Latina (quer se inclua ou não o Brasil) e maior para o sul da Ásia, seguida de perto pelo sul e região central da África. Mais especificamente, entre 1938 e 1988 as diferenças de renda entre as unidades citadas na Tabela III e o núcleo orgânico — medidas pelo cociente do PNB per capita do núcleo orgânico com o PNB per capita de cada unidade — foram aumentadas por um fator de 1,8 no caso da América Latina (ou 2,4 se excluirmos o Brasil), por um fator de 2,6 no caso do Sudeste Asiático (se medida pelo agregado "Indonésia e Filipinas"), por um fator de 2,7 no caso do Oriente Médio e norte da África (se medido pelo agregado "Turquia e Egito"), por um fator de 4,1 no caso da África Central e do Sul e por um fator de 4,6 no caso do sul da Ásia.

Nos últimos cinqüenta anos, essa desigualdade na deterioração da posição econômica relativa das regiões pobres provocou maior alargamento, em vez de estreitamento, nos diferenciais de renda entre as próprias regiões pobres. Dessa maneira, o cociente do maior para o menor PNB per capita das cinco unidades em consideração ficou em 4,2 em 1938, 4,6 em 1960, 5,5 em 1970, 9,9 em 1980 e 5,9 em 1988. (Não sabemos qual o cociente de 1948 porque não há dados sobre o agregado sudeste asiático, que na época presumivelmente ainda tinha a menor renda per capita de todas as cinco unidades. No entanto, é plausível considerar que entre 1938 e 1948 o índice do sudeste asiá-tico não caiu o suficiente [27% ou mais] para elevar o cociente em questão acima de seu valor de 1938.)

Em suma, nos últimos cinqüenta anos, as desigualdades de renda entre as regiões mais pobres da economia mundial seguiram um padrão que em aspectos-chave é o oposto exato do padrão seguido pelas desigualdades de renda entre as regiões ricas (ver "O padrão em transição de sucesso e fracasso econômico"). Entre 1938 e 1948, quando diminuíram acentuadamente as desigualdades de renda entre as regiões ricas, aconteceu o contrário, também de maneira acentuada, nas regiões mais pobres. Esses movimentos opostos provocaram uma tendência na desigualdade de renda nos últimos cinqüenta anos: decrescente nas regiões ricas e crescente nas regiões pobres.

Tabela III
Performance econômica comparativa no sul

	1938	1948	1960	1970	1980	1988
I. América Latina	19,5	14,4	16,7	15,5	19,8	10,6
	(31,1)	(38,3)	(45,7)	(53,7)	(63,8)	(72,9)
I. 1 Excl. Brasil	23,8	16,2	19,6	17,3	21,1	9,7
	(19,7)	(24,2)	(28,1)	(33,0)	(40,0)	(45,3)
II. Oriente Médio e	—	—	11,5	8,1	11,1	7,1
Norte da África			(19,6)	(22,5)	(27,5)	(32,0)
II.1 Turquia e	14,9	13,0	12,8	7,7	8,1	5,6
Egito	(9,8)	(10,9)	(12,9)	(14,8)	(17,5)	(19,9)
III. África Subsaariana						
III. 1 Ocidental e	—	—	3,6	3,4	4,7	1,6
Oriental			(36,8)	(42,3)	(51,7)	(65,1)
III. 2 Sul e Central	25,2	18,3	10,5	11,3	—	6,1
	(6,9)	(7,6)	(10,1)	(11,4)		(16,1)
IV. Sul da África	8,2	7,5	3,6	2,8	2,0	1,8
	(109,6)	(123,3)	(131,6)	(149,1)	(173,4)	(200,3)
V. Sudeste da Ásia	—	—	6,6	3,8	5,7	3,7
			(38,4)	(43,8)	(52,0)	(58,9)
V. 1 "Indonésia e	6,0	—	6,4	2,8	4,6	2,3
Filipinas"	(24,1)		(29,5)	(33,1)	(39,2)	(44,8)

Notas:
1. Os números representam o PNB per capita da região ou agregado dividido pelo PNB per capita do núcleo orgânico vezes 100. Entre parênteses, população da região (ou agregado) como porcentagem da população do núcleo orgânico.
2. Agregado I: Argentina, Bolívia, Brasil, Chile, Colômbia, República Dominicana, Equador, El Salvador, Jamaica, México, Paraguai, Peru e Venezuela. Agregado II: Argélia, Egito, Líbia, Sudão, Síria e Turquia. Agregado III.1: Benin, Burundi, Camarões, Chade, Etiópia, Costa do

Marfim, Quênia, Madagascar, Malaui, Mali, Mauritânia, Moçambique, Nigéria, Nigéria, Ruanda, Senegal, Somália, Tanzânia, Alto Volta. Agregado III.2: África do Sul, Zaire, Zâmbia e Zimbábue. Agregado IV: Bangladesh, Índia, Paquistão e Sri Lanka. Agregado V: Indonésia, Malásia, Filipinas, Tailândia e Cingapura.
Fontes: Como Tabelas I e II.

A diferença cada vez maior entre ricos e pobres tornou-se extremamente desigual não apenas no espaço, mas também no tempo. A maior parte das perdas do Sul relativas ao Ocidente concentrou-se na primeira e na última década do período de cinqüenta anos em consideração. Ao longo dos últimos cinqüenta anos, somente uma região (sul da Ásia) experimentou deterioração constante e ininterrupta na sua posição econômica relativa ao núcleo orgânico. Em um momento ou outro, todas as demais regiões experimentaram reversão dessa tendência: a América Latina em 1948-60 e de novo em 1970-80, a África do Sul e Central em 1960-70 e todas as outras regiões, exceto o sul da Ásia, em 1970-80. Mas, entre 1938-48 ou entre 1980-88, nenhuma região melhorou sua posição relativa ao núcleo orgânico. Durante esses dois períodos, todas as regiões listadas na Tabela III perderam terreno para o padrão de riqueza do núcleo orgânico, e em média as perdas foram muito mais pesadas nesses dois períodos do que em qualquer outra época.

As perdas do período 1938-48 são, em sua maior parte, reflexo do grande salto da economia norte-americana durante aquela década (ver "O padrão em transição de sucesso e fracasso econômico"), que fez todas as regiões da economia mundial — incluindo regiões tradicionalmente ricas como a Europa ocidental — parecerem e sentirem-se mais pobres em 1948 do que em 1938. Em termos relativos e absolutos, a destruição e a ruptura provocadas pela Segunda Guerra Mundial tornaram mais pobres muitas regiões e países. Mas, em termos absolutos ou relativos, as regiões do Sul não se saíram piores do que as regiões do núcleo, exceto a América do Norte, ou do que os protagonistas de milagres econômicos subseqüentes. Na verdade, comparativamente falando, saíram-se muito bem. Dessa maneira, todos os indicadores da Tabela III caíram entre 1938 e 1948 — a América Latina 27% (ou 32% se excluirmos o Brasil), o sul e a região central da África 26%, o Oriente Médio e o norte da África 13% e o sul da Ásia 8%. Mas essas contrações são da mesma ordem, ou significativamente menores, do que as contrações nos indicadores da Europa ocidental (32%), Austrália e Nova Zelândia (37%), Japão (30%), Itália (29%) e Espanha (56%) (calculado das Tabelas I e II).

Ao estabelecer um novo e mais elevado padrão de riqueza na economia mundial, o grande salto dos Estados Unidos armou o palco para esforços de desenvolvimento dos trinta anos subseqüentes. Aliás, a nova potência hegemônica (os EUA) proclamou que sob sua liderança novas e velhas nações poderiam alcançar esse padrão, desde que seguissem da melhor maneira possível a receita americana da prosperidade. Como depois codificada no "Manifesto não-comunista" de W. W. Rostow, essa doutrina dizia que as nações deviam passar por uma série de estágios essencialmente similares de desenvolvimento econômico e político — estágios que levavam da pobreza tradicional à prosperidade do consumo de massa. A maior parte das nações ainda estava presa a um ou outro dos estágios iniciais. Mas a aderência aos princípios do livre mercado asseguravam que, eventualmente, cada nação alcançaria o estágio do elevado consumo de massa.[5]

Uma variante (ou outra dessa doutrina) forneceu o cimento ideológico que deu coesão à ordem mundial dos EUA, até que nos anos 80 a doutrina foi tacitamente abandonada. Por mais ou menos trinta anos as nações do Terceiro Mundo foram continuamente pressionadas a esforços sustentados de desenvolvimento cujo objetivo era alcançar o padrão de alto consumo do povo norte-americano e, cada vez mais, do Ocidente inteiro, que acabou admitindo o Japão como membro honorário. Houve diversos sucessos parciais ou temporários, como testemunhados pelos numerosos aumentos nos indicadores da Tabela III. Mas, precisamente quando todos os indicadores rumavam na direção ascendente — como em 1980, com exceção do Sul da Ásia — todos, sem exceção, entraram em colapso no curso da década seguinte.

O colapso dos anos 80 diferiu quantitativa e qualitativamente da contração dos anos 40. Quantitativamente, foi muito mais pronunciado. Entre 1980 e 1988, o indicador para a América Latina (incluindo o Brasil) caiu 46% (54% se excluirmos o Brasil), o indicador para o Oriente Médio e norte da África caiu 27% (31% para o agregado menor "Turquia e Egito"), o indicador para a África Ocidental e Oriental caiu 66%, o indicador para o Sul da Ásia caiu 10% e para o sudeste da Ásia 35% (50% para o agregado menor "Indonésia e Filipinas"). Apesar de essas contrações se referirem a um período de oito anos, em vez de dez anos, elas são maiores — a maior parte muito maiores — do que as contrações correspondentes do período 1938-48.

Mas a principal diferença entre as duas contrações é mais qualitativa do que quantitativa. Como vimos, a contração mais antiga foi em grande parte reflexo do grande salto da economia norte-americana e marcou o começo de esforços sustentados de desenvolvimento com o objetivo de alcançar os altos padrões norte-americanos de consumo. A contração dos anos 80, em comparação, foi reflexo do colapso geral desses esforços e marcou seu abandono diante dos crescentes desafios de cima e de baixo.

O principal desafio veio de uma reviravolta na política e na ideologia da potência hegemônica mundial. Por volta de 1980, os Estados Unidos abandonaram a doutrina de desenvolvimento para todos em favor da doutrina segundo a qual, como meio de honrar o serviço de suas dívidas e manter seu crédito, os países pobres deviam concentrar seus esforços em economizar o máximo possível. A solvência, em vez do desenvolvimento, tornou-se a palavra-chave. Ao mesmo tempo, agências governamentais americanas e empresas aumentaram suas próprias dívidas — nacional e internacionalmente — e começaram a competir agressivamente com Estados mais pobres no mercado financeiro mundial. A reviravolta foi provavelmente o fator isolado mais importante no súbito colapso da renda do Terceiro Mundo no começo dos anos 80. Mas não foi o único. Os esforços de desenvolvimento foram desafiados tanto de cima quanto de baixo. O desafios de baixo foram extremamente diversificados, dependendo das circunstâncias locais. Rebeliões trabalhistas disseminadas e persistentes, a proliferação de organizações de base de ajuda mútua, movimentos religiosos de pessoas pobres (tais como a revitalização dos xiitas no Islã ou a Teologia da Libertação na América Latina), direitos humanos e movimentos democráticos, podem parecer que têm muito pouco em comum. Mas na última década foram variantes da resistência dos povos do Terceiro Mundo a ideologias desenvolvimentistas e práticas que, sem cumprir parcial ou integralmente suas promessas, impunham sobre grupos subordinados e classes custos sociais e humanos exorbitantes. Surpreendido entre desafios de cima e de baixo, um número cada vez maior de governos do Terceiro Mundo foi forçado ou induzido a desistir de seus esforços de desenvolvimento e estabelecer-se — mais ou menos com relutância — numa posição subordinada na hierarquia global de riqueza. Hoje, muito poucos dos que estão no poder no Sul — ou mesmo no Norte — ainda acreditam no conto de fadas do "Manifesto não-comunista" de Rostow. A maior parte sabe — mesmo quando não o dizem — que as nações do mundo não estão caminhando juntas para o consumo em massa. Em vez disso, estão diferencialmente situadas numa rígida hierarquia de riqueza em que a ascensão ocasional de uma nação ou duas deixa todas as outras mais firmemente entrincheiradas do que nunca na posição em que já se encontravam.

A legitimação dessa sombria realidade nas mentes e nos corações dos povos condenados a permanecer nos degraus mais baixos da hierarquia global de riqueza — povos que formam a vasta maioria da raça humana — é e continuará a ser problemática. No momento, no entanto, a legitimação dessas desigualdades mundiais de renda, sem precedentes, que surgiram nos anos 80 foi suavizada pela percepção geral da crise do desenvolvimentismo como sintoma, não do fracasso do capitalismo histórico como sistema mundial, mas de seus oponentes — principalmente o comunismo e, por extensão, o socialismo. Olhemos rapidamente a natureza e as origens dessa percepção.

O fracasso do comunismo numa perspectiva histórica mundial

O comunismo como forma de governo fracassou em muitos aspectos. Por consenso geral, no entanto, seu maior fracasso foi econômico — o fracasso de criar dentro de seus domínios uma abundância de meios comparável à do Ocidente. A escassez de dados comparativos dificulta a avaliação precisa das dimensões históricas desse fracasso. No entanto, nossas fontes fornecem dados suficientes para nos permitir algumas estimativas plausíveis. Esses dados foram usados para computar os indicadores da Tabela IV, calculados como os indicadores das Tabelas I e III. Mesmo insuficientes, os indicadores da Tabela IV nos dão alguma idéia das proporções históricas do que é comumente entendido como o fracasso do comunismo. Longe de alcançar os padrões de riqueza do Ocidente, o Leste distanciou-se cada vez mais deles. Entre 1938 e 1988, as diferenças de renda entre o núcleo orgânico e as três unidades sobre as quais temos dados comparativos nos pontos apropriados do tempo foram aumentadas por um fator de 2,3 no caso da China, por um fator de 2,4 no caso do agregado "Hungria e Polônia", e por um fator de 2,9 no caso da Iugoslávia. Como em todas as três instâncias os regimes comunistas foram estabelecidos em torno de 1948, na verdade sua performance deveria ser avaliada a partir daquele ano, em vez de a partir de 1938. Infelizmente, o único dado comparativo que temos para 1948 diz respeito a "Hungria e Polônia". Julgando a partir desse único caso, de certa maneira o desempenho foi melhor nos quarenta anos de regime comunista do que no período maior, pois sua posição econômica relativa piorou 1,7 em quatro décadas em vez de 2,4 em cinco décadas. No entanto, o desempenho não é tão melhor a ponto de nos impedir de concluir que os regimes comunistas fracassaram não apenas em alcançar os padrões ocidentais, mas também em manter sua distância abaixo desses padrões.

Desnecessário dizer que o fracasso assume proporções catastróficas se compararmos o desempenho econômico dos domínios do comunismo com os casos mais notáveis de mobilidade ascendente dentro do mundo capitalista. Dessa maneira, em 1938 o PNB per capita do Japão era mais ou menos metade do da Iugoslávia, cerca de dois quintos do agregado "Hungria e Polônia" e mais ou menos 5 vezes o da China. Em 1988, era mais de 8 vezes o da Iugoslávia, mais de 10 vezes o de "Hungria e Polônia" e mais de 65 vezes o da China. Além disso, até onde podemos julgar a partir do indicador "Hungria e Polônia", nessa comparação — ou em comparações análogas com a Itália ou a Espanha —, as perdas relativas dos últimos cinqüenta anos concentraram-se nos quarenta anos de domínio comunista (1948-88). Dessa maneira, entre 1938 e 1948, o PNB per capita de "Hungria e Polônia" não perdeu quase nada em relação ao do Japão; e até teve ganhos se comparado com o da Espanha. Nos quarenta anos seguintes, declinou 13,4 relativos diante do PNB per capita japonês, 5,6 relativos em comparação com o italiano e 3,9 diante do espanhol. Embora muitos povos da Europa oriental e a URSS sintam que o domínio comunista os impediu de equiparar-se pelo menos ao caso espanhol, tal sentimento não tem fundamentação lógica nem factual. Factualmente, não leva em conta o que tem sido a norma — em oposição à exceção — sob o domínio capitalista. E logicamente baseia-se na premissa falsa de que o padrão de riqueza estabelecido pelo Ocidente podia ter sido generalizado para proporção muito maior da população mundial. Tratemos primeiro da falta de fundamentos factuais.

Tabela IV
Desempenho Econômico Comparativo no Leste

	1938	1948	1960	1970	1980	1988
I. URSS	25,2	18,3	—	—	—	—
	(48,9)	(55,6)				
II. Europa Oriental						
II. 1 Hungria e	26,7	18,4	—	—	—	11,1
Polônia	(12,7)	(9,5)				(9,3)
II. 2 Iugoslávia	41,1	—	28,4	18,0	22,5	14,1
	(4,4)		(4,4)	(4,4)	(4,5)	(4,5)
III. China	4,1	—	—	—	2,5	1,8
	(129,4)				(196,9)	(208,0)

Fontes: Os indicadores são calculados da mesma maneira e provêm das mesmas fontes, como os indicadores das Tabelas II e III. As comparações feitas até aqui levam à conclusão de que os regimes comunistas fracassaram completamente em preencher suas expectativas e promessas de superar o capitalismo ocidental na criação de abundância. Como não temos razão para acreditar que a URSS e seus outros satélites europeus orientais, sobre os quais não dispomos de dados comparativos, saíram-se melhor do que "Hungria e Polônia" ou Iugoslávia, então podemos estender essas conclusões ao "império" soviético como um todo. Isso posto, não se pode concluir que o Leste como um todo — em oposição a alguns de seus componentes — teria se saído melhor economicamente se não estivesse sob domínio comunista.

Como argumentado na seção anterior, os poucos casos de "mobilidade para cima" na hierarquia de riqueza da economia capitalista mundial no último meio século foram bastante excepcionais e merecem a designação de milagres econômicos. A regra para países de média e baixa rendas não tem sido igualar os padrões de riqueza ocidentais (como fizeram o Japão e a Itália), tampouco de manter sua distância abaixo desses padrões (como o Brasil e a Espanha). Em vez disso, a regra tem sido *(a)* a ampliação das diferenças entre regiões e Estados ricos e pobres e *(b)* a manutenção do *status quo*, com os países ricos mantendo suas riquezas e os pobres permanecendo na pobreza, sem qualquer mobilidade entre os dois grupos.

Essa regra tem se aplicado aos domínios do poder comunista e a todos os demais domínios. Uma comparação dos indicadores das Tabelas III e IV revelam que a performance econômica do sistema comunista não foi melhor nem pior do que a das regiões que em 1938 e 1948 ocupavam posição similar na hierarquia global de riqueza. No que diz respeito à Europa oriental e à URSS, essas regiões eram a América Latina (incluindo ou excluindo o Brasil), a África Central e do Sul — região que por um curioso acidente estatístico tinha exatamente o mesmo PNB per capita da URSS tanto em 1938 quanto em 1948 — e, em menor extensão, o Oriente Médio e norte da África, como medido pelo agregado "Turquia e Egito". No que diz respeito à China, as comparações relevantes são com o sul e sudeste da Ásia, como medido pelo agregado "Indonésia e Filipinas".

No primeiro conjunto de comparações, entre 1938 e 1988 a Iugoslávia saiu-se pior do que a América Latina (não importa se incluirmos ou excluirmos o Brasil), mais ou menos como "Turquia e Egito" e muito melhor do que a África Central e do Sul"; e entre 1948 e 1988 "Hungria e Polônia" saíram-se melhor do que a África Central e do Sul e do que "Turquia e Egito", apenas um pouco pior do que a América Latina, incluindo o Brasil, e exatamente como a América Latina, excluindo o Brasil. A estabilidade a longo prazo do cociente do PNB per capita de "Hungria e Polônia", comparada com o da América Latina, excluindo o Brasil, é especialmente notável: 1,12 em 1938, 1,14 em 1948 e novamente 1,14 em 1988. Se esses indicadores servem de demonstrativo para a performance geral da Europa oriental e da URSS como um todo, podemos concluir que o fracasso dos regimes comunistas nessa região foi apenas relativo se comparado com as promessas e as expectativas de que um esforço de desenvolvimento centralizado e de "desacoplamento" dos circuitos globais do capital poderiam criar, dentro dos domínios do comunismo, uma abundância de meios comparável, ou até mesmo maior, à existente no Ocidente capitalista. Mas não é um fracasso diante do que alcançaram, no mesmo período, outras regiões de renda média que não recorreram ao planejamento centralizado nem se desligaram dos circuitos globais do capital. Planejamento centralizado ou não, desacoplamento ou não, regiões de renda média tenderam a permanecer regiões de renda média, perdendo terreno para regiões de renda alta e ganhando terreno sobre regiões de baixa renda.

Isso não significa, é claro, que uma ou mais das jurisdições políticas em que se dividiu a Europa oriental — e em que a Rússia poderia ter se dividido se tivesse sido fracionada durante a Segunda Guerra Mundial — não pudessem ser abençoadas por algum tipo de milagre econômico da variedade brasileira ou espanhola (talvez mesmo japonesa ou italiana) se não tivessem sido desacopladas durante quarenta anos. No que se refere à maioria da população da região, não consigo ver nenhuma razão válida para os ex-domínios do comunismo na Europa oriental e a URSS terem melhor desempenho, digamos, do que a América Latina, se não tivessem adotado o planejamento central e o desacoplamento. Na realidade, posso pensar em algumas boas razões para explicar por que provavelmente não conseguiriam. Antes de discutir essas razões, comparemos rapidamente o desempenho da China com o do sul e sudeste da Ásia.

Pelo que os dados valem, essa comparação estabelece até mesmo a mais forte evidência circunstancial de apoio à conclusão alcançada com base na comparação do desempenho da Europa oriental com o de outras regiões de renda média. Segundo a nossa fonte para 1938, a China era então a região mais pobre da Ásia.

Sua renda per capita era metade da do sul da Ásia e pouco mais de dois terços do sudeste asiático, como avaliado pelo agregado "Indonésia e Filipinas". Não temos dados sobre 1948. No entanto, uma vez que a destruição e a ruptura sofridas pela China entre 1938 e 1948, em conseqüência da invasão japonesa e da guerra civil, foram muito maiores do que as que atingiram as duas outras regiões — particularmente o sul da Ásia — a posição relativa da China às vésperas do estabelecimento do poder comunista em 1948 não podia ter sido melhor do que era em 1938.

Se esse for realmente o caso, os quarenta anos de comunismo testemunharam maior ganho relativo ao sul da Ásia e menor (ou uma perda menor) relativo ao sudeste da Ásia. Mas em 1988 o PNB per capita da China igual ao do sul da Ásia (contra apenas a metade em 1938 e talvez em 1948) e 78% do "Indonésia e Filipinas" (contra 68% em 1938). (Uma vez que de 1960 em diante "Indonésia e Filipinas" teve desempenho pior do que o maior agregado sudeste asiático [ver Tabela IV] é bem possível que, diante do sudeste da Ásia, o menor avanço da China tenha sido, na verdade, uma perda menor.)

Mas, se a China ganhou ou perdeu em relação ao sudeste da Ásia, o ganho ou a perda foi menor, certamente não tão grande quanto o ganho chinês diante do Sul da Ásia. Portanto, nossa conclusão prévia se sustenta. O fracasso econômico do comunismo é apenas relativo às expectativas irrealistas e às promessas dos próprios comunistas, que acharam que podiam levar as grandes massas demográficas a alcançar os padrões de riqueza ocidentais através de um desacoplamento sistemático dos circuitos globais de capital. No entanto, por nenhum esforço de imaginação, esse fracasso pode ser relacionado com o que foi conseguido por regimes que controlam regiões com níveis de renda comparáveis aos das regiões sob domínio comunista e que não se desacoplaram dos circuitos de capital. O fechamento ou a abertura para os circuitos globais de capital parece ter feito pouca diferença em deter (muito menos reverter) uma tendência geral cada vez maior de desigualdade na distribuição mundial de renda.

Fechamento *versus* abertura para os circuitos globais do capital fez, é claro, grande diferença em outros aspectos, principalmente em termos de status e poder no sistema mundial. Por mais de trinta anos depois do fim da Segunda Guerra Mundial, em conjunto ou separadamente, a URSS e a China conseguiram manter em xeque o alcance global da hegemonia americana e estender suas próprias redes de poder na direção do Sul — do Caribe à Indochina, do sul e leste da África ao Oriente Médio. Mesmo quando estava em crise nos seus momentos finais, a influência soviética na política mundial era muito maior do que todos os países latino-americanos juntos, e a influência chinesa, muito maior do que de todos os países do sul da Ásia juntos — só para considerar regiões de demografia e renda per capita comparáveis.

Além disso, fechamento versus abertura fez muita diferença no status e bem-estar do estrato social mais baixo das regiões em questão — estrato que nas regiões de média e baixa rendas constituem algo entre metade e dois terços da população. Como argumentado antes, a URSS provavelmente não se saiu melhor (e poderia ter feito pior) do que a América Latina na "corrida" para alcançar os padrões ocidentais de riqueza. Ainda assim, o estrato mais baixo de sua população saiu-se muito melhor do que o setor semelhante na América Latina (Brasil incluído) em melhorar os padrões de nutrição, saúde e educação. E a melhoria foi ainda maior para o estrato social mais baixo da China em comparação com o sul e o sudeste da Ásia.

Embora esquecidas neste momento de crise, essas conquistas sociais e políticas foram e continuam impressionantes. No entanto, foram obscurecidas e minadas pela alegação e pela crença dos grupos dominantes dos Estados comunistas (a URSS em particular) de que seus domínios estavam a ponto de alcançar os padrões do Ocidente, quando na verdade distanciavam-se cada vez mais. Enquanto isso acontecia, a capacidade de competir com o Ocidente militar, diplomática, cultural e cientificamente, diminuiu dramaticamente, enquanto as forças sociais criadas pela implacável modernização começaram a desafiar a competência de as elites dominantes cumprir o prometido. Afinal, a inabilidade estrutural das regiões de baixa e média renda de subir na hierarquia mundial de riqueza tornou-se um fator de crise política e ideológica tanto no Leste quanto no Sul. As grandes conquistas sociais e políticas dos regimes do Leste simplesmente tornaram suas crises mais visíveis e espetaculares do que as do Sul.

Riqueza oligárquica e a reprodução das desigualdades de renda

Chegou a hora de dar uma explicação plausível da aparente "lei de ferro" da hierarquia global de riqueza que se mantém no lugar, não importa o que façam ou deixem de fazer os governos nas posições mais baixas da hierarquia: se se desacoplam ou não dos circuitos globais de capital, se perseguem ou não poder e status no sistema inter-Estados, se eliminam ou não as desigualdades entre seus nacionais. Parece-me que um passo necessário na direção de tal explicação é reconhecer que os padrões de riqueza desfrutados pelo Ocidente correspondem ao que Roy Harrod uma vez definiu como "riqueza oligárquica" em oposição à "riqueza democrática". Essas noções opostas foram definidas por Harrod com referência à prosperidade pessoal — amplamente definida como renda a longo prazo — independentemente da nacionalidade ou da residência das pessoas em questão. Não obstante, com poucas modificações substanciais, as mesmas noções podem ser aplicadas à renda de longo prazo de indivíduos e membros de "domicílios nacionais" (Estados) emaranhados em redes globais de comércio e competindo entre si pelo controle dos recursos humanos e naturais do planeta.

Na conceituação de Harrod, as riquezas democrática e oligárquica são separadas por um "fosso intransponível". A riqueza democrática é o tipo de comando sobre recursos, disponível em princípio para todo mundo em relação direta com a intensidade e a eficiência dos seus esforços. A riqueza oligárquica, porém, não tem relação com a intensidade e a eficiência dos esforços de seus beneficiários, e nunca está disponível para todos, não importa quão intensos e eficientes sejam os esforços. Isso acontece, segundo Harrod, por duas razões principais: a primeira corresponde ao que entendemos normalmente por *exploração*. Não podemos *todos* controlar produtos e serviços que incorporam o tempo e o esforço de mais de uma pessoa de eficiência média. Se alguém o fizer, significa que uma outra pessoa está trabalhando por menos do que deveria obter se todos os esforços de igual intensidade e eficiência fossem recompensados de maneira igual. Além disso, e essa é a segunda razão, alguns recursos são escassos no sentido absoluto ou relativo ou são sujeitos a esgotamento ou saturamento pelo uso extensivo. Seu uso ou desfrute, portanto, pressupõe a exclusão de outros através do preço ou de um sistema de racionamento e leva à formação de lucros ou quase-lucros.[6]

A luta para obter riqueza oligárquica é, dessa maneira, basicamente autodestrutiva. Como enfatizado por Fred Hirsch — que resgatou do esquecimento a noção de riqueza oligárquica de Harrod — a idéia de que todos podem consegui-la é uma ilusão.

> Agindo sozinho, cada indivíduo tenta conseguir o melhor em sua posição. Mas a satisfação dessas preferências individuais em si altera a situação para outros em busca de satisfazer vontades similares. Uma rodada de transações para representar necessidades pessoais desse tipo deixa cada indivíduo com um acordo pior do que foi acertado, porque a soma de tais atos não aumenta de maneira correspondente a posição de todos os indivíduos tomados juntos. Existe um "problema adicional". Oportunidades para o progresso econômico, à medida que se apresentam consecutivamente para cada pessoa, não constituem oportunidades equivalentes para o progresso econômico. O que cada um de nós pode alcançar, todos não podem.[7]

Estados que buscam a riqueza nacional numa economia capitalista mundial enfrentam um "problema adicional" similar e em muitos aspectos mais sério do que numa economia nacional indivíduos enfrentam na busca da riqueza pessoal. As oportunidades para o progresso econômico, à medida que se apresentam em seqüência para cada Estado, não constituem oportunidades econômicas para o progresso de todos eles. Nesse sentido, o desenvolvimento econômico é uma ilusão. A riqueza do Ocidente é análoga à riqueza oligárquica de Harrod. Ela não pode ser generalizada porque se baseia em processos relacionais de exploração e processos relacionais de exclusão que pressupõem a reprodução contínua da privação relativa da maioria da população mundial.

Processos de exclusão são tão importantes quanto processos de exploração. Estes, como usados aqui, referem-se ao fato de que a pobreza absoluta ou relativa dos Estados situados nas esferas mais baixas da hierarquia de riqueza da economia mundial induz continuamente os governantes e os cidadãos a participar da divisão mundial de trabalho em troca de recompensas marginais, que deixam o grosso dos benefícios nas mãos de governantes e cidadãos dos círculos superiores. Processos de exclusão, por sua vez, referem-se ao fato de que a riqueza oligárquica dos Estados dos níveis superiores proporciona a seus governantes e cidadãos os meios necessários para excluir os governantes e cidadãos dos Estados dos níveis inferiores do uso e do desfrute dos recursos, que são escassos ou sujeitos à congestão.

Os dois processos são distintos mas complementares. Processos de exploração proporcionam aos países ricos e a seus agentes meios de iniciar e sustentar processos de exclusão. E estes geram a pobreza necessária para induzir os governantes e cidadãos de Estados comparativamente mais pobres a procurar ininterruptamente, em condições favoráveis aos Estados ricos, reentrada no mundo da divisão de trabalho.

Esses processos complementares operam muito desigualmente no tempo e no espaço. Na verdade, há períodos em que operam ineficazmente para criar a impressão de que realmente muitas nações estão "desenvolvendo-se" — construindo uma ponte sobre o fosso intransponível que separa a pobreza ou sua modesta riqueza da riqueza oligárquica do Ocidente. São períodos de crise sistêmica durante os quais as tentativas de a maioria alcançar a riqueza oligárquica — que por definição não pode ser generalizada — ameaçam fazê-la desaparecer também para a minoria.

Crises desse tipo tendem a acontecer sempre que a expansão produtiva do capital em localidades do núcleo começa a enfrentar lucros decrescentes. Aconteceu no final dos anos 60 e no começo dos anos 70. Naquela época uma "explosão de pagamentos" — como Phelps Brown denominou adequadamente[8] — varreu a maior parte da Europa oriental e, em menor extensão, a América do Norte e o Japão. Foi o primeiro sinal de que a expansão produtiva do capital em integrantes do núcleo estava aproximando-se rapidamente do ponto de diminuição dos lucros. A explosão de pagamentos estava ainda a pleno vapor quando ocorreu o primeiro "choque do petróleo" em 1973, em si o mais visível sinal de um aumento mais geral nos preços dos produtos primários depois de vinte anos de perdas relativas. Reduzida tanto pelo aumento dos salários quanto pelo aumento do preço das matérias-primas importadas, a lucratividade da expansão produtiva em localidades do núcleo declinou, e o capital buscou a valorização em novas direções.

Duas direções principais abriram-se à expansão capitalista. Por um lado, a expansão produtiva podia continuar em localidades mais periféricas não afetadas pelo aumento do custo da mão-de-obra ou beneficiadas pelos altos preços dos produtos primários. Por outro lado, a expansão da produção podia cessar e os lucros e outros excedentes pecuniários podiam ser investidos na especulação financeira objetivando adquirir bens de produção e reivindicações sobre receitas governamentais a preços baratíssimos. Na maior parte dos anos 70, esses dois tipos de expansão sustentaram-se mutuamente, gerando um fluxo maciço de capital e outros recursos na direção dos países de média e baixa rendas. Nos anos 80, porém, a segunda modalidade de expansão eclipsou a primeira e levou ao grande retorno dos recursos financeiros e outros para as localidades do núcleo.

O impulso nas duas direções (na direção de localidades mais periféricas e afastando-se delas) teve um efeito mais violento porque nos anos 70 a maior parte dos governos do Ocidente — em primeiro lugar e principalmente os Estados Unidos — continuou a buscar a expansão produtiva dentro de seus domínios territoriais sem perceber que tal expansão estava minando a lucratividade e assim matando a galinha dos ovos de ouro. À medida que a lucratividade em localidades do núcleo foi empurrada ainda mais para baixo pelas políticas governamentais, o capital voou na direção de localidades mais periféricas e para formas de investimentos, tais como depósitos designados em dólar, em bancos europeus ocidentais selecionados, que estavam além do alcance dos governos.

Essa separação entre os requisitos do capital do núcleo e as políticas dos governos do núcleo criaram as condições para o avanço econômico geral dos anos 70 — a única vez em que em cinqüenta anos todas as regiões de média e baixa rendas e jurisdições sobre as quais temos dados (com a única exceção do sul da Ásia) parecem ter estreitado as diferenças que as separavam do núcleo orgânico (ver Tabelas II, III e IV). Foi nessa época que países de baixa e sobretudo média renda foram assediados pelas instituições capitalistas do núcleo, com ofertas de linhas de crédito ilimitadas para investimentos produtivos ou improdutivos, bem como de *joint-ventures* e outras formas de assistência para a instalação de unidades produtivas que competissem entre si e com localidades do núcleo. Até mesmo os Estados comunistas receberam ofertas. Alguns deles foram beneficiados pela súbita cornucópia e conectaram-se rapidamente aos circuitos globais do capital, assumindo algumas das mais pesadas obrigações financeiras do mundo.[9]

Como estava, a cornucópia tinha de ter vida curta. Para começar, a súbita abundância de meios dos países de renda baixa e média levou à generalização e à intensificação dos esforços competitivos de desenvolvimento orientados na direção de uma forma ou outra de industrialização. Tais esforços foram inerentemente autoderrotistas. Por um lado, agravaram a escassez mundial de insumos cruciais a seu sucesso. Por outro, criaram superabundância dos seus produtos mais típicos, depreciando seu valor no mercado mundial. Cedo ou tarde, o momento da verdade chegaria — o momento em que só os mais competitivos desses esforços colheriam os benefícios da industrialização, enquanto todos os outros, com receitas muito aquém de seus custos, ficariam em dificuldades —, incluindo o custo do serviço da dívida adquirida no processo. Nesse ponto, a cornucópia mostrou seu outro lado. O crédito e outros tipos de assistência ficaram mais difíceis, e os perdedores foram forçados a alienar seus bens mais valiosos, ou seu faturamento futuro, ou ambos, como o único modo de evitar a perda de todo crédito.

Além disso, a abundância de meios desfrutada pelas nações de baixa e média rendas nos anos 70 tendeu a eliminar a separação entre as incrementadas predisposições especulativas do capital do núcleo e as políticas dos governos do núcleo. Quanto mais capital escorria para os Estados de baixa e média rendas, mais governos do núcleo compreendiam que suas tentativas de utilizar capital para a expansão da capacidade produtiva interna não eram apenas ineficazes, mas estavam generalizando os esforços de desenvolvimento que ameaçavam a estabilidade da hierarquia de riqueza sobre a qual repousava seu poder. Ao mesmo tempo, quanto mais a valorização do capital do núcleo passou a depender da alienação das receitas e bens dos países de baixa e média rendas, mais os donos do capital no núcleo precisaram de seus governos para legitimar e fazer cumprir a alienação.

Entre 1979 (segundo "choque do petróleo") e 1982 (calote do México), a onda virou. A contra-revolução Reagan-Thatcher entrou em cena e a crise geral dos esforços de desenvolvimento (Sul e Leste) foi precipitada. Os governos do núcleo começaram a oferecer máxima liberdade de ação a instituições capitalistas engajadas na especulação financeira e encorajaram ainda mais essa tendência alienando, por uma pechincha, seus próprios bens e suas futuras receitas. Os governos do núcleo, isolados ou coordenados, ofereceram aos capitais internos toda a assistência em seu poder, para obrigar nações de baixa e média rendas a honrar seus débitos.

Desnecessário dizer que o capital respondeu entusiasticamente a esse *new deal* com o qual nem o Sul nem o Leste podiam competir. Dessa maneira, enquanto a festa para o Sul e para o Leste terminara, os povos do Ocidente, ou pelo menos seus estratos superiores, passaram a desfrutar uma *belle époque* semelhante aos "lindos tempos" da burguesia européia oitenta anos antes. A mais notável semelhança entre as duas belles époques estava em que os beneficiários não compreenderiam que a prosperidade súbita e sem precedentes que passaram a desfrutar não repousava numa resolução da crise de acumulação que precedera os lindos tempos. Ao contrário, a recém-descoberta prosperidade repousava numa mudança da crise de um grupo de relações para outro. Era apenas uma questão de tempo antes que a crise refluísse mais problematicamente sobre aqueles que achavam que nunca tinham estado tão bem.

A Filosofia de Girino e o futuro do socialismo

A *belle époque* do começo do século XX acabou num período de caos sistêmico (1914-48), caracterizado por guerras, revoluções e pela crise profunda dos processos globais de acumulação de capital. É bem possível que a *belle époque* do final do século XX esteja para desembocar num período caótico, em muitos aspectos análogo (mas em outros aspectos bem diferente) ao período 1914-48. Se for o caso, o colapso do comunismo na Europa oriental será visto retrospectivamente como o final, não como o começo, de uma era de prosperidade e segurança para o Ocidente. O fato de o colapso do comunismo ter sido seguido imediatamente pela crise Iraque e Kuwait e a primeira recessão séria da economia americana desde 1982 sugerem que isso pode estar acontecendo.

É inútil especular sobre a forma e a seqüência de eventos que caracterizarão o período de caos sistêmico que temos pela frente. Em grande parte, são imprevisíveis e, em todo caso, irrelevantes para os objetivos deste artigo. Entretanto, as tendências sistêmicas mundiais que moldarão os eventos por algum tempo não são imprevisíveis nem irrelevantes para nossos propósitos atuais. Nesta seção final do artigo, esboçarei rapidamente tais tendências e explicarei suas principais implicações para o futuro do socialismo.

Em termos geopolíticos, o principal fator subjacente ao caos sistêmico de 1914-48 foi o profundo e disseminado conflito interno para o Ocidente — já com o Japão como membro honorário — sobre a divisão territorial do mundo entre potências ascendentes e decadentes (o chamado "imperialismo"). E seu principal resultado foi a ascensão de forças anti-sistêmicas que eventualmente levaram à instituição do Ocidente, Leste e Sul como entidades geopolíticas distintas e relativamente autônomas. O principal fator subjacente ao caos sistêmico que temos pela frente é o aprofundamento e a ampliação do conflito interno para o Leste em desintegração e o Sul em torno de recursos econômicos mundiais cada vez mais escassos. E seu principal resultado talvez seja a criação de estruturas de governo mundial — inicialmente promovido pelo Ocidente — que suprimirão parcial ou totalmente a já abalada divisão tripartite do mundo em Ocidente, Leste e Sul. Em resumo, o que foi "feito" no curso do período anterior de caos sistêmico deve ser "desfeito" no curso do próximo. Esse padrão já está em evidência nos últimos dez anos mais ou menos. Dessa maneira, a rixa Iraque-Kuwait, em si enraizada no anterior e muito mais sério conflito Irã-Iraque, induziu os EUA e seus principais aliados a reativar estruturas inativas de governo mundial — mais notadamente o Conselho de Segurança da ONU — como o único caminho pelo qual, legitimamente e com sucesso, podiam intervir para resolver conflitos entre países do Sul para sua própria satisfação. No Sul, a escalada de conflitos sobre a apropriação e a utilização de rendimentos do petróleo e a utilização do Conselho de Segurança da ONU pelos EUA e seus aliados como instrumento de solução violenta de conflitos não teriam sido possíveis sem a prévia desintegração parcial do Leste sob pressão de conflitos próprios.

As forças sociais que sustentam esse padrão devem ficar mais fortes nas duas próximas décadas. Porque essas forças são por um lado a expressão, das mudanças irreversíveis que ocorreram na estrutura social da economia mundial entre 1950 e 1980 e, por outro, da situação de absoluta e relativa privação engendrada pelas mudanças no Sul e no Leste nos anos 80. Enquanto continuar o processo de exploração e de exclusão, que reproduz continuamente a riqueza oligárquica do Ocidente, e a absoluta e relativa privação do Sul e do Leste, os conflitos em regiões de baixa e média rendas serão endêmicos e representarão problemas cada vez mais intratáveis de regulamentação do sistema mundial para o Ocidente. Uma vez que no momento, em vez de reformar (quanto mais revolucionar) a hierarquia de riqueza existente, a disposição dominante do Ocidente é usar a plenitude de seu poderio para preservá-la a todo custo, podemos prever com confiança que durante algum tempo a resolução de cada conflito, imposta ou patrocinada pelo Ocidente, será apenas o preâmbulo de uma escalada posterior de conflitos em algum lugar no tempo.

A constante, mas não contínua, escalada de conflitos no Sul e no Leste deve gerar, por sua vez, tendências contraditórias no próprio Ocidente. Por um lado, os governos e os povos do Ocidente serão induzidos a desenvolver formas cada vez mais estreitas de cooperação mútua com o objetivo de administrar e proteger as redes globais de comércio e de acumulação sobre as quais repousa sua riqueza oligárquica. Por outro lado, uma variedade e um número cada vez maior de povos do Ocidente descobrirão que até onde lhes diz respeito os custos de proteger a riqueza oligárquica são maiores do que os benefícios que ela gera. Enquanto a primeira tendência deve levar ao fortalecimento de estruturas de governo existentes e à criação de novas estruturas, a segunda deve levar a grandes conflitos sobre a distribuição dos custos envolvidos na proteção da riqueza oligárquica ou mesmo sobre a conveniência de continuar a buscar a riqueza oligárquica quando no Ocidente, para um estrato cada vez maior, seus custos equivalem ou excedem seus benefícios. A combinação dessas duas tendências representará um grande dilema para as forças socialistas do Ocidente. Ao longo do século XX, deliberada ou não deliberadamente, essas forças identificaram-se de maneira cada vez mais estreita com uma variante ou outra do desenvolvimentismo. Como apontou Immanuel Wallerstein, essa identificação constitui uma grande ruptura com os ideais de solidariedade humana e igualdade que constituem a essência do credo socialista. A ideologia desenvolvimentista é apenas a versão global da Filosofia do Girino de R. H. Tawney.[10]

> É possível que girinos inteligentes se reconciliem com as inconveniências de sua posição, ao refletir que, embora a maioria viverá e morrerá como girinos e nada mais, os mais afortunados um dia desprenderão seu rabo, distenderão sua boca e seu estômago, pularão lepidamente para a terra seca e coaxarão mensagens para seus ex-amigos sobre as virtudes pelas quais girinos de caráter e capacidade podem ascender a se tornar sapos. Esta concepção de sociedade pode ser descrita, talvez, como a Filosofia do Girino, uma vez que o consolo que oferece para os males sociais consiste na declaração de que indivíduos excepcionais podem escapar deles... E que visão da vida humana tal atitude implica! Como se as oportunidades para a ascensão de talentos pudessem ser igualadas numa sociedade onde são desiguais as circunstâncias que os cercam desde o berço! Como se fosse natural e adequado que a posição da massa da humanidade fosse permanentemente tal que eles pudessem atingir a civilização somente escapando dela! Como se o uso mais nobre das forças excepcionais fosse lançar-se até a praia, sem se deter pelo pensamento nos companheiros que se afogam![11]

Depois de citar essa passagem, Wallerstein prossegue:

> [para] aqueles que não querem "lançar-se até a praia", a alternativa é tentar transformar o sistema como um todo em vez de lucrar com ele. Isso, creio, é a característica definidora do movimento

socialista. A pedra de toque da legitimidade de tal movimento seria a extensão pela qual a totalidade de suas ações contribuísse, no máximo grau possível, para a rápida transformação do atual sistema mundial, envolvendo a eventual substituição da economia capitalista mundial por um governo socialista mundial.[12]

Há dezoito anos, quando esse texto foi escrito, o conselho de Wallerstein para trabalhar pela criação de um governo socialista mundial parecia fantasioso ou pior. Enquanto a própria noção de governo mundial parecia totalmente irrealista, a noção de um governo mundial *socialista* tinha sido completamente desacreditada pela prática das Internacionais Socialistas, que ou falharam em seus propósitos ou se tornaram instrumentos de dominação dos fracos pelos poderosos. Além disso, nos anos 70, a maior parte das variações do desenvolvimentismo (incluindo as variantes socialistas) parecia estar cumprindo menos do que tinha prometido. Dessa maneira, trabalhar pela criação de um governo socialista mundial não parecia nem viável nem aconselhável.

Hoje a noção de um governo mundial parece menos fantasiosa do que há dezoito anos. O Grupo dos 7 vem se reunindo regularmente e parece cada vez mais com um comitê administrador dos assuntos comuns da burguesia mundial. Nos anos 80, o FMI e o Banco Mundial agiram cada vez mais como um ministério mundial das finanças. E, finalmente, os anos 90 começaram com uma reformulação do Conselho de Segurança da ONU, como um ministério mundial da polícia. De maneira totalmente não-planejada, começa a surgir uma estrutura de governo mundial, pouco a pouco, sob pressão dos eventos e por iniciativa das grandes potências políticas e econômicas.

Sem dúvida, todo o processo de formação de um governo mundial foi patrocinado e controlado pelas forças conservadoras, preocupadas quase exclusivamente com a legitimação e a vigência de uma distribuição global de riqueza extremamente desigual que surgiu com o colapso dos esforços de desenvolvimento do Sul e do Leste nos anos 80. Na verdade, é difícil ter sido acidental o fato de o processo de formação de um governo mundial ter acelerado precisamente quando fracassaram os esforços de desenvolvimento. É mais provável que a aceleração tenha sido uma resposta pragmática ao vazio político e ideológico deixado no sistema internacional pelo colapso do desenvolvimentismo. Como é possível que um processo que se desenvolveu para legitimar e garantir desigualdades mundiais se transforme num meio de promover maior igualdade e maior solidariedade mundiais? Na era da ambição desenfreada e do colapso de projetos socialistas do passado, naturalmente tal empenho parece inútil. Mesmo assim, vamos dar um passo de quinze anos — desta vez rumo ao futuro. Como mencionado, os problemas estruturais que estão nas raízes do processo de formação do governo mundial podem ter se tornado mais sérios. Mas, enquanto o processo de formação de um governo mundial estará muito mais avançado do que agora, os custos do caos sistêmico para os povos do Ocidente serão muito mais altos. Os custos de proteção em particular — amplamente entendidos para não incluir apenas investimentos em meios de violência e forças armadas, mas também subornos e outros pagamentos a clientes e forças amigas no Leste em desintegração e no Sul, bem como danos dispendiosos ou irreparáveis à psique humana — terão atingido o ponto em que para muitos a busca da riqueza oligárquica começará a parecer o que sempre foi: um esforço altamente destrutivo que transfere os custos da prosperidade e da segurança de uma minoria (não mais, e provavelmente menos, do que um sexto da raça humana) para os ombros da maioria e para as futuras gerações da própria minoria.

Nesse ponto, os recados coaxados pelos "sapos" ocidentais aos "girinos" do ex-Leste e do Sul soarão anacrônicos aos próprios "sapos" ou, pelo menos, a um número crescente deles. Então os socialistas ocidentais enfrentarão seu próprio momento de verdade. Ou juntam forças com associados do Leste e do Sul e fazem um projeto intelectual e um programa político capazes de transformar o caos sistêmico numa ordem mundial mais igualitária e solidária, ou seus apelos em favor do progresso humano e da justiça social perderão toda a credibilidade residual.

Notas

1. Eric Hobsbawm, comentário em "Reflecting on Labor in the West since Haymarket: A Roundtable Discussion", em J. B. Jenz e J. C. MacManus,

eds., *The Newberry Papers in Family and Community History*, vol. 86, n.° 2, 1986, p. 13.

2. Giovanni Arrighi, "The Developmentalist Illusion: a Reconceptualization of the Semiperiphery", em W. G. Martin, ed., *Semi-peripheral States in the World Economy*, Nova York, 1990, pp. 18-25; Giovanni Arrighi e Jessica Drangel, *The Stratification of the World-Economy: an Exploration of the Semiperipheral Zone*, Review, vol. 10, n° 4, pp. 53-7.

3. Arghiri Emmanuel, *Unequal Exchange*, Nova York, 1972.

4. Ver Arrighi, "The Developmentalist Illusion", pp. 11-14.

5. Ver W. W. Rostow, *The Stages of Economic Growth. A New Non-Communist Manifesto*, Cambridge, 1960.

6. Ver Roy Harrod, "The Possibility of Economic Satiety — Use of Economic Growth for Improving the Quality of Education and Leisure", em Comitê para o Desenvolvimento Econômico, *Problems of United States Development*, vol. I, Nova York, 1958.

7. Fred Hirsch, *Social Limits to Growth*, Cambridge, Mass. 1976, pp. 4-5.

8. E. H. Phelps Brown, "A Non-Monetarist View of the Pay Explosion", *Three Banks Review*, 1975, p. 105.

9. Ver Iliana Zloch-Christy, *Debt Problems of Eastern Europe*, Cambridge, 1987.

10. Immanuel Wallerstein, *The Capitalist World-Economy*, Nova York, 1979, p. 76.

11. R. H. Tawney, *Equality*, Nova York, 1961, pp. 108-9.

12. Wallerstein, p. 101.

II

MARXISMO E IDEOLOGIA DEPOIS DA QUEDA

5

A PLAUSIBILIDADE DO SOCIALISMO

Ralph Miliband

O socialismo deve ser visto como parte de um movimento democrático que surgiu muito antes dele, mas que só através dele pode alcançar seu significado pleno.[1] A idéia de democracia foi drasticamente reduzida em alcance e substância nas sociedades capitalistas, de maneira a diminuir a ameaça que representava para o poder estabelecido e os privilegiados: o socialismo é comprometido com uma grande abrangência. O profeta pouco entusiástico da democracia no século XIX foi Alexis de Tocqueville. Na sua introdução a *Democracy in America*, publicado em 1835, Tocqueville disse que a democracia, que equiparou à "igualdade de condição" que julgou ter encontrado nos Estados Unidos, encaminhava-se também para a Europa:

> Uma grande revolução democrática está acontecendo no nosso meio; todo mundo a vê, mas nem todos a julgam do mesmo modo. Alguns acham que é uma coisa nova e, supondo que seja um acidente, esperam que ainda seja possível detê-la. Outros a acham irresistível, porque lhes parece a tendência mais antiga, sucessiva e permanente conhecida na história.[2]

E num prefácio da 12ª edição do livro, escrito em 1848, ele também perguntou:

> Será que alguém imagina que a democracia, que destruiu o sistema feudal e subjugou os reis, cairá diante da classe média e dos ricos?[3]

As classes dominantes em todos os países capitalistas desde o século XIX lutaram intensamente e com considerável sucesso para falsificar a previsão de Tocqueville: o socialismo é o nome da luta para torná-la realidade.

Assim concebido, o socialismo é parte da luta para o aprofundamento e para a extensão da democracia a todas as áreas da vida. Seu avanço não está inscrito em nenhum processo histórico pré-ordenado, mas é o resultado de uma pressão constante de baixo pela expansão dos direitos democráticos; e essa pressão baseia-se no fato de que a grande maioria localizada no ponto mais baixo da pirâmide social precisa desses direitos para resistir e limitar o poder ao qual está sujeita.

Isso, no entanto, não é suficiente. O socialismo não procura apenas a limitação do poder, mas sobretudo sua *eventual eliminação como princípio organizador da vida social*. Essa, incidentalmente, ou não tão incidentalmente, era, em última análise, o que Marx pregava. É, naturalmente, uma noção que constitui uma imensa aposta na capacidade de a raça humana alcançar a cooperação espontânea que pode ser descartada como absurdamente "utópica". Para os socialistas, numa perspectiva a longo prazo, forma uma parte essencial da promessa do socialismo.

Há um profundo sentido em que democracia, igualdade e socialização devem ser tomadas como meios para um fim que, essencialmente, define o socialismo, ou seja, a conquista de maior grau de harmonia social do que jamais alcançado em sociedades baseadas na dominação e na exploração. Tal harmonia seria baseada no que pode ser chamado virtude cívica, segundo a qual homens e mulheres aceitariam livremente as obrigações da cidadania, bem como reivindicariam seus direitos; e não encontrariam grande dificuldade no cultivo de um *individualismo socializado* em que a expressão de sua individualidade seria combinada com o devido respeito às restrições impostas pela vida em sociedade.

À luz do significado que é adequadamente aplicado ao socialismo, é óbvio que a prática dos regimes comunistas foi, em vez de a afirmação, a negação desse significado. Eles colocaram os principais meios de atividade econômica (na maior parte dos casos todos eles) sob propriedade pública; mas também demonstraram o argumento de que, sem democracia, tudo não passa de autoritarismo coletivista. Esses regimes não eram igualitários, porque criaram estruturas de poder e privilégio que transformaram em zombaria qualquer noção de igualdade de condição. Os regimes comunistas foram classificados pela esquerda como socialistas, Estados trabalhistas degenerados, capitalismo de Estado ou coletivismo burocrático, e daí por diante. Mas, de qualquer maneira, fica claro que constituem, na melhor das hipóteses, uma aberração do socialismo e, na pior das hipóteses, seu total repúdio.

O desafio da história

Quase não é necessário insistir, neste momento da história, que a compreensão das proposições centrais do socialismo, ou mesmo o avanço rumo à sua realização, é certamente um projeto bastante árduo, cheio de tensões e armadilhas. E a maior parte da esquerda agora aceita um "conservadorismo epistêmico", cultivado antes pela direita, sobre os limites do que é possível por meio da renovação social.

A resposta apropriada para isso não é negar os problemas postos pela construção socialista, mas ver como poderiam ser resolvidos ou, pelo menos em primeira instância, como poderiam ser atenuados, com a presunção, que repousa na raiz do socialismo, de que sua solução ou atenuação não é apenas desejável mas possível.

De todos os problemas que surgem, três são de importância excepcional, na medida em que questionam as raízes da empreitada socialista; em comparação, uma legião de outros problemas parece ser menos desafiadora.

Primeiro, há o desafio representado pela própria história (não menos pela história recente) ao otimismo fundamental com as capacidades humanas que impregnam a empreitada socialista — crença, herdada do Iluminismo, na perfectibilidade infinita do ser humano ou, para colocar em termos mais contemporâneos, crença de que os seres humanos são perfeitamente capazes de se organizar em comunidades democráticas, igualitárias, cooperativas e que se autogovernem, nas quais certamente todos os conflitos não seriam eliminados, mas se tornariam menos agudos e

menos freqüentes. Levará muito tempo para que isso seja plenamente alcançado, mas o ponto essencial de partida do socialismo — tem de ser — é a inexistência de uma praga implacável que condene a humanidade à divisão e à rivalidade perpétuas.
 Toda a história, e certamente a história do século XX, parece fornecer uma réplica amarga a qualquer otimismo semelhante. Hegel disse uma vez que a "história é um matadouro"; e estava fazendo ecoar a declaração de Joseph de Maistre de que o "fedor do sangue se desprende das páginas da história". Nunca isso foi mais verdadeiro do que neste século. A violenta eliminação de milhões e milhões de vidas na Primeira e na Segunda Guerra Mundial, os campos nazistas de extermínio, o histórico monstruoso do stalinismo, o custo humano do aventureirismo de Mao, os assassinatos em massa das guerras promovidas pela França na Argélia, pelos Estados Unidos na Coréia e no Vietnã, a matança da "limpeza étnica" na ex-Iugoslávia e incontáveis outras guerras e desastres provocados pelo homem desde 1945, com as atrocidades que os acompanharam, tudo parece testemunhar contra o otimismo socialista e justificar o pessimismo da direita. O mesmo acontece, no curso da vida cotidiana, com a crueldade que os seres humanos infligem uns aos outros.
 É óbvia a questão que esse infindável catálogo de horrores apresenta insistentemente para qualquer pessoa comprometida com o tipo de empreitada representada pelo socialismo: é esse o material humano com que construiremos sociedades baseadas na cooperação, na sociabilidade e no altruísmo? Será que, ao contrário, isso não nos incita ao profundo ceticismo sobre a possibilidade de construir o tipo de ordem social a que o socialismo aspira? Não é a noção de perfectibilidade humana uma ilusão diária negada por uma realidade árida e irrefutável?[4] E não será mil vezes mais razoável buscar melhorias no tipo de ordem social estabelecida nas sociedades capitalistas democráticas, do que lutar pela restruturação geral da sociedade, condenada ao fracasso?
 Uma réplica a tais perguntas está em que o socialismo não se proclama capaz de fornecer uma "solução perfeita" para os problemas da humanidade, tampouco promete uma ordem social — na realidade um mundo — em que tudo seja para sempre luz e

doçura. Isso, no entanto, é muito fácil. Porque até um projeto muito menos ambicioso precisa perguntar-se se a atenuação progressiva do conflito e a noção de harmonia social não são perigosamente "utópicas".

Sobre esse assunto, há alguns argumentos que sugerem que o caso não é tão completamente sem esperança, como se diz geralmente.

Um deles é que esse grande derramamento de sangue coletivo que forma parte tão grande dos registros históricos nunca foi produto de uma ação puramente espontânea de baixo. A noção fácil de que "somos todos culpados" e as atribuições da culpa à natureza humana mascaram o fato crucialmente significativo de que quase sempre veio de cima a iniciativa e a organização de assassinatos em massa. Não foram "as massas" que decidiram construir as câmaras de gás, que organizaram o Gulag, iniciaram as desastrosas políticas associadas ao maoísmo, planejaram o bombardeio da Coréia para mandá-la "de volta à Idade da Pedra", que decidiram sobre o bombardeio de saturação do Vietnã e do Camboja e prepararam o terreno e organizaram a "limpeza étnica". A maior parte dessas ações coletivas foi iniciada e organizada por pessoas do poder, na busca de concretizar seus objetivos e suas fantasias. "As massas" não podem sequer ser responsabilizadas pelas decisões que produziram matanças indiscriminadas. Na realidade, a massa de "pessoas comuns" raramente teve envolvi-mento direto em tais matanças: mesmo em períodos de grande horror, a maior parte das pessoas foi espectadora do que estava sendo feito, geralmente em seu nome.

É verdade que as "pessoas comuns", no geral pelo menos, consentiram nos horrores que estavam sendo perpetrados e com freqüência aplaudiram seus perpetradores. A desaprovação ativa do poder foi confinada a uma minoria, e, quanto mais brutal o poder, menor a minoria. No entanto, pessoas de poder, tendo tomado suas decisões, nunca encontraram dificuldade em alistar pessoas para a execução de desígnios assassinos. Sob seu comando sempre houve gente suficiente para infligir violência, tortura e morte a outros seres humanos. Esquadrões da morte nunca sofreram falta de recrutas, incluindo voluntários; e nunca tiveram grandes problemas de deserção. No caso bem diferente de exércitos nos campos de batalha, participantes em extermínios de massa encontraram justificativa no slogan "matar ou ser morto" e desculpas adicionais em qualquer causa sagrada a que acreditassem estar servindo.

A perpetração de atrocidades em grande escala nunca foi confinada a nenhuma parte em particular da raça humana. Em circunstâncias apropriadas, muita gente — talvez a maioria — pode ser induzida ou levada a participar de uma matança coletiva, mesmo que apenas uma minoria seja convocada a fazê-lo.

Mas é um passo muito grande e injustificado deduzir disso que a noção de humanidade como tal não pode escapar do matadouro e está condenada a somar, geração após geração, até o fim dos tempos, no catálogo da crueldade coletiva. É muito mais razoável acreditar que é possível, sem qualquer ilusão utópica, criar um contexto em que a crueldade coletiva seria vista pela abominação que é e tornada impossível pela resistência que evocaria. Na verdade, pode-se dizer que é precisamente a existência de todo esse mal que torna necessária a criação de um contexto em que o mal possa ser subjugado, ou pelo menos atenuado. E é uma manifestação de desesperança dizer que isso não pode ser feito, que o mal em larga escala faz parte da condição humana, que é impossível subjugá-lo.

O mesmo se aplica a atos individuais de crueldade perpetrados por homens e mulheres contra seus semelhantes ou até mesmo contra animais. Aqui também a noção de que tais atos devem ser explicados por características inerradicáveis da natureza humana é muito menos plausível do que a visão de que são produzidos pelas inseguranças, frustrações, ansiedades e alienações que constituem parte intrínseca das sociedades de classes baseadas na dominação e na exploração. As "feridas de classe", aliadas às feridas de raça, sexo, religião e muitas outras, prontamente se prestam a formações mórbidas e patológicas que afetam as relações humanas de maneira profunda e adversa. Isso só pode ser eficazmente atacado em sociedades em que se criam condições fortalecedoras da solidariedade, a cooperação, a segurança e o respeito, em que em todas as áreas da vida se dá substância a esses valores por meio de uma série de instituições de base. São essas as condições que o socialismo busca para avançar. A crueldade coletiva e individual é uma realidade terrível e difusa. Mas também encontra forte oposição. Na realidade, hoje existe repúdio muito maior à crueldade do que em épocas passadas. Muitas coisas aceitas há pouco tempo, como a opressão racial e sexual, a discriminação e crimes horrendos perpetrados por agentes do Estado são agora ativamente denunciadas e combatidas. Não é "utópico" achar que podem ser criadas condições em que más ações coletivas e individuais se tornem fenômeno cada vez mais marginal.

Da mesma maneira, não se pode esperar que os demônios que vêm trabalhando ao longo da história não continuem a exercer o mal por longo tempo; e a luta contra eles deve afetar substancialmente as maneiras pelas quais se construirá a nova ordem social. Mais precisamente, tal luta tem um sentido direto sobre a forma de governo que seria exigido numa sociedade que começasse a tomar o rumo socialista. O poder do Estado em tal sociedade seria restrito de várias maneiras, mas a noção de que o poder estatal (portanto a coerção estatal) não teria mais lugar substancial na condução dos fatos pertence aos domínios da fantasia, pelo menos para o futuro relevante. Pode chegar o dia em que a coerção estatal não seja mais necessária, quando o Estado realmente definhará: mas durante muito tempo ainda permanecerá como elemento essencial para a construção de uma nova ordem social.

Divisão natural, limites naturais?

Um segundo item que desafia o otimismo socialista é o que Robert Michels há muito tempo chamou "lei de ferro da oligarquia". O socialismo baseia-se na visão de que é possível para o poder ser distribuído e descentralizado de maneiras genuinamente democráticas, até o ponto em que a maioria do governo seja autogoverno. Isso, uma variedade de teorias de elite, proclama, é uma expectativa absurda. Porque, argumenta-se, ignora o fato de que o domínio da minoria, com o poder firmemente concentrado nas mãos de um pequeno número de pessoas, é uma característica inevitável da condição humana. E que, qualquer que seja a intenção de reformadores e revolucionários, ou quão resolutas sejam suas tentativas de obter uma distribuição democrática do poder, esses esforços serão inevitavelmente derrotados pelo poder das minorias. Essa asserção sobre a inevitabilidade do domínio das minorias repousa em uma de duas proposições. Uma delas é que em qualquer sociedade existe uma divisão natural entre a minoria destinada, pela virtude de seus atributos, a se apropriar do poder e a maioria destinada, por falta dos requisitos exigidos, a se tornar a população subordinada. Os atributos exigidos podem variar com o tempo, e o mérito particular pode ser atribuído ao poder físico, à coragem, à habilidade mental ou ao conhecimento especializado, à riqueza, à astúcia, ou a uma combinação de todos; mas, quem quer que possa ser, a distribuição desigual de atributos assegurará a perpetuação do domínio da minoria. A minoria pode ser desafiada, mas o resultado do desafio, se bem-sucedido, será sempre a substituição de um poder de minoria por outro. Como certa vez disse Pareto: "a História é o túmulo das aristocracias".

A outra proposição procede de uma visão da natureza das organizações. A alegação é de que em qualquer organização o poder se concentrará inevitavelmente em poucas mãos. E aqueles que desfrutam desse poder desejarão mantê-lo e ampliá-lo, lançando mão de todos os recursos à disposição para enfrentar qualquer desafio. Michels formulou sua "lei de ferro da oligarquia" em relação ao Partido Social-Democrata Alemão antes da Primeira Guerra Mundial e argumentava que o que deveria ser um instrumento de libertação da classe operária era, na verdade, um instrumento para o domínio do partido por seus líderes. Mas a idéia, como Michels argumentava, pode ser facilmente adaptada a qualquer tipo de organização. O domínio da elite é inevitável.

Até que ponto tais noções minam os objetivos democráticos do socialismo? E será que a experiência comunista e a experiência do poder em qualquer outra parte, mesmo em nome da democracia, servem para validar essas teorias do inevitável poder da minoria?

Não há dúvida de que qualquer tipo de organização deve envolver a atribuição de um grau de poder a algumas pessoas e que o poder, provavelmente, será legado a pessoas que têm mais energia, iniciativa, ambição, determinação ou o que quer que seja.

A propensão ao ativismo não é igualmente distribuída, e é bem provável que pessoas a quem o poder tenha sido legado achem seu exercício agradável e dessa maneira apeguem-se a ele, encontrando excelentes razões para fazê-lo. A questão verdadeira é saber se as pessoas a quem foi atribuído o poder podem ser controladas e coagidas para não formar uma oligarquia. Não é simplesmente uma questão de regras e regulamentações para governar o exercício do poder, porque tais restrições sempre podem ser contornadas. Muito mais importante é o contexto econômico, social, político e moral em que o poder é exercido. Em sociedades em que grandes desigualdades de todos os tipos são parte intrínseca da vida diária, é realmente inevitável que o poder assuma formas concentradas e oligárquicas, não importa quão estridente a retórica democrática ou quão sofisticados os procedimentos formais que mascaram tais fatos. Mas a propensão ao ativismo não é estática e, em condições favoráveis, pode disseminar-se. Em sociedades em que o igualitarismo de condições está em processo de criação e em que os cidadãos são profundamente conscientes de seus direitos democráticos, incluindo o direito à participação voluntária e eficaz, é realista pensar que a liderança não precisa se converter em poder oligárquico. No entanto, a *tendência* à oligarquia persistirá;[5] mas uma tendência pode ser enfrentada e derrotada. Uma lei de ferro da oligarquia é assunto diferente, e não há uma boa razão para pensar que, no contexto certo, tal lei deva governar implacavelmente o exercício de poder.

Um desafio diferente ao otimismo socialista abriu, em décadas recentes, caminho até o topo da agenda política, a saber, uma leitura "neomalthusiana" dos perigos ecológicos que ameaçam a humanidade. Por essa leitura, o crescimento da população, a erosão e a exaustão dos recursos transformam o desenvolvimento, de que tantas partes do mundo precisam tanto, numa ameaça cada vez maior para a vida no planeta. E o produtivismo e o consumismo obsessivos do mundo desenvolvido representam em si uma contribuição desastrosa para o agravamento da ameaça.

Os perigos que os ecologistas apontam são bem reais. Mas o que está em jogo, no entanto, é a insistência neomalthusiana em julgar que a humanidade está nas garras de forças que não pode controlar. É isso que os socialistas, sem indulgência de subestimar de maneira idiota as dimensões da ameaça, destinam-se a contestar. Como Ted Benton observou, o neomalthusianismo subestima "diferenças qualitativas na organização de sociedades como se tivessem significado causal secundário diante de tendências e limites quantitativos naturais, ou quase naturais, em larga escala".[6] De fato, tais "diferenças qualitativas na organização de sociedades" têm importância primária se comparadas com os perigos ecológicos e outros perigos. Tampouco esse argumento é enfraquecido pela experiência dos regimes comunistas. Seus próprios registros sobre o meio ambiente eram verdadeiramente estarrecedores, mas isso apenas aponta para o fato de que, nessa e em outras áreas, o poder autoritário e a supressão da dissidência certamente produzem conseqüências terríveis. Dirigentes comunistas eram movidos por fortes impulsos produtivistas, tendo como maior prioridade o crescimento industrial. E eles podiam dar livre vazão a esses impulsos e provocar grandes danos ambientais impunemente.

Nas sociedades capitalistas, por outro lado, o impulso em busca do lucro foi a principal fonte de vandalismo ecológico. Nessa área, como em outras, a própria natureza do sistema compele aqueles que o controlam a tratar como secundária qualquer outra consideração que não seja o lucro.

Corporações e governos proclamam hoje em dia sua preocupação com o meio ambiente, e o mesmo fazem várias agências internacionais. Realizam-se conferências e aprovam-se resoluções piedosas. Mas enfrentar os perigos ecológicos, o esgotamento de recursos, a superpopulação do planeta é tarefa que requer prioridades muito diferentes das que movem o Estado capitalista, sem falar das corporações. Requer uma organização social em que o princípio dominante não seja a busca da maximização do lucro privado e também requer um grau de intervenção pública na vida econômica que é um anátema tanto para os detentores do poder no Estado e nas corporações e quanto para as agências internacionais inspiradas por princípios neoliberais.

Isso não é para subestimar a realidade dos perigos e a imensidão da tarefa de tentar enfrentá-los eficazmente. Ainda assim, o problema real não é a poluição, a escassez de recursos ou a superpopulação, mas a capacidade de um mundo dominado por imperativos capitalistas enfrentar tais questões. Por essa avaliação existe um pessimismo justificado. Seria infundado dizer que o socialismo oferece solução instantânea aos problemas que desafiam o planeta. Mas é igualmente menos legítimo alegar que o socialismo, na medida em que defende a intervenção e a frustração dos desígnios capitalistas, ofereceria chance de enfrentar os problemas com toda a determinação exigida. Isso, no entanto, é para o longo prazo. Enquanto isso, há uma luta em que os socialistas, como muitos outros, devem engajar-se contra todas as forças que ameaçam o planeta.

O estrume das eras

Uma consideração crucial, ao avaliar a plausibilidade do socialismo, é sobre o que ele é levado a prometer. Na história do pensamento socialista, sempre houve uma visão salvacionista e quase religiosa do socialismo, como se pudesse curar todas as doenças, resolver todos os problemas, acabar com todos os conflitos e finalmente aliviar todas as cargas da humanidade. Socialismo significava redenção, fazer o mundo de uma nova forma, criar um novo homem e uma nova mulher. O que, reconhecia-se, podia não acontecer imediatamente, mas, depois de varrer do mapa a velha ordem fosse, não demoraria.

A visão de ruptura total com o presente, de completo expurgo de todo o mal existente no mundo, sempre teve poderoso apelo ao longo dos tempos. Somada a isso (e logicamente seguindo a isso) existe a noção de que, na formulação que Marx e Engels usaram em *A ideologia alemã*, em 1846, a revolução era necessária

> não apenas porque a classe *dominante* não pode ser derrubada de outra maneira, mas também porque a classe que a *derrubar*, só pode ser bem-sucedida numa revolução ao se livrar de todo o estrume das eras e se tornar apta a fundar uma nova sociedade.[7]

A questão aqui não é se a revolução *é* o único caminho para alcançar uma nova ordem social, mas, se em vez disso, não livra os revolucionários ou a sociedade do esterco das eras. Em regimes ditatoriais, a revolução muito provavelmente é uma necessidade imperativa, e pode abrir o caminho como nada mais poderia para um grande progresso. Como também disse Lênin certa vez, "a revolução é o festival dos oprimidos". Mas festivais não duram muito, e a revolução é geralmente acompanhada de uma amarga resistência. O transtorno e o sofrimento que causa afetam bastante a qualidade redentora da revolução e têm profundo efeito adverso sobre ela. De qualquer maneira, é preciso muito mais do que a revolução para desfazer o esterco das eras. E o próprio Marx disse em sua *Crítica do programa de Gotha*, de 1875, que muitos "defeitos" eram "inevitáveis na primeira fase da sociedade comunista, quando, depois de prolongadas dores de parto, acabava de surgir da sociedade capitalista".[8] Isso situa a revolução numa perspectiva realista. Uma distinção crucial tem de ser feita entre o que pode ser esperado a curto e médio prazos e o que pode ser alcançado a longo prazo por gerações que foram criadas num mundo onde valores como cooperação, igualitarismo, democracia e sociabilidade constituem o senso comum dominante.

Tal perspectiva de longo prazo deve ser extremamente pouco atraente para pessoas que encaram a conquista do socialismo em termos mais imediatos e dramáticos e que vêem todo o resto como um reformismo perigoso e desacreditado. Para elas, o socialismo é impensável sem um levante revolucionário que sem maiores atrasos deve desembocar numa ordem social inteiramente nova.

São, no entanto, duas proposições diferentes. Porque, até mesmo se um levante revolucionário é necessário, o fato é que tornar realidade suas promessas se trata de uma empreitada difícil; o que é mais provável de acontecer se for conduzido com grande cuidado e deliberação.

De qualquer maneira, essa visão ditada pela natureza do capitalismo como um modo de produção. Modos anteriores de produção poderiam, em algumas circunstâncias históricas, ter seu fim determinado por decreto. A proclamação de emancipação nos Estados Unidos, de Lincoln (1863) — um dos grandes atos de expropriação da história — fornece uma ilustração dramática da questão. O mesmo pode ser dito da servidão, encerrada na Rússia por um decreto do czar em 1861. O socialismo tem como objetivo principal a abolição do salário-trabalho, mas está claro que isso apresenta problemas muito diferentes. Sua transformação em trabalho desempenhado sob condições não capitalistas inteiramente diferentes é, mais provavelmente, um longo processo: a noção de que pode ser feito de um golpe, com resultados desejáveis, é desmentida pela experiência triste que temos de tal voluntarismo. Relações de produção baseadas na exploração, como definido antes, num setor privado minoritário não-desprezível, numa sociedade movendo-se em direção ao socialismo, por muito tempo continuarão a existir ao lado de um setor público que já se terá livrado delas. Naturalmente, o setor privado será sujeitado a uma regulamentação severa, de maneira a suavizar a exploração.

Marxistas e socialistas em geral sempre tenderam a subestimar os problemas que devem surgir na organização e na administração de uma sociedade pós-capitalista. Exemplo notável pode-se encontrar em *O Estado e a revolução*, de Lênin, para quem a tarefa seria fácil — opinião logo mudada depois de os bolcheviques assumirem o poder.[9] Um tipo bem diferente de utopia era também característica marcante do stalinismo: a convicção de que a sociedade era instantânea e infinitamente maleável; para moldá-la em qualquer direção bastam vontade de ferro e liderança cruel. O mesmo era verdade em relação ao maoísmo, sob cujos auspícios e sob o comando de Mao Tsé-tung foi lançado o "grande salto adiante", que provocou a morte de milhões de pessoas devido à escassez de alimentos. Esse voluntarismo era característica proeminente — e desastrosa — do pensamento e da prática comunistas e levou suas lideranças a embarcar em vastos esquemas de engenharia social que levaram pouco ou nada em conta os verdadeiros custos humanos e materiais envolvidos. Um slogan favorito no começo da "revolução de cima" iniciada por Stálin era: "Não existe cidadela que os bolcheviques não possam tomar de assalto". O problema é que inevitavelmente o assalto deixou muitas em ruínas.

Para repetir um ponto tratado antes, qualquer visão séria do socialismo tem hoje de aceitar o fato de que a criação de uma nova ordem social, mesmo na melhor das circunstâncias, que são muito difíceis de obter, está destinada a ser uma empreitada difícil, cheia de escolhas duras e de grandes tensões. Os socialistas sempre exploraram as contradições do capitalismo (e estavam certos em fazê-lo), mas a experiência mostra que se deve também dar muita atenção às contradições que são parte inevitável da empreitada socialista.

Particularmente importante nessa perspectiva é o fato de que o hábito e a tradição, crenças profundamente incrustadas e preconceitos ancestrais, padrões de comportamento e pensamento herdados, formam uma parte persistente da realidade, com notável capacidade de permanência, mesmo sob as mais adversas circunstâncias. A experiência dos regimes pós-comunistas mostram-no muito bem, com a ressurgência de sentimentos étnicos, nacionalistas e religiosos há muito suprimidos. Existe um caminho muito difícil a explorar entre o voluntarismo temerário — e catastrófico — de um lado, que começa na premissa de que tudo é imediatamente possível, e a cautela exagerada de outro, que pode facilmente transformar-se em retirada e paralisia. O socialismo tem de ser percebido como um processo cujo desenvolvimento ocorre em sociedades com organização interna complexa, cuja história deve ser levada em cuidadosa consideração e cujas complexidades precisam ser estudadas. O socialismo não pode descartar tudo o que foi entrelaçado ao longo dos anos na textura da ordem social, a maior parte como resultado de lutas amargas de baixo. Mas também não se pode permitir atolar no "esterco das eras". Trata-se de uma nova ordem social, mas uma nova ordem social que será marcada pelas continuidades bem como pelas descontinuidades. Está arraigada na realidade do presente e esforça-se continuamente por superá-la. Um tema central desse livro é precisamente que a democracia socialista representa tanto uma *extensão* da democracia capitalista quanto sua *transcendência*.

O socialismo representa a liberação da sociedade das restrições impostas pelos imperativos do capitalismo. Sempre citou-se, com muito desprezo, a noção de Marx de que num certo estágio de seu desenvolvimento o capitalismo torna-se um "grilhão" sobre o processo produtivo. Isso, como observado antes, não ocorreu, embora o capitalismo imponha sobre esse processo prioridades ditadas pela busca de lucros privados em vez de fins humanos e racionais. Mas, de qualquer maneira, o capitalismo tornou-se um grilhão sobre o uso mais beneficente dos imensos recursos que ele mesmo gerou. Sem dúvida, grandes melhorias nas condições de vida de vasta maioria da população foram alcançadas nas sociedades de capitalismo avançado. Mas essas melhorias foram minadas e limitadas pela própria natureza do sistema em que ocorreram. A proposta é mudar o sistema e remover as restrições que impedem o uso adequado de recursos. Não se trata apenas de um caso de recursos materiais: a noção de liberação vai muito além e abrange cada aspecto da ordem social, não menos sua qualidade moral. Mas, por sua própria natureza, sociedades capitalistas são profundamente imorais, uma vez que se baseiam inerentemente na dominação e na exploração — características que decisivamente afetam as relações humanas. Essa visão forma parte essencial de um socialismo anterior e precisa muito ser reafirmada hoje.

Em anos recentes, foi a própria noção do socialismo como reorganização abrangente da ordem social que se viu sob fogo, geralmente de pessoas que permaneceram mais ou menos comprometidas com o lado progressista da política. Cada um à sua maneira, pós-marxismo, pós-modernismo, pós-estruturalismo e correntes afins de pensamento serviram, quaisquer que sejam as intenções dos protagonistas, para fortalecer o recuo de noções gerais de emancipação humana, particularmente o marxismo. Qualquer dessas "meta-sagas", na formulação insolente de um dos profetas do pós-modernismo, Jean-François Lyotard, é vista como uma ilusão perigosa. Todos os grandes esquemas de renovação social, mesmo cautelosos e qualificados, atraem suspeita, hostilidade e são denunciados. Isso sempre foi parte intrínseca do pensamento conservador e agora se integrou também ao pensamento de um setor substancial da esquerda intelectual. A ênfase hoje é sobre objetivos parciais, localizados, específicos, fragmentados e contra perspectivas universais "totalizadoras".

Boa parte disso deriva das muitas derrotas e decepções que a esquerda sofreu nas décadas recentes — os fracassos catastróficos dos regimes comunistas, a integração, cada vez mais pronunciada, ao tecido da sociedade capitalista de partidos social-democratas e governos; a dissipação das esperanças geradas pelo espasmo de 1968; a elasticidade e a vitalidade do capitalismo no pós-guerra e, de maneira relacionada, a confiança da direita em décadas recentes, suas vitórias eleitorais, sua afirmação das virtudes do mercado, da superioridade da "livre empresa" e da competição, sua glorificação do individualismo socialmente indiferente em contraposição ao individualismo socializado com o qual o socialismo está comprometido.

Isso encorajou bastante as diversas correntes de pensamento que ajudaram a subverter qualquer crença na possibilidade, ou mesmo no desejo, de uma alternativa abrangente para a sociedade capitalista. A erosão dessa crença é assunto de grande importância. Porque, ao sugerir a inexistência de alternativa à sociedade capitalista atual, desempenha seu próprio papel em criar um clima de pensamento que contribui para a floração de sementes venenosas na selva capitalista — sementes cujos nomes já foram citados: racismo, sexismo, xenofobia, anti-semitismo, ódios étnicos, fundamentalismo, intolerância. A ausência na cultura política da alternativa racional que o socialismo representa ajuda o crescimento de movimentos reacionários que abrangem e vivem dessas patologias e as manipulam para seus propósitos.

Tais movimentos são, de qualquer maneira, podem prosperar como resultado das crises múltiplas que as sociedades capitalistas não podem resolver, não importa os gritos altos de triunfo de seus defensores. O que torna ainda mais necessário o avanço da causa de uma ordem social radicalmente diferente.

Notas

1. Este é um trecho do último livro de Ralph Miliband, *Socialism for a Sceptical Age*, publicado pela Polity Press, a quem agradecemos a gentil permissão.
2. A. de Tocqueville, *Democracy in America*, Nova York, 1969, p. 9.
3. *Ibid.*, p. XIII.
4. São perguntas que Isaiah Berlin sempre fazia em seu trabalho, invocando a imagem da "madeira torcida", de Immanuel Kant, da qual os seres humanos são feitos, para argumentar que "nenhuma solução perfeita é possível, não meramente na prática, mas em princípio, nos assuntos humanos, e qualquer tentativa resoluta de produzi-la provavelmente gerará sofrimento, desilusão e

fracasso"; I. Berlin, *The Croked Timber of Humanity*, Londres, 1990, p. 48. Numa resenha do livro, Perry Anderson argumentou que Kant não estava de fato referindo-se à humanidade como um todo, mas à falibilidade de cada indivíduo como soberano: P. Anderson, "The Pluralism of Isaiah Berlin", em *A Zone of Engagement*, Verso, Londres, 1992, p. 233. Claro que isso não invalida a pergunta de Berlin.

5. O próprio Michels geralmente fala de uma "tendência" à oligarquia, como quando escreve, por exemplo, que "organização implica a tendência à oligarquia. Em cada organização, seja partido político, sindicato ou qualquer outra associação parecida, a tendência aristocrática manifesta-se muito cedo": *Political Parties*, Nova York, 1959, p. 32. O subtítulo do livro é "Um estudo sociológico das tendências oligárquicas das democracias modernas".

6. T. Benton, "The Malthusian Challenge: Ecology, Natural Limits and Human Emancipation",em P. Osborne, ed., *Socialism and the Limits of Liberalism*, Verso, Londres, 1991, p. 252.

7. K. Marx e F. Engels, *A ideologia alemã, Obras Selecio-nadas*, vol. 5, Londres, 1976, p. 53.

8. K. Marx, *Crítica do programa de Gotha* (1875), em Marx e Engels, *Obras selecionadas*, vol. 24, p. 87.

9. "*Nós*, os trabalhadores, vamos organizar a produção em larga escala com base no que o capitalismo já criou, confiando em nossa própria experiência como trabalhadores, estabelecendo estrita e férrea disciplina apoiada pelo poder estatal dos trabalhadores armados. Vamos reduzir o papel dos funcionários estatais ao de simplesmente executar nossas instruções como 'contadores e capatazes' responsáveis, revogáveis e modestamente pagos (claro que com ajuda de técnicos de vários graus, tipos e classes) [...]. Tal começo, com base na produção em larga escala, irá por si só levar à gradual extinção de toda burocracia, para a criação de uma ordem [...] sob a qual as funções de controle e contabilidade, tornando-se mais e mais simples, serão desempenhadas individualmente em revezamento, até que se tornem um hábito e finalmente morram como função *especial* de um setor especial da população." V. I. Lênin, *O Estado e a revolução*, em *Obras escolhidas, Londres, 1969, p. 198 (ênfases no texto)*.

6

SOBRE O OTIMISMO SOCIALISTA

Paul Auerbach

Vivemos num período sem precedentes de possibilidades para o desenvolvimento do socialismo. Com o colapso do sistema de comando-administrativo na Europa oriental e na União Soviética, espera-se que, no Leste e no Ocidente, se deixem de lado fantasias saint-simonianas e se trate da verdadeira tarefa da transformação socialista.

Os socialistas têm poucas razões para lamentar a morte da ilusão de que poderia haver uma alternativa puramente centralizada para o desenvolvimento econômico capitalista de mercado. A formulação no século XX dessa doutrina surgiu das idéias de Engels: já no capitalismo dos anos 1890, segundo ele, podemos ver "ilhas de coordenação consciente" que servirão de modelo para futura sociedade socialista. A transição para a nova economia constituída de "uma grande fábrica" não será problemática, como a cada vez maior centralização sob os regimes capitalistas fornece o material básico apropriado para a nova sociedade. Gerações de socialistas apontaram exemplos do suposto sucesso do planejamento no mundo capitalista (por exemplo, os grandes elogios de Yurii Larin ao planejamento alemão na Primeira Guerra Mundial). A predominância crescente ao longo do século dos "grandes monopólios" apenas parecia reforçar essa visão.

A visão era falsa.[1] O planejamento nunca substituíra o mercado no capitalismo. As duas formas de governo continuaram a existir numa simbiose complexa: os exemplos mais bem-sucedidos de "planejamento" capitalista continuaram a acontecer no contexto das relações de mercado, enquanto os mercados se expandiram e novos mercados foram criados mediante atividades conscientes, "planejadas" tanto por parte das empresas capitalistas quanto dos corpos administrativos centrais, incluindo os governamentais.

I. O legado de Marx

Talvez muito facilmente tenhamos deixado o dr. Marx fora disso tudo. A Saint-Simon atribuímos a absurda noção de que as sociedades poderiam recriar-se *de novo* baseadas na Razão; a Engels imputamos uma visão pouco apropriada do planejamento centralizado, dramaticamente inconsistente com os fatos históricos subseqüentes. A visão utópica de Saint-Simon surgiu, no século XIX, da "pretensão transcendental" do Iluminismo à humanidade não diferenciada buscando objetivos estabelecidos por um pequeno subsetor de homens europeus. No século XIX, com o pensamento europeu cada vez mais embriagado pela noção de que o mundo *físico* fora conquistado pela descoberta de "leis" de Newton, a busca aconteceu por leis *sociais* equivalentes; e assim nasceram as ciências sociais. O desenvolvimento por Saint-Simon da engenharia *social* — a criação de utopias sociais com base na ciência *social* — tinha o objetivo de equiparar desenvolvimentos na engenharia surgidos com base nas descobertas em ciência *física*. O próprio Marx, o zeloso discípulo de Hegel, repudiava principalmente especulações sobre o futuro da sociedade socialista e rejeitava explicitamente como "não-científicos" todos os esquemas utópicos. Exegeses dos seus escritos, no entanto, podem resultar em citações consistentes com a visão de Engels, e na *Crítica ao programa de Gotha* pode-se até encontrar a defesa de um esquema de créditos trabalhistas que substituiria o dinheiro.

Aspecto crucial e contraditório do socialismo de Marx é seu quiliasmo: o maior presente de Marx para nós é sua visão da história humana como esboçada no *Manifesto comunista*. A história material da humanidade, longe de ser um desenvolvimento homogêneo desde o momento da criação, tem grande descontinuidade com a emergência da capitalismo, sistema que varreu diante de si todas as formas anteriores. O capitalismo (termo não usado no *Manifesto)* tinha, na época, apenas dois ou três séculos. E ainda assim esse novo sistema, que reconstruíra os parâmetros da civilização, devia, segundo Marx, desaparecer a qualquer momento — mais certamente no seu período de vida —, para ser substituído pelo comunismo.

É difícil demonstrar definitivamente, mas as duas noções são incomensuráveis. Por um lado, temos um sistema que, em parte da Europa pelo menos, transformou e substituiu aspectos milenares da civilização e estava em processo de fazer sua presença ser sentida em todo o mundo. Era claramente uma força potente, e havia boas razões para sua predominância, que Marx passaria a maior parte da vida explorando. Marx também acreditava que esse sistema possuía contradições inerentes. Mas seria razoável acreditar que, poucas gerações depois de sua concepção, fosse desaparecer um sistema social que rescreveu milhares de anos de história humana? Claramente, Marx sentia necessidade de acreditar nisso. Se não, por que no *Manifesto* faria a extraordinária alegação de que o proletariado constituía a "maioria esmagadora" da população da Europa?

O quiliasmo de Marx teve efeito dilacerador na construção do movimento socialista e da estratégia que lidava com o aqui-e-agora da sociedade, enquanto preservava uma visão a longo prazo do futuro. O socialismo, em vez disso, dividiu-se entre os puristas que preservavam o espírito quiliástico (por exemplo, os bolcheviques) e os que adotaram uma abordagem mais evolucionista (os social-democratas). Estes, com freqüência, adotavam políticas de maneira inconsistente e pouco objetiva, porque abandonaram qualquer visão a longo prazo da sociedade.

O legado de Marx, como sugeri, é ambíguo, e herdamos dele não apenas seu quiliasmo, mas um tipo de pragmatismo hegeliano para o qual a nova sociedade deve surgir "do útero" da antiga. Para socialistas que desejam vincular-se a uma tradição marxista, pareceria essencial enfatizar esse aspecto do pensamento de Marx no contexto do atual debate. Darei um exemplo significativo. O deslocamento de assuntos ecológicos para o centro da agenda política e da opinião pública pode, à primeira vista, encorajar fortemente o desenvolvimento de abordagens socialistas de tais assuntos. Se o crescimento econômico zero se tornar necessário devido a exigências ecológicas, a instituição de políticas compatíveis com tal objetivo não poderia ser reconciliada com a estabilidade macroeconômica numa sociedade puramente de mercado. Mais além: quem pode conceber soluções puramente de livre mercado para problemas como o efeito estufa?

Existe, no entanto, outro lado dessa história. Questões ecológicas estão, acredito, causando profunda mudança de atitude e de percepção na sociedade. A noção de que seres humanos têm a capacidade ou o direito de fazer o que quiserem com o meio ambiente está sendo progressivamente questionada. É inevitável que essa mudança de visão do relacionamento dos seres humanos com o mundo natural — a necessidade de se harmonizar com a natureza em vez de ser contra ela — também se refletirá numa atitude similar no mundo social. Será bom.

Existe o perigo, no entanto, de que essa razoável noção possa ser levada a extremos: apologistas de direita podem usar a fantasia hayekiana de sociedade capitalista como um organismo natural que não pode sofrer interferências, como desculpa para deixar os problemas da sociedade capitalista se resolverem de "maneira" natural. Quando essa noção hayekiana é combinada com a identificação popperiana[3] de movimentos de esquerda com aventurismos saint-simonianos (identificação não totalmente ilegítima, como vimos), pode surgir ainda uma versão ecológica recém-elaborada do conservadorismo de Burke. Numa época em que, para o bem e para o mal, as mudanças mais radicais nos padrões culturais "tradicionais" estão emanando de empreendimentos capitalistas (por exemplo, a circulação diária maciça de pornografia nos jornais de Murdoch), tal abordagem é duplamente enganosa. Uma abordagem "naturalista" de esquerda da sociedade, surgindo de maneiras de pensar ecológicas, é uma necessidade portanto.

Duas culturas?

Existe outra parte da herança de Marx (incluindo sua filtragem pelo fabianismo) que vale a pena examinar: a doutrina do materialismo histórico. Mais uma vez, parece menos importante considerar aqui a visão real de Marx sobre essas questões do que os frutos dessa tradição: no Ocidente, o efeito da doutrina foi um foco na subestrutura da sociedade — o controle dos meios de produção e outros aspectos fundamentais da economia, tais como a distribuição de renda e de riqueza. No governo trabalhista do pós-guerra, esforços principais destinaram-se a controlar as "cúpulas de comando" da economia, com a nacionalização de indústrias-chave. Em anos recentes, um destacado grupo teatral radical nomeou-se 7:84, uma vez que para ele é claro que esse "fato" (7% da população controlam 84% da riqueza) é a chave para deslindar os problemas centrais da sociedade britânica.[4]

Paralelamente a essa fixação intelectual em considerações econômicas, observamos profunda aversão à economia e aos problemas econômicos nos órgãos proeminentes do pensamento de esquerda, como pode ser ilustrado pela ausência de artigos preocupados com questões econômicas num exame dos números recentes da *New Left Review*.[5] Existem várias maneiras de explicar esse paradoxo. Pode ser simplesmente uma ilustração do problema das duas culturas de C. P. Snow: historiadores, filósofos e esteticistas que determinam a política editorial do periódico acima, por exemplo, achem pouco edificantes e incompreensíveisos os debates econômicos.[6] Uma explicação alternativa é que economistas radicais não têm nada de interessante a oferecer ao grande público, e que muitos dos assuntos centrais sobre as falhas da moderna economia capitalista não foram levantados por economistas, mas por outros, como os militantes do movimento ecológico.

Como afirmei, tais argumentos realmente têm pouca validade. No entanto, gostaria de prosseguir de maneira diferente. São fundamentados os sentimentos de tédio e mesmo de inquietação geralmente percebidos na esquerda sobre abordagens econômicas da questão da transformação social. Primeiro, a forma crua da doutrina do materialismo histórico — com sua imagem da subestrutura como algo substancial e inalterado comparado com a superestrutura — é completamente falsa. O ano de 1945 como o "ano zero" pode ser usado para demonstrar que o contrário é verdade: podemos ver no chamado "milagre" da Alemanha Ocidental que mesmo a severa destruição física pode ser substituída rapidamente se a infra-estrutura humana e intelectual permanece.[7] A construção dessas superestruturas é a essência do problema enfrentado pelos países em desenvolvimento hoje. O rápido crescimento dos índices de produção industrial tem em si pouca importância. Em países ricos em petróleo, o crescimento da produção industrial não tem sido autogerador, em função de essas sociedades falharem em construir a infra-estrutura humana e de capital necessárias e as instituições sociais. Grande proporção dos envolvidos na esquerda está pessoal e profissionalmente envolvida em ati-vidades "superestruturais" — educação, arte e assim por diante. Para muitos outros, as razões principais para o envolvimento com atividades de esquerda são uma preocupação com considerações superestruturais como os direitos das minorias, dos gays e das mulheres. Todavia esses indivíduos tinham de lidar com uma ideologia em que tais considerações são periféricas.[8]

Temos assim a seguinte situação: existe uma ideologia, o marxismo, que durante gerações tem sido a principal bandeira sob a qual as exigências radicais repercutiram para o pleno desenvolvimento do potencial humano individual dentro da sociedade. Essa ideologia provou-se inadequada para promover uma progressiva mudança social no Ocidente, uma vez que os regimes surgidos sob a égide dessa doutrina funcionaram sob o mais hediondo totalitarismo. Há um outro aspecto deletério dessa ideologia, menos discutido, mas que estamos buscando aqui. Em seu desenvolvimento no século XX, a tradição dominante que emanava dessa ideologia concentrou-se na importância de mudanças na base econômica da sociedade como o mecanismo pelo qual seria *então* possível lidar com questões do desenvolvimento humano. Assuntos superestruturais como a educação foram considerados secundários. Essa tradição é dominante, embora tenham sido precisamente falhas em aspectos da "superestrutura" o que motivou a atividade política radical de muitos indivíduos, em primeiro lugar — indivíduos para quem o trabalho superestrutural tal como a educação era geralmente o modo dominante da atividade humana e profissional (uso esta frase inadequada para abranger não apenas os professores, mas também os pais). Podemos ver manifestações extremas desse fenômeno no exemplo do trotskista, professor por profissão, que decide realizar uma ação política "verdadeira" trabalhando e organizando-se numa fábrica; ou na incompreensão mútua evidenciada quando um direitista decide, com certo grau de lógica, que a concentração dos esquerdistas nas formas estruturalmente econômicas de desigualdade deve ser ligada à "política da inveja" — por que haveria então obsessão pelos proprietários e pelas estatísticas de renda? Essa abordagem "marxista", materialista e determinista para a transformação radical da sociedade debilitou a política da esquerda e mistificou simpatizantes em potencial. A maior parte da energia da esquerda foi dissipada em experiências industriais de planejamento.[9] Os indivíduos eram desviados, e o desenvolvimento social, inibido. Talvez a história não devesse ser criticada após os resultados conhecidos, mas agora parece indiscutível que, se o governo trabalhista de 1945 tivesse se concentrado em rescrever a Lei de Educação de 1944 e reconstruído o sistema universitário, poderia ter sido possível uma verdadeira e duradoura transformação da sociedade. Irei mais longe: uma revolução *cultural* verdadeira entre a população poderia ter criado os pré-requisitos para a transformação no ambiente industrial em que elementos genuínos de democracia industrial — socialismo democrático —, estavam presentes. Talvez não seja coincidência que sejam altamente educadas essas sociedades (a Suécia, por exemplo) que deram os primeiros passos de paralisação na direção da democracia industrial. Como veremos, tais desenvolvimentos não estarão de maneira alguma em contradição com as noções contemporâneas de eficiência industrial. Na ausência de tal revolução cultural, não é inevitável que a classe que "nasceu para mandar" exerça sua vontade sobre a maioria da população?

II. *Alguns elementos do renascimento socialista*

Em áreas acadêmicas, tais como economia e psicologia, bem como em outros campos, assistimos ao desenvolvimento de uma forma de engenharia social derivada da noção benthamita de sociedade como simplesmente mera reunião de indivíduos isolados que, em interesse próprio, respondem (ou levados a responder) a recompensas e punições. Esse individualismo metodológico benthamita tem três componentes. Primeiro, a noção, repetida pela sra. Thatcher, de que a sociedade é apenas (nem mais nem menos) um agrupamento de indivíduos. Segundo, a psicologia humana responde de maneira racional — e consistente — a recompensas e punições que só podem ser medidas pela reação subjetiva dos indivíduos às mudanças no seu ambiente — se ficam mais ou menos "felizes" com essas mudanças, com a noção implícita de que qualquer tentativa de medir objetivamente o bem-estar humano (ou seja, as necessidades humanas) está destinada a ser arbitrária. Terceiro, a psicologia de cada indivíduo na sociedade deve ser analisada como se as formações sociais que contribuem para a criação dessa psicologia pudessem ser tomadas como dadas. Este último ponto teve de ser enunciado com reticência, porque é realmente inegável que a psicologia individual dos seres humanos não é apenas um componente crucial na criação de formações sociais, mas, numa extensão significativa, é criada por essas mesmas formações. Tentativas recentes, com o auxílio da doutrina da socio-biologia, de libertar a psicologia humana das formações sociais e ligá-la a forças biológicas "exógenas", combinam bem com a metodologia do individualismo.

Ao analisar certos aspectos do comportamento humano em contextos específicos (por exemplo, a mudança no preço de determinada mercadoria num mercado internacional), essa metodologia serviu a objetivos úteis e incontestáveis. Além disso, é sem dúvida um instinto científico selvagem tentar atribuir aspectos do comportamento social (por exemplo, a taxa de poupança aparentemente alta da população japonesa) a observáveis — e talvez mensuráveis — recompensas e punições (por exemplo, a deficiência dos esquemas de aposentadoria), em vez de, de maneira flatulenta e não testada, a "profundos" fatores culturais ou, que os céus nos ajudem!, a propensões genéticas.

Nas últimas décadas, no entanto, o domínio da aplicação do individualismo metodológico foi progressivamente ampliado por cientistas sociais tais como Gary Becker (professor de Economia e Sociologia da University of Chicago), para incluir tais tópicos como suicídio, crime casamento e outros aspectos do comportamento humano.[10] Como uma doutrina prescritiva, a moldura analítica desse individualismo metodológico conduz tanto ao anarquismo libertário de Robert Nozik ("Por que os indivíduos não podem fazer o que querem sem coerção do Estado?") quanto aos esquemas totalitários de recompensa e punição encontrados nos escritos do psicólogo behaviorista B. F. Skinner. Uma vez que essa metodologia individualista é capaz de abarcar amplo espectro de abordagens políticas e filosóficas contrastantes, não são as conseqüências das doutrinas em si que gostaria de criticar aqui, mas a falta de validade científica da metodologia em sua extensão mais ampla e as conseqüências que fluem dessas falhas. Assim, pode ou não ser verdade, nos termos de Gary Becker, que os índices de criminalidade nas grandes cidades dos EUA diminuirão, *ceteris paribus*, quanto maior a média de detenções e mais severas as punições. Mas, mesmo nas estimativas mais otimistas, as ordens de magnitude de mudança numa dada cidade americana são pequenas se comparadas às diferenças entre os índices de criminalidade nessas cidades americanas e nas grandes cidades do norte da Europa ou do Japão. Podemos, naturalmente, atribuir essas diferenças ao contraste entre a composição cultural (racial, diriam alguns) das cidades americanas e das outras. Uma questão se apresenta: a "cultura" deve ser tratada puramente como uma variável exógena, além dos domínios do controle consciente?

Esta, claramente, não é uma abordagem universal entre os conservadores. Nos EUA, por exemplo, prosperou nos últimos anos uma vasta literatura sobre a criação de uma "cultura da pobreza" pela política de bem-estar social (*welfare*) do governo — um sistema em que o Estado transformou o gesto de ficar em casa em decisão racional para os pobres, que, em vez de trabalhar em empregos desagradáveis e que remuneram mal, podem ter filhos (até fora do matrimônio) e receber apoio do governo. Em resposta, a pergunta que poderíamos fazer seria: por que uma sociedade rica e avançada como os EUA está descartando tantos indivíduos tão pouco talentosos e cuja visão de mundo é tão miserável que uma vida no sistema de *welfare* é considerada desejável? Alguns responderão com uma fraca referência à "natureza humana", mas nos EUA as únicas respostas para essas questões vêm dos que têm explicações genéticas e raciais. Dos liberais (no sentido americano) obtemos apenas o silêncio constrangido ou negativas.

Existem poucas razões para os socialistas ficarem na defensiva sobre essas questões — certamente, meios ambientes sociais afetam o comportamento. Pode-se dizer que as baixas taxas de criminalidade em Tóquio, digamos, não servem de lição para os EUA ou para a Grã-Bretanha.[11] Mas é mais difícil ignorar o sucesso relativo que a Holanda e a Escandinávia tiveram com abordagens "suaves" nas sentenças de prisão e políticas sociais construtivas. Nesses países, as condições criadas têm, naturalmente, continuidade com o passado histórico, mas não podem ser suficientemente explicadas como parte de alguma tradição ancestral: foram criadas no século XX, dentro de uma visão socialista ou social-democrata. (Usei com hesitação a linguagem acima sobre política social consciente, porque pode levar a inferir que aceito o mito de uma sociedade civil natural hayekiana que pode evoluir pela coordenação espontânea, da qual a política social consciente é um substituto — ainda que um pouco artificial.)

Dessa maneira, numa série ampla de sociedades, políticas social-democratas estiveram longe de ser bem-sucedidas. Um segundo aspecto da tradição socialista reteve uma potência inegável: a ênfase na cooperação. Para Marx a contradição fundamental do capitalismo era o conflito entre as premissas individualistas e a natureza social da produção que engendrava. Tradicionalmente, essa contradição marxista foi interpretada num sentido econômico estreito, para justificar algum tipo de planejamento centralizado. Mas é perfeitamente plausível examinar a questão em termos diferentes: os exemplos mais proeminentes de sucesso capitalista em tempos recentes — as grandes empresas japonesas — colocaram em discussão as premissas individualistas do capitalismo na esfera de produção. Lealdade ao grupo e cooperação são elementos cruciais para o sucesso dessas grandes companhias e de seus equivalentes ocidentais. A recompensa pessoal entra claramente na equação.[12] Mas existe muito mais na história de sucesso dessas empresas do que a criação e o controle de esquemas de recompensa e punição que refletem a contribuição de cada indivíduo como entidade separada. Economistas acadêmicos ainda ficam relevando suas funções de unidade individualista, mas a necessidade de criar uma atmosfera de participação grupal na empresa é considerada importante por teóricos de gerência como Tom Peters, em moda hoje. Naturalmente, surge esta questão na cabeça dos socialistas: se a lealdade em grupo e a cooperação são componentes importantes da eficiência econômica nas empresas, isso não será verdade *a fortiori* para a sociedade como um todo? Uma abordagem mais radical para a reforma socialista é feita a seguir.

III. O fracasso da experiência filistina

Defensores da União Soviética sempre costumavam apelar à natureza especial da sociedade "russa" para explicar suas características menos salubres. Com a replicação, em muitos outros países socialistas, de várias falhas encontradas na sociedade soviética, a respeitabilidade intelectual desse argumento foi bastante enfraquecida. Tinha, no entanto, certa legitimidade: na Rússia, em particular, era possível falar na continuidade de uma cultura profunda — a linguagem e a tradição de uma raça-nação, a russa. De fato, os russos modernos estremecem diante da persistente adequação dos comentários negativos sobre sua cultura (especialmente a cultura política) e sua sociedade expressos pelo marquês de Custine, viajante do começo do século XIX.

O mesmo não se pode dizer do outro grande experimento social, os Estados Unidos da América. Enquanto passagens de Tocqueville do começo do século XIX ainda impressionam pela relevância das condições contemporâneas americanas, os EUA não têm uma cultura dominada por tradições ancestrais (isto é, pré-capitalistas) de um grupo étnico específico, nem mesmo escoceses e irlandeses. Realmente, como cultura, é admirável e única (a Austrália e outras sociedades não se comparam em escala e diversidade étnica). É um laboratório em que podemos observar os efeitos de uma forma relativamente pura de capitalismo avançado sobre diferentes grupos culturais.

A América — falando francamente, é uma bagunça. Para um país que no final da Segunda Guerra Mundial desfrutou todas as formas de predominância, ela não parece mais excepcional diante de muitas outras nações quando se avalia o padrão de bem-estar econômico que inventou para si — o consumo per capita de bens privados. Outros fatores — sujeira, muitos crimes e incoerência nas grandes cidades, o conflito racial que nunca acaba a cultura pública de notório baixo nível numa população nominalmente bem-educada — afastaram essa nação do seu lugar especial como padrão para a vida moderna.

Os aspectos negativos da sociedade americana que desejo focalizar são seu *filistinismo* e seu antiintelectualismo, características que agora, acredito, de um ponto de vista utilitário, estão ricocheteando para destruí-la, e estão evitando o desenvolvimento de respostas criativas aos difíceis problemas que enfrenta. Richard Hofstadter, em *Antiintelectualismo na vida americana*,[13] remete essa tendência à religião não-conformista do século XVII. As propensões fortemente antiintelectuais da sociedade britânica contemporânea podem reforçar a tentação de buscar uma explicação étnica para o fenômeno.

Tal abordagem seria, acredito, falaciosa, ou pelo menos inadequada. Admirável e peculiar a respeito da América (se posso usar o termo para indicar os EUA como entidade cultural em oposição à entidade política) é que essa vasta nação de diversas origens étnicas forjou uma identidade cultural não menos bem definida do que a encontrada entre nações menores com laços étnicos de longo prazo. Além disso, muitas dessas características —*filistinismo*, altos índices de criminalidade e assim por diante —, longe de serem únicas, funcionam como "indicadores principais" de tendências a serem encontradas em outros países capitalistas. Enquanto toda sociedade tem sua cota de problemas, essa nação rica, tão orgulhosa de suas tradições democráticas e de sua eficiência, fracassou dramaticamente em enfrentar seu dilema central: a brutal falta de harmonia racial. Apesar de clamores freqüentes anteciparem uma solução incipiente para o problema, ela continua, com os paliativos oferecidos — as pessoas deveriam "amar-se" mutuamente —, a fazer pouco efeito, para falar de maneira suave. O sentido de negação manifestado especialmente por intelectuais liberais sobre a seriedade do problema beira o psicótico. O argumento segundo o qual a América é um modelo de sistema econômico e político capaz de responder de maneira positiva aos problemas sociais é claramente uma impostura.

A América é o "mais avançado" e o mais puro país capitalista — mais puro porque a influência de idéias "socialistas" foi menor do que em outros países, e, mais importante, porque a cultura em si é menos incerta do que outras num passado pré-capitalista. Boa parte do que distingue a cultura americana é produto do capitalismo. Nesse sentido, a América é a cultura mais velha do mundo. Não existe outra cultura com tal continuidade. Onde mais uma criança poderia fazer seu *breakfast*, produzido comercialmente por uma grande empresa (Corn Flakes, da Kellogg), como seu tataravô um século antes?

A América realmente está sentindo os efeitos dolorosos da sua própria cultura de ódio às culturas. Nos últimos trinta anos, as notas dos testes de aptidão geral vêm diminuindo nos EUA, e os escolares americanos têm mau desempenho em comparações internacionais. As obsessivas discussões internas da América fizeram disso um grande tema, e com boas razões: falhas na educação parecem estar ligadas à falta de habilidade em organizar a atividade manufatureira com o tipo de espontaneidade e autoconfiança encontrado nas fábricas japonesas, simplesmente porque os trabalhadores americanos são menos educados. Alguns especialistas amaricanos observaram que três quartos dos Phds em engenharia são estrangeiros ou nascidos no exterior, e defendem mais liberdade de imigração. Outros, mais adequadamente, encararam essa estatística como manifestação da fraqueza fundamental da sociedade.

No século XIX os EUA desenvolveram um sistema educacional que, pelos padrões da época, era bastante avançado. No entanto, isso não significa que os contribuintes americanos se resignaram a grandes gastos em educação, uma vez que a venda de terras públicas contribuiu significativamente para os custos do sistema. Hoje os Estados Unidos gastam 4,77% do PNB em educação pública contra 7,19% na Suécia, 5,91% na Áustria, 6,53% no Canadá, 5,57% na França e 4,97% na Grã-Bretanha. (Ver Tabela I para proporções comparativas do salário médio do professor em relação ao PNB per capita.)

Tabela I
Proporção do salário médio do professor
em relação ao PNB per capita, 1988-1990

	Salário máximo	Salário mínimo
Suíça	2,97	1,69
Áustria	2,60	0,98
Japão	2,21	0,75
Alemanha	2,19	1,37
Grã-Bretanha	2,05	0,95
EUA	1,58	0,94

Fonte: Andrew Shapiro, *We're Number One! Where America Stands — and Falls — in the New World Order*, Nova York, 1992.

O novo livro de Andrew Shapiro, *We're Number One!* mostra que o sistema educacional americano, carente de verbas, está produzindo estudantes com pouco domínio de matemática ou de línguas estrangeiras, e que 27 milhões de adultos são analfabetos funcionais. As tabelas de Shapiro revelam que a Grã-Bretanha está apenas um pouco acima dos EUA em padrões educacionais (ver Tabelas II e IV). David Miliband observou que a Grã-Bretanha e os EUA também ficam para trás quando se trata de comparações internacionais da proporção da mão-de-obra industrial que recebeu treinamento vocacional. Na Alemanha, 67% dos trabalhadores tiveram treinamento vocacional especializado, na Itália 79%, na França 80%, mas na Grã-Bretanha só 38% e nos EUA 37%.[15]

Tabela II
Notas médias em Ciência entre jovens de 14 anos, 1983-86

	Nota		Nota
Hungria	21,7	Coréia do Sul	18,1
Japão	20,2	Noruega	17,9
Holanda	19,8	Grã-Bretanha	16,7
Suécia	18,4	EUA	16,5

Fonte: Shapiro, *We're Number One!*.

Tabela III

Porcentual de estudantes de 13 anos que concordam com
a declaração "Eu sou bom em Matemática",
e aproveitamento em Matemática
numa escala de um a mil com
500 como média, 1988

	Dizem-se bons em Matemática	Nota
EUA	68	473,9
Canadá	61	522,8
Espanha	60	511,7
Irlanda	49	504,3
Grã-Bretanha	47	509,0
Coréia do Sul	23	567,8

Fonte: Shapiro, *We're Number One!*, p. 60.

Tabela IV

Porcentual de estudantes de 13 anos que dizem que
assistem cinco ou mais horas de televisão por dia
e porcentual dos que dizem que não
fazem o dever de casa, 1988

	Assistem à TV	Não fazem dever
EUA	31	5
Grã-Bretanha	27	2
Canadá	19	3
Irlanda	14	2
Espanha	13	1
Coréia	7	3

Fonte: Shapiro, *We're Number One!*, p. 66.

Tabela V
Aproveitamento em Matemática. Idade, 13 anos

	Canadá	China	Inglaterra	França	Suíça	Formosa	Coréia	EUA
Números/Operadores	65,6	84,9	58,5	65,0	73,6	74,7	77,4	61,0
Medidas	49,9	71,3	51,2	52,7	62,0	63,7	59,5	39,5
Geometria	68,1	80,2	70,3	73,1	76,6	76,6	77,4	54,3
Análise de Dados	76,4	75,4	79,5	79,3	81,8	81,2	81,2	72,2
Álgebra	52,7	82,4	54,0	57,0	62,7	69,2	70,8	49,2
Compreensão Conceitual	65,1	81,6	62,0	67,4	71,7	74,7	78,3	57,4
Conhecimento Processual	61,9	83,0	59,0	65,7	69,0	74,7	73,4	56,0
Solução de Problemas	58,9	75,6	60,8	59,3	71,9	68,6	68,5	52,3

Fontes: Archie E. Lapointe, Nancy A. Mead, Janice M. Askew, *Learning Mathematics*, fevereiro de 1992; Relatório nº 22, Centro Nacional de Estatísticas de Educação, Departamento de Educação dos EUA e Fundação Nacional de Ciência.

Tabela VI
Média do número de dias do ano escolar

Japão	234
Alemanha	210
Holanda	200
Grã-Bretanha	192
EUA	180

Fonte: Shapiro, *We're Number One!*, p. 56.

Na clássica teoria de gerência de F. W. Taylor, a ignorância e a passividade do trabalhador tradicional de fábrica eram consideradas características desejáveis para a organização do trabalho. A espontaneidade devia ser evitada (em favor da atividade "planejada" dentro da fábrica); muita educação para os trabalhadores gerava agitação política e social. Especulemos sobre o surgimento de uma nova contradição do capitalismo: pressões competitivas subjacentes nas mais avançadas formas de capitalismo competitivo geram a necessidade de força de trabalho flexível, educada, com ampla autonomia no processo de tomada de decisões.

Será que tais evoluções ameaçam a natureza hierárquica fundamental do próprio capitalismo? No momento, tal especulação parece irrelevante: a fábrica japonesa, com todo seu suposto encorajamento à espontaneidade, ainda é uma fábrica, e exige muito dos trabalhadores. A lógica do atual pensamento gerencial, no entanto, parece estar se deslocando para envolver a força de trabalho na tomada de decisões, bem como para distribuir parcela dos benefícios de performance bem-sucedida. Existem limites óbvios a esse processo, e, se os trabalhadores forem convocados a dividir não apenas os lucros mas também os prejuízos, poucos estarão em condições de assumir os riscos de serem proprietários com plena igualdade. Limitações no preparo intelectual podem causar dificuldades não apenas nas oficinas mas também no gerenciamento. Com o objetivo de cultivar a criatividade de sua elite, os Estados Unidos foram a primeira sociedade moderna a tentar encontrar um substituto para as formas ocidentais tradicionais de educação liberal: a cultura de treinamento gerencial, nova para muitas sociedades do mundo, tem um século nos EUA.[16] Persiste, porém, uma questão: será que se encoraja a criatividade pulando para cima e para baixo e dizendo às pessoas para serem criativas (o conteúdo substantivo que eu, um cansado economista acadêmico, colhi nos atuais *best-sellers* sobre as atividades gerenciais), especialmente quando, como nos EUA, há dúvidas significativas sobre se as universidades foram bem-sucedidas em ensinar esses supostos gerentes a escrever sua própria língua de maneira gramaticalmente correta e compreensível?

Cultura de massa como truque/artefato político

Grande quantidade de analistas de direita (Alan Bloom nos EUA e todo o governo conservador na Grã-Bretanha) tentou convencer-nos de que falhas contemporâneas na educação devem-se a políticas liberais "suaves". Mas, se alguém se der ao trabalho de observar, as raízes são claramente mais profundas e no geral muito mais estreitamente ligadas ao *filistinismo* de direita do que a recentes experiências educacionais liberais de esquerda. O *filistinismo* de direita tem raízes na religião não-conformista do século XVII (a superioridade da fé sobre as boas obras e do sentimento sobre o pensamento remete a São Paulo), mas o utilitarismo capitalista (educação para quê?) é reforçado pela antiga suspeita dos conservadores (pelo menos desde a época de Platão) de que ensinar as massas a pensar tem seus perigos. Pesadelo persistente dos conservadores é que, alfabetizada e informada, a população tomará o poder dos soberanos naturais da sociedade e tratará diretamente dos problemas que afetam suas vidas. Mas não estamos na época de Platão, e agora a tarefa do dirigente é complicada pela deferência nominal feita universalmente às doutrinas de livre expressão, democracia e constitucionalismo. A manutenção da estabilidade doutrinária foi facilitada porque esses dirigentes naturais desenvolveram uma criação brilhante: a cultura de massa — uma doutrina com nome inadequado, uma vez que, apesar de dirigida às massas, é cuidadosamente construída por quem sabe das coisas.

Permitam-me dar um exemplo britânico do uso da cultura de massa como artefato político: a criação do mito de que na Segunda Guerra Mundial a Grã-Bretanha venceu sozinha a Alemanha foi mais difícil do que hoje parece: os "heróicos" da Rússia eram muito considerados na Inglaterra durante a guerra, especialmente entre os trabalhadores. Mentiras explícitas não serão encontradas, mesmo nos textos escolares. O mito da grande vitória britânica é, em vez disso, perpetuado por truques simples, como igualar a batalha de El Alamein à batalha de Stalingrado. É então espalhado nos meios de comunicação (jornais populares, filmes, televisão) por indivíduos que supostamente sabem o que dizem. Para a elite e para outros no meio ambiente liberal que habitamos, há outras fontes de informação — livros e revistas não lidos pelas chamadas massas — em que se mostra sem paixões a contribuição relativa dos diferentes integrantes da aliança contra a Alemanha nazista.

A moderna sociedade capitalista dissipa conhecimento e de maneira interessante o torna não usável: os foros para debates sérios são muito limitados — o *The New York Review of Books* (uma das poucas publicações americanas que tratam seriamente do amplo conjunto de assuntos que são tradicionalmente do interesse da elite educada) tem tiragem de mais ou menos 140 mil. Em contraste, na ex-União Soviética, a tiragem da *Literaturnaya*

Gazeta somava 6,2 milhões. Na medida em que se tratava de um porta-voz do governo, esse contraste tinha pouca importância. Mas na Europa oriental, como na União Soviética, o amplo apoio para a "alta" cultura teve um efeito profundamente subversivo: *Novy Mir*, que cuja tiragem atingia milhões, publicou em série *O arquipélago Gulag* de Soljenitsin. Pode alguma sociedade ocidental nos últimos anos alegar que tal ataque contra sua legitimidade fundamental foi oferecida para discussão em seus meios de comunicação de massa? Claramente, tal situação não pode ter permissão de persistir, e será interessante ver como tais tendências perigosas serão restringidas nessas sociedades recém-liberadas.

O experimento *filistino* fracassou. Consumir drogas é, afinal, conseqüência natural de uma sociedade de consumo orientada para o prazer. Os anúncios da televisão americana contra as drogas falam de efeitos colaterais desagradáveis (incluindo a morte), mas não questionam a premissa subjacente de que o princípio do prazer é o critério relevante para decidir sobre o uso da droga. (Somente a religião, com seu próprio tipo de droga, contesta seriamente a sociedade de consumo numa questão de princípio, e esse é um aspecto importante de sua constante influência nos EUA).

Nos EUA a propaganda a favor da educação é igualmente utilitária ("você arrumará um emprego melhor") em vez de ser regida por princípios. Mas sociedades e culturas que educam sua população o farão como parte de uma fé arraigada na *importância* (e não simplesmente na eficácia) da educação: existe uma mitologia envolvendo o sucesso das chamadas culturas confucianas, ou os judeus, em usar a educação como parte de uma "estratégia" de consecução econômica. A verdade é outra: o compromisso com a educação é um preconceito histórico (às vezes bastante esnobe e desagradável) e estreitamente ligado às concepções dessas culturas sobre o que é ser humano. O sucesso econômico resultante da busca da educação foi em grande parte subproduto dos sistemas de valor incorporados nessas culturas. Um preconceito a favor da educação, em certas culturas herdado do passado pré-capitalista, pode provar-se muito útil num contexto moderno, mas há evidência de que essa tendência cultural existiu ou existe agora, *porque* promove o sucesso econômico.[17] Estão fadadas a ser infrutíferas as tentativas de culturas possuidoras de sistemas de valor *filistinos* promoverem a educação simplesmente porque é necessária para o sucesso econômico. Todavia, qual o significado de dizer que determinada sociedade ou cultura acredita na educação? Pode ser que governos como o de Cingapura mobilizem suas populações usando aspectos das tradições autoritária e conformista. A sociedade pode acreditar em educação (como evidenciado, por exemplo, nas políticas seguidas pelo governo de Cingapura), mas a reação dos indivíduos na sociedade pode não emanar espontaneamente de um amor ao saber em si, mas de pressões poderosas impostas naquela sociedade autoritária e conformista. Se a mobilização da população rumo à educação desempenha papel central no desenvolvimento econômico, é suficiente para sociedades mais individualistas deixar sua população seguir "livre escolha" nesses assuntos? Certamente, estamos num terreno perigoso e até racista: contrastar uma cultura asiática autoritária e conformista, que mobiliza sua população na direção da educação, com um Ocidente mais livre, mais individualista, onde a educação é questão de escolha pessoal. O contraste, de fato, é enganador. Todas as sociedades usam o esnobismo, o conformismo e outros mecanismos de pressão para encorajar os indivíduos a aderir às normas sociais. Em geral, quanto mais tradicional a sociedade, menos sutis devem ser tais mecanismos (ou menos hipócritas).

A verdadeira questão é esta: sociedades ricas, relativamente individualistas, podem encontrar um substituto para as formas tradicionais de coerção social? Se não, estamos profundamente nas *Contradições culturais do capitalismo*,[18] de Daniel Bell, e a dissipação do prazer-amor será o caminho de toda a carne no capitalismo avançado. O capitalismo, na sua forma mais pura e mais individualista (os EUA), pode simplesmente se "consumir" criando uma cultura que é individualista e na qual os "gostos" filistinos da população engendrados pelo capitalismo não conduzem a níveis altos de educação vitais para seu desenvolvimento posterior. Para sobreviver em tal ambiente, sociedades capitalistas avançadas podem, em algum momento, sentir necessidade de imitar essas formas autoritárias de sociedades com mais de um resíduo pré-capitalista (por exemplo, Cingapura).

Dessa maneira, tanto as exigências da ecologia planetária (a serem discutidas) quanto as motivações mais tradicionais derivadas da intensificação da rivalidade capitalista apontam para a necessidade objetiva de criar uma sociedade em que a posse material e o princípio do prazer não estejam em primeiro lugar e na qual o desejo de ser educado seja parte de livre escolha e vontade individual. Se, realmente, a cultura do capitalismo, como evidenciada por sua emanação mais pura (e mais alta?) na América, não gera referências individuais conducentes à sobrevivência planetária e ao sucesso econômico, a escolha verdadeira pode ser entre o socialismo democrático e formas autoritárias/tradicionais de desenvolvimento econômico.

Seria fantasia utópica e absurda imaginar que o desejo por posses materiais fique dentro de limites? Creio que não. Diria que mesmo a Grã-Bretanha tem um longo caminho a percorrer para alcançar os níveis americanos de obsessão pela posse material; e uma razão (existem muitas, naturalmente) está em que as crianças americanas são encorajadas por anúncios especialmente direcionados, enquanto tal prática é inibida na Grã-Bretanha. Mesmo uma decisão administrativa aparentemente trivial sobre anúncios para crianças pode ter efeitos duradouros nos desejos "naturais" dos indivíduos por posses materiais; ações mais profundas podem ter conseqüências mais profundas.

IV. Tradições socialistas

Então o que deve ser salvo das velhas tradições socialistas? Na verdade — para fazer a vida de alguém tão difícil quanto possível (e como manifestação de petulância pessoal em ouvir dissertações sobre os males do comunismo de ex-comunistas, ex-trotskistas e ex-maoístas) —, o que vale a pena preservar da parte mais radical da tradição representada por Lênin e Trotsky? Hoje, o internacionalismo da tradição radical — por exemplo, o antipatriotismo extraordinariamente corajoso das *Teses de abril*, de Lênin — é relevante para nós. Historiadores adeptos do sistema reconheceram que a Primeira Guerra Mundial foi uma obscenidade monstruosa. Mas raramente se mostra, no entanto, que a esquerda radical (na Europa e nos EUA) foi a única força significativa a se opor à guerra (exceto por um grupo ineficaz de pacifistas e alguns racistas, tais como Henry Ford, convencido de que o homem branco estava sangrando até a morte), e que Lênin foi o único ator político a causar a retirada de um grande participante. Num mundo cada vez mais interligado pela economia e pela iminente catástrofe ecológica, o internacionalismo torna-se necessidade material objetiva.[19]

Tenho em minha casa um pôster da Rússia soviética para o festival do Dia do Trabalho de 1920 que proclama: "Das Ruínas do Capitalismo para a Fraternidade Mundial de Trabalhadores". O pôster retrata russos (eslavos?) — homens e mulheres — marchando com chineses, indianos e africanos. Não é difícil adivinhar o que líderes ocidentais "responsáveis" pensariam desse pôster. Sabemos, por documentos históricos, que tipo de sujeira racista flutuava nas suas cabeças; e as políticas praticadas por eles refletem essas opiniões. Os grandes intelectuais do *establishment* do período saíram-se um pouco melhor, com sua eugenia e seu darwinismo social. É uma distorção histórica considerar que a oposição das Pessoas Responsáveis à Revolução Bolchevique e a outros movimentos radicais em todo o mundo tenham sido motivados pelo amor à democracia. Uma grande motivação foi o medo, para citar um representante posterior daquela tradição (Lyndon Baines Johnson, presidente dos EUA), de que "algum anão amarelo com um canivete vai aparecer e roubar tudo o que temos". Em assuntos raciais e feministas, os "radicais" da virada do século, apesar de seu pequeno número, estavam predominantemente entre os indivíduos cujas idéias hoje não provocam raiva ou embaraço entre as pessoas decentes.

Se alguém tivesse de enumerar as prioridades (fora de ordem) de uma agenda radical dos problemas mundiais, a lista seria óbvia: paz, pobreza do Terceiro Mundo e catástrofe ecológica. A paz está intimamente ligada à grande tradição do internacionalismo radical. A pobreza do Terceiro Mundo é uma questão radical (e ética) definitiva. Mas a tradicional tendência producionista de muitos teóricos marxistas pode opô-la à necessidade premente de salvar o mundo da catástrofe ecológica. A paz está intimamente ligada à grande tradição do internacionalismo radical. A pobreza do Terceiro mundo é um questão radical (e ética) definitiva. Mas a tradicional tendência produtivista de muitos escritos marxistas pode opô-la à necessidade premente de salvar o mundo de uma catástrofe ecológica. A pior literatura sobre superpopulação tentou culpar as vítimas da pobreza e as vítimas finais da catástrofe ecológica — os pobres do Terceiro Mundo — pelos problemas ecológicos mundiais, como se não fosse óbvio que os ricos é que são os grandes consumidores e destruidores da Terra.

A compreensão correta do problema da catástrofe ecológica, no entanto, longe de conflitar com a necessidade premente de resolver os problemas econômicos do Terceiro Mundo, liga-se a ela estreitamente. Somente o uso coerente dos recursos planetários é compatível com respostas a longo prazo para a miséria econômica. Em muitos casos, as soluções relevantes envolveriam remuneração apropriada dos pobres para preservar recursos para o resto de nós (por exemplo, a floresta tropical brasileira). Não será tarefa trivial, no entanto, assegurar que no Brasil, por exemplo, não seja apenas a elite local que se beneficie dos recursos destinados à preservação ecológica. Como vimos que o desenvolvimento humano e a igualdade são amplamente congruentes com a eficiência econômica no mundo rico, da mesma maneira não existe conflito inerente entre a necessidade de evitar a catástrofe ecológica e o desejo de que as partes mais miseráveis do mundo escapem à pobreza. Opiniões contrárias baseiam-se geralmente numa identificação ingênua do desenvolvimento econômico com aumentos (a curto prazo) da renda per capita, ou no interesse próprio dos indivíduos de explorar, dentro e fora do país, o meio ambiente humano e físico de uma nação do Terceiro Mundo. Os pulmões das crianças tailandesas não têm constituição diferente dos das crianças japonesas e americanas e sofrerão da mesma maneira a poluição e a exploração fabril. A intervenção grosseira do agrobusiness na África pode romper a ecologia social e natural, provocando uma crise econômica.[21]

Direi uma boa palavra final para a tradição radical: um apelo à reconstituição de sua assertividade, sua falta de autoconsciência cheia de culpa — e mesmo sua intolerância. Ao buscar o pluralismo, o consenso e a indulgência, não haveria perigo de os progressistas confundirem mente aberta com covardia? Damos tempo igual nas escolas para fundamentalistas e criacionistas dos vários tipos por falta de coragem, harmonizando o tempo todo a política em termos de pluralismo? A resposta tíbia da sociedade e do governo britânicos aos ataques contra a livre expressão e o pensamento racional no caso dos versículos satânicos leva-nos a duvidar da profundeza do compromisso existente nesses assuntos. Hoje não nos é dado possuir a crença dos marxistas radicais do começo do século XX, no poder do materialismo histórico como solu-ção para todos os problemas. Mas será que isso significa rendição aos fanáticos e verdadeiros crentes de diversos tipos? Não é apenas em assuntos religiosos, mas em lidar com política e idéias políticas, que um tipo de lei de Grenshaw do fanatismo pode operar: a autoconfiança do fanático pode facilmente esmagar a desconfiança hamletiana da pessoa racional, a menos que a última faça pelo menos uma defesa agressiva do *método* de pensamento racional como o único instrumento relevante para a tomada de decisão em assuntos públicos.

Dessa maneira, reconstituída, a esquerda pode também reter da tradição radical um desejo de não sucumbir a uma delicadeza ineficaz e confusa nos assuntos públicos — por exemplo, ceder a uma capacidade de defesa cheia de culpa sobre a manutenção dos valores culturais e educacionais. Como veremos a seguir, uma visão grandiosa e mesmo utópica da educação deve ser parte de qualquer agenda radical. Mas no momento seria escandaloso se, mesmo numa extensão limitada, a esquerda se permitisse identificar com algo que não os padrões educacionais objetivos mais cuidadosamente monitorados. A velha esquerda nunca teve dúvidas de que a manutenção desses padrões era uma necessidade rigorosa, para ela mesma (a grande tradição do auto-aperfeiçoamento da classe trabalhadora) e para a sociedade como um todo: nas escolas a "liberalidade" sobre a questão do ensino de gramática simplesmente condena as crianças da classe trabalhadora ao silêncio.

V. Sobrou algo do planejamento?

O sistema de comando administrativo nunca funcionou muito bem.[22] Não é suficiente explicar suas falhas pelo relativo atraso dos países onde o sistema foi criado, como vimos. A maior parte de seu fracasso é intrínseco à sua má compreensão da natureza do moderno desenvolvimento industrial. Mas isso não quer dizer que os "mercados" detêm soluções mágicas para a regulamentação econômica. É óbvia a inabilidade das soluções de mercado para abordar as mais sérias questões ecológicas que nos desafiam, embora soluções que combinem com a natureza do sistema econômico — impostos e vários incentivos materiais e desincentivos — sejam, em muitos casos, preferíveis a soluções de "comando-administrativo" simplesmente a pretexto da eficácia.

Mas, num sentido mais profundo, o clamor pelo uso "do mercado" envolve a materialização do que é na verdade uma série de relações sociais entre participantes. Os "mercados" surgem quando os participantes oferecem bens e serviços num ambiente legal e social que conduz à competição. A criação de tal ambiente pode ser com freqüência altamente produtiva, como mostrado pelo poder de organizações de livre comércio como a União Européia e seus predecessores para desencadear forças do desenvolvimento econômico na Itália no mundo do pós-guerra. Além disso, na Índia, no México, nas economias da Europa Oriental e em muitos outros países, a invenção de um ambiente econômico relativamente aberto à influência de forças de mercado internacionais pode ser a única arma eficaz disponível para combater a estagnação que surge de relações íntimas prejudiciais desenvolvidas entre a burocracia estatal e os produtores locais.

Os contra-exemplos mais fortes ao meu argumento — de que sistemas econômicos bem-sucedidos são os que fazem grandes esforços na direção do desenvolvimento humano e especialmente da educação — podem ser encontrados entre as ex-economias socialistas da Europa oriental e nas ex-repúblicas da União Soviética. Se nada mais, essas sociedades devem receber um crédito razoável pelos progressos na alfabetização em larga escala e na cultura, apesar dos efeitos debilitantes do totalitarismo e do isolamento do resto do mundo. A incapacidade de usar esse potencial humano de maneira até mesmo moderadamente eficaz é uma indicação de peso do fracasso do sistema gerencial de comando-administrativo. Dessa maneira, fica claro que o desenvolvimento educacional e cultural não é suficiente para o sucesso econômico.

Tais condições são necessárias então? No caso da Itália, pode-se argumentar que desde a guerra nenhum esforço excepcional foi feito para a construção de uma base de capital humano; talvez a maior parte do sucesso do país tenha origem no talento intrínseco do povo italiano. Isso é plausível? Talvez. Mas em muitas outras culturas, tais como o Japão e a Coréia do Sul, houve grandes e árduos esforços para educar a população. Será essa ênfase em educação simplesmente um luxo, como se argumenta às vezes: algo "consumido" com os frutos do sucesso econômico? Uma indicação da relação adequada de causa e efeito pode ser obtida pelo exame desse processo no microcosmo de grupos imigrantes bem-sucedidos dentro daquela grande experiência social, os EUA. Aqui está bem claro que a educação não funcionou como um luxo, mas que, em vez disso, foi o principal mecanismo de mobilidade social — e enriquecimento — para esses grupos de imigrantes.

Dessa maneira, qualquer poder que possa ser atribuído ao desencadeamento do "mercado" no caminho do desenvolvimento econômico, o desenvolvimento de uma sociedade é essencialmente constrangido e moldado pela sua matéria-prima humana, que deve lidar com mercados existentes e criar outros. Nas palavras de um famoso treinador de beisebol, "não se pode fazer salada de galinha com penas de galinha": uma sociedade cujos estoques de capital humano estão sendo arruinados por um *filistinismo* difuso tem pouca esperança de sucesso econômico em "mercados" que são reflexos do comportamento eficaz de seus rivais mais talentosos e educados.

O sucesso no mercado, absolutamente, está ligado a políticas governamentais de *laissez-faire*, como demonstram os papéis difusos do governo na Itália e, especialmente, na Coréia do Sul. O que se pode dizer com certeza é que aceitar cegamente o *diktat* do mercado é inútil e pode ser desastroso. A desindustrialização da Grã-Bretanha e o desaparecimento de indústrias que eram líderes mundiais foram um processo demorado, mas o precipitado colapso da indústria britânica após 1979 estava ligado a uma taxa de câmbio excessivamente (e temporariamente) alta, inflada pelos recursos da venda de petróleo do Mar do Norte e por políticas monetárias dogmáticas. Aqui o governo, da maneira mais corajosa, aceitou esse colapso como o "veredito do mercado" e até saudou o desemprego como um auxiliar na sua batalha contra os sindicatos. Não existe a mais leve evidência de que tal dogmatismo conduza ao sucesso econômico, até mesmo da maneira mais convencional. Numa base mundial, parte do irrestrito entusiasmo atual por soluções de livre mercado pode ainda ser enfraquecida se der errado o atual jorro de experiências e improvisações no setor financeiro: sabemos, há muito tempo (desde Keynes, ou talvez de Marx), que o setor financeiro é o calcanhar-de-aquiles do capitalismo, mas também uma das chaves do sucesso do sistema. A flexibilidade e a criatividade crescentes desse setor e a recém-descoberta agressividade de seus participantes, mesmo entre banqueiros, ocorrem paralelamente às mudanças no mundo industrial e podem representar concorrentes necessários a desenvolvimentos posteriores.[23] Tentativas de inibir inovações no setor financeiro, mais especialmente por causa da peculiar descartabilidade dos "produtos" em questão, estão geralmente condenadas ao fracasso; se essas restrições fossem bem-sucedidas, no entanto, poderiam inibir a maior parte do dinamismo no setor "verdadeiro" da economia capitalista. No setor financeiro e, naturalmente, no mercado de trabalho, ainda está para ser demonstrado que todas as contradições tradicionais do capitalismo apontadas por Marx e Keynes seguiram seu curso.[24]

No entanto, como observamos, *dirigisme* como tema era irrelevante para os socialistas: teve aparente sucesso na Coréia do Sul, mas em geral a evidência é desigual. O perigo, enquanto nossa atual discussão prossegue, é sermos levados a um socialismo que consista meramente de uma série de propostas para educar a força de trabalho e talvez construir uma infra-estrutura para a promoção de uma forma de desenvolvimento capitalista civilizada e igualitária.

Socializando a tomada de decisões econômicas

Podemos oferecer alguma doutrina mais completa e autoconsistente? Creio que devemos olhar para o desafio que representam para a economia padrão e para todo o pensamento social as perspectivas do movimento ecológico moderno. Na economia ortodoxa, o consumo de bens e serviços é a perspectiva da qual as economias são vistas e a norma pela qual são julgadas. Bens que por sua natureza tendem a ser consumidos coletivamente (defesa nacional, por exemplo) são um caso especial — tais bens manifestam "externalizações" negativas ou positivas (poluição causada por alguma fábrica, por exemplo, é uma forma externalizada de produção negativa).

Em certo sentido, o desenvolvimento de conceitos de "bens públicos" e "externalizações" está entre os grandes feitos da economia moderna, idéias que nunca foram elucidadas em escolas anteriores, incluindo economia marxista. Já assinalamos uma grande objeção a essa abordagem: a presença de bens públicos e externalizações devem ser consideradas apenas exceção à regra? O "retorno" social do investimento" em educação deve ser medido pela elevação que ela proporciona à renda dos indivíduos, e só então modificada por benefícios sociais extras (como alguns benefícios adicionais aos indivíduos como um bem de consumo)? Claramente, essa abordagem tem seus méritos pela ênfase na escolha individual; um enfoque crítico na nossa perspectiva essencialmente social sobre educação pode muito bem lembrar-nos que esse é um ponto de vista adotado por totalitários como Platão. Mas nossa perspectiva aqui não é a construção de utopias. Gostemos ou não, as instituições existentes para o crescimento das crianças têm os mais profundos efeitos sobre a sociedade e a civilização em que vivemos; educação, portanto, não é simplesmente um tema preocupado com a escolha individual. O que, me parece, não é um julgamento de valor, mas um fato da existência social.

Da mesma maneira, os temas que envolvem meios de transporte exigem, invariavelmente, que se tomem decisões sociais explícitas. Usar um carro ou um meio de transporte público, não se trata apenas de questão de escolha pessoal, uma vez que os parâmetros da escolha individual são severamente limitados por um conjunto prévio de decisões sociais atinentes a regulamentações de zonas residenciais, construção de estradas e assim por diante, que predeterminam a atratividade relativa do transporte público e do particular. Assim, decisões sociais explícitas, tomadas em períodos passados do século, que geraram a baixa densidade residencial do subúrbio americano médio e de cidades inteiras como Los Angeles, agora impedem o uso de meios públicos em ampla escala.

Se pensarmos seriamente nos problemas econômicos no contexto desse tipo de "consciência ecológica", em que fatores externos são vistos como difusos em vez de excepcionais, poucas decisões econômicas sobrevivem à interpretação puramente individual. Existem perigos inerentes nessa metodologia. A Europa oriental e a União Soviética manifestaram níveis excepcionalmente altos de intensidade material e energética, bem como de poluição. Pelo menos parte da razão parece estar em que o fracasso em ter até mesmo um nível *microeconômico* de coerência, que associamos com a empresa capitalista comum, convida a um tipo de desperdício gratuito desconhecido até mesmo no Ocidente capitalista. Assim, novas soluções para criar um "cálculo social", no qual interações entre unidades produtivas, indivíduos e uma natureza frágil são tomadas como norma, e não como exceção, não devem negligenciar o fato de que, essencialmente, decisões (mesmo nas chamadas economias de planejamento centralizado) invariavelmente são e provavelmente deveriam ser tomadas pela linha de produção, tanto por razões de eficiência quanto por razões éticas e políticas. Impostos e subsídios para preservar a natureza devem ser "construídos dentro do sistema" e devem ter o mesmo papel orgânico da contabilidade e da tomada de decisões na empresa, como fazem as atuais convenções contábeis pelas quais a depreciação do capital fixo é subtraída do faturamento no cálculo dos lucros da empresa.

Pode-se criar um ambiente social em que decisões tomadas no âmbito do indivíduo não conduzam à destruição social? Na minha opinião, é falsa a idéia de que mudanças necessárias e adequadas podem ser feitas simplesmente através da instituição de um conjunto correto de impostos e subsídios. A necessidade de — naquela velha frase socialista — mudança de consciência é vital. A maioria das mudanças exigidas é corriqueira: muitos hábitos que eram, de qualquer maneira, tarefas normais para nossos ancestrais mais frugais, como a separação dos refugos, podem ser inculcados com coerção mínima. A tarefa maior, a criação de uma maneira social de pensamento mais geral, não será tão fácil, especialmente com tantos pensadores "profundos" da Nova Direita nos dizendo que isso é desnecessário.

O desafio intelectual associado é a criação de um procedimento racional para a tomada de decisão social — uma nova economia — na qual fatores externos sejam vistos como presença normal nos eventos econômicos, e não tratados como exceção. A menos que tal procedimento possa ser inculcado numa estrutura prática de contabilidade, sempre estará presente o perigo de que políticos ignorantes e sem visão neguem a necessidade de um sistema ferroviário, a menos que se prove econômico, no sentido de que pague por si mesmo. Educação e moradia serão vistas como preocupação exclusiva de cada família, sem referência aos mais amplos efeitos das políticas sociais nessas áreas sobre a sociedade como um todo. Políticas agrícolas e legislação afetando saúde e segurança no trabalho se concentrarão nos custos de sua implementação e não nas questões relacionadas com a espoliação do meio ambiente e dos seres humanos. Na ausência de uma abordagem social coerente com o processo econômico de tomada de decisões, queixas desse tipo parecerão apenas sentimentais quando confrontadas com os argumentos "radicais" feitos da perspectiva da teoria econômica contemporânea (individualista).

VI. Quem é radical?

Nego que a rejeição aqui de abordagens saint-simonianas à organização social assinale uma retirada de posições radicais sobre a reforma social. A exigência radical fundamental continua: cada criança do planeta deve ter oportunidade igual de desenvolver seu potencial humano.[25]

Quando se planeja alguma política social, sempre existe a tentação de ligá-la a uma tendência científica da moda (como quando pensadores de direita usam versões diferentes da doutrina darwinista). Sucumbirei à tentação. Proponho que usemos, de maneira mais ampla, a perspicácia da abordagem chomskyana da lingüística como guia para construir um conjunto a longo prazo de aspiração social. O problema é antigo: desejos *versus* necessidades humanas — os elementos "objetivos" da política social *versus* os elementos subjetivos. A discussão pode facilmente ficar estéril, mas aspectos do debate tocam nos assuntos fundamentais.

A possibilidade de que possam existir necessidades humanas objetivas parece ter perturbado de vez em quando as fantasias dos direitistas sobre uma utopia individualista e utilitária. George Stigler, que era professor de economia na Columbia University depois da Segunda Guerra Mundial (mas sempre identificado com a direitista Escola de Chicago de Milton Friedman), usou a nova técnica de programação linear para calcular que o custo de manter exigências nutricionais mínimas para um ser humano era de apenas alguns dólares anuais. Os resultados foram amplamente criticados e de má-fé alegou-se tratar-se apenas de uma demonstração da nova técnica. Mas na verdade havia muito mais em jogo. Se se impõem restrições ao modelo walrasiano de equilíbrio geral, como a de que os atores envolvidos devem receber níveis mínimos de subsistência, não está mais claro que seja possível uma solução geral: essa demonstração mais rigorosa da racionalidade inerente à economia capitalista entra em colapso. Se Stigler pudesse mostrar que são pequenos os recursos que uma sociedade moderna teria de devotar a esse componente objetivo central da sobrevivência humana, poder-se-ia argumentar que num estudo científico de economia existe pouco espaço para consideração das necessidades humanas. A economia pode se devotar quase totalmente à questão da criação (ou preservação) de um sistema que lide melhor com a satisfação de desejos (subjetivos); com indivíduos sendo os melhores juízes de seus próprios interesses, invariavelmente trocas livres no mercado servem melhor para esse papel. Observem a confluência bem-sucedida e a confusão intencional de uma visão particular e teimosa da existência humana contemporânea (a saber, que nas sociedades modernas os seres humanos escaparam aos domínios da necessidade — subsistência — e vivem amplamente nos domínios da liberdade) com a proposta ética extremamente atraente de que indivíduos deveriam ter o direito de tomar decisões sobre suas próprias vidas.

Existem outras abordagens mais amplas do significado de subsistência do que a satisfação das necessidades biológicas de comida, roupas, abrigo e cuidados médicos. Um dos pontos de partida mais úteis é a noção marxista de reprodução da força de trabalho: a idéia de subsistência é, então, baseada no estoque de recursos necessários para que essa reprodução aconteça numa determinada sociedade. Embora possuindo muitos problemas em si (executivos ricos *precisam* de mais recursos do que trabalhadores comuns para reproduzir sua força de trabalho?), essa abordagem esclareceria, por exemplo, que a posse de um carro tem papel diferente nos EUA do que Europa, uma vez que nos EUA é muito comum que não haja outra maneira de chegar ao trabalho e, portanto, de sobreviver. Tal abordagem muda dramaticamente nossa visão do conceito de suficiência mínima.

Gostaria de fazer uma abordagem mais radical. Quando se sugere que os requerimentos mínimos para a suficiência de proteínas podem ser determinados objetivamente, não está necessariamente implícito que abaixo desse limite o organismo humano perecerá. A presunção comum é de que uma criança com tais deficiências não preencherá seu potencial como organismo biológico, seja em termos de crescimento, seja em termos de desenvolvimento de certas faculdades (incluindo as cognitivas). Poucos questionarão a declaração de que alguma sociedade (rica, especialmente) fracassará se uma porção substancial de suas crianças sofrer esse tipo de deficiência.

A privação de alimento pode inibir o crescimento físico, mas poucos alegariam que, como o crescimento pode ser inibido pela privação social, ele deixa de ser função natural do organismo. Assim, até mesmo aqui existe um "elemento social e moral": nossos ancestrais anões funcionaram como seres humanos mesmo diante de privações, mas poucos aceitariam isso como argumento a favor da relatividade cultural da deficiência de proteína. Tampouco outros paradoxos e anomalias — tais como a possibilidade de que muita proteína possa ser prejudicial ao organismo — apresentam sério desafio a esse argumento.

A noção de que a sociedade deveria lidar com a provisão de proteínas como necessidade objetiva não é objeto de controvérsia. Existem proposições semelhantes a fazer no domínio cultural? Chomsky sustenta que a aquisição da linguagem é uma função natural, como o crescimento físico. A menos que seja impedido, o organismo humano a adquire muito rapidamente e cria novas frases e períodos nela. Em sociedades modernas e avançadas, o nível de aquisição dessa função natural tem variação extraordinariamente alta entre a população. Com regularidade entediante, há relatórios de níveis "surpreendentemente" baixos de alfabetização funcional da população. Apesar desses fatos serem surpreendentes para pesquisadores acadêmicos, são há muito conhecidos de empresários da imprensa como Rupert Murdoch. O segredo do seu sucesso foi a produção de um jornal, *The Sun*, com vocabulário suficientemente restrito para ser lido sem desconforto por milhões de pessoas encorajadas pelo nosso sistema educacional a alcançar apenas nível parcial de alfabetização.

Nas classes econômicas mais elevadas da sociedade, praticamente todos os membros de uma família alcançam o repertório suficiente de sua própria linguagem para ler sem desconforto um jornal de "qualidade", mesmo aqueles que não se interessem pelos assuntos públicos. Essa classe parece ser particularmente pequena na Grã-Bretanha, se comparada com outros países ricos, um fato por muitos anos dissimulado pela qualidade dessa elite que, além disso, tem a vantagem de funcionar no que surgiu como a língua mundial. para grupos econômicos menos favorecidos nas sociedades modernas (pode-se falar com segurança dos EUA e da Grã-Bretanha), a capacidade de ler um jornal de verdade, com conforto e compreensão, é apenas excepcionalmente alcançada.[26]

Recentemente, psicólogos educacionais norte-americanos chegaram à conclusão de que a maioria de nós já sabia: na verdade, ler com compreensão não é uma capacidade analítica isolada, mas intimamente relacionada e afetada pelo conhecimento relevante que trazemos para o texto que está sendo lido.[27] Existe, dessa maneira, relação interativa entre a capacidade de leitura e a estocagem de conhecimentos: a habilidade de ler é, obviamente, pré-requisito para a aquisição de conhecimento, *pace* McLuhan, mas a leitura não pode ser desenvolvida numa população independentemente da construção de um contexto cultural para aquela leitura. Não pode haver "truques" tecnocratas rápidos para o aperfeiçoamento escolar da leitura das crianças que possam ser executados isolados de tentativas mais amplas de aumentar seu nível de conhecimento e sua cultura.

Dessa maneira, no mundo anglo-saxão existe uma demanda crescente, ainda que frágil, por melhorias na obtenção de capacidades básicas como leitura e matemática, ligadas ao reconhecimento tardio de que num mundo cada vez mais competitivo uma abordagem indiferente à educação é economicamente desastrosa. O impulso de reforma dos poderes atuais tem claros elementos contraditórios. Na Grã-Bretanha, por exemplo, existem tentativas de manter qualquer melhoria dentro dos limites ao enfatizar os aspectos tecnocráticos "práticos" de um assunto (ênfase em gramática e em ortografia, por exemplo, mas não necessariamente no conhecimento profundo de literatura); as crianças deveriam saber mais história, mas a ênfase recai na abordagem "tradicional", com datas relevantes a memorizar, e o enfoque é sempre "patriótico", destacando a história pátria. Acredito que essas tentativas de reforma fracassarão. No que ainda resta de sociedades com um *ethos* liberal (falo dos EUA e da Grã-Bretanha), qualquer expansão educacional será administrada por apaniguados que, quando não sobrepujados por forte privação de recursos, se devotarão de maneira subversiva a expandir a capacidade de os estudantes pensarem por si mesmos. Vimos esse processo acontecer nos anos 60, e as autoridades encaram uma situação profundamente contraditória ao tentar elevar o nível tecnocrático da sociedade controlando o pensamento das massas.

    A posição radical em tudo isso deve ser clara e de princípios: a educação não deve ser vista como um meio para outro fim qualquer, como maior produtividade, mas como um mecanismo central pelo qual os órgãos da sociedade contribuem para a realização individual. Na medida em que a sobrevivência é encarada como o principal dever das espécies, transferir e reproduzir cultura é função central — talvez *a* função central — numa espécie com tais guias frágeis instintivos para sua própria sobrevivência. Se a aquisição de linguagem é concebida como atividade tão natural quanto o crescimento físico, então privar alguém de alfabetização e de cultura é uma violação objetiva dos direitos humanos, tanto quanto privar alguém de alimentação. Além disso, a oferecer alfabetização é também a chave para levar a democracia a sério. Não foi acidentalmente que usamos o exemplo do jornal diário, uma vez que a compreensão dos problemas de política pública que os indivíduos enfrentam — e a capacidade de sentirem que esses assuntos estão dentro de sua compreensão — é condição necessária, se não suficiente, para assumirem o controle de suas vidas.

Tudo o que disse até agora pode parecer pouco radical. Até a provisão generosa da educação pode ser vista apenas como outra decisão administrativa no contexto de uma sociedade capitalista. Vamos examinar esse assunto com mais cuidado. Falar sobre educação envolve mais do que discussão sobre escolas; quando se consideram as escolas, não devemos limitar nosso campo de ação à atual estrutura de prédios semelhantes a prisões que a grande maioria da população é obrigada a freqüentar.

Educação como realização individual

O programa radical é que cada criança da sociedade (o que deve ser expresso em termos mundiais) deve ter oportunidade igual e plena de auto-realização individual. Será uma noção utópica e estranha? Quando examinamos como a elite da sociedade cria seus jovens, vemos os vastos recursos que se dispõem a mobilizar. Uma velha balela diz que, se os ricos fossem privados de sua riqueza, poderiam reconquistá-la em uma geração: talvez essa afirmação contenha um elemento de verdade. O grande dom com o qual os ricos dotam sua prole é um repertório de habilidades, educação e autoconfiança que permitiria aos seus jovens reproduzir amplamente o sucesso dos pais, mesmo sem recursos. Seria um grande comprometimento de imaginação e de recursos — uma revolução —, da parte de qualquer sociedade tentar reorganizar-se de modo que na sua educação todas as crianças recebam a mesma atenção atualmente dedicada à sua elite.[28]

Atenção igual à educação de todas as crianças implica esforços para compensar problemas de cada família. Tal política pareceria (e na verdade seria) extremamente radical em todas as sociedades, onde as crianças com origens familiares mais abonadas invariavelmente acabam tendo mais (e não menos) dinheiro gasto em sua educação fora de casa do que outras crianças, mesmo quando todas as crianças de uma sociedade freqüentam estabelecimentos educacionais administrados pelo Estado. Numa sociedade socialista, pelo contrário, devem-se fazer tentativas entre os setores mais pobres, para estender recursos para as crianças além do regime normal das 9 às 15h. Se o sistema escolar fosse "nivelado" dessa maneira, os recursos iniciais teriam de ser enormes, tanto pela necessidade de expandir a instalação física e elevar taxas professor-aluno para os níveis encontrados nos melhores estabelecimentos de elite, como pela necessidade de aumentar a remuneração, a fim de atrair pessoal altamente qualificado para a profissão. A escola de elite é um modelo adequado se desejarmos fazer estimativas educadas sobre os recursos que tal transformação envolveria.[29]

Um problema central com a educação contemporânea de massa em todo o mundo é o conflito existente entre os objetivos gêmeos de igualitarismo e não-autoritarismo. As estruturas autoritárias tradicionais e o aprendizado inconsciente conduzem à disseminação de níveis mínimos de alfabetização em sociedades de massa. Estruturas educacionais autoritárias, nas condições atuais, são mais igualitárias do que as liberais. Dadas as restrições de recursos impostas à educação em massa na maior parte do mundo (relação professor-aluno e assim por diante), escolas tradicionais replicam e, em grande parte, são veículos de reprodução das estruturas autoritárias de uma sociedade existente. Inevitavelmente, tentativas de abordagens mais liberais no contexto da educação de massa beneficiam crianças cuja base familiar as prepara para ter mais autonomia e mais flexibilidade. Sem uma mudança dramática na dotação de recursos, essas abordagens menos estruturadas podem ser (e talvez tenham sido) um desastre para a grande massa de crianças.

A solução é a aplicação maciça de recursos na educação. Tal aplicação permitiria o uso de abordagens experimentais e flexíveis ao ensino, mesmo com crianças de origem modesta (que, é claro, poderiam beneficiar-se de tais abordagens), com a monitoração cuidadosa que tais abordagens exigem mesmo quando usadas com os de origem elevada. Com proporção professor-aluno adequada, a maior parte das estruturas autoritárias das escolas poderia desaparecer: a natural exuberância de poucas crianças por professor não ameaçaria o tipo de algazarra criado por nossas classes de várias dezenas. Não haveria necessidade de impor às escolas a atual atmosfera de prisão (ou, mais apropriadamente, de fábrica).

A revolução na educação começaria com a transformação nas escalas de pagamento e nas condições de trabalho dos indivíduos envolvidos na educação das crianças mais novas: por si sós, essas mudanças restituiriam o valor social da profissão e permitiriam a mais rigorosa seleção de candidatos para os postos disponíveis. A mudança mais significativa diminuiria para 3:1 (com 6:1 como máximo absoluto) o coeficiente professor-aluno. Esse coeficiente baixo é estritamente necessário no contexto da atenção personalizada e cuidadosa monitoração adequada a crianças. Assim que possível, no entanto, as crianças deveriam ser encorajadas a trabalhar como indivíduos. Mais especialmente no caso de habilidades formalizadas como aritmética, os estudantes podem ser encorajados a trabalhar em seu próprio ritmo. No contexto de softwares cuidadosamente elaborados, as crianças podem avançar sem referência aos progressos de seus pares, com trabalho em grupo e discussões reservadas para aquelas áreas e assuntos que se beneficiam de maneira inerente do empenho coletivo. Enquanto os livros de trabalho estão disponíveis para esses objetivos, o computador estende as possibilidades, em níveis sem precedentes, para a aquisição individual, não-competitiva, de talentos.

Tal programa educacional não se provaria muito oneroso a longo prazo, embora ainda fosse recomendável mesmo que acontecesse. Suas vantagens são múltiplas. Os problemas pessoais — físicos e psicológicos — muito provavelmente ocultos hoje pelo anonimato em escolas viriam mais à luz. O cultivo de hábitos de trabalho individual ajudaria a cortar a ligação entre a conquista pessoal e a rivalidade entre grupos de iguais. Mais do que atualmente, os esforços das crianças seriam dirigidos à aritmética num ritmo que melhor lhes aprouvesse. As habilidades de interação grupal e as altas taxas de participação seriam encorajadas pela existência de turmas pequenas e pelo fato de que o trabalho em grupo se concentraria em áreas em que discussões verdadeiras e diferenças de opinião poderiam manifestar-se de maneira legítima. Atualmente, "discussões" em grupo sobre aritmética nas escolas são, na grande maioria dos casos, mecanismos para provocar rivalidade entre crianças na busca da solução "correta", ditada pelo professor.

Parece difícil convencer o Partido Trabalhista Britânico de que a transformação do sistema educacional não é apenas outra "boa coisa" de que a sociedade necessita, juntamente com as melhorias no Serviço Nacional de Saúde e assim por diante. Argumentavelmente, essa atitude é parte de uma herança do materialismo histórico mal acabado que o partido herdou, mas a educação nunca foi vista como meio consistente e completo de transformação social.[30] Enfatizarei mais uma vez que a educação não deve ser vista, num programa socialista, como um meio para outros fins, como o crescimento econômico ou a queda do índice de criminalidade, embora no momento tais ligações possam facilitar a viabilidade política da expansão educacional. A educação, conceituada de maneira apropriada, é um fim em si mesmo — parte do caminho para a auto-realização e para a democracia.

Também precisamos de uma população educada porque o mundo que ela herdar será extremamente perigoso. A única esperança de sobrevivência é que algum pensamento sóbrio e racional mantenha a raça navegando um pouco mais. Não acontecerá por acaso.

VII. Conclusão

Assim, existem razões para otimismo com as perspectivas do socialismo. Uma primeira razão, paradoxalmente, é a possibilidade iminente de uma catástrofe ecológica. Tentativas sérias de lidar com essa realidade envolverão inevitavelmente o uso de mecanismos há muito afastados pelos empreendedores do *laissez-faire*. Além disso, e mais importante, a nova perspectiva ecológica sobre assuntos humanos, cujo cultivo é uma precondição necessária para a nossa sobrevivência, tem, como vimos, elementos afins às velhas tradições socialistas. Por exemplo, apesar das reservas sobre gestos simbólicos, é coerente com a atual moralidade ecológica certa modéstia no consumo material entre os socialistas em respeito aos pobres do mundo e informada por uma ênfase na auto-realização individual.[31]

Uma catástrofe ecológica iminente e a necessidade da paz num mundo termonuclear são motivações primordiais para o cultivo e a regeneração das tradições socialistas de pensamento coletivo, comunitário e internacionalismo, respectivamente. Na prática, todavia, a crescente competitividade internacional pode ser uma determinante mais imediata de um afastamento do individualismo. Em meados do século XIX, o dr. Leon Playfair nos disse:

> Matérias-primas [...] estão se tornando disponíveis a todos [...] e a indústria no futuro deve ser apoiada, não por uma competição de vantagens locais, mas por uma competição de intelectos.[32]

Enquanto essa noção visionária vem à tona em nossos dias, aquelas sociedades mais profundamente arraigadas nas contradições culturais do individualismo capitalista e filistinismo podem, ironicamente, estar menos preparadas para lidar com a competição capitalista intensificada do que aquelas, que, por uma razão ou outra, preservaram abordagens mais tradicionais culturais ou se reconstituíram de maneira pós-capitalista.

Seria errado, no entanto, presumir que o capitalismo tenha superado suas contradições tradicionais. A competitividade crescente pode intensificar um conflito mundial de classes num sistema que, numa escala extraordinária, ainda repousa sobre o que gostaríamos de pensar como formas de exploração do século XIX. Mesmo em condições menos dramáticas do que nas fábricas indonésias ou nos campos de algodão africanos, a insegurança e a instabilidade geradas pela economia de mercado dizem que estamos muito longe do "fim da história". No misterioso domínio das finanças, mudanças rápidas engendradas pelo crescimento da competitividade podem muito bem ter efeitos imprevisíveis e dilaceradores no desenvolvimento da economia mundial de mercado.

A tradição radical ocidental tem uma história estranha. Marx e Engels chamavam especificamente seu socialismo de "científico" para diferenciá-lo de tentativas utópicas saint-simonianas de planejar novas sociedades no ar. Para Marx e Engels, formas socialistas deveriam surgir do movimento da história. Engels e a tradição socialista do século XX foram, até certo ponto, vítimas de um truque aplicado pela História. O pobre Engels observou a gigante fábrica emergente no final do século XIX e usou esse fenômeno como base para suas projeções de desenvolvimento do capitalismo e da emergente sociedade socialista. Enquanto a trajetória da história foi mais complexa e sutil do que a proposta por Engels, na verdade ele foi mais perspicaz do que contemporâneos como o economista inglês Alfred Marshall (cujo trabalho é reproduzido em livros econômicos modernos), que mal parecia acusar as mudanças e as descontinuidades acontecidas desde os tempos do capitalismo do começo do século XIX.

E essa é a ironia. Essas observações perceptivas sobre a natureza do desenvolvimento capitalista, mudanças que passaram despercebidas pela maioria dos economistas ortodoxos, foram então usadas como pretexto para experiências aventureiras saint-simonianas — a coletivização e os planos quinqüenais — tudo em nome de uma abordagem cientificamente baseada na história da construção socialista. Enquanto são bem conhecidosos efeitos catastróficos dessas maneiras de pensar a economia socialista, também é importante observar seus efeitos deletérios sobre o socialismo ocidental. Na Europa ocidental, abordagens radicais da transformação social foram deslocadas por esquemas para tomar os "pontos culminantes" de comando da indústria. No processo, a maior parte da energia política e intelectual foi dissipada por ter sido desviada da tarefa da transformação social e dos campos de batalha centrais para esta transformação: as escolas e outras instituições sociais que tratam da educação das crianças. É nessas instituições que acontecerá transformação radical da sociedade, se é que isso vai acontecer.[33] As condições nessas instituições ditarão, em grande parte, o nível de autonomia e auto-realização que será legado para uma geração futura. Como esta usa sua liberdade e sua autonomia são os principais determinantes do futuro da humanidade.

Dessa maneira, uma abordagem radical da transformação social não é utópica nem fantasiosa. O programa é realizável em termos de propostas concretas, substantivas no domínio da política pública, e está ligado às altas aspirações da civilização. Talvez no nosso caminho esteja apenas um pessimismo difuso e em moda.

Notas

1. Esse argumento é desenvolvido em P. Auerbach, M. Desai e A. Shamsavari, "The Dialectic of Plan and Market", *New Left Review*, n° 170, julho-agosto, 1988, pp. 61-78

2. Ver R. C. Solomon, *History and Human Nature. A Philosophical Review of European Philosophy and Culture, 1750-1850*, Lanham, 1979.

3. Ver K. Popper, *The Open Society and its Enemies,* 5ª ed., Londres, 1966.

4. Tem havido, realmente, extensas análises de esquerda sobre atividade superestrutural na sociedade, a maior parte inspirada pelos escritos de Antonio Gramsci e Raymond Williams. Em anos recentes, a maior parte da análise tomou a forma de supostos "estudos culturais", em que a cultura popular é analisada somente em termos de seu impacto e seu papel na sociedade (*Dallas*, por exemplo, é elogiado por colocar mulheres em funções de responsabilidade). A condescendência à classe média para com a cultura popular (disfarçada de análise radical) geralmente leva a atitudes sobre o aspecto central da superestrutura que estará em consideração aqui, a educação: o ensino de regras rígidas de gramática inglesa para crianças da classe trabalhadora é visto como imposição sobre sua (igualmente válida) subcultura. Eu, ao contrário, acredito (como Gramsci e Williams) que transmitir para crianças da classe trabalhadora competência plena de linguagem da cultura dominante é essencial para o projeto de quebrar a estratificação social.

5. Nosso próprio artigo citado anteriormente (ver nota 1) provou-se ser uma rara exceção, e os tem as centrais desse debate provocaram apenas discussão limitada.

6. Observei, no entanto, uma atitude igualmente negativa em relação a considerações econômicas no quadro editorial da revista americana *Radical History*. Pode-se presumir que o problema das duas culturas não era um grande assunto nos EUA.

7. Ver P. Armstrong, A. Glyn e J. Harrison, *Capitalism since World War II*, Londres, 1984.

8. Em anos recentes, uma volta à ênfase da Segunda Internacional da virada do século no centralismo da subestrutura da sociedade foi reforçada pelo desenvolvimento do "marxismo analítico"; ver, por exemplo, G. A. Cohen, *Karl Marx's Theory of History: A Defence*, Oxford, 1979. Para uma crítica, ver a introdução de A. Shamsavari, *Dialectics and Society Theory*, Londres, 1991.

9. A economia ortodoxa teve um papel ambíguo em relação ao conselho que deu sobre o papel do planejamento. Enquanto da parte dos economistas sempre existiu evidente preconceito pelo uso "do mercado" sobre o planejamento, até épocas recentes modelos ortodoxos de competição capitalista presumiram (explícita ou implicitamente) a disponibilidade livre e universal de informações sobre tecnologia e preferências na economia. Sob essas hipóteses, o planejamento puro não é menos eficaz do que uma solução de livre mercado; dessa maneira, havia pouco que pudesse ser usado da economia ortodoxa para criticar o planejamento. Foi deixado aos mais maternais defensores do livre mercado (ver artigos em F. Hayeck, *Collectivist Economic Planning*, Nova York, 1974 (reedição da edição de 1938) para apontar o informacional e outros problemas de um sistema altamente centralizado. A economia ortodoxa, além disso, desenvolveu

um raciocínio elaborado para a intervenção pública com base na possibilidade de um "fracasso de mercado" numa economia capitalista.

10. Para uma crítica, ver Paul Auerbach, "Scientific Hypotheses and Their Domain of Applicability", *British Review of Economic Issues*, vol. 2, n° 5, novembro de 1979.

11. Observar, no entanto, que os moralistas conservadores ocidentais têm todo o direito de ficar constrangidos pelo fato de que o sucesso do Japão na manutenção de baixos índices de criminalidade aconteceu sem o benefício da religião ocidental, força também relativamente fraca nas nações altamente "civilizadas" da Escandinávia.

12. Ver R. Clark, *The Japanese Company*, Yale, 1979, cap. 6.

13. Nova York, 1962.

14. A. Shapiro, *We're Number One! Where America Stands — and Falls — in the New World Order*, Nova York, 1992.

15. David Miliband, *Learning by Right. An Entitlement to Paid Education and Training*, Paper n° 2 de Educação e Treinamento, Instituto de Pesquisa de Política Pública, Londres, 1990, p. 6.

16. A história do treinamento gerencial para engenheiros nos EUA é discutida em D. Noble, *America by Design*, Oxford, 1977.

17. Erro comum na compreensão da evolução biológica é imaginar que a teoria de Darwin dita que cada característica específica de uma espécie sobrevivente deve ser traçada para algum tipo de mecanismo de "sobrevivência dos melhores". Ao contrário, muitos aspectos de uma dada espécie (como a calvície humana) podem ser circunstâncias puramente acidentais do desenvolvimento (ver os ensaios em S. J. Gould, *An Urchin in the Storm*, Harmondsworth, 1979).

18. Londres, 1979.

19. Além disso, um mundo interligado economicamente conduz ao livre desenvolvimento de culturas nacionais — "Uma Escócia Livre Dentro da Europa" (ou uma Lituânia livre) no contexto de uma ampla área de livre comércio se torna significativo. Doutrinas de "socialismo em um único país" não apenas podem ser economicamente inviáveis, mas também destruir culturas nacionais, como nações pequenas enterradas em grandes Estados são frustradas em suas aspirações ao desenvolvimento cultural independente pela inviabilidade econômica de seu status independente. Mas no contexto de uma ampla área de livre comércio, mesmo pequenos grupos nacionais são economicamente viáveis. Nesse sentido, pelo menos o livre comércio é uma doutrina que serve às tradições socialistas de internacionalismo e de apoio à integridade da culturas nacionais, mesmo as mais pequenas.

20. Ver D. Kevles, *In the Name of Eugenics*, Harmondsworth, 1985.

21. M. Mackintosh, *Gender, Class and Rural Transition. Agribusiness and the Food Crisis in Senegal*, Londres, 1989.

22. Uma perspectiva russa pode ser encontrada em N. Shmelov e V. Popov, *Na Perelom*, Moscou, 1989.

23. Ver P. Auerbach, *Competition*, Oxford, 1989, cap. 7.

24. P. Skott, *Conflict and Effective Demand in Economic Growth*, Cambridge, 1989.

25. A relação entre as necessidades econômicas e o desenvolvimento da capacidade humana é discutida em A. Sen, *Commodities and Capabilities*, Amsterdã, 1985.

26. Educações terapêuticas para os que têm dislexia ou sofrem de outras dificuldades de aprendizado estão bem avançadas nos EUA e na Grã-Bretanha, mas disponíveis apenas para uma minoria dos que delas necessitam, geralmente os que têm pais ricos, articulados e persistentes.

27. E. D. Hirsch, *Cultural Literacy. What Every American Needs to Know*, Nova York, 1988, cap. 2.

28. Vimos seguindo aqui a noção marxista clássica de que as sociedades mais avançadas economicamente deveriam estar na vanguarda das mudanças sociais. Mas meu argumento sobre o centralismo do desenvolvimento dos recursos humanos de uma sociedade é válido *a fortiori* para os países mais pobres do mundo. Muitos desses países, no contexto de severas dificuldades econômicas e sob pressão de organizações como o FMI, reduziram severamente o orçamento, afetando a saúde e a educação. Tais políticas são irracionais a longo prazo, mesmo de um ponto de vista estritamente econômico: "É imprevidente equilibrar orçamentos desequilibrando a vida das pessoas" (Programa de Desenvolvimento das Nações Unidas, *Human Development Report*, Nova York, 1990, p. 34).

29. De maneira significativa, os trabalhos de tais escolas num contexto democrático de massa seria substancialmente diferente do que pode ser encontrado nos atuais estabelecimentos de elite. No entanto, a simples existência dessas escolas de elite desmente a noção de que programas para gastos generosos em educação são meras fantasias utópicas sem precedentes concretos.

30. Prometi uma abordagem de princípios a esta questão, mas vale a pena observar que um foco não-ambíguo sobre a política educacional tem o benefício adicional de, como parte de uma política linha-dura para renovação nacional, a expansão da educação poder ganhar o apoio até daqueles indivíduos influentes que são relativamente indiferentes a pessoas idosas que congelam nos bancos dos parques. Talvez eu seja excessivamente otimista, mas, no atual clima político e étnico, é melhor não confiar exclusivamente nos motivos altruísticos na construção de um programa radical.

31. Ver o clássico *To Have Or To Be?*, de Erich Fromm (Nova York, 1976). Geralmente, a educação para cultivar a auto-realização reforça essa compatibilidade — comparado com o apreciador de música que não toca, por exemplo, um indivíduo treinado para fazer música ativamente em geral evidencia relativa indiferença para com a aquisição da parafernália para a reprodução musical.

32. Citado em P. Mathias, *The Transformation of England*, Methuen, 1979, p. 50.

33. Evidentemente, outros campos de batalha na sociedade contemporânea para o controle da mente, como televisão e jornais. Nas formas mais rígidas de marxismo essas arenas são descartadas como mera superestrutura. Mas a

hegemonia inabalável do capital nos EUA é mais singularmente responsável pelo controle difuso e muito estreito exercido sobre os meios de comunicação desde pelo menos o fim do século XIX, bem como pela clara disciplina imposta sobre a ideologia da sala de aula. Os trabalhadores da central sindical CIO conseguiram assumir o controle da Ford e General Motors no final dos anos 1930, mas um exercício equivalente nunca aconteceu em Hollywood ou na imprensa. Essas falhas significam que o exercício do poder nos "pontos culminantes de comando" da indústria automobilística estavam condenados a evaporar, porque a interpretação desses eventos na sociedade de massa foi deixada nas mãos do capital. Na sociedade de massa, conhecimento e interpretação dos fatos é poder.

7

O VERDADEIRO DOMÍNIO DA LIBERDADE: A FILOSOFIA MARXISTA DEPOIS DO COMUNISMO

Joseph McCarney

Este artigo é uma tentativa de considerar as implicações para a filosofia marxista do colapso do comunismo na Europa oriental e na União Soviética. Seria bom começar dizendo o que se entende aqui por filosofia marxista. Um mapa conveniente do campo é fornecido por Alex Callinicos em sua introdução a uma recente coleção de ensaios. Confinando-se às tendências que tiveram presença viva no Ocidente, ele distingue entre hegeliano, althusseriano ou estruturalismo e marxismo analítico.[1] Isso, suspeita-se, corresponde bem de perto ao tipo de quadro que a maior parte das pessoas interessadas tem na mente. Além disso, a visão de Callinicos da relação entre as diversas tendências teria consenso generalizado. Segundo ele, modos de pensamento hegelianos, dominantes desde os anos 20, foram expulsos da teoria marxista por Althusser, criando dessa maneira as condições para o marxismo analítico. Está claro que Callinicos vê isso como um desenvolvimento progressivo, como, se permite o uso do termo, um tipo de dialética. É para ele um movimento das névoas hegelianas através das brisas purificadoras do althusserianismo para dentro da luz do sol da análise. Contra esse pano de fundo, pode parecer meramente perverso buscar desfazer o veredicto do tempo voltando ao primeiro estágio da tríade. Pois o marxismo hegeliano está certamente bem morto, duplamente morto, por assim dizer. Adaptando uma metáfora de Callinicos, temos, parece, de aceitar que seus arvoredos ancestrais foram abatidos e despachados por

185

Althusser, deixando o lugar para ser desenvolvido novamente pelo empreendimento da escola analítica. Ainda assim, é justamente em nome dessa doutrina aparentemente suplantada que este texto falará. De fato, tentará representá-la como a melhor estrutura teórica para a compreensão das complexidades do mundo moderno.

Redimindo o tempo

Existem considerações que se poderiam citar para encorajar tal projeto. A primeira, de certa maneira, tem força negativa: certamente não se deve esperar uma resposta satisfatória a eventos recentes da parte das outras tendências identificadas por Callinicos. No caso do marxismo althusseriano, a resposta provável é o silêncio, e não o silêncio do rico e cheio de significado tipo de iniciativa que convida, mesmo que se esquive, à interpretação, mas simplesmente o não-ser, a nulidade. O problema, falando mais literalmente, é a carência de intérpretes comprometidos e articulados. Certamente, Callinicos está em terreno seguro ao sugerir para o movimento analítico um caráter tanto pós-althusseriano quanto pós-hegeliano.[2] A dificuldade com aquele movimento em si, por outro lado, é que parece cada vez mais claro que, em vez de marxismo, é mais bem considerado como um episódio na história da filosofia analítica, uma florada tardia talvez. Essa verdade surge claramente, mesmo se inadvertidamente, do trabalho de comentaristas simpatizantes. Dessa maneira, Callinicos sublinha que "marxistas analíticos tendem a negar a maior parte da substância do pensamento de Marx".[3] Se palavras devem ter seus significados usuais e, em particular, se "marxista" deve reter alguma identidade em particular, esses negadores de substância não deveriam ser incluídos sob a rubrica do que negam. Dizer isso, é claro, não é fazer nenhum tipo de comentário negativo, uma vez que não pode haver obrigação intelectual de ser um "marxista", não importa como o termo seja definido.

Para imputar alguma responsabilidade especial na época atual ao marxismo hegeliano, o caso pode ser colocado em termos mais positivos. Pois esse corpo de pensamento tem a necessidade e o dever de responder ao que acontece no mundo de uma maneira que seus rivais não têm. É no cerne uma filosofia da história, um esquema de interpretação que pretende tornar racionalmente compreensível o curso da mudança histórica. Ninguém mais seriamente do que Hegel assumiu a tarefa de assimilar o fluxo dos eventos, de redimi-los pela razão. Às vezes esse compromisso encontra expressão que beira literalmente o absurdo, como nestas palavras:

> A leitura matinal do jornal é um tipo de oração matinal realística. Ela orienta a atitude de cada um para com o mundo ou com respeito ao que o mundo é. Essa última provê a mesma segurança da oração, pois cada um sabe onde se situa.[4]

Hoje tal atitude pode ser difícil de sustentar num encontro matinal com a imprensa inglesa. Entretanto, nenhum leitor dessa imprensa poderia ter ficado em dúvida sobre a importância dos extraordinários eventos de 1989 na Europa oriental. De fato, foi um tanto surpreendente com que freqüência a frase de tom hegeliano "história mundial" foi invocada para caracterizá-los. Para uma filosofia da história mundial, essa situação é tanto uma oportunidade sem par quanto um desafio do qual não se pode fugir. É, pode-se dizer, incondicionalmente inclinado a tomar para si a injunção *Hic Rhodus, hic salta*, de que ambos, Hegel e Marx, gostavam tanto.

Talvez outras categorias dialéticas diversas de "história mundial", que em tempos mais comuns podem parecer exóticas ou incultas, tenham agora um aspecto diferente. Naqueles tempos, seus expoentes mais calejados mal podiam evitar um tipo de autoconsciência que aludia a possibilidades irônicas e até cômicas. Agora que a realidade parece estar correndo para encontrar o pensamento, as categorias de negação, contradição, mediação e totalidade podem receber o que lhes corresponde. Pode até ser possível encontrar algum uso respeitável para a noção de *Aufhebung*, noção tão distanciada do senso comum que em inglês não existe equivalência satisfatória.[5] De qualquer maneira, é evidente que o marxismo hegeliano tem o vocabulário para igualar sua ambição de lidar com grande eventos. Se realmente conseguirá fazê-lo no caso atual é um teste crucial para todo o movimento de pensamento.

História como liberdade

Para aferir as perspectivas de sucesso deve-se recorrer imediatamente às raízes mais profundas do movimento. O que a filosofia marxista hegeliana essencialmente oferece, sugeriu-se, é uma leitura da história. Não é difícil discernir o princípio constitutivo da própria leitura de Hegel, porque ele o afirma abertamente e com freqüência. A história mundial é, ele nos diz, entre muitas formulações similares, "o progresso da consciência da liberdade".[6] Existe espaço para debate sobre a importância relativa do pensamento especulativo e estudo histórico na derivação e no estabelecimento dessa tese. Não pode haver dúvidas, no entanto, de que Hegel a considera plenamente de acordo com o registro empírico e produzindo uma leitura realística dele. Dessa maneira, ele faz apelos regulares, no curso de preenchê-lo, ao nosso sentido do que realmente aconteceu na história. Numa versão, o apelo tem a forma de taxionomia geral, compreendendo o mundo oriental em que se era livre, o mundo clássico onde alguns eram livres e o mundo moderno no qual o "homem" como tal é livre.[7] Em outra, o apelo é a certos episódios fundamentais no desenrolar do tema, da destruição da *polis* ao advento da cristandade e passando pela Reforma Protestante. Para Hegel, a série culmina na Revolução Francesa que incorpora a exigência de que a liberdade deve ser o princípio organizador da vida política e social. Faz parte da sua visão a tarefa específica do mundo moderno de trabalhar as implicações dessa demanda e colocá-la universalmente em prática.[8]

As revoluções de 1989 na Europa oriental parecem adequar-se muito facilmente a esse esquema. Existe, por exemplo, uma massa de evidência apoiando-se no ponto referente às opiniões dos participantes nos próprios eventos. A evidência é mais dramaticamente ilustrada pelas multidões gritando por "liberdade" nas ruas de Praga e Leipzig. Certamente, não há extravagância em ver tais pessoas de uma perspectiva hegeliana: apoderaram-se da verdade central do mundo moderno, na qual a liberdade pertence à sua natureza como seres humanos, e apoderaram-se também da contradição entre sua natureza e suas reais condições de vida. As revoluções que fazem aparecem então como desenlace para resolver essa contradição básica. Pode-se aqui invocar também a interpretação padronizada do Ocidente, mantida virtualmente através de todo o espectro político. Segundo ela, as revoluções da Europa oriental foram realizadas em nome de liberdades há muito conhecidas no Ocidente.[9] São vários tipos de liberdade pessoal e civil exercidas por meio da urna e do mercado. Como tal são aspectos do que Hegel chama liberdade "subjetiva", em si componentes de uma liberdade "absoluta" ou "substancial", em cuja direção a história faz seu progresso paciente.[10] Ele estaria plenamente capacitado a considerar que os últimos acontecimentos se encaixavam no esquema histórico como estágios da disseminação do legado da grande Revolução Francesa que é a tarefa definitiva desta era. Reconhecê-lo não é, claro, confirmação do esquema. No entanto, fornece ao menos o tipo de garantia, o sentimento de estar na linha certa, que vem da conformidade entre a realidade empírica e as projeções da teoria.

Não existe dificuldade em associar Marx com essa posição, pelo menos em termos gerais. Em âmbito mais geral, fica claro, sem controvérsia, que ele partilha uma visão da história como a história da emancipação humana. É para ele um registro do progresso levando a "o desenvolvimento da energia humana que é um fim em si mesmo, o domínio verdadeiro da liberdade".[11] No âmbito das liberdades em jogo na Europa oriental, existe uma linha plausível de pensamento que o manteria totalmente em compasso com Hegel. Pois há sólidos terrenos textuais para supor que naquelas circunstâncias Marx não teria recebido bem a conquista de liberdades "democráticas burguesas". Está bem claro que ele não desprezava tais liberdades, como alguns de seus seguidores mais insensatos. Apoiava de maneira entusiástica o sufrágio mais amplo e os plenos direitos dos trabalhadores dentro da ordem burguesa. Estava preparado para aceitar que com tais meios podiam obter supremacia política em alguns países.[12] Lembranças desse tipo podem, na melhor das hipóteses, ser apenas perspicácia no estágio atual da argumentação. Para completá-las, precisamos de especificar mais detalhadamente a leitura de Marx sobre liberdade bem como o significado dos eventos recentes da Europa oriental.

Um momento de liberação

Uma primeira exigência é tornar menos abstrata e esquemática a filosofia da história que nos preocupa. Para isso, é preciso ter uma visão da dinâmica de seus padrões, do que é que impulsiona a história. A direção natural a olhar é a idéia da liberdade em si, de como compreendê-la e defendê-la dentro da idéia de que se trata do princípio constitutivo da história. Atribui-se ao pensamento de Hegel sobre a liberdade vários tipos de excesso metafísico. Marx fixou essa tendência no seu desafio ao que viu como o status autônomo transcendental do espírito, o portador primário da liberdade na visão de Hegel. Se o desafio é justificado ou não, é certo que para Hegel o significado da liberdade se aproxima das concepções cotidianas do assunto. A liberdade, ele nos diz, é "um ser auto-suficiente"; assim, "Se sou auto-suficiente, também sou livre."[13] Assim, a idéia básica da liberdade é de uma vida que está à disposição do indivíduo, determinada por ele e não por fatores externos. Tal concepção de liberdade como autodeterminação não apenas combina com o senso comum, mas, desde os gregos, também captura a base para o tratamento predominante do tópico por filósofos. Esses filósofos incluem Marx, como uma massa de eruditos confirmou recentemente.[14]

Na dialética da liberdade de Hegel, o espírito é inicialmente confrontado com a natureza como seu outro. Dessa maneira, essa dialética é essencialmente o processo pelo qual a natureza, através da eficácia do objetivo humano, e sua ação fica subordinada ao espírito. Com alguma revisão conceitual e terminológica, o tema está plenamente tratado no pensamento de Marx. Dessa maneira, o "verdadeiro domínio da liberdade", a que me referi antes, consiste do "homem socializado, os produtores associados, racionalmente regulando seu intercâmbio com a natureza, colocando-a sob seu controle comum".[15] A visão de Marx dos meios pelos quais esse fim é alcançado se baseia em elementos que ele colheu em Hegel. O processo de emancipação é movido pelo tipo de interação com o mundo natural e de sua transformação por meio do trabalho. Chegamos assim à categoria de trabalho, a categoria básica do projeto marxista hegeliano. Como Hegel explica em *A Ciência da lógica,* o trabalho é uma atividade que tem propósitos, envolvendo um fim postulado pela necessidade, um material fornecido pela natureza e a moldagem racional de instrumentos para transformar o que é colocado a serviço de um objetivo.[16] Um "momento de liberação" é para ele "intrínseco" ao processo.[17] Isso é verdade para o indivíduo que objetiva seus poderes no mundo, desenvolvendo os poderes e alcançando o autoconhecimento. Assim, na dialética senhor-escravo é o escravo que "através do trabalho [...] se torna consciente do que realmente é", enquanto o senhor continua afundado na indolência e na insensibilidade.[18] Além disso, o trabalho do escravo é tanto o emblema quanto a chave para o desenvolvimento do poder e da autoconsciência das espécies, ou seja, da distintiva história humana da liberdade. Assim, Marx é capaz de elogiar Hegel por definir o trabalho como "a essência do homem" e por compreender o "homem objetivo" como "o produto do próprio trabalho do homem".[19] A idéia ganhou status canônico nos textos clássicos da tradição marxista hegeliana.[20] O núcleo dessa tradição é a filosofia da história fundamentada na teleologia do trabalho humano.

Um impulso fraco

Essa ainda é uma tese altamente abstrata, que precisa ser interpretada mais concretamente. A interpretação de Marx é geralmente conhecida como a "concepção materialista da história". A natureza precisa dessa concepção é muito discutida, mesmo com respeito às suas características mais evidentes. Deveria, no entanto, ser possível levar o argumento adiante sem ter de decidir aqui entre relatos rivais. O melhor plano pode ser desenvolvê-lo com referência a uma versão textualmente plausível e amplamente aceita, mas de maneira que os resultados possam ser adaptados por outros. Sob qualquer aspecto a história diz respeito principalmente às forças e às relações de produção. A que vamos usar sustenta que em larga escala a fonte de mudanças históricas repousa na natureza das forças, em sua vontade de expandir-se.[21] É esse dinamismo interno que, em tempos revolucionários, é responsável pela transformação das relações de produção e, portanto, das relações sociais e, em última instância, de toda a "superestrutura" da sociedade. Deve-se notar que esse dinamismo só pode ser inteligível se for concebido como internamente relacionado ao caráter proposital do processo de trabalho. A idéia é que a moldagem inteligente de meios para fins naquele processo traga, obrigatoriamente, a possibilidade de inovação técnica. Tal inovação tende a amenizar a carga do trabalho e a aperfeiçoar a capacidade produtiva dos trabalhadores. Num cenário apropriado, compreendendo talvez um conjunto complexo e vulnerável de circunstâncias, as inovações que surgirem deverão ter alguma tendência adicional para ficar em moda na comunidade em questão e se tornar uma adição permanente ao seu repertório. Ao fazê-lo, passam a expandir sua força produtiva, ou seja, as forças de produção.

Por passos como esses torna-se possível perceber uma tendência duradoura na direção do desenvolvimento de forças. Isso, por sua vez, pode ser visto como provendo um impulso modelador, um elemento de direcionamento essencial, na história. Ele terá de ser concebido como um impulso fraco, constantemente sujeito a ser subjugado ou ficar hibernando por longos períodos históricos.[22] Esse será particularmente o caso em que as relações de produção são desfavoráveis ao crescimento das forças. Pode ser que, por exemplo, a classe dominante existente não se beneficie de seu crescimento. Tais condições acontecem rotineiramente na história. De fato, sua satisfação pode, como sugere Marx, ser característica de todos os sistemas econômicos que não o capitalismo.[23] Somente sob o capitalismo a lógica inerente do processo de trabalho torna-se, por assim dizer, diretamente atrelada ao princípio vital do próprio modo de produção, ao seu insaciável impulso por lucros e acumulação de riqueza. Além disso, só sob o capitalismo torna-se possível para pensadores como Marx capturar a dinâmica histórica do impulso fraco e assim fazê-lo entrar mais comumente na consciência da época. Quando isso ocorre, pode-se presumir que assuma uma batida mais insistente, menos sujeita a forças contrárias. Mesmo quando é reprimida ou suprimida, no entanto, libera um fio condutor inteligível que serve de guia para a reflexão histórica. Entre tal dialética interior e a externalidade vazia das seqüências causais que ocupam o pensamento positivista, existe, pode-se sugerir, toda a diferença do mundo.

Agora que o terreno teórico para a doutrina materialista de forças e relações foi sugerido, pode-se indagar se a doutrina em si é capaz de suportar qualquer peso explanatório. A maneira óbvia de testar isso é procurar, como fez Marx, aplicá-la a episódios de transição fundamentais na história. É difícil pensar em algo capaz de trazê-la à vida mais vivamente do que as revoluções de 1989 na Europa oriental. A visão padronizada desses eventos, proclamada por ampla gama de comentaristas, localiza o fator causal primário no fracasso do projeto econômico em que regimes atuais estavam empenhados, uma tentativa de equiparar ou superar o Ocidente capitalista. Esses países, junto com a União Soviética, tiveram realizações significativas a seu crédito na "fase extensiva" de desenvolvimento, da indústria pesada e de problemas que podiam ser solucionados mediante aumentos quantitativos nos fatores de produção. Onde eles começaram a vacilar e eventualmente a falhar juntos foi na segunda, "fase intensiva", a de alta produção destinada a satisfazer as necessidades do consumidor. Numa forma distorcida mas ainda reveladora, essa falha é refletida em informações sobre a taxa de crescimento. Pela segunda metade dos anos 80 a taxa de crescimento para a maioria dos países da Europa oriental era efetivamente zero.[24] Essa situação colocou grande tensão sobre os sistemas políticos e sociais. Induziu à insatisfação popular, à insurreição e à perda de moral da parte dos próprios grupos dominantes. O desfecho foi uma crise geral de legitimidade que levou à revolução. Uma vez mais os eventos parecem encaixar-se de maneira bem precisa em nossa estrutura teórica. Em particular, exemplificam o problema supostamente central da remoção das relações de produção que se tornaram obstáculos para a dinâmica das forças. Velhos textos vêm à mente a essa altura:

> Num certo estágio de desenvolvimento, as forças produtivas materiais da sociedade entram em conflito com as relações de produção existentes [...]. De formas de desenvolvimento das forças produtivas essas relações se transformam em seus grilhões. Então começa uma era de revolução social.[25]

Essas frases gastas agora ganham frescor e substância. Diante dos nossos olhos, parecem perder seu caráter formular quase metafórico para tornarem-se verdades literais e vividas. Essa presteza com que os eventos de 1989 se encaixam no esquema explanatório materialista básico têm considerável significado para a presente discussão. Ela basta para assegurar que, jubilantes ou desesperadas, as informações sobre a morte da teoria marxista são no mínimo prematuras.

O ponto de vista da totalidade

Até o momento a discussão tem lidado com uma especificação tênue do significado dos eventos na Europa oriental e na União Soviética. Ela precisa ser mais substancial, mesmo que aqui não se possa fazer plena justiça ao assunto. Para começar, é preciso especificar as implicações da descrição universalmente aceita dos eventos como se marcassem a morte do comunismo. O lado positivo da moeda é que eles significam a restauração do capitalismo naqueles países e sua reintegração no sistema capitalista internacional. Essa descrição parece bastante segura em termos gerais, pois não há outro modo completo de organização à vista nos nossos horizontes atuais. Além disso, as forças mais poderosas na região, sob implacável pressão do Ocidente, estão continuamente trabalhando para conformar cada vez mais a realidade à descrição. Isso não quer sugerir que o processo tomará o mesmo curso em todos os ex-territórios do "socialismo de fato existente", ou que será um curso calmo e sem empecilhos. Assim, embora um estudo abrangente devesse levar em conta as diferenças significativas entre países individuais, podemos deixá-los de lado, confiando na nossa caracterização geral. Também podemos acomodar o fato de que, como já apontou um exército inteiro de comentaristas, o processo provavelmente será acompanhado por considerável aflição e insatisfação, na medida em que as implicações das soluções de mercado começarem a ser sentidas, particularmente pelas classes trabalhadoras. Esses fatores, no entanto, provavelmente determinarão a velocidade e a desenvoltura da transição para o capitalismo, não seu caráter como tal. Naturalmente, a situação também se complica pela existência de tensões nacionais e étnicas, sujeitas à exploração pelas forças da direita racista e autoritária. Mas, uma vez mais, nada há aqui que seja estranho à agenda capitalista. A questão que se admite como realmente importante é como essa agenda pode ser cumprida. Existe, em particular, a questão de saber se as liberdades burguesas pelas quais se fizeram as revoluções se concretizarão como conseqüência imediata delas. Mais geralmente, resta saber até que ponto o capitalismo no Leste será acompanhado pela suposta superestrutura padrão da democracia liberal do Ocidente. Assim, não interessa saber se o futuro será capitalista, mas sim que tipo de capitalismo virá por aí, se terá face humana ou monstruosa.

Entre as categorias que oferecem perspectivas de dominar essa situação, a da "totalidade" parece ter lugar especial. De qualquer maneira, é difícil exagerar o significado que no marxismo hegeliano tradicionalmente vem agregado a ela.[26] A idéia básica é de um todo estruturado cujo movimento é, como Hegel constantemente insiste, um automovimento. Dessa maneira, seu desenvolvimento deve ser entendido não em termos do impacto de forças externas mas em termos do funcionamento de oposições internas, as autocontradições do sistema. No pensamento de Marx sobre história, a categoria encontra expressão concreta no tema do mercado mundial, tema intrinsecamente ligado ao da revolução mundial. Dessa maneira, no programa de trabalho esboçado em Grundrisse, a seção culminante deveria ser devotada ao "mercado mundial e crises". Recebemos uma mostra do conteúdo concebido para essa seção numa referência ao mercado mundial como o Estado-final "no qual a produção é situada como uma totalidade junto com todos os seus momentos, mas dentro da qual ao mesmo tempo todas as contradições entram em atividade". As implicações para a revolução mundial são formuladas imediatamente:

> O mercado mundial [...] forma a pressuposição do todo, bem como seu substrato. Crises são então a intimação geral que aponta além da pressuposição, e o impulso rumo à adoção de uma nova forma histórica.[27]

Dessa maneira, é o mercado mundial que constitui a totalidade dentro da qual todas as contradições entram em atividade, "impulsionando" na direção da nova ordem mundial do socialismo.

O velho negócio sujo

Marx nunca completaria o programa *Grundrisse*. A ausência resultante de qualquer tratamento sistemático do tema "mercado mundial e crises" teria conseqüências infelizes para o pensamento marxista. Apesar disso, o sentido de uma perspectiva totalizadora organizada em torno do tema freqüenta seu trabalho ao longo de sua carreira. Para os objetivos atuais, pode ser bastante útil notar o modo como informa seu pensamento sempre que ele trata da possibilidade de uma revolução confinada a algum reduto do mundo capitalista. A discussão em *A ideologia alemã* das premissas do comunismo é particularmente notável nesse aspecto.[28] A premissa básica é declarada como o "desenvolvimento universal das forças produtivas". Com esse desenvolvimento vem o mercado mundial, em si precondição para a existência do proletariado universal. Pois aquela classe só "pode existir *mundial-historicamente*, assim como o comunismo [...] só pode ter uma existência 'histórico-mundial'". Sem o pleno desenvolvimento dos poderes produtivos humanos, uma revolução serviria apenas para generalizar a miséria e, assim, "a luta por necessidades começaria novamente, e todo o velho negócio sujo seria necessariamente restaurado". Seria possível apenas a existência do comunismo como mero "fenômeno local" e destinado a perecer, pois "cada extensão de intercâmbio" entre povos "aboliria o comunismo local". Marx sumaria a posição da seguinte maneira:

> Empiricamente, o comunismo somente é possível como o ato de povos dominantes "todos ao mesmo tempo" e simultaneamente, o que pressupõe o desenvolvimento universal das forças de produção, e o intercâmbio mundial das forças ligadas a elas.

Essa passagem não necessita de comentário para ressaltar sua importância para a história da União Soviética. Oferece-lhe antecipadamente um julgamento: todos os benefícios da percepção tardia não requerem alterações no essencial. Aqui seu epitáfio poderia feito de referências a um comunismo local atilado na luta por necessidades e condenado à extinção com o desenvolvimento das forças produtivas e do intercâmbio mundial ligado a elas.

Essa atitude que tende para a insurreição revolucionária isolada está alicerçada na própria estrutura do pensamento de Marx.[29] Parece ter sido universal, uma característica do clima intelectual dos primórdios do marxismo. Engels tomou como verdadeira a necessidade de uma revolução socialista co-extensiva com o mundo capitalista como um todo. Suposições semelhantes foram básicas para o pensa-mento de marxistas como Rosa Luxemburgo, Karl Kautsky e Antonio Gramsci, e condicionaram sua reação à ascensão dos bolcheviques ao poder.[30] Mais notável ainda é o modo como o pensamento de Marx foi tão fielmente seguido pelos próprios idealizadores da Revolução Russa. Repetidamente, com força e clareza inigualáveis, antes e depois da revolução de 1917, Lenin insistiu em que a revolução na Rússia não poderia ser bem-sucedida ou sustentar-se se não provocasse uma revolução no Ocidente. Tão inequívocas são tais advertências que nos anos 30 Stálin expurgou algumas delas de textos publicados.[31] Isto foi feito em nome da fantástica causa do "socialismo em um país", projeto tão desprovido de raízes no pensamento marxista e na realidade empírica, que mesmo o pretenso compromisso do Estado soviético com ela teve de ser sustentado por meio da violência sistemática e do terror. A congruência fundamental do pensamento de Trotsky com o de Lênin nessa área quase não precisa de elaboração, pois forma grande parte da substância da teoria da revolução permanente, o cerne de seu pensamento político. Parece razoável concluir que nada na história recente da União Soviética teria surpreendido seus fundadores intelectualmente despreparados. Essa história deve ser vista como um testemunho tardio de sua visão e presciência.

Maturidade é tudo

A Revolução Russa, parece, tem de ser reconhecida como uma insurreição prematura, uma tentativa abortada de forçar o ritmo da mudança criando um interlúdio histórico que agora se aproxima do fim. Que o sistema capitalista deveria ser capaz de absorver tal fracasso é em si não mais surpreendente do que seu domínio, como observa Marx, das economias tradicionais do Leste. Ambos testemunham seu papel progressivo, que ele reconhece plenamente, no desenvolvimento da produção e do comércio mundiais. É parte do significado dos eventos recentes para demonstrar que esse papel histórico não está exaurido. O capitalismo permanece a única forma singularmente dinâmica de organização, a única base material possível para a emancipação humana sob o socialismo. Os eventos que demonstram isso estão totalmente de acordo com a lógica do sistema que insiste que "nenhuma ordem social é jamais destruída antes que todas as forças produtivas para as quais é suficiente sejam plenamente desenvolvidas".[32] Em numerosas ocasiões Marx revela que tal amadurecimento não era de fato a condição do capitalismo na sua época.[33] Em outras ocasiões, deve-se admitir, seu realismo é derrotado por uma espécie de pensamento desejoso, por uma avidez muito grande de discernir no presente as características da nova forma histórica. Assim, tais antecipações, erros de reconhecimento, por assim dizer, da localização da sua própria época na história, são certamente compreensíveis da parte de alguém que devotou sua vida à transformação revolucionária do atual estado de coisas. Os eventos de nossa época também fizeram os socialistas engolir verdades amargas. Mesmo alguns com dúvidas profundas e honestas sobre o sistema soviético tornaram-se fechados numa postura de antianticomunismo, de que é difícil libertar-se. Além disso, da mesma forma, todos estão sujeitos ao atual triunfalismo da direita, cansados de convites jocosos para considerar a longa rota do capitalismo para o capitalismo e adivinhações similares. Assim, estudantes de dialética, com os exemplos de Marx e Engels em mente, deveriam ser capazes de manter o senso de humor. Ele estarão cientes de que o humor é uma arma dialética, sujeita ao tipo de reversão que golpeia aqueles que desejam explorá-lo. Dessa maneira, ficarão alerta a qualquer sinal de ironia transformadora na presente situação.

Existe, à luz da discussão anterior, uma direção óbvia para a qual eles deveriam olhar. Pois os eventos na Europa oriental e na União Soviética representam a retomada da tendência histórica de formação do mercado mundial capitalista, um processo de cuja realidade Marx estava profundamente ciente mas que pareceu caducar na maior parte do século XX.[34] Agora sua retomada não é tanto uma adição incremental como coroamento ou fechamento de um ciclo. Não temos de lidar com a simples expansão quantitativa do alcance do capitalismo, mas com uma mudança qualitativa ou, para invocar outra antiga figura dialética, com uma mudança quantitativa que se transforma em qualitativa. O que está acontecendo, pela primeira vez na história, é o domínio virtualmente irrestrito do mercado mundial.[35] Com isso o capitalismo torna-se o que nunca fora antes: um sistema verdadeiramente global, sem rivais à vista. Não precisa mais se preocupar com relações de contradição entre ele e outros modos de organização social, um fato mais vivamente simbolizado no final da Guerra Fria. Todas as contradições são agora, por assim dizer, deslocadas internamente, tornando-se formas de autocontradição. Dizê-lo é reconhecer a representação abstrata de uma instância concreta na realidade da estrutura de análise postulada por Marx em seu exame do mercado mundial. Estamos assistindo à criação de uma totalidade em que, sozinhas, todas as contradições podem acionar crises sistêmicas. A teoria social de Marx é dirigida para e baseada na lógica da totalidade auto-impulsionada por suas próprias tensões internas. Essa matriz singularmente apropriada e objeto de referência está sendo constituída diante dos nossos olhos. Em tal perspectiva, não temos de lidar com a morte da teoria marxista, mas com a possibilidade objetiva de sua regeneração.

No espírito de Marx

Existe muito a fazer para concretizar tal possibilidade. A parte principal pertence não a qualquer tipo de investigação filosófica, mas à ciência social e à economia política em particular. Acima de tudo, é necessária uma investigação que para o capitalismo atual alcance o que Marx alcançou para o do século XIX. As regras básicas para tal investigação assim como seus muitos pontos de entrada ainda podem ser tirados diretamente de seu trabalho. A contribuição indispensável é a concepção geral do capitalismo como um sistema estruturado por contradições insolúveis em seus próprios termos. A contradição fundamental para Marx está na sua inexorável promoção do desenvolvimento de forças e sua própria existência como barreira absoluta a esse desenvolvimento. Em termos mais concretos, a principal fraqueza estrutural repousa na sua inabilidade de assegurar a contínua realização do valor excedente do qual sua viabilidade depende. A inabilidade encontra expressão em crises de lucratividade, de investimento e da atividade econômica em geral. A visão de Marx nessa área central não perdeu seu poder e sua relevância, mas precisa ser descarnada e aplicada em novas condições. Precisa, em particular, ser projetada na tela global do mercado internacional. Naquele contexto um foco óbvio de análise é o complexo grupo de interações entre os chamados "Primeiro" e "Terceiro" Mundos. A necessidade para isso é cada vez mais premente, pois a relação básica de exploração assume a forma indecente de transferência de recursos dos povos mais pobres da Terra para os mais ricos, assumindo adornos cada vez mais obscenos, especialmente do tipo militar. Há, por exemplo, o suprimento de armas para ditaduras cruéis, periodicamente interrompidas com o objetivo de verificar os resultados de tecnologia ainda mais moderna sobre seus dominados. Ao fundo está a sempre presente realidade da fome e da doença em países que se tornaram prisioneiros do sistema mundial e estão indefesos diante de sua lógica.

Nessa situação, qualquer tentativa de estender e aplicar o método de análise marxista terá muitos problemas a superar. É possível, no entanto, atacá-los com a convicção crucial de que agora o objeto de estudo, pela primeira vez, satisfaz a pressuposição básica da teoria, de que constitui um todo autônomo cujas determinantes repousam internamente. Isso em si deveria servir para colocar alguns temas tradicionais de maneira mais cordial e recompensadora. O mais importante deles é a identificação do sujeito revolucionário. Como forma de pensamento dialético, a teoria social marxista deve conceber-se em contato mais estreito com o movimento da realidade social. Dado seu caráter específico como teoria revolucionária, significa que sua sorte está intrinsecamente ligada à existência e à eficácia de um agente por meio do qual será alcançada a nova forma histórica. Há algum tempo já está claro que o candidato de Marx ao papel, o proletariado dos países capitalistas mais avançados na sua época, está completamente mal concebido. O movimento histórico conhecido como "marxismo ocidental" é, de um ponto de vista, uma reação à consciência dessa verdade. Em termos amplos, a reação tomou duas formas: a de tentar suplementar o candidato de Marx com outros centros de ação e a de abandonar inteiramente a problemática dialética, relaxando a exigência de que a teoria seja objetivada em tais centros.[36] Nos dois casos, o caráter insatisfatório, geralmente incoerente, dos resultados, tornou-se um câncer que corrói a vitalidade do pensamento marxista no Ocidente. Deveria estar claro agora que, no terreno teórico, semelhante fracasso só deveria ser esperado no Estado subdesenvolvido do objeto de análise. Não pode haver esperança de identificar o coveiro do capitalismo enquanto ele ainda não alcançou a maturidade, com muitas potencialidades e recursos ainda não realizados. A questão estava sendo proposta num contexto em que não tinha resposta. Não quer dizer que, com a emergência do sistema mundial, haverá respostas fáceis disponíveis. É que a realidade apenas se deslocou para encontrar o pensamento na medida em que uma condição necessária para proclamá-lo de maneira frutífera se encontra no lugar. É uma mudança qualitativa de uma situação histórica em que até os melhores pensadores estavam condenados a bater a cabeça contra a parede. Dessa maneira, fornece todo o encorajamento para atacar a questão que se pode esperar da teoria geral. Para progresso substantivo, é preciso aguardar a economia política do sistema mundial citada antes.

O programa esboçado pressupõe tanto apoderar-se significativamente do trabalho de Marx quanto superá-lo significativamente. Pressupõe, no mínimo, ter vontade de tratar de problemas dos quais, na natureza do caso, ele teve pouca ou nenhuma noção, e lidar com eles de maneira criativa, desenvolvendo novas categorias e novas hipóteses. Nesse ponto, pode-se questionar se os resultados poderiam ser caracterizados adequadamente como "marxistas". Seria fácil mas imprudente descartá-la como questão lingüística meramente num sentido trivial. Em primeiro lugar, por razões que não preciso expor aqui, questões de terminologia são em si de importância política. Além disso, linhas mais substantivas de pensamento na discussão precedente sugerem que a terminologia em questão definitivamente não seria adequada. Marx era, como todos devem ser, uma criança de seu tempo, e a passagem da sua época para a nossa envolve um salto qualitativo. A ciência dele é a do capitalismo imaturo e, no melhor dos casos, os problemas da forma madura poderiam ser antecipados por ele, com qualquer profundidade de percepção não experimentada como realidade viva para ser abrangida pela teoria. A natureza específica da teoria em questão é também significativa. Pois, como vimos, o pensamento dialético não pode dar-se ao luxo de cultuar sentimentalmente seus fundadores. Exige-se, sob pena de perder sua identidade, que se desloque em harmonia com o próprio movimento da realidade. Dessa maneira, deve ser infinitamente adaptável e dinâmico e resistir ao que quer que, de alguma maneira, tente amarrá-lo a todas as formas de fixação e inércia. Isso, certamente, é a verdade interior da própria negativa de Marx de que fosse "marxista". Pode ser saudável seguir seu exemplo. Seria bastante ruim se isso acarretasse o desaparecimento da cena intelectual de qualquer presença substancial designada como "marxista". O que importa é a existência de um vigoroso corpo de teoria dialética a serviço do socialismo. Estará mais verdadeiramente no espírito de Marx se, como quer que seja chamado, incorporar o máximo possível de substância do seu pensamento como foi sugerido aqui, do que qualquer quantidade de teorias que conservem respeitosamente o nome mas abandonem a substância.

Lições de história

Argumentou-se aqui que os eventos recentes testemunham a vitalidade da filosofia marxista hegeliana de liberdade e exibem a força explanatória da concepção materialista da história. Também servem para colocar em questão uma estrutura de totalidade da qual dependa qualquer teoria que seja socialista e dialética. Deram-se alguns palpites sobre as linhas ao longo das quais tal teoria poderia ser desenvolvida. A principal responsabilidade para o desenvolvimento não pertence à filosofia. No entanto, algumas perguntas do tipo filosófico surgem em conexão com o projeto. A principal pode ser enunciada da seguinte maneira: "Qual a natureza da comunidade humana que realiza a liberdade?" A tal questão, Marx e Engels dão respostas contrastantes. O contraste é ainda mais acentuado contra o *background* da compreensão que partilham sobre o significado dessa questão. Concordam em que a liberdade requer, indispensavelmente, cenário social adequado. É a autodeterminação de seres essencialmente sociais, não de indivíduos isolados, como querem algumas formas de pensamento liberal. Além disso, é impossível mantê-los juntos. Para Hegel a comunidade da liberdade é o Estado racional, uma ordem política e jurídica cujos membros encontram-se essencialmente como cidadãos e portadores de direitos. Tal ordem coexiste com os arranjos familiares da sociedade civil, ou seja, do capitalismo de mercado, reprimindo seus excessos e reconciliando suas contradições. Para Marx a comunidade da liberdade é o *Aufhebung* da sociedade civil e do Estado capitalista. É um mundo social transformado em que as pessoas se relacionam não como cidadãos consumidores possuidores de direitos, mas como "produtores livremente associados". Os produtores retêm poder público e autoridade pública para certos objetivos coletivos. Mas esses não são enfaticamente, como em Hegel, o foco singularmente apropriado da vida social emancipada.

É difícil deixar de supor que eventos históricos mundiais recentes podem projetar alguma luz sobre os méritos rivais dessas visões. Apegar-se a essa suposição é, confessadamente, engajar-se mais plenamente nos assuntos internos da tradição dialética do que já fizemos até aqui. Em parte, a justificativa deve estar em que o tema já foi objeto de muitos comentários, geralmente com vantagem de Hegel sobre Marx.[37] Além disso, se a tentativa feita aqui de elogiar aquela tradição foi bem-sucedida, tais preocupações internas reclamam adequadamente a nossa atenção. Naturalmente, qualquer um disposto agora a levá-la com seriedade desejará saber que versão seguir numa área tão importante. De qualquer maneira, alguns dos casos têm, como veremos, um significado geral, indo além da dialética, para a teoria política de liberdade.

Se se encara a história dos regimes comunistas como um tipo de teste prático das idéias de Hegel e Marx, existem algumas outras conclusões óbvias. Embora caiam nos dois lados da divisão, não precisamos nos deter muito neles, uma vez que são relativamente livres de controvérsias. É difícil resistir ao veredicto de que Hegel leva vantagem em um aspecto muito importante. Ele tem a ver com sua percepção de que a liberdade precisa ser incorporada como justiça e, dessa maneira, como um sistema constitucional que incorpore a garantia efetiva e explícita de direitos. Sem tal personificação, à luz do melhor julgamento hoje disponível, qualquer tentativa de compreender o socialismo parece destinada a acabar em desastre. Da nossa atual posição no tempo histórico, supor de outra forma parece mera utopia, a própria antítese do pensamento dialético. Podemos ser breves aqui, uma vez que esse assunto já foi amplamente tratado pela esquerda. De fato, a idéia do "socialismo com direitos" é atualmente o foco da maior parte dos esforços intelectuais lá. O desfecho disso terá grande significado para o futuro da teoria socialista.

Existem, no entanto, elementos no pensamento de Hegel que hoje são mais inteiramente revelados numa luz igualmente desfavorável. No âmbito mais geral, envolvem sua visão de Estado e uma crença em seu potencial para a supervisão racional da sociedade. Dúvidas sobre essa realidade, provavelmente, concentram-se no papel da burocracia como suposta "classe universal" que paira acima de todos os interesses locais e parciais. Certamente, a história dos regimes comunistas envolve a credibilidade intelectual de tais idéias. Sua evidência reforça decisivamente o que já sabemos sobre o funcionamento de todas as burocracias atuais. Tem pouca vantagem para o hegeliano pleitear as diferenças entre o serviço público do Estado constitucional, racional, e as tiranias irracionais da Europa oriental. Isso teria tanto a ver no contexto atual quanto a alegação pelos marxistas de que em algum mundo não-real a liberdade fora de qualquer ordem jurídica é possível para os seres humanos. Temos de lidar com o significado prático dos acontecimentos, com a direção do movimento que eles comunicam, seja lá com que força, às proposições da teoria. Dessa perspectiva, o Estado de Hegel e seus agentes parecem tão abstratamente utópicos quanto a liberdade sem estrutura de Marx. As duas concepções têm o defeito de trabalhar diretamente contra a índole da nossa compreensão do que está acontecendo na história contemporânea.

Poderes corporais

O tema de Hegel contra Marx sobre a natureza da sociedade livre merece ser examinado um pouco mais. Pode-se conseguir isso considerando-se a posição de Hegel não por meio de novos confrontos com a realidade empírica, mas por meio da teoria, em termos de seu próprio método favorito de crítica imanente. Ao se fazer isso, ocorre que o capitalismo não pode fazer parte da solução do problema como ele o concebe. Naturalmente, mostrar isso não serve para vingar a alternativa socialista. No entanto, remove um obstáculo significativo do caminho daquele objetivo. Além disso, o modo como Hegel fracassa é peculiarmente sugestivo no contexto do debate.

O problema fundamental é que a compreensão hegeliana da liberdade não pode acomodar uma instituição que é central e na verdade parcialmente definitiva da sociedade capitalista: a instituição do trabalho assalariado. O argumento para essa conclusão só pode ser apresentado esquematicamente aqui em seus essenciais brutos.[38] O primeiro ponto a notar é a virada característica que Hegel dá à idéia de liberdade: para ter qualquer substância a liberdade deve ser traduzida "em uma esfera externa" objetivada em "coisas" sobre as quais os direitos individuais são reconhecidos por outros colocados em posição similar.[39] A liberdade requer o reconhecimento mútuo dos proprietários privados. A expressão óbvia dessa visão numa forma de sociedade talvez seja o sistema de "produção simples de mercadoria" com um mercado de bens, embora não de mão-de-obra.[40] Não é, no entanto, onde Hegel deseja chegar, e a rota para sua destinação preferida envolve uma coação sustentada da discussão a partir de sua tendência natural. O primeiro sinal aparece quase imediatamente quando se torna evidente que a condição da propriedade é, em princípio, satisfeita pelo reconhecimento dos direitos de propriedade no corpo de alguém e seus poderes, do *status* legal de cada um como trabalhador livre. Agora a retórica inicialmente poderosa sobre a necessidade de a liberdade ser realizada numa esfera externa, objetiva, começa a soar vazia. É, no entanto, o último lugar no argumento onde a pressão dos apologéticos se faz sentir.

Como um prelúdio ao que se segue, deve-se observar que Hegel, não mais do que Marx, não é enfaticamente um filósofo para quem os seres humanos são espíritos apenas contingencialmente alojados em corpos. Pelo contrário, a idéia da nossa necessária corporificação é parte do próprio tecido do seu pensamento.[41] Isso aparece com vigor na parte sobre "Propriedade" na *Filosofia do Direito*. "Meu corpo", ele nos diz, "é a corporificação da minha liberdade"; assim, "se alguém cometer um ato violento contra meu corpo, comete essa violência contra mim".[42] Sucede que meus direitos no meu corpo e seus poderes representam um tipo peculiar de propriedade. É uma questão de, na terminologia de Hegel, de "posse íntima", "propriedade interior".[43] A questão que agora surge é como uma propriedade tão intimamente relacionada com o ser pode ser alienada sem fazer surgir uma forma de auto-alienação. O que, por sua vez, certamente seria incompatível com a liberdade que está em seu sentido original para Hegel, como vimos, precisamente um remanescente no controle irrestrito do ser. A dificuldade aumenta devido a outras características da situação das quais estamos todos cientes. A primeira é que a alienação de poderes corporais normalmente ocorre sob compulsão. Os que se entregam a tal prática não têm outra propriedade para oferecer ao mercado e, dessa maneira, nenhum outro meio de satisfação de suas necessidades na sociedade civil. Uma segunda característica é que a alienação em questão é peculiar também no fato de que o sujeito que aliena não pode depois ficar à parte nem indiferente ao uso do que é alienado. Pelo contrário, quem aliena poderes corporais tem de estar presente o tempo todo, exercendo a sua capacidade pessoal em sujeição à vontade de outro. O ser deve ser ativo em sua própria alienação forçada (um caso paradigmático, pode-se supor, de não-liberdade hegeliana). É difícil avistar aqui uma saída para Hegel. A alienação da "corporificação da minha liberdade" mal pode evitar ser a negação daquela liberdade. Essencialmente, o problema é que o *status* ontológico que ele concede ao que é alienado no trabalho assalariado torna impossível a assimilação da prática por sua filosofia de liberdade. O trabalho assalariado é, enquanto tal, a capitulação de um aspecto integral do ser, uma parte da substância da personalidade ao controle externo, e por isso deve violar o significado básico da liberdade como autodeterminação. A essa altura, aparece uma defasagem estratégica em sua teoria justificativa do capitalismo: o sistema econômico independe totalmente da venda e da compra da força de trabalho.

Uma dialética interior

A posição não é mais satisfatória quando se passa desse nível de teoria para a compreensão de como para Hegel o sistema funciona na prática. Ele tem profundo domínio da lógica econômica da sociedade baseada na propriedade privada dos meios de produção. Dentro dessa lógica, tal sociedade será o cenário menos provável para a existência emancipada que é a teleologia implícita da história, um fato de que Hegel é, pelo menos parcialmente, e desconfortavelmente, ciente. A lógica é a da acumulação de capital, gerando desigualdades brutais, "um espetáculo de extravagância e miséria"; mais especificamente, "a criação de uma multidão de pobres" e "na outra ponta da escala social, condições que facilitam enormemente a concentração desproporcional de riqueza em poucas mãos". Em tais circunstâncias, Hegel acredita, "a pobreza imediatamente toma a forma de uma injustiça de uma classe (*Klasse*) contra outra".[44] Como essa linguagem sugere, ele está longe de aprovar tal estado de coisas. De fato, as propostas institucionais de sua teoria política são planejadas para remover ou mitigar suas piores características. Ou seja, pretendem evitar que o poder dos donos do capital controle a totalidade da vida pública e que os modos de pensamento que acompanham e permitem o processo de acumulação, o espírito interesseiro do egoísmo prudente, impregnem todos os relacionamentos sociais. Os remédios de Hegel, no entanto, têm um sabor arcaico. Eles confiam no que são, em sua maior parte, relíquias do feudalismo — o sistema de estados, as corporações, a monarquia hereditária, a vida arraigada e estagnada da classe agrícola. Tal apego ao passado parece estranho diante de seu senso histórico e de sua consciência das forças profundas em ação em seu próprio mundo. Instituições feudais devem ser instrumentos inadequados para domesticar a dinâmica da sociedade capitalista, barreiras frágeis contra aquela maré de modernidade da qual Hegel foi um dos primeiros grandes intérpretes. Sua apreensão com suas próprias soluções está mais perto da superfície no caso central da pobreza. O fato de a pobreza ser central deve-se, pelo menos em parte, ao seu reconhecimento de que é totalmente incompatível com o desfrute da liberdade como ser social.[45] A dificuldade especial que apresenta deriva do fato de que ele a compreende como uma característica estrutural da sociedade civil, que continua sendo reproduzida até em épocas de "atividade não-obstruída" e de expansão industrial.[46] A condição, claro, é exacerbada em tempos de crise econômica. para Hegel, em termos que antecipam Marx e Keynes, são episódios que nascem do "excesso de produção" e, mais precisamente, da "falta de um número proporcional de consumidores que são eles mesmos produtores". Alguns paliativos são considerados e rejeitados antes de ele concluir melancolicamente que, fora de seus próprios recursos, a sociedade civil, "apesar do excesso de riqueza", é incapaz de "conter a pobreza excessiva".[47] Prossegue conjecturando que, além de seus próprios limites, a sociedade será levada pela sua própria "dialética interior" a buscar marcados e colônias no exterior como saída para a população e para os bens excedentes.[48] Essa, porém, não pode ser uma solução para o problema tal como Hegel o entende. A expansão imperialista não é recurso disponível para todas as nações, e há limites geográficos mesmo para as mais bem-sucedidas. Seja lá como for, invocar esse fato já é uma admissão da deficiência, já que é admitir que a comunidade hegeliana não forma uma conjunto auto-sustentado em que todas as contradições sistêmicas tornam-se *Aufgehoben*. Ou seja, ela não é a verdadeira, a permanente morada da liberdade humana. Seu comentário final sobre o assunto é que "a importante questão de como a pobreza deve ser abolida é um dos problemas mais perturbadores que agitam a sociedade moderna".[49] É um problema que deixa para ser resolvido. Como assinalaram vários comentadores, é a única ocorrência em seus escritos.[50] É muitíssimo estranho que ele, um dos pensadores mais autoconfiantes e discursivos, pôde deixar pendente questão tão importante. A explicação, como marxistas salientaram reiteradamente em contextos semelhantes, é que aqui avançamos contra os horizontes burgueses de seu pensamento. Basicamente o que causa espécie é o fato de o reino da liberdade não poder ser construído sobre os alicerces da acumulação privada de capital. Essa é, porém, uma verdade que Hegel percebe apenas parcialmente e não pode conhecer completamente.

É inegavelmente instrutivo ver um grande pensador subjugado nesse modo de evasão. Na esfera intelectual, nenhum grande tributo ao poder do capital pôde ser concebido. Ainda se as soluções de Hegel são espúrias, os problemas que tinha em vista são genuínos e duradouros. A pobreza continua um fato da vida sob o capitalismo e particularmente em países como os Estados Unidos e a Inglaterra, onde o triunfo do "princípio da sociedade civil" tem sido mais completo. Antes de mais nada é notável que haja tranqüilidade experiente com que os apologistas do sistema continuam a ignorar sua existência.

Enquanto isso, o cenário internacional com sua divisão de "Primeiro" e "Terceiro" Mundos apresenta um espetáculo de extravagância e miséria numa escala que Hegel dificilmente teria imaginado. Assim, uma vez absorvido o choque, ele certamente seria capaz de reconhecê-lo como o desenrolar apropriado da "dialética interior" que discerniu na sociedade do seu tempo. O argumento desse artigo foi que eventos recentes na Europa deslocaram essa dialética para uma nova e decisiva fase. É dentro dessa ordem global tomando forma como resultado desses eventos que ele deve seguir seu curso. Não há o que temer que a tradição de pensamento fundada por Marx quando ele colocou a dialética hegeliana no caminho ascensional correto, se tornou obsoleta ou irrelevante pelo desenvolvimento do processo histórico que foi seu objeto verdadeiro desde o princípio. Pelo contrário, existe muito por que lutar no que diz respeito à tradição.

Notas

1. Alex Callinicos, ed. *Marxist Theory*, Oxford, 1989, pp. 2-6.
2. Ibid., p. 3. Sobre o estado da reputação de Althusser, ver Gregory Elliott, Althusser: *The Detour of Theory*, Londres, 1987, pp. 1-12.

3. Callinicos, p.14. Para evidência de apoio, tomando um caso representativo, ver Joseph McCarney, "Analytical Marxism: a New Paradigm?", em Sean Sayers e Peter Osborne, eds., *Socialism, Feminism and Philosophy: A Radical Philosophy Reader*, Londres, 1990, pp. 169-77.

4. Citado em J. Ritter, *Hegel and the French Revolution*, trad. R.D. Winfield, Cambridge, Mass, 1982, p. 106.

5. Embora, é claro, seja traduzido como "transcendência", "superação" ou "sublimação".

6. G. W. F. Hegel, *Lectures on the Philosophy of World History*, trad. H. B. Nisbet, Cambridge, 1975, p. 54.

7. *Ibid.*, p. 54.

8. Sobre esse tópico, ver Ritter, *Hegel and the French Revolution*.

9. Uma versão incisiva dessa idéia pode ser encontrada em K. Sword, ed., *The Times Guide to Eastern Europe*, Londres, 1990, p. 7.

10. Para discussão desses termos e da visão de Hegel sobre liberdade em geral, ver A. W. Wood, *Hegel's Ethical Thought*, Cambridge, 1990, cap. 2.

11. Karl Marx, *Capital*, vol. 3, Londres, 1974, p. 820.

12. Ver, por exemplo, S. Avineri, *The Social and Political Thought of Karl Marx*, Cambridge, 1968, pp. 202-20.

13. Hegel, *Lectures,* p. 48.

14. Sumário útil e contribuição para essa erudição é R. G. Peffer, *Marxism, Morality and Social Justice*, Princeton, 1990, cap. 3.

15. Marx, *Capital*, vol. 3, p. 820.

16. G. W. F. Hegel, *Science of Logic,* trad. A.V. Miller, Londres, 1969, pp. 745-50.

17. G. W. F. Hegel, *Philosophy of Right*, trad. T. M. Knox, Oxford, 1952, p. 128.

18. G. W. F. Hegel, *Phenomenology of Spirit*, trad. A. V. Miller, Oxford, 1977, p. 118.

19. Karl Marx, *Economic and Philosophic Manuscripts of 1844*, Moscou, 1974, p. 131.

20. Ver, em particular, Georg Lukács, *History and Class Consciousness*, trad. R. Livingstone, Londres, 1971; Herbert Marcuse, *Reason and Revolution*, Londres, 1967.

21. Outras versões atribuem maior alcance e iniciativa para as relações, ou procuram enfraquecer o contraste força-relações. Ver, por exemplo, os ensaios em M. Cohen, T. Nagel e T. Scanlon, orgs., *Marx, Justice and History*, Princeton, 1980, Parte 2. Em todas as versões, o elo interno para o processo de trabalho permanece condição de inteligibilidade, o ponto principal da atual discussão.

22. A expressão "impulso fraco" é tirada de Erik Olin Wright, "Gidden's Crititque of Marxism", *New Left Review*, n° 138, março-abril de 1983, p. 28. Ver essa fonte para posterior discussão da idéia.

23. Ver, por exemplo, Karl Marx, *Capital*, vol.1, trad. B. Fowkes, Harmondsworth, 1976, p. 617.

24. Ver, por exemplo, para países individuais, a informação em Sword, ed., *The Times Guide to Eastern Europe*.

25. Karl Marx, *Uma contribuição à crítica da economia política*, Moscou, 1970, p. 21.

26. "O sistema total do marxismo fica de pé e cai com o princípio de que a revolução é o ponto de vista no qual a categoria de totalidade é dominante." Lukács, *História e consciência de classe*, p. 29.

27. Karl Marx, *Grundrisse: fundações da crítica da economia política*, trad. M. Nicolaus, Harmondsworth, 1973, pp. 227-28.

28. Karl Marx e Friedrich Engels, *Trabalhos selecionados*, vol. 5, Londres, 1976, p. 49.

29. Existe uma expressão particularmente vívida disso, colocada especificamente no contexto da formação do mercado mundial numa carta para Engels de outubro de 1958. Karl Marx e Friedrich Engels, *Correspondência selecionada*, Londres, s.d., pp. 133-35

30. Alguma luz é projetada sobre isso em Robin Blackburn, "Fin de Siècle: Socialism after the Crash", *New Left Review*, n° 185, janeiro-fevereiro de 1991, pp. 5-66.

31. Leszek Kolakowski, *Main Currents of Marxism*, vol. 3, Oxford, 1978, p. 22.

32. Marx, *Contribuição*, p. 21.

33. Para evidência e discussão, ver I. Mészáros, "Marx's 'Social Revolution' and the Division of Labour", *Radical Philoshophy*, n° 44, outono de 1986.

34. Ver Giovanni Arrighi, "Marxist Century, American Century: The Making and Remaking of the World Labour Movement", *New Left Review*, n° 179, janeiro-fevereiro de 1990, pp. 29-63.

35. Naturalmente, a grande exceção parece ser a China. O complexo e ambíguo padrão de desenvolvimento naquele país levanta questões que não podem ser examinadas aqui. O principal ponto de discussão talvez possa ser a partir de que o significado do desenvolvimento está amplamente confinado à China em si. Assim, não desafia seriamente a idéia de que contradições intersistêmicas, oposições de modelos rivais de organização global, foram atenuadas.

36. Correspondendo *grosso modo* à distinção entre os "marxistas ocidentais" arquetípicos da escola de Frankfurt entre as posições de Marcuse e Adorno. Ver Joseph McCarney, *Social Theory and the Crisis of Marxism*, Londres, 1990, cap. 2-3.

37. Para uma expressão vigorosa dessa visão, ver R. Sakwa, "The Hegelian Triumph", *THES*, 12 de julho de 1991.

38. Para uma discussão completa ao longo das linhas sugeridas aqui, ver C. J. Arthur, *Dialectics of Labour: Marx and his Relation to Hegel*, Oxford, 1986, cap. 8. Particularmente valiosa é a demolição da tentativa de Hegel de distinguir, dentro dos termos de suas suposições, entre trabalho assalariado e escravidão.

39. Hegel, *Filosofia do Direito*.

40. É esse sistema que de fato parece ser pressuposto por defensores da economia hegeliana, pelo menos em seus momentos menos protegidos. Ver, por exemplo, R. D. Winfield, "Hegel's Challenge to the Modern Ecomomy", em W. Maker, ed., *Hegel: sobre a liberdade e economia*, Nova York, 1987.

41. Ver Charles Taylor, *Hegel*, Cambridge, 1975, cap. 3.
42. Hegel, *Filosofia do Direito*, pp. 43-44.
43. *Ibid.*, p. 141.
44. *Ibid.*, pp. 123, 150, 277-78.
45. *Ibid.*, pp. 149-50.
46. *Ibid.*, p. 149.
47. *Ibid.*, p. 150.
48. *Ibid.*, pp. 151-52.
49. *Ibid.*, p. 278.
50. S. Avineri, *Hegel's Theory of the modern State*, Cambridge, 1972, p. 154; A. Ryan, *Property and political Theory*, Oxford, 1984, p. 136.

8

A CRISE ATUAL DAS IDEOLOGIAS

Eric Hobsbawm

Fui convidado para falar sobre "a crise da ideologia, cultura e civilização" hoje — assunto vasto e difícil de definir.* Ainda assim, muito poucos duvidarão de que tal crise exista, mesmo que não possam dizer precisamente no que ela consiste. Comecemos tentando comparar a situação atual com períodos anteriores da era que começou com as grandes revoluções do final do século XVIII, isto é, a era em que, de uma forma ou de outra, os seres humanos viviam num mundo material e em sociedades que experimentavam mudanças constantes e imprevisíveis. Em alguns aspectos, pelo menos para os que pensam e escrevem sobre a sociedade, foram de crise todas as épocas desde a Revolução Francesa e a primeira Revolução Industrial, porque toda geração enfrentou experiências e evoluções sem precedentes, para as quais experiências e teorias baseadas nela mostraram-se inúteis ou pelo menos pouco adequadas. E ainda assim é também verdade que em alguns períodos a mudança histórica foi tão arrojada e profunda que foi difícil chegar a um acordo com ela ou mesmo controlá-la, ou até mesmo compreendê-la. Estamos vivendo um desses momentos e vimos passando por tal período há uma ou duas gerações.

Penso não apenas nos dramáticos acontecimentos da política mundial que se vêm desenrolando diante dos nossos olhos nos

---

* Este é o texto de uma conferência apresentada no Coloquio de Invierno, organizado por Unam e *Nexos*, em Los Grandes Cambios de Nuestro Tempo, México, 10-21 de fevereiro de 1992.

últimos dois ou três anos — e uso "diante dos nossos olhos" literalmente, porque as redes modernas de televisão tornaram possível que realmente *assistamos* a esses eventos no momento em que acontecem; e a tecnologia moderna das comunicações permitiu-nos participar deles, se desejarmos. Estou pensando aqui numa professora nas províncias inglesas que, via correio eletrônico, estava em contato constante com seus colegas em Moscou durante o fracassado golpe de agosto de 1991. Ela de fato podia informá-los da situação à medida que era mostrada na televisão em Staffordshire, mas não em Moscou. Essa certamente foi a primeira ocasião na história em que o tempo e a distância foram virtualmente eliminados.

Levante global

Os eventos dos últimos anos foram realmente espetaculares e transformadores do mundo — e também inesperados e imprevisíveis. A natureza revolucionária do período que vivemos vai muito além das mudanças na política global, que, em poucos meses, estão tornando desatualizados os atlas preparados pelos cartógrafos. Nunca antes na história a vida humana normal e as sociedades em que ela ocorre foram tão radicalmente transformadas em tão pouco tempo: não apenas em um único período de vida, mas em parte de um período de vida. Consideremos três dessas mudanças.

Durante a maior parte da história registrada, a maioria dos seres humanos viveu da terra e de seus animais. Assim era na época da Segunda Guerra Mundial, porque, mesmo em países altamente industrializados como os EUA e a Alemanha, um quarto da população ainda vivia da agricultura. Entre 1950 e 1975, isso deixou de acontecer na maior parte da superfície terrestre. Na Europa, nas Américas e no mundo islâmico ocidental — na realidade em toda parte, exceto na Ásia continental do sul e do leste e na África subsaariana —, os camponeses formam hoje a minoria da população. E esse processo ocorreu com velocidade dramática. Na Espanha e em Portugal, na Colômbia e no México, a porcentagem de camponeses caiu pela metade em vinte anos; na República Dominicana, na Argélia, no Iraque e na Jamaica, caiu em mais da metade no mesmo período. (Meus exemplos são tomados deliberadamente do mundo menos desenvolvido.)

A segunda mudança a considerar é a criação sem precedentes de intelectuais como um fenômeno demográfico de massa. Antes da Segunda Guerra Mundial, as pessoas que tinham educação superior, ou mesmo secundária, formavam parte ínfima da população mesmo nos países mais desenvolvidos. Três dos maiores, mais desenvolvidos e mais educados países — Alemanha, França e Grã-Bretanha —, com população total de 150 milhões, não possuíam mais do que 150 mil estudantes universitários. Nos anos 80 o Equador sozinho tinha mais do que o dobro. De fato, os países mais ambiciosos em termos de educação tinham mais do que 2,5% de sua população *total* (homens, mulheres e crianças) no curso superior. Uma vez mais essa expansão foi explosiva. Para ficar apenas na Europa bem instruída, em vinte anos o número de estudantes multiplicou-se por nove (Espanha, Noruega).

A terceira mudança é na posição das mulheres. Consideremos um dado apenas. Em 1940, nos EUA apenas 14% das mulheres casadas que viviam com seus maridos trabalhavam fora. Em 1980, já eram mais do que a metade. Novamente, entre 1950 e 1970, a porcentagem quase dobrou. Não preciso enfatizar o fato — impensável antes de 1950 — de que hoje as mulheres ocupam os cargos de presidente e de primeiro-ministro.

Poderia continuar, mas não há necessidade, pois já disse o bastante para demonstrar que sociedades humanas, e as relações de pessoas dentro delas, passaram por uma espécie de terremoto econômico, tecnológico e social na vida das pessoas que mal chegaram à meia-idade. Nunca houve nada parecido na história mundial, pois, como apontei, não se trata de mudanças localizadas ou regionais, mas globais — embora seu impacto específico varie de um país para outro. E seria bem surpreendente se mudanças tão drásticas na vida material não produzissem crises no que Marx chamou "superestrutura" de idéias — na cultura e na civilização.

No entanto, inevitavelmente, os acontecimentos da segunda metade deste século geraram também novos problemas materiais que todas as sociedades e — na medida em que são afetados por eles — todos os seres humanos precisam enfrentar. Mencionarei apenas três. O primeiro é a extraordinária explosão demográfica que, desde 1950, multiplicou a população mundial por 2,5 e a da

América Latina por quase 4. Um mundo com mais de 6 bilhões de seres humanos não tem precedentes. O segundo é a crescente desigualdade entre países ricos e pobres, o que foi reforçado pelo crescimento desproporcional da população dos países pobres. Para colocar o assunto de maneira simples — simples demais, sem dúvida —, as economias desenvolvidas do período do pós-guerra, ou seja, os membros da OCDE, na primeira metade deste século representavam cerca de um terço da população mundial. Hoje representam não mais do que 15-20%. E a defasagem entre o PNB per capita dos países ricos e pobres aumentou aceleradamente desde 1950. Hoje, 26 países, pouco menos de 15% da população mundial, desfrutam um PNB per capita médio acima de US$ 18 mil. Isso representa quase 5 vezes o PNB médio *do mundo* e 55 vezes o PNB de mais de 32 bilhões de pessoas — mais da metade da humanidade — que vivem com um PNB per capita de aproximadamente US$ 330. Sintoma óbvio desse desequilíbrio mundial sem precedentes é o surto dramático de migrantes dos países pobres para os países ricos que agora está ocorrendo, enquanto o racismo e a xenofobia dos ricos não erguerem barreiras contra ele. Mas por quanto tempo pode persistir tal situação? Nenhum mundo de desigualdades tão crescentes e espetaculares pode permanecer estável por muito tempo.

A terceira consideração é o agora familiar conjunto de problemas ecológicos. Graças aos extraordinários triunfos da ciência e da tecnologia produtiva, estamos, pela primeira vez na história, prestes a tornar nosso planeta inabitável. Hoje está claro, como não estava antes da Segunda Guerra Mundial, que o crescimento econômico ilimitado e descontrolado, sem a preocupação com as conseqüências ambientais (e humanas) e sem a administração sistemática dos recursos do globo, já está nos conduzindo a uma era de desastres iminente. A questão é como realizar a ação global que se faz necessária.

Uma crise geral

Os aspectos de que tratei brevemente são suficientes para explicar por que nos encontramos hoje numa crise de "ideologia, cultura e civilização" bem diferente dos dramas econômicos e políticos mais imediatos que hoje estão sendo representados diante dos nossos olhos e nos quais, na verdade, temos um pequeno papel secundário. Pois, pelo menos na zona da civilização ocidental e de desenvolvimento econômico, não parecem adequadas à situação do último quarto deste século nem a experiência passada nem as ideologias e as teorias herdadas do passado pré-industrial ou desenvolvidas desde o século XVIII.

O que estou dizendo é que a crise em que nos encontramos não é específica deste ou daquele sistema econômico, político ou ideológico, mas geral. É, por exemplo, uma crise das novas e mais velhas religiões tradicionais do Ocidente, bem como das ideologias que descendem do Iluminismo do século XVIII, como o liberalismo, o socialismo e suas diversas variantes. Para dar um exemplo óbvio, a Igreja Católica Romana tem dificuldade em recrutar número suficiente de padres e em arrecadar contribuições dos fiéis e — na Europa pelo menos — até seus membros mais leais nos redutos mais tradicionais recusam-se a seguir suas injunções. As mulheres italianas votam a favor do divórcio e do controle de natalidade, e seus maridos, segundo o *Financial Times*, observador neutro nesses assuntos, constituem o maior mercado europeu de preservativos. A crise das Igrejas tradicionais e a ascensão das seitas fundamentalistas ou dissidentes, tal como observamos na América Latina, não é meu assunto. Menciono-o apenas porque é importante compreender que, enquanto se aproxima o segundo milênio, de uma maneira ou de outra o chão está tremendo sob os pés de *todos nós,* pelo menos em grande parte do mundo, incluindo a América Latina. Não estamos falando apenas de debates familiares entre as ideologias do Ocidente do século XIX. Nosso drama — qualquer que seja nosso papel nele — está sendo encenado num teatro que conhecemos pouco, num palco que não conseguimos reconhecer bem e em meio a mudanças de cenário imprevisíveis, inesperadas e insuficientemente compreendidas.

Existe outro sentido, e um pouco mais específico, que torna global e geral a crise atual. É no sentido mais político e econômico. O comunismo ocidental (mas não o comunismo asiático) entrou em colapso de maneira repentina e absoluta. Esse fato levou jornalistas, políticos e ideólogos a jogos de soma-zero. Se o comunismo perdeu, então seu antagonista, o capitalismo, deve ter vencido. Se as economias socialistas quebraram, então seu oposto binário, o liberalismo de livre mercado, deve ter triunfado. Mas obviamente esse não é o quadro adequado da economia mundial no começo dos anos 90. Quando historiadores do próximo milênio — que não está longe — olharem para este nosso meio século, certamente, creio, verão sistemas comunistas, descendentes da Revolução de Outubro, que, a partir do fim dos anos 50, revelaram sua inferioridade crescente diante das economias de mercado ocidentais. A partir dos anos 70, começaram a dar sinais de esgotamento. No entanto, verão também um capitalismo mundial que, depois de um quarto de século de expansão imprevisível e extraordinária, entrou numa nova era de crises nos anos 70. E dela ainda não saiu. Durante sua breve "idade de ouro", 1950-1973, o capitalismo pareceu alcançar o impossível. Eliminou virtualmente o desemprego, os colapsos econômicos e — nos países desenvolvidos — a pobreza séria. Desfrutou um crescimento econômico constante e acelerado, mesmo nos países mais lentos, e deu às suas classes trabalhadoras a expectativa e a realidade de constante melhoria econômica. Mas a partir do começo dos anos 70 o quadro mudou. O capitalismo, mais uma vez, tem desemprego em massa, pobreza, fome e desabrigados em meio à riqueza até mesmo nos países ricos. Tem renda estática ou declinante e sérias depressões. Sem dúvida, nas economias de mercado ricas e avançadas esses são reveses comparativamente suaves; mas o que hoje confronta a ruína das economias socialistas do Leste não é um capitalismo triunfante, mas uma economia capitalista global em dificuldades e que admite ter problemas. Chega-se a ouvir referências aos anos 30. Considere-se uma pesquisa de opinião do sul da Flórida, nos EUA: 29% dos entrevistados tinham familiares sem trabalho e 34% tinham familiares desempregados; não menos do que 73% esperavam declínio na qualidade de vida da próxima geração.[1] Quanto aos países em desenvolvimento, novamente com a exceção regional da Ásia oriental, os anos 70, e particularmente os 80, foram um período miserável, como todos sabem na África e na América Latina. De fato, o impacto dos anos 80 no Brasil e no Peru foi muito pior do que a Depressão dos anos 30.

Em resumo, de uma perspectiva histórica, o fim do século XX será visto como uma daquelas etapas periódicas de crise no crescimento da economia mundial, que sacudiu todas as áreas e regiões, embora afetasse cada uma de maneira diferente. Tais períodos são familiares aos historiadores sob o nome de "grandes ondas de Kondratiev", embora não haja consenso entre os acadêmicos sobre o que são, ou mesmo se existem. No passado, tais períodos ou, de qualquer maneira, os recessos das "grandes ondas", sempre foram associados com grandes viradas e reestruturações da economia mundial, e, acrescentaria, com "crises de ideologia, cultura e civilização". Por mero acaso, tal "grande onda de Kondratiev" ocorreu exatamente um século antes desta. Seu auge, geralmente, é datado entre 1851 e 1873; seu declínio, entre 1873 e 1896. Se isso serve de precedente, a economia mundial deveria voltar a um período menos conturbado de crescimento em meados dos anos 90, embora certamente não volte à "idade de ouro" sem os problemas dos anos 50 e 60. Certamente, o resultado mais dramático desta era de crise foi a destruição das economias e sistemas políticos comunistas ocidentais, mas isso não pode ser separado do desenvolvimento geral da economia mundial desde o fim da "idade de ouro", até porque o colapso econômico do comunismo ocidental deveu-se amplamente à crescente integração desses sistemas na economia global, com cujas incertezas e flutuações foram incapazes de lidar.

Em política, recorrer ao jogo de opostos binários é igualmente tentador e enganoso. Nada parece mais simples do que contrastar tirania e liberdade, totalitarismo e democracia, e identificar um com o comunismo (que foi derrotado) e o outro com o livre mercado (que triunfou). Essa última equação é constantemente usada pelos porta-vozes de Washington, que medem o grau de democracia na ex-União Soviética pelo grau de funcionamento da economia de mercado na região. Contra essa forma de argumento teológico, hoje é possível citar o próprio sr. Francis Fukuyama, o autor da notória tese da qual parece afastar-se como um polvo envolto na sua própria tinta. Ele pensa que o fim do comunismo foi "o fim da história", porque trouxe o triunfo global definitivo da democracia liberal. Agora, em seu novo livro, o sr. Fukuyama observa, com pesar, que existem vários Estados autoritários "orientados para o mercado" e que, do ponto de vista do crescimento econômico, eles se saem melhor do que os Estados democráticos. Isto porque "regimes autoritários são em princípio mais aptos a seguir verdadeiras políticas econômicas liberais sem a distorção de objetivos de redistribuição que constran-gem o crescimento".[2] Mas isso não tem relevância. Voltemos à questão mais geral.

É bem verdade que existe uma diferença fundamental entre Estados que proíbem seus cidadãos de viajar ao exterior e os que não o fazem, entre Estados que só permitem verdades definidas oficialmente, fatos certificados oficialmente e escritos autorizados oficialmente e os que não o fazem. Ainda assim, o liberalismo que garante essa liberdade individual não é democracia, embora todos prefiramos democracias que a tenham. A monarquia Habsburgo, da Áustria, foi surpreendentemente liberal — ao contrário da Alemanha imperial, até permitiu que socialistas fossem professores universitários —, mas não era uma democracia. A República Irlandesa tem uma história mais consistente e íntegra como democracia desde 1922 — mais antiga do que a maioria dos países do mundo. Mas por longos períodos não foi um Estado liberal, até porque pela sua Constituição estava comprometida com os valores da Igreja Católica Romana do Vaticano I. Além disso, o termo "democracia" em si é insignificante como guia para a natureza dos Estados. Afinal, durante a Guerra Fria, tanto os EUA quanto as chamadas "democracias populares" disseram-se democráticos; mesmo a República Popular da Coréia (do Norte) o fez. É verdade que um país como a República Democrática Alemã não era democrático em nenhum sentido da palavra. Mas, mesmo se definirmos democracia da maneira liberal-democrática, como hoje se faz quase universalmente, não nos diz muito. Os Estados em que as autoridades centrais são eleitas pelo sufrágio universal, entre candidatos que representam muitos partidos rivais, incluem hoje os EUA, o Japão, todos — creio — os Estados sucessores da URSS, Albânia e Israel, Papua Nova Guiné e Paraguai, sem esquecer o México. Certamente, haver assembléias representativas e governos eleitos, às vezes até presidente eleito honestamente, é importante, mas não iguala o Azerbaijão pós-comunista à Grã-Bretanha, nem o Japão à Suécia. Tampouco nos diz algo sobre as perspectivas de sobrevivência para tais sistemas democráticos. Em 1919, todos os doze Estados sucessores dos impérios russo, alemão e austro-húngaro eram democracias liberais, exceto a Rússia soviética. Quinze anos depois, apenas a Tchecoslováquia e a Finlândia. Ver o mundo escolhendo simplesmente entre duas e apenas duas alternativas políticas não esclarece muito.

Os limites do capitalismo

Isto também é verdade do debate entre liberalismo e socialismo que acontece atualmente; ou, mais exatamente, sobre a longa e agoniada ação de retaguarda que a esquerda política e intelectual vem conduzindo enquanto se retira diante do avanço da ideologia liberal capitalista, política e econômica, nas duas últimas décadas. É um debate conduzido dentro da mesma família do que George Bernard Shaw chamou "as grandes verdades sentimentais" de Liberdade, Igualdade e Fraternidade; de Vida, Liberdade e busca da Felicidade. É um debate conduzido, dos dois lados, em termos errados; mas, se assim posso dizer, os termos de um dos lados são mais errados.

Socialistas de todas as variedades deixaram de acreditar na possibilidade de uma não-economia de mercado total e na viabilidade e na conveniência de uma economia estatal de planejamento centralizado do tipo desenvolvido na URSS. Alguns nunca acreditaram nela, mas mesmo os que acreditaram já perderam a fé. Desde os anos 50 todos os Estados comunistas tentaram introduzir maior flexibilidade em sua economia planejada, essencialmente através de elementos de mercado. Não que desejassem se apegar ao stalinismo econômico, mas não sabiam como romper com ele. Não estou, naturalmente, negando que os socialistas no passado, incluindo Marx, sonharam com uma sociedade comunista sem mercado e talvez até sem moeda. Sonharam, mas essa utopia não pode mais ser mais sustentada, nem o é.

Por outro lado, a crença oposta, de que um mercado livre totalmente sem controle poderá alocar recursos e o fará de maneira otimizada, é politicamente dominante em grande parte do mundo, embora na teoria seja bizarro e na prática fuja aos fatos. O que está acontecendo hoje na Rússia e em outras partes da ex-região comunista é a súbita imposição de um dogma teológico tão irrealista quanto a tentativa de construir o socialismo por meio do comando central em um único país. As conseqüências foram e são desastrosas. As economias do Leste certamente precisavam de reformas fundamentais, mas as conseqüências de mergulhá-las no livre mercado de um dia para o outro variaram do trágico ao fatal. E era de se esperar. O que faz tão incompreensíveis as políticas do neoliberalismo econômico, pelo menos para as pessoas da minha geração, é que nos anos 30 demonstraram sua incapacidade de lidar com a grande Depressão mundial que, na opinião da maioria das pessoas, elas tinham provocado. Depois da Segunda Guerra Mundial, a reforma do mundo capitalista sob os auspícios dos EUA foi baseada especificamente na rejeição dessa teologia do livre mercado — ou seja, na aceitação de uma economia meio pública meio privada, liderada pelo mercado e planejada. Como disse Carlos Fuentes: "O capitalismo exposto à crítica do socialismo e aprendendo com ele". O alvo dos ideólogos do reaganismo e do thatcherismo não é apenas Marx, mas Keynes e F. D. Roosevelt — quer dizer, os homens cujas políticas inauguraram a única verdadeira era dourada do capitalismo ocidental.

É bastante compreensível que tenha havido alguma reação contra essas políticas, quando, nos anos 70, ficou claro que mesmo o capitalismo mais bem-sucedido não podia disfarçar permanentemente as contradições do sistema. Era natural que, encerrado o *boom* global, os custos de sistemas de bem-estar irrestritos, burocracia, gerência ineficiente do empreendimento público e outras despesas parecidas deviam ser trazidos sob controle mais rígido. Ainda assim, isso não justifica o retorno a uma ideologia — e nos EUA e na Grã-Bretanha a uma política — de um liberalismo econômico há muito desacreditado. Na verdade, o fascínio por essa ideologia está refluindo rapidamente no núcleo de países do capitalismo desenvolvido, embora ainda esteja sendo recomendada para países em desenvolvimento e para ex-socialistas.

Argumento teológico e propaganda à parte, o debate entre liberais e socialistas hoje é, no entanto, não sobre o mercado sem controle *versus* o Estado que tudo controla. Não é sobre ser a favor ou contra o planejamento econômico, que existe tanto em economias capitalistas quanto em socialistas — nenhuma grande corporação poderia funcionar sem ele —, e não é sobre ser a favor ou contra a empresa pública ou gerenciada, que até os liberais do mercado sempre aceitaram em princípio. É sobre os limites do capitalismo e do mercado sem o controle da ação pública. Para falar de outra maneira, é sobre os fins da política pública, ou, se preferirem, sobre as prioridades necessárias da ação pública. Os socialistas não aceitam, nem podem aceitar, a visão de Adam Smith segundo a qual a busca do auto-interesse produzirá resultados socialmente otimizados, mesmo quando admitem que ela pode maximizar a riqueza material das nações — o que só acontece em circunstâncias específicas. Não podem acreditar que a justiça social possa ser alcançada simplesmente pelas operações de acumulação de capital e pelo mercado, e concordam com Vilfredo Pareto: uma sociedade que não tem lugar específico para a justiça social e para a moralidade não pode sobreviver. Nisso, naturalmente, não se opõem a *todos* os liberais, mas somente aos atuais puristas neoliberais dominantes, ou, já que estamos falando de homens como o recentemente falecido Friedrich von Hayek, insignificantes liberais do livre mercantilismo. Eles também partilham essa visão com os dominantes campeões cristãos sociais da "economia social de mercado", cuja influência é dominante na Comunidade Européia.

Socialismo ou barbárie?

No entanto, à parte diferenças na concepção do que constituiria uma sociedade justa e livre, os socialistas divergem, em um ponto mais importante, de "marqueteiros sociais" keynesianos liberais e democratas-cristãos. Não acreditam simplesmente que as conseqüências admitidamente anti-sociais do capitalismo de livre mercado irrestrito possam ser mitigadas, talvez até tornadas inofensivas, pela ação e por políticas públicas; acreditam que, por sua própria natureza, o sistema continua a gerar e regenerar "contradições internas" — para usar a expressão marxista

— que não pode superar. Conseqüentemente, tanto na prática como na teoria, o gerenciamento social deve ser mais do que — para usar a expressão keynesiana britânica — fazer a "sintonia fina" de um veículo motorizado que, basicamente, corre suficientemente bem para transportar a humanidade para onde ela deseja ir. O veículo não corre bem. Se supormos que o desenvolvimento do capitalismo global cria problemas que não podem ser resolvidos por tal reparo, porque é a essência do sistema que os cria, então o controle permanente e muito mais sistemático da livre busca do interesse privado pode ser mais necessário do que pretendem os liberais e os "marqueteiros sociais".

Em princípio, isso é reconhecido por economistas liberais mo-derados através do conceito de "externalidades": o efeito do mundo sobre o indivíduo. "Externalidades" são vistas por economistas neoclássicos de um ponto de vista individual — pessoa ou corporação — como o efeito de ações exteriores sobre as quais não tem controle. Por exemplo, a abertura de uma auto-estrada pode aumentar imensamente o lucro potencial de um imóvel situado perto de suas saídas e diminuir imensamente o valor de revenda de residências situadas ao longo de seu fluxo de tráfego. Mas, naturalmente, para não-economistas "externalidades" não são algo que afeta apenas custos individuais ou utilidades. Elas são aquilo de que o mundo consiste. A Cidade do México na qual tentamos respirar é precisamente a massa de "externalidades" que a constituem. Hoje, de fato, o problema ecológico é o exemplo mais familiar de externalidades negativas, assim como o exemplo mais familiar de externalidades positivas é a provisão pelo governo de "bens públicos" tais como educação, serviços sociais e diversos tipos de infra-estrutura.

Agora onde há externalidades — praticamente em toda parte — seu efeito geral (estou citando Paul Samuelson) é tornar "os preços livres desfavoráveis, criando dessa maneira um caso *prima facie* para [a intervenção pública]". Em todas essas instâncias (cito esse pilar da economia liberal mais uma vez), "uma forte exigência pode ser feita para que, por algum tipo de ação em grupo, se suplante o individualismo total".[3] Suponhamos, ainda assim, que os problemas ecológicos que desde 1950 surgiram do crescimento descontrolado da economia mundial sejam tão graves a ponto de pôr o planeta e seus habitantes em sério risco no período de vida de uma pessoa jovem. Neste caso, a interferência drástica na liberdade de produtores e consumidores pode ser racionalmente necessária para evitar uma catástrofe. Se fosse globalmente possível, tal interferência não apenas seria politicamente difícil em sociedades liberais democráticas, mas também teria de substituir o máximo crescimento econômico pelo "crescimento sustentado"; e está longe de ficar claro se a economia privatizada, que sempre operou por meio da maximização do crescimento, poderia funcionar de outra forma.

Em resumo, hoje a divergência entre liberais e socialistas não diz respeito ao socialismo, mas ao capitalismo. Ambos concordam, com exceções insignificantes, que o socialismo dos regimes comunistas do tipo soviético era tirânico, não funcionava, e deve ser rejeitado. Se deveria ter sido chamado "socialismo" é questão debatida entre os socialistas, que não deve nos preocupar agora. Em princípio, socialistas e liberais (com exceção dos teólogos neoliberais) aceitam uma economia mista. Muitos socialistas — especialmente em países social-democratas dedicados a teoria ao socialismo — perguntam-se se existe realmente uma linha separando economias mistas não-socialistas das socialistas, e, se houver, onde deve ser traçada e o que distingue as sociedades do lado socialista das que estão do lado não-socialista. Essa é, ao menos por enquanto, uma questão bastante acadêmica, que também posso deixar de lado. No entanto, a maior parte dos liberais acredita que o motor do desenvolvimento capitalista é basicamente saudável, exigindo apenas controle e gerenciamento modestos, embora algumas vezes possa precisar de revisão sistemática, como depois da Grande Depressão e da Segunda Guerra Mundial. Admite-se o funcionamento do mundo moderno sob as condições de um capitalismo de sociedades democráticas e razoavelmente livres.

Essa, no entanto, é precisamente a questão. Os problemas de um globo que hoje pode se tornar inabitável pelo simples crescimento exponencial da produção e poluição, pelos problemas de um mundo dividido entre uma minoria de Estados muito ricos e uma maioria de Estados pobres, não podem ser resolvidos dessa maneira. Na última década do século, nem sequer parece possível que possam ser resolvidos sem a ação sistemática e planejada de governos dentro de Estados e internacionalmente e sem atacar os redutos da economia de mercado de consumo. As coisas não se acertarão sozinhas. É isto que os socialistas lembram aos liberais. Se essa ação pública e de planejamento não for iniciada por pessoas que acreditam nos valores da liberdade, razão e civilização, será iniciada por pessoas que não acreditam nesses valores, porque terá de ser iniciada por alguém. Infelizmente, é mais provável que seja iniciada pelo fenômeno mais perigoso do nosso *fin de siècle*: regimes nacionalistas, xenófobos, demagógicos, direitistas, igualmente hostis ao liberalismo e ao socialismo, porque ambos representam os valores da razão, do progresso e a idade das grandes revoluções. Este é o perigo. Rosa Luxemburgo nos advertiu de que a alternativa real da história do século XX era "socialismo ou barbárie". Não temos o socialismo: acautelemo-nos contra a ascensão da barbárie, especialmente barbárie combinada com alta tecnologia.

Notas

1. *Miami Herald*, 9 de fevereiro de 1992.
2. Francis Fukuyama, *The End of History and the Last Man*, Londres, 1992, p. 124.
3. Paul Samuelson, *The Economist*, Nova York, 1976, pp. 477-78.

9
NOSSO PÓS-COMUNISMO: O LEGADO DE KARL KAUTSKY

Peter Wollen

Recentemente, durante o preparo deste trabalho, li pela primeira vez o livro *Bolchevismo num impasse*, de Karl Kautsky, publicado na Alemanha, em setembro de 1930, como *Der Bolschewismus in der Sackgasse* — que talvez pudéssemos traduzir melhor como *"Não há saída para o bolchevismo"*. Achei-o extraordinário, tanto pela natureza da abordagem do comunismo soviético como também pela excepcional atualidade da discussão dos problemas que afetariam a ex-União Soviética depois do inevitável colapso do regime comunista.

Antes de descrever o livro de Kautsky, gostaria de falar brevemente sobre sua carreira e sua reputação, o que talvez ajude a explicar por que demorei tanto a ler esse livro e por que seu conteúdo me foi tão inesperado. Karl Kautsky nasceu em Praga em outubro de 1854, membro da geração imediatamente posterior a Marx e Engels, mas antes de Lenin e Luxemburgo. Seus admiráveis contemporâneos dentro do que é agora conhecido como "tradição marxista clássica" eram Labriola, Mehring e Plekhanov. Kautsky entrou para o Partido Social-Democrata (SPD) em 1875, quando era estudante em Viena. Na época, Lenin tinha 5 anos, Luxemburgo, 4, e Trotsky ainda não nascera. Em 1883 (Trotsky estava com 4 anos), Kautsky tornou-se editor fundador do *Neue Zeit*, o principal jornal marxista da Alemanha durante quatro décadas, até ser forçado a renunciar em 1917, significativamente quando estava com 60 e poucos anos.

Nessas quatro décadas, Kautsky dominou o desenvolvimento da teoria marxista, tanto no SPD quanto, por causa de seu papel de liderança do partido dos trabalhadores alemães na Segunda Internacional, no movimento europeu dos trabalhadores em geral. Seu principal trabalho teórico e acadêmico, *A questão agrária*, foi publicado em 1899, pouco antes de *O desenvolvimento do capitalismo na Rússia*, de Lênin. Esses dois trabalhos podem ser vistos como iniciadores do florescimento da teoria marxista clássica pré-1917, tentando atualizar Marx e Engels com estudos do capital financeiro (Hilferding), o problema das nacionalidades (Bauer), e o imperialismo, culminando com uma série de obras controversas sobre o assunto por Bukharin, Luxemburgo, Lênin e, novamente, Kautsky. Contemporâneos e antenados com essas contribuições teóricas, havia também uma série de debates políticos extremamente polêmicos e aguçados. Lênin, Trotsky, Luxemburgo, Pannekoek e Kautsky, todos apresentaram suas análises divergentes da revolução Russa de 1905. Bukharin, Luxemburgo, Lênin e Kautsky argumentaram sobre sua reação à Primeira Guerra Mundial e a natureza do imperialismo. E, naturalmente, Lênin, Luxemburgo, Trotsky e Kautsky, todos tomaram posições diferentes sobre a Revolução Russa de 1917 e suas conseqüências.

Foi como resultado dessa última onda de debates que Kautsky foi colocado definitivamente no papel de traidor do marxismo e da causa socialista, primeiro por Lênin, em *A revolução proletária e o renegado Kautsky*, depois por Trotsky, em *Terrorismo e comunismo*. A razão, compreensivelmente, foi a oposição precoce e sincera ao caminho tomado pelos bolcheviques, começando em princípios de 1918, depois da dissolução da Assembléia Nacional Constituinte. Daí em diante, a polêmica entre Kautsky e os comunistas, ainda dentro do contexto do marxismo clássico, ficou ainda mais polarizada, à medida que o regime comunista se tornava mais despótico e Kautsky, com insistência cada vez maior, e ainda em terreno marxista, deu seu apoio moral à insurreição contra ele.

Sua voz, no entanto, também se tornou cada vez mais solitária, quando se viu discordando não apenas dos próprios comunistas, mas também dos renegados do movimento comunista, como Trotsky, e mesmo de camaradas social-democratas entre os mencheviques e austro-marxistas (Dan, Bauer) que argumentavam, para causar impressão, sobre a possibilidade de uma "via pela barbárie" para o socialismo. Estava disposto, escreveu, a ser a Cassandra da social-democracia:

> Se eu permanecer isolado, então *dixit et salvavi animam meam* [Falei claramente e salvei minha alma]. Cassandra permaneceu isolada também. Mas, pelo menos, não foi amordaçada.

Kautsky morreu no dia seguinte ao seu 84º aniversário, em Amsterdã, para onde fugira vindo de Viena, depois da invasão alemã da Áustria, antes que ocupassem a Holanda. Kautsky também não teve melhores relações com os que hoje chamamos "marxistas ocidentais" — de fato, um dos ataques mais virulentos violentos contra ele veio do soviete comunista Karl Korsch, cujo trabalho é geralmente incluído no cânone marxista ocidental. Os marxistas ocidentais, é claro, desejavam romper com toda a tradição "marxista clássica" e, como disse Martin Jay, "de fato, se havia algo sobre o qual os marxistas ocidentais [...] concordavam plenamente, era o repúdio total do legado da Segunda Internacional".

Voltarei ao assunto mais adiante.

Uma revolução contra o "Capital"

Em *Bolchevismo num impasse*, escrito em resposta ao primeiro plano qüinqüenal de Stalin e à coletivização da agricultura, Kautsky argumenta que Lênin, no outono de 1917, agira "principalmente" em busca de um alto ideal. Mas, uma vez que ele e o partido bolchevique chegaram ao poder, usaram-no como

> um instrumento para evocar da noite para o dia um sistema socialista de produção plenamente desenvolvido para uma nação constituída em sua maioria de analfabetos e agricultores primitivos[...]. Este experimento selvagem só podia acabar num colapso desastroso[...]. Enquanto as massas fatigadas perecem de todos os lados, os esquemas concebidos para tirá-las do atoleiro se tornam cada vez mais impressionantes. Ao mesmo tempo, a tensão nervo-

sa se torna mais aguda à medida que a situação fica mais desesperada. Quanto mais gigantesco o plano, menor o tempo destinado à sua consecução e mais violentos os meios empregados para obter resultados que só a lâmpada mágica de Aladim poderia proporcionar.

Kautsky percebeu, em 1930, uma série de problemas específicos que o comunismo soviético precisava enfrentar. Primeiro, a para embarcar num plano de coletivização, União Soviética não tinha o nível de desenvolvimento industrial, os recursos tecnológicos, o talento administrativo (especialmente em distribuição e em planejamento), a *intelligentsia* necessária treinada, nem a força de trabalho com treinamento adequado. A coletivização acabou traduzindo-se em trabalho forçado, expropriação terrorista e superexploração dos camponeses, na esperança de que, assim, a classe trabalhadora industrial pudesse ao menos ser alimentada, embora às custas do massacre e da desnutrição dos camponeses. Para Kautsky, essa política contrariava a racionalidade, os valores democráticos e, mais importante, o marxismo. Os comunistas soviéticos, em vez de admitir que na Rússia não estavam maduras as condições para a rápida transição rumo ao socialismo e procurar adaptar suas políticas ao nível real de desenvolvimento econômico em seu país, correram precipitadamente para um mundo catastrófico de fantasia. Nas palavras de Gramsci, isso, de fato, foi "a revolução contra *Das Kapital*".

Além disso, negaram-se todos os direitos políticos e democráticos à classe trabalhadora, com a transformação de sindicatos e conselhos de fábricas em instrumentos submissos do aparato partidário, e foram banidos ou controlados todos os outros meios democráticos de expressão (eleição, publicação e até mesmo concentrações públicas). Para Kautsky, direitos democráticos básicos (eleições parlamentares, imprensa livre etc.) deveriam, de qualquer maneira, ser estendidos não simplesmente para a classe trabalhadora, mas também para toda a sociedade. Democracia plena e profunda era precondição essencial para o socialismo, como reconhecia Marx em sua análise da Comuna de Paris, argumentava Kautsky. Na União Soviética, no entanto, não apenas foram abolidos os direitos democráticos normais, mas os trabalhadores não conseguiam nem se proteger contra práticas e condições de trabalho totalmente inaceitáveis.

O sistema soviético, que transferiu para a indústria os métodos da autocracia monárquica da política, aumentando gradualmente os direitos dos diretores das fábricas em detrimento dos do trabalhadores, mas ao mesmo tempo submetendo aqueles a controle contínuo e a restrições de judicaturas políticas e econômicas, que não permitiam que tomassem qualquer iniciativa e evitavam que fizessem qualquer coisa por conta própria[...]. Um enorme aparato burocrático foi construído com o objetivo de controlar as pessoas encarregadas de administrar a produção, o que provocou sua paralisação e do aparato inteiro de produção.

Além disso, esse controle de cima para baixo sobre os trabalhadores criou condições para a exploração cruel.

O que os capitalistas da Europa e da América estão fazendo sob a pressão da crise atual, ou seja, reduzindo salários para aumentar lucros e acumular mais capital, os dirigentes soviéticos estão fazendo sistematicamente com base em seu plano qüinqüenal, graças ao seu poder excessivo sobre os trabalhadores. O que os capitalistas estão fazendo nessa direção é brincadeira de criança comparado com os acontecimentos na Rússia soviética.

Era inconcebível para Kautsky os socialistas tolerarem essa supressão cruel e a exploração da classe trabalhadora, simplesmente porque uma seção daquela classe tinha sido promovida a poder arbitrário, absoluto, e porque a propriedade dos meios de produção tinha sido transferida para o Estado. Além disso, toda essa exploração dos trabalhadores, daria em nada, inevitavelmente, por causa da maneira irracional como Stálin concebeu e realizou o planejamento econômico.

Como marxistas, afirmou Kautsky, os comunistas deveriam reler o segundo volume do *Das Kapital,* mesmo que o "marxismo deles infelizmente esteja confinado a considerar os trabalhos de Marx como Escritura Sagrada". Marx diz que, com o objetivo de evitar a desorganização da estrutura econômica, os diferentes ramos da produção devem estar sempre numa proporção verdadeira entre si, de acordo com as condições técnicas e sociais existentes. Certos meios de produção devem ser usados na produção de bens para consumo pessoal. Desses, certo porcentual deve ser usado na produção de gêneros alimentícios, e outro, na produção de bens culturais. Um segundo grande grupo de meios de produção deve ser usado para manufaturar novos meios de produção e renovar equipamentos gastos e assim por diante.

Na União Soviética, no entanto, não existe tal proporcionalidade entre setores. De fato, o consumo domiciliar foi restringido e reduzido, "com o objetivo de deixar um excedente para pagar as fábricas, usinas de força, maquinaria [...]" etc. O consumo pessoal pode esperar. No entanto, o resultante dos meios de produção foi desviado para "necessidades militares, em vez de para as exigências da produção [...]. esta é uma das principais razões do favorecimento da indústria pesada." Ao mesmo tempo, a infra-estrutura de transportes foi negligenciada. Acrescente-se a isso o baixo crescimento da produtividade que naturalmente se segue à supressão de uma *intelligentsia* livre e criativa e, de fato, de uma classe trabalhadora livre e criativa. Em vez disso, os comunistas só pretendem construir mais máquinas que sejam operadas por trabalhadores sem preparo e sem motivação para aumentar a produtividade de seu trabalho, precisamente porque lhes são negados os valores democráticos básicos e os bens de consumo. Tudo isso, é bom lembrar, foi escrito em 1930 ou 1931.

Modalidades de colapso

Kautsky concluiu que o sistema estava destinado ao colapso. Achou provável levantes de camponeses — que realmente ocorreram, mas que foram cruelmente reprimidos. Não há dúvida de que Kautsky subestimou a escala de tempo do colapso. Levou sessenta anos além do que a princípio imaginou, mas, no nível do possível em vez de no do provável, em muitos aspectos seus prognósticos foram notavelmente precisos. Primeiro, a longo prazo, a crise não irá interromper diante do Partido Comunista e do Exército Vermelho [...] o destino que ameaça o Partido Comunista é apodrecer numa Rússia em putrefação. É bem possível que nesta

situação ele vá se dividir, antes de ser completamente aniquilado. Quando antes um sistema autocrático era ameaçado por uma revolução, um grande estado de energia nervosa era comum para manter o controle de seus partidários. Eles compreenderam que as coisas não podiam continuar como estavam, mas não queriam sacrificar nada essencial da base anterior de sua existência. Os planos mais variados e mais contraditórios eram levados adiante para lavar o casaco manchado sem molhá-lo.
Nesse estágio da crise, a opinião se dividirá entre políticas de severidade e de clemência.

> Concessões, no entanto, são tão timidamente feitas que não melhoram as coisas [...]. Em tal situação o governo pode mudar de direção, como o fará, mas tudo que faz é errado, seja seu curso para a direita ou para a esquerda. Tudo deve fracassar assim que o sistema sobre o qual repousa, e do qual não abrirá mão, se torne a causa óbvia de sua derrocada.

Contra esse *background*, "um curso tortuoso e os rachas crescentes [...] anunciam a derrocada do Partido Comunista". Sua unidade "pode cair aos pedaços", e a confusão se instalará. De fato, para

> um Estado com 150 milhões de habitantes, que nunca na história, nem por um ano sequer, tiveram a oportunidade de se organizar em grandes associações cobrindo todo o Estado, nunca tinham tido a oportunidade de receber informações através de uma imprensa livre por qualquer período de tempo, nunca tiveram a oportunidade de ver seu programa apresentado e aplicado por grandes partidos no corpo representativo do Estado; um Estado desse tipo, se suas massas começarem a se mover, deve, para começar, necessariamente se tornar a cena de uma confusão aparentemente interminável.

"O que deve ser feito?", Kautsky indaga, irônico. Primeiro, precisa haver eleições para uma "nova assembléia nacional que deveria elaborar uma constituição para uma república democrática parlamentarista [não presidencialista]". Os socialistas deviam deixar de lado a intolerância sectária. Deviam estar preparados até para dar boas-vindas a elementos do velho partido comunista.

Deviam concorrer com uma plataforma de criação de uma economia mista. A primeira prioridade deve ser a legislação trabalhista:

dar aos trabalha-dores tudo que seus irmãos em alguns países do Ocidente já têm — proteção ampla aos trabalhadores, moradia digna, independência dos conselhos trabalhistas em relação à diretoria administrativa, liberdade total para os sindicatos, seguros correspondendo ao nível de salários em caso de desemprego, doença, enfermidade e velhice.

No setor industrial, devia haver uma mistura de empresas que fossem estatais, capitalistas, cooperativas e comunitárias.

Se o Estado soviético entrar em colapso, deve ser a tarefa mais urgente de seus sucessores garantir a continuidade da produção sem sobressaltos, não importa que condições precárias eles encontrem. De um golpe, sem incorrer em perigo, pode-se transformar um tanto a produção nacionalizada em produção capitalista e vice-versa.

A agricultura também devia ser mista. Fazendas estatais, na maior parte, passariam para a propriedade comunitária e a pequena propriedade seria incentivada. O Estado devia reter o controle dos "monopólios naturais" como estradas de ferro, florestas, minas, recursos petrolíferos e assim por diante. O comércio, por outro lado, devia ser liberalizado. Em geral, de acordo com o princípio socialista, a política devia se guiar pela convergência de interesse dos trabalhadores e consumidores, cada um com suas próprias associações representativas. Politicamente, as nações integrantes da União Soviética deviam ter o direito de secessão, embora os socialistas defendam que fiquem ao menos dentro de uma união aduaneira com o objetivo de recriar uma nova estrutura federal com base na igualdade.

Entre comunismo e social-democracia

Percebo que dei uma idéia muito sumária dos princípios e das visões de Kautsky, mas espero ter reunido algumas das razões pelas quais fiquei tão atônito em descobrir o livro de Kautsky, escrito com tanto vigor e premonição, seis décadas antes dos eventos que prevê. Agora quero perguntar por que o livro de Kautsky se perdeu na história e, mais importante, o que isso nos diz sobre o destino da tradição intelectual e política que o produziu: o "marxismo clássico" em cujo centro Kautsky viveu e trabalhou. Depois da revolução de 1905 na Rússia, Kautsky, pela primeira vez, encontrou-se ultrapassado pela esquerda dentro da Segunda Internacional, por Luxemburgo e Lênin. Embora os três fossem contra a Primeira Guerra Mundial, Luxemburgo e Lênin, então de acordo, posicionaram-se ainda à esquerda de Kautsky, como intransigentes em vez de moderados. Os três engajaram-se também numa polêmica feroz sobre a natureza do imperialismo e seu papel em determinar o curso e o desfecho da guerra A contribuição de Kautsky foi inesperada e surpreendentemente presciente: argumentou que o imperialismo, no sentido da luta militar por território ou esfera de influência, era uma fase política do capitalismo, em vez de um novo estágio econômico, como sustentavam Lênin e Luxemburgo. Kautsky anteviu uma nova fase possível, no pós-guerra, de "ultra-imperialismo"; a administração de conflitos nacionais em escala global sob a hegemonia dos Estados Unidos, com a volta ao livre-comércio em vez do protecionismo; e também um processo subseqüente de descolonização para deter a intensificação dos conflitos nacionais de libertação. Lênin considerava isso "uma completa renúncia dos mesmos princípios revolucionários do marxismo que o escritor [Kautsky] defendeu por décadas".

Dessa maneira, as linhas de batalha foram determinadas. Em seguida veio 1917. Dessa vez Luxemburgo uniu-se a Kautsky para criticar Lênin. Mas, embora Kautsky recebesse bem e usasse o apoio de Luxemburgo, estava claro que a diferença entre eles e Lênin não foi maior do que as diferenças entre os dois. Ambos pediam mais democracia, mas Luxemburgo desejava conselhos de trabalhadores (ou sovietes), enquanto Kautsky preferia a assembléia constituinte. As posições estavam claramente delineadas: partido da vanguarda (Lênin), conselhos (Luxemburgo), parlamento (Kautsky). Lênin consolidou o poder do Estado; Luxemburgo e Kautsky ficaram isolados no dissidente USPD (um partido socialista independente de esquerda). Depois que Luxemburgo foi assassinada, seus seguidores trocaram o USPD pelos comunistas, e em 1923 Kautsky e o restante do USPD voltaram para o veio principal da social-democracia, agora claramente uma força reformista, na qual Kautsky já não tinha muita influência. O movimento dos trabalhadores estava agora polarizado entre os comunistas que controlavam o poder do Estado e os socialistas reformistas que estavam distanciando-se de seu passado marxista revolucionário. Kautsky ficou desamparado nesse meio.

Não foi até depois da Segunda Guerra Mundial que houve tentativas de criar um novo espaço entre os dois, que nos anos 1950 e 1960 culminou com a redescoberta do marxismo ocidental. O marxismo ocidental em si, produto de uma geração nascida nos anos 1890 (Gramsci, Benjamin, Horkheimer, Breton, Marcuse), era hostil aos seus velhos e predecessores. Subseqüentemente, os movimentos de 1968 que esta doutrina inspirou foram dirigidos contra ambos, os partidos comunista e social-democrata — contra Lênin e, por implicação, contra Kautsky. Nesse novo contexto, Kautsky em particular foi ignorado, e seu trabalho não teve influência na formação intelectual desses movimentos. Quando era mencionado, era apenas para ser descartado como "cientificista, determinista, economicista" nas palavras afiadas de Martin Jay, característico do século XIX, não-revolucionário e burocrático em seus aspectos básicos. A única tendência no marxismo clássico seriamente revivida foi a do soviete comunista. No "índice de nomes citados ou insultados" no Internationale Situa-tionniste, por exemplo, Kautsky e Lênin são insultuosamente caracterizados como *bureaucrate*, enquanto Luxemburgo e Pannekoek escapam ilesos.

Democracia, transição e ultra-imperialismo

Interessante que não existe uma entrada sequer para "Democracia" no índice de estudo canônimo do marxismo ocidental de Martin Jay, *Marxismo e totalidade*, embora "Meta-sujeito" tenha 35 entradas, algumas cobrindo diversas páginas. "Liberdade" se sai ligeiramente melhor, mas as discussões do conceito o separam completamente dos problemas da democracia representativa, ou de fato outras formas de democracia, e se concentra, em vez disso, em questões de subjetividade ou desalienação. A razão para isso, acredito, é que o marxismo ocidental, enquanto se cristalizava politicamente nos anos 1960, foi usado, primariamente para validar ações extraparlamentares, e naturalmente tinha laços fracos com os sindicatos e com a classe trabalhadora em geral. De fato, o movimento de 1968 se opunha fortemente a todos os partidos parlamentaristas e a todos os sindicatos, geralmente considerados reformistas e burocráticos em sua essência. Em contraste, o pensamento político de 68 inclinou-se fortemente pelo legado da "greve geral espontânea" de Luxemburgo e pela tradição soviética de Pannekoek, bem como o tipo de vanguarda radical que Kautsky descartou como "blanquista" e foi superada em seu próprio tempo pela ascensão do partido de massa.

Com efeito, como vimos, uma vez isolado por causa de sua posição centrista antiguerra e, finalmente, afastado do *Neue Zeit,* Kautsky se viu sem influência entre a massa do partido comunista por um lado, reforçado intelectualmente por seus oponentes de ultra-esquerda e satélites soviéticos e trotskistas e, por outro lado, o veio principal da social-democracia, que foi direto para posições oportunistas não-marxistas. Mesmo aqueles amigos de Kautsky na infeliz que Segunda e meia Internacional tentaram traçar uma trajetória de princípios entre a desacreditada Segunda e a ascendente Terceira Internacional Comunista se viram arrastados, com freqüência, à defesa do potencial revolucionário da União Soviética, com base na sua nacionalização dos meios de produção, abolição do mercado e ideologia marxista oficial. E então, quando o marxismo ocidental reapareceu, seus partidários e seus intérpretes tentaram resgatar e postular algumas das linhas deixadas em suspenso desde a derrocada da esquerda não-comunista em 1921/22, mas concentraram-se no comunismo soviético, em vez de na social-democracia, como representada pela crítica de Kautsky. Com efeito, posicionaram-se à "esquerda" em vez de à "direita" do comunismo, como esses termos foram definidos pelos próprios comunistas.

Agora que o colapso do comunismo mudou a situação mais uma vez, talvez seja hora de reconsiderar Kautsky e a tradição "marxista clássica" que ele representa. De fato, talvez esteja na hora de uma reavaliação mais geral do cientificismo, historicismo e economismo, os principais males que seu trabalho representaria. Kautsky não era um teórico brilhante no sentido marxista ocidental. No entanto, foi sua abordagem científica do trabalho da economia na história que lhe permitiu fazer uma avaliação notavelmente precisa do curso futuro dos eventos na União Soviética. Seu modelo básico de pensamento permaneceu o do materialismo histórico, do qual aprendera que o socialismo só pôde ser alcançado quando o capitalismo forneceu as precondições econômicas através do desenvolvimento das forças produtivas. A outra precondição principal era a realização da democracia plena e o que hoje chamaríamos hegemonia da classe trabalhadora e seus representantes políticos. Mais uma vez, estava errado sobre o tempo exigido, mas suas conclusões estavam corretas.

Havia uma terceira área importante de seu pensamento. Quero concluir com um rápido comentário sobre as implicações dessa tão maltratada teoria do "ultra-imperialismo". Visto agora, diria que o conceito de Kautsky combina bem com a teoria do sistema-mundial de Wallenstein, se o virmos como um componente do modelo de Wallenstein de um revezamento sistêmico a longo prazo entre rivalidade e hegemonia dentro dos sistemas capitalistas mundiais. A lógica interior da posição de Kautsky, me parece, também sugere que o potencial pleno do socialismo é, em si, problemático até que o capitalismo se expanda a ponto de criar a possibilidade de mudança *global*. Isto implica, naturalmente, não apenas que Lênin estava de fato errado quando caracterizou seu modelo de imperialismo como o do "mais alto estágio" do capitalismo (em vez de "o mais recente", como ele colocou no seu primeiro esboço), mas que Mandel, Jameson e outros podem estar sendo prematuros ao falar de "capitalismo avançado", quando caracterizam a época atual. Revoluções, disse Mehring, têm bastante fôlego, como maratonistas, mas também o capitalismo. O capitalismo mundial entrou claramente num novo estágio de globalização, suplantando o manchesterismo, o imperialismo clássico e o fordismo expandido dos anos do pós-guerra.

Nesse contexto, acredito, chegou a hora de reconhecer o custo teórico e político a longo prazo da Revolução Russa, que canalizou o marxismo para sua ortodoxia auto-suficiente. É especialmente importante reexaminar os debates sobre a democracia representativa, as condições historicamente necessárias para a transição para o socialismo e o conceito de "ultra-imperialismo". São temas que o marxismo ocidental negligenciou e permitiu que o leninismo antecipasse. Chegou a hora de uma definição, até mesmo uma refundação, do socialismo no Ocidente, agora que o debate estratégico não está mais polarizado e nem deslocado pela política da Guerra Fria.

Ao mesmo tempo, devemos notar também que, de maneiras diferentes, Luxemburgo, Lênin e Kautsky viraram presas do desejo de acelerar a história. Os socialistas deveriam aceitar que é melhor ter uma esperança realista, mesmo que historicamente distante, do que uma falsa esperança baseada num escorço deformado, ainda que aparentemente imediato e ao alcance da mão. Devemos, mais uma vez, dar prioridade ao objetivo, e não ao movimento. Devemos reverter os termos colocados de maneira tão desastrosa na União Soviética, onde de fato o movimento comunista se tornou tudo e os objetivos do socialismo nada.

10

ROSA LUXEMBURGO E A DEMOCRACIA

Norman Geras

A relação entre socialismo e democracia tem sido complexa e muitas vezes contestada. Para um grande número de socialistas, era axiomático que seu projeto, tanto em matéria de objetivo quanto de caminhada, até atingi-lo, teria de ser democrático. Viam o socialismo como o herdeiro da velha democracia popular e liberal, das velhas lutas por liberdades e direitos políticos, e muitos deles estavam de fato envolvidos em — algumas vezes na linha de frente — movimentos pela defesa e pela ampliação desses direitos e dessas liberdades. Ao mesmo tempo, era comum entre os socialistas serem críticos em relação às limitações das democracias existentes — "liberal" ou "burguesa". Um tema central aqui tem sido que as democracias desse tipo são demasiadamente estreitas e formais: excluindo qualquer influência popular realmente substancial em seu processo de tomada de decisões políticas e corrompendo as liberdades democráticas. Desse ponto de vista, os objetivos socialistas têm sido apresentados como um esforço para o aprofundamento democrático, através do compromisso com fórmulas politicamente mais participativas e socialmente mais igualitárias.[1]

Mesmo assim, esse processo de aprofundamento foi pensado de maneiras diferentes. Alguns o conceberam como sendo uma continuidade das principais instituições da prática democrática, como uma consolidação e uma ampliação dela. Outros viam como um corte pontual em uma progressão institucional. Mais uma vez, entre socialistas de diferentes tipos, surgiram diferentes perspectivas sobre quão profundamente pretendiam ir, já que limites poderiam ser temporariamente tolerados em democracias socialistas recém-nascidas, para conter o duro ataque com que seus adversários pretendiam detê-los. Os socialistas se mostraram, em graus variados, mais ou menos sensíveis aos perigos dessa linha de raciocínio — um compromisso não assegurado ou uma inevitável necessidade política, como a concebiam.

Axiomática como era a inspiração do socialismo democrático para a maioria de seus seguidores, igualmente parecia óbvio para muitos de seus críticos que o socialismo era a antítese da democracia. Eles viam nas sectárias certezas de alguns, nas "vanguardas da classe trabalhadora", uma aspiração arrogante a uma inteligência superior e uma ambição política dos que se pretendem elites. Deploravam o que viam como desilusões da harmonia social final e transparência, por trás do que temiam ser uma ameaça de dominação tecnocrática e estatística, fosse ela de cunho social-democrata, fosse do tipo totalitário e mais maligno. Sobretudo — muito distante e longe de tudo —, essas críticas eram capazes de, por mais de meio século, apontar a experiência stalinista e seu legado como "o socialismo realmente existente". Se alguma coisa ensombrecia essas credenciais democráticas da idéia socialista era o fato de milhões de vidas terem sido destruídas, de os direitos básicos terem sido solapados; havia excesso de verdades e mentiras oficiais. Verdadeiro travestimento da noção de democracia.

Em um curto ensaio não é possível abranger mais do que uma fração das questões aludidas nessa complexa oposição, por isso me concentro em uma tarefa limitada. Dentro de um espectro mais amplo de socialismo, reconsidero algumas das riquezas democráticas e algumas de suas deficiências em uma de suas importantes correntes: especificamente, o marxismo clássico. Qualquer um já convencido de que sua tradição não contém riquezas democráticas ou deficiências não precisa prosseguir esta leitura. O que segue é precisamente uma tentativa de discriminá-las.

Começo, portanto, com a rejeição de algumas polaridades bastante conhecidas. Uma delas faz generalizações a partir do fato de que os regimes socialistas existentes não foram exatamente democráticos, repudiando o projeto socialista como um todo. Mas, se realmente o socialismo existente não conseguiu ser democrático em lugar algum, isso é ruim não apenas para o socialismo; é ruim também para a democracia. As coisas podem ser modificadas: em todo lugar a democracia é capitalista. Ela coabita com formas de poder econômico e privilégios. Contra todo o cinismo, a hipótese socialista continua a ser a possibilidade de uma ordem melhor, socialmente mais justa, e com maior grau de democracia política. A qualquer preço, pode ser. Dar atenção à riqueza intelectual de que dispomos é apontar para os que estão agarrados a essa esperança. (Pessoas que, com base na evidência das últimas décadas, vêem essa hipótese como compreensivelmente refutável são estranhamente mais pacientes com as perspectivas do capitalismo: que tem estado por aí há pouco mais de algumas décadas e ainda gera um desejo persistente e um sofrimento apavorante e que agora, sistemicamente, pode representar uma ameaça às bases da sobrevivência humana.)

No pólo oposto, existe a visão de que, como o socialismo existente não é um verdadeiro socialismo — um ideal a ser concretizado —, e porque nada tem a ver com o genuíno marxismo, seus resultados não constituem um problema para os socialistas de orientação marxista. Sua existência não representa de fato um objetivo ou mesmo algo valorizável do ponto de vista do marxismo original. É correto insistir também em que a tradição marxista tem sustentado e tirado o vigor dos opositores socialistas do totalitário socialismo de estilo soviético. Alguns deles morreram justamente por essa oposição. Nem todos marxistas e, conseqüentemente, nem todos os socialistas, podem responder por essa terrível deformação da idéia socialista. Apesar disso, foi comum entre marxistas dizer também, conforme Marx, que para eles o socialismo não era um mero ideal. Era uma tendência que efetivamente surgia do capitalismo, um movimento social real, que só poderia ser produto das lutas da classe trabalhadora. Mas o fato é que esse movimento e essas lutas produziram organizações e partidos em todo o mundo e que dezenas e centenas de indivíduos identificaram-se com essa suposta deformação da idéia socialista.

Eles olhavam para os seguidores como amigos ingênuos e como apologistas — quantos deles em nome do marxismo? Perguntar sobre as bases eventualmente fornecidas para esse desdobramento da doutrina marxista em si, seus compromissos democráticos, é também identificar aqueles que se preocupam com as perspectivas do socialismo.

Para responder a essas questões focalizarei particularmente as idéias de Rosa Luxemburgo. Começo evocando uma série de temas correlatos em seu trabalho, o cerne democrático de sua visão socialista. Penso que eles contêm um paradoxo e passo a apontar três diferentes limitações contidas nele.

Escolhi retomar mais uma vez Rosa Luxemburgo porque é figura exemplar no atual contexto. Suas idéias democráticas são bem conhecidas, seu trabalho precede a descendência stalinista e também está livre de distorções ou ambigüidades e compromissos. Tendo em conta a riqueza democrática de seu pensamento, qualquer de seus desdobramentos pode ajudar a elucidar os contornos do marxismo ainda não dominado pela experiência bolchevique e suas seqüelas. Isso, talvez, possa contribuir de alguma forma para um processo mais amplo de democratização do pensamento socialista, no sentido, note-se, não de retribuir alguma coisa à democracia, mas de tornar mais democrática alguma coisa que sempre aspirou a isso.

Um horizonte aberto

Comecemos com o princípio marxista tão familiar de que a libertação da classe trabalhadora deve ser conquistada pela própria classe trabalhadora. Escrito por Marx no preâmbulo das regras da Associação Internacional dos Homens Trabalhadores, é um princípio que Rosa Luxemburgo reafirmou várias vezes.[2] Em si, isso não é tão impressionante. A fórmula será encontrada em virtualmente todos os escritores que trataram do marxismo clássico. Mas acho que era mais central, mais integral, no pensamento dela, revelando algumas de suas mais características ênfases políticas. Escreveu ela um dia:

> Esse princípio mestre é também o significado específico de que, mesmo dentro do partido dos proletários, qualquer grande e deci-

sivo movimento deve se originar não da iniciativa de um grupo de líderes, mas da convicção e solidariedade da massa dos seguidores do partido.

Ou ainda:

a classe trabalhadora não é constituída de algumas centenas de representantes eleitos que controlam o destino da sociedade com discursos e réplicas. Muito menos duas ou três dezenas de líderes instalados no governo. A classe trabalhadora — esta é a verdadeira massa.[3]

Para Luxemburgo, a criação do socialismo tinha de vir de sua fonte. Não poderia ser controlada por aqueles que se encontravam no topo da pirâmide. Tinha de ser construída das bases, como conseqüência de esforços conscientes daquela população ativa e vigorosa. Ela esclarecia, em suas últimas semanas de vida, durante a revolução alemã de 1918-19:

Essa reconstrução e essa transformação não podem ser decretadas por alguma autoridade, comissão ou parlamento; só podem ser feitas e levadas adiante pela massa.

E:

O socialismo não vai ser e não pode ser inaugurado com decretos; não pode ser estabelecido por nenhum governo, ainda que socialista. O socialismo deve ser criado pelas massas, deve ser feito por cada proletário.[4]

Não se deve deduzir contudo que ela tivesse alguma tendência antipolítica, hostil a partidos, parlamentos ou lideranças. Ela não colocava em questão a necessidade dessas formas de mediação política. Sua questão era diferente: que, quaisquer que fossem os instrumentos organizacionais ou legislativos da transformação socialista, eles não passavam de instrumentos. Tratava-se na realidade de ter como agente gerador uma verdadeira multidão — a classe trabalhadora. Já em 1904, ela havia contestado Lênin por pensar em substituir esse coletivo pela autoridade do comitê central do partido.

Como então Luxemburgo visualizava o processo de construção do socialismo? Em termos mais sombrios do que se poderia esperar. Ela não seguia Karl Kautsky, por exemplo, que invocava "a prazerosa e recente experiência das batalhas e o vitorioso progresso no rumo do poder político" ou "aquele que é chamado a compartilhar esta sublime batalha e esta gloriosa vitória".[6] Ela preferia uma passagem do *18 Brumário* de Marx. De acordo com esse trecho, as revoluções proletárias, prodigiosas em seus objetivos, são obrigadas continuamente a interromper sua trajetória, a rever suas inadequações e tentativas menos bem-sucedidas, em um processo de interminável autocrítica. Luxemburgo transformou o tema em um de seus favoritos. Aqui, ela fala da Primeira Guerra, que considera uma expressão dos equívocos da humanidade:

> Nenhum esquema preestabelecido, nenhum ritual que preserve o bem por todos os tempos, mostra [ao proletariado] o caminho a ser seguido. A experiência histórica é o único professor; sua Via Dolorosa para autolibertação é coberta não só de um sofrimento miserável mas também de incontáveis erros. O objetivo dessa jornada, sua libertação final, depende [...] de entender que se deve aprender com os erros. Autocrítica, a capacidade de ir fundo, até a raiz das coisas, é a vida e a luz do movimento proletário.[8]

Para Luxemburgo, os erros e as derrotas eram necessários, e não apenas episódios gratuitos no caminho para um esplendoroso progresso. Até certo ponto, eram inevitáveis, fazendo parte da experiência de onde uma indispensável educação poderia ser extraída. Essa é a idéia que ela perseguia em seu trabalho. Em 1899, em resposta aos temores de Bernstein de que a classe trabalhadora pudesse chegar prematuramente ao poder, ela disse: não, ela não chegará prematuramente, pois não há outra escola disponível para alcançar a maturidade política do que a luta pelo poder, agora fracassando, ao final triunfando — não há possibilidade de que algo *fora* ou *independente* da luta de classe determine o momento da vitória. Contra Lênin, em 1904, afirmou: os erros do movimento são "mais proveitosos do que a infalibilidade do mais sábio dos comitês centrais". Em tempos de guerra: "compreensão e maturidade só [....] passo a passo, através do Gólgota de suas próprias experiências amargas, através de derrotas e vitórias". No final de sua vida: na revolução "a vitória final só pode ser preparada através de uma série de derrotas".[9]

Quero destacar dois aspectos diferentes desse tema: a interioridade por assim dizer, e a abertura desse conceito de ação. Em diferentes termos e humores, Luxemburgo repete: nenhum esquema preestabelecido mostra o caminho; nenhum aspecto externo determina a sua concretização; nenhum comitê infalível conhece o verdadeiro percurso a ser seguido; só o sujeito em si e sua própria — e amarga — experiência. É uma ênfase duplamente democrática. Significa, primeiro, que os agentes do socialismo precisam tornar-se o que precisam ser se querem efetivamente criar uma sociedade melhor, em um processo essencialmente de autoformação. Fonte ativa das mudanças, não podem ser meros objetos delas. Segundo e no mesmo nível, porque, como agentes autoformados, em certo sentido são também parte substancial dessa mudança; o que eles criam não pode ser predefinido. Criando a si próprios e criando-se como seres livres, eles são livres em grande latitude naquilo que fizerem. Em outra referência bíblica, Luxemburgo uma vez escreveu: "Nós somos como judeus a quem Moisés conduziu através do deserto. Mas nós não estamos perdidos e seremos vitoriosos se nunca esquecermos como aprender".[10] No deserto, o horizonte é aberto. O socialismo era para ela e é, agora mais do que nunca, para nós um horizonte aberto.

O que aqui chamo interioridade é uma velha noção radical. É aprender através do fazer, a auto-educação como algo que se opõe à instrução entregue na bandeja. Essa era a visão que Luxemburgo tinha da ação política da classe trabalhadora. Como ela disse ao falar dos acontecimentos na Rússia em 1905:

> O proletariado requer um alto grau de educação política, de consciência de classe e de organização. Todas essas condições não podem ser preenchidas por panfletos e folhetos, mas unicamente através da escola política da vida, no contínuo curso da revolução.

Da mesma forma, durante o levante alemão de 1918: "Não será por esses meios [palestras, panfletos e folhetos] que os proletários aprenderão. Os trabalhadores, hoje, vão aprender na escola da ação".[11] Uma sociedade socialista deve repousar sobre outros "fundamentos morais" — o "mais elevado idealismo no interesse do todo", "um verdadeiro espírito público" — que não são a "estupidez, o egoísmo e a corrupção" que minam o capitalismo.

> Todas essas virtudes cívicas socialistas, junto com o conhecimento e a habilidade para administrar tarefas socialistas, podem ser adquiridas pela classe trabalhadora somente através de sua própria atividade, de sua própria experiência.[12]

Agora, poderíamos insistir uma vez mais na origem marxista desses sentimentos: a coincidência na prática revolucionária de mudar o mundo e mudar a si próprio.[13] Mas contento-me apenas em registrar isso. Alguns foram tentados a apossarem-se dos conceitos aqui expostos para, sob pretexto da total liberdade ou da "contingência", opor-se aos compromissos materialistas de Luxemburgo. Acho que se trata de um esforço inútil.[14] Nenhuma razão lógica a proibia, ou a Marx antes dela, de ver a revolução como um processo de ação criativa, a formação de novas identidades, autônomas e liberadas. Devemos voltar a essa questão.

Por enquanto quero concluir meu breve sumário temático registrando um outro tipo de conexão intelectual, com as palavras de John Stuart Mill:

> Freqüentemente tem sido dito, e é preciso que se repita sempre, que livros e discursos apenas não são educação: que a vida é um problema, não um teorema; que a ação só pode ser aprendida através da ação... O espírito de pessoas envolvidas com o comércio será, estamos convencidos, essencialmente medíocre e servil, e isso acontecerá onde quer que o espírito público não seja cultivado através de uma extensa participação das pessoas nos negócios do governo.[15]

A semelhança entre essa formulação e as de Rosa Luxemburgo anteriormente mencionadas é impressionante. Deixando de lado as óbvias diferenças na visão política dos dois pensadores, ela faz parte de uma afinidade mais substancial. A interioridade, o caráter autoformado da ação socialista na concepção de Luxemburgo implica, como já disse, certa infinidade no processo revolucionário. Tanto no modo de condução quanto em seu resultado, muito fica para ser definido ao longo do processo revolucionário. E isso hoje requer o que genericamente seria chamado normas liberais da vida política, que devem governar o processo. Deve-se notar, contudo, que a própria Luxemburgo as classifica. Recorre a elas como normas não de *outra* tradição, mas de sua própria. Tomando-as como inerentes ao socialismo revolucionário, considera-as parte do mundo em que vive.

De qualquer forma, Luxemburgo insiste em que, para o movimento a que ela pertence, "as opiniões pessoais [...] são sagradas"; e "requerem total liberdade de consciência para cada indivíduo e a maior tolerância possível para cada fé e cada opinião". "A liberdade de imprensa [...], o direito de reunião e de uma vida pública" são "direitos sagrados" de que não se pode permitir que as pessoas sejam privadas. Eles são "as mais importantes garantias democráticas de uma vida pública saudável e de uma atividade política das massas trabalhadoras". Através da "exclusão da democracia" — esta é a crítica aos bolcheviques — "as fontes de toda riqueza espiritual e do progresso" estão cortadas. "Sem eleições gerais, sem liberdade total de imprensa e de reunião, acaba a vida em toda instituição pública, que se torna mero arremedo de vida".[16] Em talvez seu mais conhecido trecho nesse sentido, Luxemburgo enfatiza a dimensão pluralista dessas normas. Reproduzo aqui seu pensamento porque sua argumentação torna claro como essas questões estão relacionadas com a "abertura" da luta pelo socialismo como ela a vê:

> Liberdade apenas para os que apóiam o governo, só para os integrantes de um partido — não importa sua dimensão — não é liberdade. Liberdade é só e exclusivamente a liberdade do outro que pensa diferente. Não por causa de nenhum conceito fanático de "justiça" mas porque tudo isso é instrutivo, a liberdade política depende dessa característica essencial e sua eficácia desaparece quando a "liberdade" se torna um privilégio especial. Longe de ser a soma de receitas predefinidas que têm apenas de ser aplicadas, a realização prática do socialismo enquanto sistema econômico, social e jurídico é algo que permanece completamente escondido pelos mistérios do futuro. O que temos em nosso programa

não são algumas orientações gerais, que indicam uma direção [...]. Quando for o caso de passar para o plano concreto, das medidas práticas, pequenas ou grandes, necessárias a introduzir os princípios socialistas na economia, nas leis e em todas as relações sociais, não haverá fórmula mágica a ser encontrada no programa do partido ou em algum livro-texto [...]. O sistema socialista para uma sociedade deve e pode apenas ser um produto histórico, nascido na escola de suas próprias experiências, no curso de suas realizações [...]. Um novo território. Milhares de problemas. Só a experiência é capaz de corrigir e abrir novos caminhos. Só a vida, sem obstáculos e efervescente, encontra milhares de novas formas e improvisações, traz à luz a força criativa, corrige todas as tentativas equivocadas.[17]

Acho que esse trecho resume bem a noção de socialismo como um horizonte aberto. É um socialismo que surge do movimento livre em uma democracia aberta.

Democracia e doutrina

Poderíamos retomar essa idéia de maneira mais provocativa. Poderíamos dizer que o movimento é tudo, portanto, e que o objetivo final do socialismo é nada. E o que surge desse movimento, como sua criação democrática e experimental, o objetivo final, não é predeterminado.

Isso nos levaria a um paradoxo, porque o movimento é tudo e o objetivo final é nada, como definiu Eduard Bernstein a política do "revisionismo", sendo condenado como tal por Rosa Luxemburgo, entre outros defensores da ortodoxia marxista.[18] Mas o que na verdade Luxemburgo pretendia dizer era muito diferente do que Bernstein. O que ela e outros leram nessa fórmula é a renúncia aos princípios fundamentais do socialismo em favor de um esforço meramente paliativo para abrandar os demônios do capitalismo. Seria a dissolução do objetivo socialista no movimento assim concebido; não tendo nada a ver com sua concepção, em que a meta final é real, um produto que emerge do processo de luta pela *realização* dos princípios socialistas. Para ela, conseqüentemente, o movimento, direcionado à conquista dos princípios como seu fim, não era tudo. Sobre o comportamento de Bernstein, contudo, poderia se dizer agora que ele ficaria muito feliz com esta última maneira de colocar as coisas. Ele rejeitava e considerava um equívoco a interpretação que Luxemburgo deu à sua fórmula. Ao fazer isso, ele assumiu que havia um objetivo final no sentido de atingir alguns princípios gerais; repudiou apenas a noção de uma visão ou de um plano detalhado.[19] A distinção é muito semelhante à feita por Luxemburgo no trecho acima.

Meu propósito, entretanto, não é insistir no escasso terreno comum. É explorar as maneiras como Luxemburgo concebia o objetivo do socialismo, uma vez que elas revelaram alguma relevância para nosso atual tópico sobre a forma clássica do marxismo. Na interpretação que ela dá, ao lado de muitos outros autores, dos objetivos de longo prazo do marxismo, existem, devo agora argumentar, três tipos de deficiências democráticas.

Vamos dar um nome para o que já temos. Para Luxemburgo, portanto, esse objetivo de longo prazo é nada. É o que passarei a chamar *idéia regulativa*: através da qual estabeleço uma série de princípios gerais a serem realizados de forma institucional que já está desenhada. Como uma idéia regulativa, o objetivo final funciona para fornecer uma direção mais ampla, um sentido de direção, ao movimento; para assegurar que ele continuará, pretendendo ultrapassar o capitalismo, mais do que se acomodar a ele. Os princípios que constituem esse objetivo são os que se esperaria de um socialista revolucionário. Eles aparecem aqui e ali nos seus textos: libertação da classe trabalhadora, igualdade social, fraternidade, fim da exploração, propriedade comunal, ordem econômica planejada e democracia socialista em si.[20]

Agora, importantes como podem ser todos esses princípios gerais, eles não representam muito em termos de políticas específicas, modelos sociais alternativos, esboços da utopia. Não apenas o significado concreto de cada princípio, mas também sua inter-relação em um todo bem ordenado, são obviamente assunto de debate e controvérsia, bem como de dificuldades potencialmente graves, quanto mais se considerarmos que serão negociados conforme as práticas democráticas. Isso é, portanto, como disse a própria Luxemburgo, nada além do que alguns sinalizadores, que indicam uma direção geral. Sabe-se o destino de uma sociedade, mas não se tem um mapa detalhado do que vai lhe acontecer. Ela não disfarça, pretendendo que haja mais do que existe, ou que a jornada possa ser menos árdua do que é naturalmente nessas circunstâncias. A ausência é para ela um espaço: o espaço da democracia. É a arena para a diversidade, a experimentação e a negociação, através dos quais o socialismo é criado.

Luxemburgo desenvolve aqui um impulso central do marxismo clássico: como o que está em vista é uma emancipação, os que a conduzem têm que ser livres para poder construí-la. Ela faz disso uma noção fundamentalmente democrática de ação. Para ela não existe nenhuma instância autoritária acima ou fora dos agentes socialistas, esvaziando antecipadamente suas escolhas: nenhum líder ou comitê autoritário, nenhum esquema preestabelecido. Autoritária é apenas a democracia dos agentes em si, lutando, divergindo, fracassando, aprendendo, tentando criar um outro mundo, mais igualitário, comunista e liberal em seus princípios.

Existe, contudo, outra concepção de objetivo do socialismo fazendo sombra sobre o primeiro. Os leitores já devem ter percebido referências a ela uma ou duas vezes quando Luxemburgo fala de vitória final e libertação final para as quais os erros e derrotas preparam o caminho. É a finalidade de uma conclusão inevitável, o fim como um *destino único*. Essa idéia está contida em algumas de suas argumentações. Catalogando uma história de grandes derrotas, por exemplo, ela escreve: "e essa mesma história leva de forma irresistível, passo a passo, à vitória final". Autocrítica, afirma, pode ser um pensamento duro:

> A classe trabalhadora pode sempre olhar a verdade e a mais amarga auto-acusação, apesar de sua fraqueza ter sido quase um erro, mas as leis inexoráveis da história lhe dão força e garantem a vitória final.

Mais uma vez, ela diz, "apesar de todas as dificuldades e complicações, vamos avançar passo a passo em direção a nosso objetivo".

Não é minha intenção fazer mais comentários sobre o determinismo marxista como tal. Em um trabalho anterior argumentei de fato que, com a idéia de "socialismo ou barbárie", Luxemburgo percorreu um longo caminho em direção ao rompimento com aquela herança doutrinária, mas sem se libertar totalmente dela.[22] De qualquer forma, o ponto relevante aqui é que, sob a segunda concepção de objetivo, o processo democrático tem apenas um desdobramento. Tão aberto quanto ele pode ser, como vimos, seus resultados podem ser encontrados, modificados, rejeitados ou substituídos, mas sempre têm um limite claro: o resultado tem de ser socialismo. Mesmo a fórmula "socialismo ou barbárie" deixa este ponto basicamente intacto. A barbárie, como Luxemburgo a entende — o colapso da civilização moderna —, enquanto alternativa histórica, é a conseqüência de uma derrota irrefutável. Não é exatamente uma alternativa genuína da ação livre e deliberada, que possa ser concebida como escolha democrática. Mesmo assim, formalmente, o *slogan* abre outra pers-pectiva histórica fora do determinismo linear, deixa o grande projeto de ação autônoma sujeito ao limite de ser a única opção verdadeiramente admissível.

Essa é uma limitação em uma perspectiva democrática. Não é que Luxemburgo não devesse ter tido uma visão própria do que seria a opção mais urgente e contemporânea. Mas, se a premissa é a democracia, então os agentes, os cidadãos, de uma democracia devem ser livres *não* apenas para escolher, mas também para não escolher essa opção; uma alternativa talvez mais difícil de entender e assimilar, já que há apenas uma saída verdadeiramente possível. E se existe apenas uma saída, como fazer quando muitos ainda não estão persuadidos democraticamente de que deve ser esta a escolha? Ou deve-se tratar o que é efetivamente uma escolha diferente como se pertencesse a outra categoria, como sintoma de uma patologia política? Os impulsos morais e sua concepção democrática protegiam Luxemburgo de tentações desse tipo. Mas outros marxistas, que compartilhavam suas limitações doutrinárias, foram afetados por elas.

Outra questão deve ser brevemente mencionada. Como pode o resultado ser tão previsível, com conteúdo e forma exatos, se envolve tanto trabalho empírico, tantas variáveis e negociações, se é tão aberto? Os socialistas têm toda a razão de esperar e lutar pelo tipo de mundo que querem. Mas contar com a certeza de sua conquista democrática quando existe tanto a ser definido foi um grande erro, não apenas para o pensamento marxista. O socialismo é uma possibilidade, e isso é tudo.

O ideal moral

A idéia de ter um único objetivo tem outro efeito. Além de limitar a concepção democrática de uma ação socialista, ele pode ser visto como restringindo desnecessariamente a constituição natural do socialismo. E isso acontece devido à tendência a ocultar a terceira maneira de ver os objetivos socialistas de longo prazo, que é o ideal moral.

Juntamente com muitos autores de tradição socialista, Luxemburgo via o socialismo dessa forma. Seu apoio às mudanças revolucionárias é motivado por considerações éticas. Elas estão sempre presentes em seu trabalho: quando fala, por exemplo, do poder do proletariado como qualificado para superar milhares de anos de injustiça social, ou quando diz que todas as condições baseadas nas desigualdades sociais são fundamentalmente anormais, ou escreve que a sociedade burguesa comete a maior das imoralidades, a exploração do homem pelo homem.[23] Mas Luxemburgo também seguia a prática, endêmica, de tentar reprimir esse tipo de motivação ética. Nós a vimos fazer isso antes: liberdade de um que pensa diferente, mas não de qualquer "conceito fanático de justiça". Ela pretendia de fato se opor à idéia de socialismo como necessidade histórica e à idéia de socialismo como ideal moral, aspiração à justiça em particular.[24] O princípio da justiça que um dia ela caracterizou como "aquele lamentável Rocinante em que os Quixotes da história galoparam em direção à grande reforma da terra, sempre voltando para casa com os olhos vendados".[25]

Dentro dessa bem conhecida contraposição marxista — necessidade histórica *versus* ideal moral —, o que é sempre colocado no lugar das raízes éticas do socialismo é, claro, o interesse de classe. Isso acontecia com Rosa Luxemburgo, como ficou claro aqui desde o início. Os agentes do socialismo são os trabalhadores. Eles são proletários. "Somente a classe trabalhadora pode levar adiante a revolução, pela realização da transformação socialista." E: "a luta socialista deve ser a luta do proletariado".[26] É essa sua insistência clássica que vou enfocar agora como um elemento que restringe inadequadamente a constituição do socialismo. Minha intenção, contudo, difere daquela em moda hoje, dos entusiastas do "discurso". Isso, por conta da formação discursiva da identidade e da indeterminação que ela deve resultar, nos levaria a qualquer noção de interesses baseados na posição social estrutural. Contingência é a palavra. Ela se mostra incapaz de dar sentido ao fato de que os beneficiários de uma relação social opressiva são, como regra, menos dados a se mobilizar contra ela que suas vítimas. A visão marxista buscava conexões prováveis entre situação social e identidade política, que não se devia a um reducionismo ao pecado original. Essa é uma precondição para qualquer projeto medianamente realista, seja sociológico, histórico ou político.

O problema não se refere apenas aos interesses de classe, mas à oposição à visão marxista tradicional que separa esses interesses de qualquer motivação ou preocupação ética. A oposição está mal colocada, mas, para maiores detalhes sobre esse, devo recomendar aos leitores um outro trabalho significativo.[27] Aqui, direi que, se o interesse dos trabalhadores é chegar ao socialismo, porque, como diz a teoria marxista, eles são explorados sob o capitalismo, isso não acontece só por causa da exploração. Não é só porque produzem a riqueza capitalista, porque existe uma maisvalia, acima do valor de seus salários, que os trabalhadores terão esse interesse. É sobretudo por causa das disparidades entre esforço e recompensa, entre sofrimento e prazer, envolvidos nessa situação. É devido à injustiça distributiva.

Mas, certamente, nenhuma noção de justiça precisa ser vinculada ao fato de que o interesse dos trabalhadores vai além de ganhar mais dinheiro pelo que fazem. Alguém pode ganhar mais não apenas ganhando mais pelo produto de seu próprio trabalho, mas também ganhando mais ou muito mais pelo produto do trabalho de outras pessoas, tornando-se um explorador ao mesmo tempo que deixa de ser explorado. Os marxistas não ficavam tão entusiasmados com esse caminho que poderia ser tomado e que levaria igualmente para longe da condição de proletário. Eles se concentraram, em outras palavras, no que consideravam os interesses legítimos dos trabalhadores. Mas não eram necessariamente considerações de justiça ou legitimidade, eram considerações práticas, que eram operativas. Tornar-se um explorador talvez não seja um caminho acessível a todos os trabalhadores. De fato. Contudo, nem o socialismo é um caminho acessível a qualquer trabalhador, como Luxemburgo mesmo sabia. E em se tratando de uma esperança, eventualmente acessível a todos os trabalhadores, para aqueles pelo menos que viverem para ver o que deveria acontecer — esse grande objetivo socialista de não ser explorado pelos outros e não explorar ninguém tampouco — porque deveria qualquer trabalhador ou grupo de trabalhadores tomar para si essa tarefa senão por alguma consideração ética? A questão não é simplesmente que esses trabalhadores estariam melhor sob o socialismo, mas que estariam melhor e os demais também estariam. O interesse nesse caminho, distante da exploração, não pode ser depreendido do tipo de crença que Luxemburgo manifestava ao chamar a exploração "a mais profunda das imoralidades".

Outras pessoas além daquelas que produzem mais-valia estão no extremo oposto e errado da injustiça social e das relações econômicas no capitalismo: os que nada possuem e vivem na pobreza, lutando para se manter vivos, também são parte da construção do socialismo, não apenas pela virtude de serem, como muitos são, dependentes ou por serem produtores diretos da maisvalia. Os interesses anticapitalistas dos trabalhadores têm base na exploração não apenas como um fato técnico mas como uma objeção moral, um tipo de injustiça material — e existe mais de um tipo de injustiça material.

A ênfase ortodoxa de Luxemburgo no proletariado como agente do socialismo é a segunda limitação de sua perspectiva democrática. Pode não ser tão direta quanto a primeira. Ao focalizar a classe trabalhadora como seu centro, o marxismo tradicional também buscava aliados. Os objetivos do marxismo eram universais: a liberdade de cada um e a liberdade de todos. Esperando conquistar cada um que pudesse se motivar por esses objetivos como razões morais gerais, ele ainda ampliava seu apelo aos que poderiam ser mais facilmente sensibilizados por ele, pessoas com uma longa história de falta de liberdade e de sofrimentos. Seus melhores representantes, entre eles Luxemburgo, raramente perdiam de vista essas razões morais. Mas ela, como os demais, agrupava-os em uma categoria especial: o proletariado. O mínimo que pode ser dito é que isso nem sempre fortaleceu, na teoria ou na prática, a sensibilidade humanista ou democrática dos marxistas.

Marxismo além do monopólio

Em harmonia com as diferentes maneiras de conceber os objetivos do marxismo encontram-se diferentes visões do próprio marxismo. Em sua contribuição para a biografia que Franz Mehring escreveu de Marx, Luxemburgo disse sobre o segundo e terceiro volumes do *Capital*: "eles oferecem mais do que qualquer verdade final poderia dar: a necessidade de pensar, de criticar e se autocriticar. O que constitui a essência das lições de Marx para a classe trabalhadora". A noção de um objetivo como uma idéia regulativa mais ampla — o horizonte aberto do socialismo como o chamei — defronta-se com um sentimento: a lição de Marx, questionadora e crítica, melhor do que qualquer "verdade final", a lição adequada de um homem que tinha como frase favorita *De omnibus dubitandum*. Ligando-a à noção de um objetivo único, destino historicamente necessário, é uma visão da teoria que o considera o único válido pela teoria socialista — desde os tempos de Marx pelo menos e onde quer que as condições sociais fossem suficientemente desenvolvidas. Esse é o ônus, por exemplo, do argumento conclusivo de Luxemburgo contra Bernstein:

> Quando ele direciona suas mais penetrantes flechas contra nosso sistema dialético, está realmente atacando um modo específico de pensamento empregado pelo proletariado consciente em sua luta pela libertação.

Antes de Marx havia outras doutrinas, mas agora se afirmava que não havia socialismo fora do socialismo marxista.

É uma reivindicação monopolizadora: para Luxemburgo o marxismo não é apenas o mais fértil e mais poderoso modo de pensar entre as concepções socialistas, mas é *o* modo de pensar que satisfaz plenamente. Essa idéia não se adapta muito bem a quem defendia inicialmente uma visão aberta da ação. Embora não restrinja a liberdade dos que pensam de modo diferente, sugere que não há muito sentido em pensar diferente. A própria Luxemburgo dá a melhor resposta para isso. Se tantas coisas ainda estão em aberto e são desconhecidas, como poderia uma simples teoria, doutrina ou mesmo tradição, conter tudo o que pode ser necessário? Como ela mesma disse, a verdade tem muitos lados, é mutável e difícil de ser agarrada. Ninguém a possui inteiramente.

Essa tensão em seu pensamento é, de qualquer modo, representativa mais uma vez de uma tradição marxista. Aspirando a falar pelo movimento de emancipação democrática e aspirando igualmente a trazer para ele as fontes do conhecimento, tanto por razões teóricas quanto democráticas, o marxismo deve ser governado pela necessidade de ser adaptável, aberto a novas informações e experiências, a mudanças e correções. Mas, no momento de se tornar uma tradição com nome unitário, algo como uma reivindicação monopolista, começa a virar a única teoria socialista. Isso tem um efeito mais danoso a alguns marxistas do que a outros, mas não é algo que conduza a valores democratas ou pluralistas que Luxemburgo valorizava.

É a terceira e a última das limitações de seu trabalho a ser identificada aqui. Preocupado como este ensaio tem sido, contudo, com as maneiras como a tradição concebeu esse objetivo final do socialismo, não se pode concluir sem outro significado dessa noção, ao considerar a questão atualmente bastante popular em torno da possibilidade de que o marxismo esteja chegando ao fim. Arrisco uma resposta em termos de uma tensão já discutida. Julgado como uma tradição intelectual, a questão sobre o seu fim é cômica. Nada menos. Nenhuma outra tradição intelectual que tenha obtido resultados remotamente comparáveis com ele teria de enfrentar uma questão como essa. Com o materialismo histórico, o marxismo foi uma fonte bastante fértil de recursos analíticos para nossa compreensão da história. Fez uma poderosa crítica dos perigos do capitalismo e estabeleceu claramente as forças e o modo de desafiá-lo e superá-lo. Isso para nada dizer do que ofereceu de modo geral para a cultura do século e através de uma legião de pensadores, escritores e artistas. A celebração de seu fim corresponde mais a um desejo do que à realidade e demonstra terrível intolerância intelectual. Por outro lado, enquanto união da teoria com a prática do movimento dos trabalhadores e como uma ciência do socialismo, o insuperável horizonte intelectual de nossos tempos, a teoria da prática e autoconsciência da classe trabalhadora, como esse tipo particular de unidade monopolista, o marxismo está acabado para além do âmbito de algumas seitas barulhentas. Ele vai continuar existindo como um programa de pesquisas, uma tradição de questionamento, tomando um lugar mais modesto entre as culturas democráticas, junto com todos aqueles que ainda lutam por um mundo melhor para todos. Vai contribuir no que for possível para o fortalecimento dessas culturas e dessas lutas, como uma voz entre outras em uma coalizão mais ampla do que a classe trabalhadora. E vai saber que o horizonte é realmente aberto. Já houve, sabe-se bem, mais do que derrotas suficientes, e as infâmias continuam existindo. Mas não há nenhuma garantia de uma vitória final.

Notas

1. Este ensaio foi escrito para a coleção *Democracy and Democratization*, editado por Geraint Party e Michael Moran, a ser publicado pela Routledge.
2. K. Marx, 'Documents of the International Working Men's Association: Provisional Rules', *The First International and After*, Londres, 1974, p. 82; D. Howard. ed., *Selected Political Writings of Rosa Luxemburg*, (daqui por diante *RLH*) Nova York e Londres, 1971, p. 180; R. Looker, org., *Rosa Luxemburg: Selected Political Writings*, (daqui por diante *RLL*) Londres, 1972, p. 278.
3. *RLL*, pp. 159, 272.
4. *RLL*, p. 277; M. A. Waters, org., *Rosa Luxemburg Speaches* (de agora em diante *RLW*), Nova York, 1970, p. 419.
5. *RLW*, pp. 129-30.
6. K. Kautsky, *The Road to Power*, Chicago, 1909, pp. 63, 127.
7. K. Marx, 'The Eighteenth Brumaire of Louis Bonaparte', *Surveys from Exile*, Londres, 1973, p, 150; *RLW*, p. 89; *PLL*, p. 205.
8. *RLH*, pp. 324-25.
9. *RLW*, pp. 81-83, 130; *RLL*, pp. 285, 304.
10. *RLH*, p. 335.
11. *RLW*, pp. 172, 426.

12. *RLL*, p. 278.
13. K. Marx e F. Engels, *The German Ideology*, Londres, 1965, pp. 86, 646.
14. N. Geras, "The Legacy of Rosa Luxemburg", *New Left Books*, Londres, 1976, pp. 133-93; e *Discourses of Extremity*, Verso, Londres, 1990, pp.78-79, 89-92.
15. J. S. Mill, *Dissertations and Discussions, Political, Philosophical and Historical* (2 vols), Londres, 1859, vol. 2, pp. 24-26.
16. *RLW*, pp. 132, 152, 298, 389, 390-1.
17. *RLW*, pp. 389-90.
18. H. Tudor e J. M. Tudor, orgs., *Marxism and Social Democracy: The Revisionist Debate 1896-1898*, Cambridge 1988, pp. 168-69; E. Bernstein, *Evolutionary Socialism*, Nova York, 1961, p. XXII; *RLW*, pp. 36; *RLH*, pp. 43, 140.
19. H. Tudor e J.M.Tudor, orgs., *Marxism and Social Democracy....*, pp. 212-13; E.Bernstein
20. *RLH*, p. 140; *RLW*, pp. 148, 393-94; R. Luxemburg, *What is Economics?*, Londres, 1968, pp. 65-68.
21. *RLL*, p. 304; *RLH*, p. 327; *RLW*, p. 415.
22. N. Geras, *The Legacy of Rosa Luxemburg*, pp. 13-42.
23. *RLL*, p. 210; *RLW*, pp. 348, 392.
24. RLW, p. 63; R. Luxemburg, *What is Economics?*, pp. 67-68; e "The Accumulation of Capital - An Anti-Critique", em R. Luxemburg e N. Bukharin, *Imperialism and the Accumulation of Capital*, Londres, 1972, p. 76.
25. *RLW*, pp. 72-73.
26. *RLH*, pp.180-81.
27. N. Geras, "Bringing Marx to Justice: An Addendum and Rejoinder", *NLR*, n° 195; e "The Fruits of Labour - The Private Property and Moral Equality", em M. Moran e M. Wright, orgs., *The Market and the State*, Londres, 1991, pp. 59-80.
28. F. Mehring, *Karl Marx: The Story of His Life*, Londres, 1936, p. 380.
29. *RLW*, pp. 86, 88.

11

FUKUYAMA E A ALTERNATIVA SOCIALISTA

Ralph Miliband

Uma vez que o ensaio de Francis Fukuyama trata de alguns temas principais de seu livro *The end of history and the last man (O fim da história e o último homem)*, creio que seria útil para os objetivos deste simpósio[*] se focalizasse parte de meus comentários naquele trabalho.[1] O cerne da argumentação de Fukuyama é que não existe alternativa satisfatória para o que chama democracia liberal (prefiro chamá-la democracia capitalista). O principal desafio para a democracia capitalista neste século, diz ele, foi o comunismo ao estilo soviético, que agora se revelou um fracasso definitivo. Outra alternativa de um tipo ou de outro — fascismo, várias formas de autoritarismo de direita ou teocracia ao estilo iraniano — permanece possível, mas são infinitamente menos satisfatórias do que a democracia capitalista, e não corresponde, de qualquer maneira, à marcha da história. O futuro pertence à democracia capitalista, que representa, nas palavras de Fukuyama, "o ponto final da evolução ideológica da humanidade" e a "forma definitiva de governo humano" (p. XI). Argumenta: "Críticos de esquerda das democracias liberais estão singularmente caren-

---

[*] Esses comentários foram feitos num simpósio em Washington D.C., em 3 de abril de 1992, para marcar o 15º aniversário da publicação de *Capitalismo, Socialismo e Democracia*, de Joseph Schumpeter. Os comentários aparecerão num número especial do *Journal of Democracy*, em julho de 1992; estamos gratos por poder reproduzi-los aqui.

tes de soluções *radicais* para superar as mais intratáveis formas de desigualdade" (p. 293, ênfase no original).

Em oposição a essa linha de raciocínio, gostaria de argumentar que existe, na realidade, uma alternativa radical da esquerda para a democracia capitalista. Essa alternativa é a democracia socialista, que nada tem a ver com o comunismo soviético e que Fukuyama deixa inteiramente de considerar. Ele menciona os muitos ocidentais que esperam que os povos dos países pós-comunistas usem sua liberdade recém-conquistada para "escolher uma alternativa 'humana' de esquerda que não seja comunista nem democrático-capitalista" (p. 34) Isso, acrescenta corretamente, se mostrou uma total ilusão. Muitos socialistas que foram críticos amargos do comunismo soviético tinham abrigado esperanças de que a União Soviética pudesse eventualmente começar a se aproximar de algo que pudesse ser chamado sociedade socialista. Mas a natureza ilusória dessas esperanças particulares não nos diz nada sobre a possibilidade do socialismo.

Fukuyama observa também numa nota de rodapé: "No curso de toda a controvérsia sobre meu artigo original sobre 'O fim da história?' em *The National Interest* ninguém (que eu saiba) sugeriu uma forma alternativa de organização social que ele ou ela pessoalmente acreditasse ser melhor" (p. 347, nº 10). Se foi assim, isso prova a atual decrepitude da esquerda, nada mais. Gostaria de considerar esta alternativa, que considero uma forma de organização social infinitamente mais desejável e viável do que a democracia capitalista. Com o objetivo de preparar terreno para defender esse modelo, no entanto, preciso primeiro dizer algo sobre a democracia capitalista e por que uma alternativa radical a ela é condição essencial para o progresso humano.

Fukuyama admite que as "democracias liberais estão sem dúvida assoladas por uma série de problemas como desemprego, poluição, drogas, crime e coisas parecidas" (p. 288); que a "desigualdade econômica causada pelo capitalismo *ipso facto* implica um reconhecimento desigual"; e, mais admiravelmente, que "grandes desigualdades sociais persistirão mesmo na mais perfeita das sociedades liberais" (p. 292). Essa franca admissão de um advogado tão convicto da democracia capitalista é muito prejudicial para seu caso não menos do que sua insistência em que a democracia liberal satisfaz plenamente o desejo de "reconhecimento" que ele localiza no cerne do processo histórico. Mesmo assim, sua admissão da inadequação da democracia capitalista não chega nem perto de onde deveria chegar. Existe um indiciamento mais amplo a ser feito contra ela, do qual posso apenas sugerir alguns itens.

Um simulacro de democracia

Permitam-me começar sugerindo que a democracia capitalista é uma contradição em termos, porque engloba dois sistemas opostos. Por um lado, há o capitalismo, um sistema de organização econômica que demanda a existência de uma classe relativamente pequena de pessoas que possuem e controlam os principais meios de atividade industrial, comercial e financeira, bem como a maior parte dos meios de comunicação; dessa maneira, tais pessoas exercem uma influência totalmente desproporcional sobre a política e a sociedade tanto em seus países quanto além de suas próprias fronteiras. Por outro lado há a democracia, que se baseia na *negação* de tal preponderância, e que requer uma *igualdade de condições* que, como admitiu Fukuyama, o capitalismo repudia por sua própria natureza. Dominação e exploração são palavras feias que não figuram no vocabulário de Fukuyama, mas estão no cerne da democracia capitalista e intrinsecamente ligadas a ela.

Item pouco mencionado hoje é que o capitalismo é um sistema que repousa sobre o trabalho assalariado. Trabalho assalariado é trabalho desempenhado em troca de um salário a serviço de um empregador privado que tem o direito, por virtude de possuir ou controlar meios de produção, de se apropriar e dispor de qualquer excedente que os trabalhadores produzam. Empregadores são constrangidos por diversas pressões que limitam sua liberdade de lidar à vontade com seus trabalhadores, ou de dispor do excedente que eles extraem. Mas isso apenas qualifica o direito deles de extrair um excedente e de dispor dele como quiserem. Esse direito quase nunca é questionado e é considerado "natural", como acontecia no passado com o trabalho escravo. O trabalho assalariado não é trabalho escravo, naturalmente, mas é uma relação social que, de uma perspectiva socialista, é moralmente repugnante: nenhuma pessoa deveria trabalhar para o enriquecimento particular de outra. A experiência comunista demonstrou amplamente que a propriedade pública dos meios de produção não acaba, por si, com a exploração. Mas a exploração sob a propriedade pública é uma *deformação*, pois um sistema baseado na propriedade pública não repousa sobre a exploração nem a requer. Sob condições de controle democrático, fornece as bases para a associação livre e cooperativa dos produtores. Mas a exploração é o objetivo geral da atividade econômica sob a propriedade privada, que não faz sentido se não resultar no enriquecimento privado (ou a qualquer outro objetivo) dos donos e dos controladores dos meios dessa atividade.

Não há dúvida de que a dominação e a exploração são restringidas nos regimes democráticos capitalistas, pelo menos nos países capitalistas avançados. Mas isso foi resultado de pressão implacável vinda de baixo para ampliar direitos políticos, cívicos e sociais diante de esforços vindos de cima para limitar e corroer tais direitos.

Mas, pelo próprio fato de ser baseada numa profunda e insuperável divisão de classes, a democracia capitalista está fadada a envolver a limitação da democracia de maneira a não desafiar seriamente o poder, a propriedade, os privilégios e a posição das pessoas no topo da pirâmide social — mais especificamente os detentores do poder corporativo por um lado e do poder estatal por outro, ligados como estão numa parceria difícil mas muito real. Dessa maneira, para um admirador tão ardente da democracia capitalista como Fukuyama, é bastante consistente escolher o que chama "definição estritamente formal de democracia" e prosseguir dizendo que "um país é democrático se concede ao seu povo o direito de escolher seu próprio governo através de eleições multipartidárias periódicas pelo voto secreto na base do sufrágio universal e igual para adultos" (p. 43). Mas imediatamente acrescenta:

> É verdade que a democracia formal sozinha nem sempre garante participação e direitos iguais. Procedimentos democráticos podem

ser manipulados por elites, e nem sempre refletem de maneira precisa a vontade ou os interesses verdadeiros das pessoas (p. 43).

A verdade é que nos regimes democráticos capitalistas "procedimentos democráticos" *são* manipulados pelos meios de comunicação e *servem* para derramar uma torrente de ofuscações, meias-verdades e mentiras inteiras. Procedimentos democráticos em tais regimes são um simulacro de democracia, completamente invalidadas pelo contexto em que funcionam. Recentemente deparei uma referência a eleições na América colonial em que o autor observa que a participação na política que as eleições permitiam na época era uma "válvula de escape, um interlúdio em que o humilde pode sentir o poder que lhe é negado de outra forma, um poder que era apenas meio ilusório. E era também um ritual de legitimação, um ritual pelo qual o populacho renovava seu consentimento para uma estrutura oligárquica de poder".[2] Isto, duzentos anos mais tarde, descreve perfeitamente o mesmo processo. Incidentalmente, é o tipo de processo que Schumpeter, que não era muito democrata, tinha em mente quando falava de democracia. O que ele queria dizer com isso era um "arranjo institucional para chegar a decisões políticas em que indivíduos adquirem o poder de decidir por meio de uma luta competitiva pelo voto popular". Obviamente, trata-se de uma definição muito estreita de democracia, com seu foco em "equipes" competitivas de líderes e com a participação popular confinada principalmente ao voto.[3] A democracia capitalista é de fato o domínio oligárquico, moderado por formas democráticas.

Não se pretende descartar a importância dos procedimentos democráticos, mesmo sob condições capitalistas. Em vez disso, pretende-se enfatizar que tais procedimentos, sob certas circunstâncias, são também um meio de *conter pressões de baixo*. Tal contenção é parte essencial da política de classes de cima; na verdade é a parte mais importante.

Como observei antes, procedimentos democráticos, mesmo sob condições capitalistas, tornam a reforma possível. Mas a questão muito ampla e não respondida é se esses procedimentos tornam possível um desafio radical ao sistema existente de poder e privilégios. Sabemos por experiência que, em diversas partes do mundo, muitas tentativas foram cortadas por forças conservadoras que descobriram que os procedimentos democráticos haviam se tornado muito perigosos para continuarem a ser exercidos livremente. Em toda parte, essas forças conservadoras foram muito ajudadas e encorajadas por líderes liberais e conservadores dos Estados Unidos: basta lembrar a queda de Mohammad Mossadegh no Irã em 1953, de Arbenza na Guatemala, em 1954, de João Goulart no Brasil, em 1964, de Juan Bosch na República Dominicana, em 1965, de George Papandreou na Grécia, em 1967, de Salvador Allende no Chile, em 1973. Todos eles reformadores constitucionais democráticos. Isso é política de classe de cima levada num contexto internacional e ainda permanece um aspecto crucial da assim chamada Nova Ordem Internacional.

Apologistas do capitalismo apontam para seu extraordinário sucesso produtivo e observam que, numa época em que o capitalismo ainda se encontrava na infância, Marx e Engels prestaram eloqüente tributo a ele no *Manifesto comunista*. Mas item crucial no indiciamento da ordem social capitalista está em que é incapaz de usar melhor os imensos recursos que o próprio capitalismo criou. Apesar desses imensos recursos, as sociedades capitalistas são marcadas por uma pobreza estarrecedora e pelo desemprego, por serviços coletivos inferiores, insegurança, analfabetismo e alienação. Tudo isso fornece terreno fértil para políticas geralmente racistas, xenófobas e reacionárias. Em outras palavras, o capitalismo produz uma ordem social em que a democracia, mesmo na sua versão capitalista inferior, está sob permanente ameaça de erosão.

A alternativa socialista

Agora quero considerar a alternativa ao capitalismo que a democracia socialista oferece. Inicialmente, deve-se enfatizar que a democracia socialista nada tem a ver com o "modelo", ou melhor, o antimodelo representado pelo comunismo soviético. A democracia socialista não envolve nem o planejamento centralizado imperativo e açambarcador, nem o comando da economia pelo estado burocrático, nem o monopólio do poder pelos líderes de um partido único, nem o controle total da sociedade pelo partido e pelo Estado, nem o culto da personalidade. Tudo isso não diz respeito ao socialismo ou ao marxismo de Marx. Tampouco o socialismo corresponde à definição de Schumpeter em *Capitalismo, socialismo e democracia:*

> Por sociedade socialista, designarei um padrão institucional no qual o controle sobre os meios de produção e sobre a produção em si é exercido por uma autoridade central — ou, como podemos dizer, na qual, por questão de princípio, os assuntos econômicos da sociedade pertencem ao público e não à esfera privada. (p. 167)

Ao definir o que chama "Socialismo centralista" dessa maneira estreita e "economística", Schumpeter é capaz de fazer a alegação espúria de que

> a sociedade pode ser plena e verdadeiramente socialista e ainda assim ser dirigida por um soberano arbitrário ou ser organizada da maneira mais democrática possível; pode ser aristocrata ou proletária... e assim por diante. (p. 170)

Tal concepção de socialismo vai contra tudo o que ele significou para todas as gradações do pensamento socialista. Apesar dos profundos desentendimentos entre as escolas, sempre houve unanimidade a respeito da noção de que a democracia fez parte intrínseca do socialismo. Na verdade, os socialistas argumentaram constantemente que não apenas o socialismo sem democracia é uma perversão grotesca, mas também que a democracia fica aleijada e incompleta sem o socialismo.

O que significa então democracia socialista? Significa uma "economia mista" em que as cotas relativas dos setores público e privado sob o capitalismo seriam revertidas. Numa democracia socialista, os meios principais de atividade econômica estariam sob uma ou outra forma de propriedade pública, social ou cooperativa, com o maior grau possível de participação e de controle democrático. Hoje em dia, não é uma noção da moda, mas uma extensão tão radical da esfera pública permanece um *sine qua non* para o que é afinal o objetivo principal do socialismo: a dissolução do atual e profundamente desigual sistema de poder. O mercado, obviamente, teria papel importante numa economia mista socialista, mas seria confrontado por um certo planejamento. O Estado capitalista já realiza algum tipo de planejamento econômico; um Estado socialista planejaria muito mais, mas sem visar algo como o controle total de cada aspecto da economia. O perigo de que na prática tudo isso venha a significar não mais do que a transferência de poder para um Estado burocrático é óbvio. Representa um dos principais pontos de tensão da empreitada socialista. Em seu ensaio, Francisco Weffort afirma que a "moderna sociedade democrática não é uma sociedade de 'Estado mínimo', mas pelo contrário pressupõe um estado forte". O que teria de ser verdade sobre o Estado numa democracia socialista, mas também concordo com o comentário de Weffort de que a sociedade democrática é aquela na qual "a sociedade civil e a democracia são fortes o bastante para controlar o Estado". Não tenho dúvida, no entanto, de que aqui existe um genuíno ponto de tensão.

A democracia socialista incorporaria muitas características da democracia liberal, incluindo o domínio da lei, a separação de poderes, liberdades civis, pluralismo político e uma sociedade civil vibrante, mas lhes daria um significado muito mais eficaz. Buscaria a democratização do estado e da sociedade em todos os níveis. Em resumo, daria à noção de cidadania um significado mais verdadeiro e mais amplo do que jamais poderia ter numa sociedade dividida em classes. A democracia socialista iria se constituir numa *extensão* da democracia capitalista e ao mesmo tempo num *rompimento* com ela.

Nada disso poderia ser alcançado abruptamente. A realização da democracia socialista é um processo que se estenderia por muitas décadas e até mesmo, pode-se dizer, nunca terminaria. Ao contrário da visão de Fukuyama em relação à democracia liberal, não vejo a democracia socialista como "o fim da história". Ela abrigará muitas contradições e envolverá luta constante contra todos os obstáculos que existam no caminho da ampliação crescente da democracia.

A democracia socialista oferece um objetivo imensuravelmente mais desejável do que a democracia capitalista. Ainda assim, argumentaria que nela não existe nada de remotamente "utópico". Não pode haver ilusões sobre as dificuldades que estão no caminho de se alcançar a democracia socialista, tampouco há qualquer razão para achar que tais dificuldades não podem ser superadas. Naturalmente, as perspectivas para seu avanço, e mais ainda para sua realização, não parecem muito boas no momento. Atualmente em lugar algum existe consenso amplo o suficiente para o tipo de mudanças que a democracia socialista pressupõe e, desde que tenha de se sustentar pelo apoio da maioria, ainda tem um longo caminho pela frente. Deve-se ter em mente, no entanto, que maiorias populares para mudanças radicais *foram* encontradas repetidamente em democracias liberais, mesmo que a maioria dos eleitores não fosse socialista. Enquanto o capitalismo persistir, com todas as suas falhas inerentes, o mesmo acontecerá com a alternativa socialista. Na verdade, ganhará mais e mais terreno, à medida que o capitalismo se for mostrando incapaz de resolver os grandes problemas que afligem a humanidade. Por essa razão, o colapso do comunismo, longe de dar o golpe fatal na alternativa socialista, será, cada vez mais, visto como totalmente irrelevante para suas perspectivas.

Notas

1. Francis Fukuyama, *The end of history and the last man*, Londres e Nova York, 1992. Todas as referências para este trabalho estão no texto.
2. Edmund Morgan, Inventing the people: the rise of popular sovereignty in England and America, Londres e Nova York, 1988, p. 206.
3. Joseph Schumpeter, *Capitalism, Socialism and Democracy, 3ª ed., Nova York, 1950, p. 269. Todas as referências para este trabalho estão no texto.*

III

A ESQUERDA DEPOIS DA QUEDA

12

A VIDA E OS TEMPOS DA ESQUERDA

Göran Therborn

No momento em que a luz das esperanças e das expectativas socialistas enfraquece e torna-se imperativa a necessidade de uma perspectiva histórica, podemos olhar para a coruja de Minerva acreditando que ela não será ofuscada pelos fogos da celebração capitalista (ou crise?) nem sucumbirá à escuridão absoluta do desespero. Nesta época há necessidade de uma retrospectiva histórica capaz de fornecer uma definição de acordo com os propósitos de historiadores e cientistas sociais, e também acessível a (ex-) militantes, para que reconheçam seus próprios papéis e experiências. As reflexões que seguem, naturalmente, não pretendem ser essa retrospectiva; representam, de fato, não mais do que um esquema preliminar do assunto.

Do ponto de vista da ciência social, o socialismo deve ser encarado como uma *cultura* e um conjunto de *estruturas* institucionais, ambos localizados em uma determinada *época* histórica. Uma cultura provê seus membros com três orientações básicas: uma identidade, uma visão de mundo (uma competência cognitiva particular) e um conjunto de valores e normas. As estruturas em que as pessoas vivem fornecem recursos e impõem limites, distribuem poder. A época, finalmente, constitui um conjunto de culturas e estruturas limitado temporalmente. Mais do que enumerar e examinar de perto a forma que adquirem esses componentes analíticos no socialismo, me restringirei a ilustrá-los de maneira breve e então me concentrarei em certos aspectos que têm especial significado para uma interpretação histórica.

Socialismo: uma cultura de identidade

O socialismo sempre existiu como uma cultura de identidade, sobretudo em termos de classe — a classe trabalhadora. Mas também se baseou em muitos outros fatores, como a identificação com o povo, os oprimidos, o movimento trabalhista, a revolução e — no centro da tradição socialista — teve como teóricos o panteão de Marx, Engels, Kautsky, Bernstein, Lênin e outros fundadores nacionais, através de seus escritos canônicos e conceitos. Além disso, a cultura do socialismo dependia de seus integrantes, das redes de entendimento de certos fatos, de seus símbolos e rituais — a bandeira vermelha e outros, menos universais, como a estrela vermelha, a foice e o martelo ou a rosa vermelha, *A Internacional* e outras canções, a saudação com o punho cerrado.

A teoria socialista em geral e o marxismo em particular forneceram três elementos cruciais da cultura intelectual socialista. Primeiro, uma explicação para a injustiça e as desigualdades ligadas ao próprio sistema capitalista e imperialista e mais geralmente em termos de dominação e exploração de classe. Segundo, uma perspectiva histórica que localizava as possibilidades de mudança dentro do próprio desenvolvimento capitalista. E, terceiro, a concepção de uma mudança histórica e social que enfatizava a capacidade e a força coletiva dos explorados, oprimidos, tiranizados. O fundamental dos valores socialistas consiste em igualdade e solidariedade, a que se pode dar inflexão individualista ou coletivista, como na utopia comunista de Marx e Engels e na prática da maioria dos movimentos socialistas, respectivamente. Ambos os princípios são concebidos universalmen-te, referindo-se, ao menos em princípio, a toda humanidade.

No que diz respeito às estruturas de poder e outros recursos materiais semelhantes, o socialismo produziu pelo menos dois tipos diferentes. Um é a organização de base de massa: o movimento trabalhista nos sindicatos e partidos — o agente de luta. O outro é um conjunto de instituições econômicas — de desenvolvimento, produção e distribuição socialistas. Este compreende planejamento público, alocação de recursos, mecanismos para monitoramento do desenvolvimento e da performance socioeconômica, propriedade e normas públicas, previdência social e outras formas de redistribuição. (Embora alguns desses mecanismos também tenham sido adotados por forças políticas reconhecidamente não-socialistas, eles se desenvolveram inicialmente a partir das tradições socialistas, inclusive as do tipo "socialismo de guerra" e "socialismo cristão" e assim por diante.) Ainda que tenham ocorrido tentativas de estabelecer um tipo específico de Estado socialista, elas na realidade derivaram de combinações entre movimento socialista e tradições políticas nacionais, quer na forma de um Estado de partido único do tipo leninista, quer como um governo social-democrata nas democracias liberais.

Embora os valores socialistas possam ser encontrados em diversos períodos históricos, a cultura socialista como tal forma uma parte importante de uma época particular, a da *modernidade*: o período histórico inaugurado pela Revolução Francesa e pela Revolução Americana, um período talvez mais caracterizado por sua descoberta do futuro, uma concepção aberta, nova, repleta de possibilidades. Até então o futuro havia sido concebido como repetição, ou como declínio, do passado, ou como preparação para o Juízo Final da vida na Terra.[1] O socialismo surgiu na modernidade como a principal variante do futuro concebido como algo diferente do presente e do passado: uma sociedade pós-feudal surgiu, pós-capitalista. Ele se desenvolveu em dois diferentes espaços de tempo: da modernidade *industrial/não-industrializada* e *colonial/colonizada*.

A cultura socialista e as organizações de massa desenvolveram-se e ganharam relevância histórica como manifestações da classe trabalhadora industrial e do movimento trabalhista. Embora seja verdade que muitas organizações agrárias e outros setores não-industriais tenham fornecido importantes contribuições ao movimento socialista na época do capitalismo industrial — os meeiros da Emília, os lavradores da Finlândia, os pequenos vinicultores do sul da França e os professores da escola pública por toda a França —, o fato é que sua principal base de apoio e capacidade organizacional na Europa estava entre os trabalhadores industriais e os do setor de transporte. Como movimento, então o socialismo desenvolveu-se organicamente com a industrialização do continente europeu, embora com base nas tradições dos artesãos.

A organização socioeconômica do capitalismo industrial forneceu a base da cultura socialista — sua historicamente nova identidade de classe. As tendências desenvolvimentistas e os ciclos de negócios do capitalismo industrial do século XIX forneceram, em contrapartida, a estrutura empírica de referência para a teoria socialista do mundo e para a prática da mobilização socialista. Os valores socialistas de igualdade e solidariedade não nasceram da sociedade industrial, mas seu apelo universalista tornou-se firmemente estabelecido apenas com o surgimento dos mercados de massas e da erosão da antiga divisão de trabalho.

Em contraste com seus laços intrínsecos com o capitalismo, as ligações do socialismo com o período colonial e as lutas anticoloniais foram historicamente contingentes. A colonização pré-industrial e o anticolonialismo — no caso das Américas, por exemplo — não tinham ligação com qualquer dos elementos da cultura socialista. Entretanto, no século XX, essa cultura permeou virtualmente todos os principais movimentos anticoloniais e antiimperialistas. Isso se aplica ao Partido do Congresso da Índia — a organização nacionalista pioneira de toda a zona colonial desde o noroeste da África até os arquipélagos do Mar do Sul —, ao Congresso Nacional Africano, ao movimento nacionalista indonésio, ao pan-africanismo e ao pan-arabismo. O anticolonialismo e o antiimperialismo socialistas eram até mais importantes do que os principais movimentos comunistas da Ásia — tanto os derrotados, como o filipino, o malásio e o indonésio, como os vitoriosos, como o chinês, o norte-coreano e o indochinês. Enquanto todos esses movimentos mantinham clara posição na questão de luta de classes, sua crescente influência e eventual habilidade para tomar o poder estavam acima de tudo, devido à sua posição anticolonial e antiimperialista e à sua capacidade para explorar as possibilidades abertas pela guerra mundial entre o Ocidente e o imperialismo japonês. Na América Latina, desenvolveram-se significativas culturas socialistas, inicialmente fora da luta antiimperialista —

por exemplo, a ala esquerda do regime revolucionário mexicano, movimentos revolucionários no Peru e na Guatemala e, mais dramaticamente, na Revolução Cubana e seus desdobramentos. Além disso, a retórica da cultura socialista foi cultivada por um grande número de regimes pós-coloniais não-comunistas, desde a Indonésia de Sukarno aos primeiros dias da independência de Cingapura, o socialismo da Birmânia e da dinastia Nehru na Índia, até os socialismos islâmico, árabe e africano.

Uma vez que o liberalismo era a força política e ideológica ativa por trás do colonialismo dos séculos XIX e XX, a moderna teoria socialista era o único conjunto de idéias capaz de dar sentido ao colonialismo para os colonizados. Em um mundo que estava sendo colonizado, somente os comunistas e socialistas representavam conceitos de igualdade universalistas, não-racistas, e ofereciam solidariedade aos movimentos nacionalistas da zona colonial. As revoluções comunistas vitoriosas da Rússia, da China e de Cuba também forneciam apoio material, bem como representavam em si mesmas modelos para o desenvolvimento independente.

A época do socialismo foi então, de fato, a era da luta anticolonial e antiimperialista, tanto quanto a luta de classes engendrada pelo capitalismo industrial.

A crise conjuntural do socialismo no Leste europeu

A razão mais imediata para o questionar indiscriminadamente toda a experiência socialista do século XX é a derrota política, econômica e ideológica do tipo de regime existente no Leste europeu e na ex-União Soviética, um desenvolvimento sublinhado pela retomada de conceitos ligados ao mercado e à propriedade privada na China e na Indochina. Entre os *protégés* pobres (do antigo Iêmen do Sul ao Benin) do antigo "campo socialista" ou "bloco comunista" e também entre as democracias socialistas pós-leninistas, aquelas derrotas colocaram em questão se o socialismo representaria ainda desenvolvimento e progresso — em resumo, representaria o futuro. Por que é assim, ainda está longe de ficar claro.

Em si esses acontecimentos e suas repercussões, ainda que dramáticas e de longo alcance, podem ser vistos como essencialmente conjunturais. O crescimento econômico nos países comunistas até pouco tempo havia sido bastante impressionante. Em 1969, um proeminente historiador econômico ocidental publicou um estudo sobre as duas economias de maior crescimento no mundo, Japão e URSS.[2] As maiores rebeliões ou tentativas de reforma na Europa oriental do pós-guerra foram explicitamente socialistas, incluindo o movimento polonês Solidariedade, em 1980-81. Dificilmente se poderia argumentar que, ao levantar a bandeira da privatização e da economia de mercado, em 1989-90, se consolidava a vitória das aspirações do Leste europeu que haviam sido sufocadas pelo uso da força ou pela ameaça de usá-la por parte dos militares soviéticos. Na verdade, esses acontecimentos podiam ser vistos como reflexos, graças ao crescimento das comunicações Leste—Oeste, de uma combinação particular de conjunturas na Europa dos anos 80, alimentada por um prolongado período de crescimento no Ocidente e de estagnação no Leste. Apenas poucos anos antes, afinal, em plena depressão da Europa ocidental, os elogios à economia de mercado teriam sido mais silenciosos e divergentes, tanto no Ocidente quanto no Leste. E mais importante: exceto a maior parte dos membros resolutos da *nomenklatura* e alguns sicofantas, apenas poucos socialistas sempre tiveram algum entusiasmo por regimes de partido único, controle policial e culto a líderes, para não falar no Muro de Berlim. Esses fenômenos foram por muito tempo considerados inimigos do socialismo ou, pelo menos, fenômenos periféricos lamentáveis. Sua extinção, portanto, foi calorosamente saudada pelos socialistas e até mesmo bem recebida por Gorbachev, para lamento dos dirigentes dos poucos Estados comunistas remanescentes.

Em outras palavras, se a conjuntura política no Leste, dominada pela desilusão com as reformas socialistas, tivesse simplesmente coincidido com a estagnação ou a recessão naqueles países e o *boom* no Ocidente, então o historiador criterioso e o cientista social teriam encontrado justificativas que enfatizariam a contingência e a fragilidade dos acontecimentos dramáticos de 1989. A queda dramática dos padrões de vida no Leste europeu após o colapso do socialismo, entre 20 e 30% em 1990-91, e a volta da recessão no Ocidente deveriam produzir certa cautela contra as conclusões que enfatizam a inevitabilidade do colapso.

Ainda é difícil determinar precisamente quando a União Soviética atingiu o ponto sem volta e a partir do qual deveria buscar uma nova alternativa econômica dentro do socialismo, embora haja indícios de que isso tenha ocorrido com o fracassado golpe de agosto de 1991. Apesar disso, por algum tempo a presença de Gorbachev e seu grupo inicial de reformistas indicava que a URSS e o PCUS eram realmente capazes de mudanças radicais e democráticas. E Mikhail Sergeevich pretendia uma sociedade socialista reformada, igualitária e moderna. Quanto mais foram adiadas as mudanças econômicas, mais economicamente desastrosos tornaram-se os efeitos da desintegração política e social. De qualquer forma, ter alcançado o ponto sem volta foi conseqüência muito mais de circunstâncias conjunturais do que de problemas do sistema. Afinal, o crescimento econômico espetacular da China nos anos 80 mostra a possibilidade de introduzir com sucesso elementos de mercado em uma economia socialista, preservando a predominância da propriedade estatal.

Entretanto, o que começou como uma crise conjuntural foi adquirindo depois *status* de uma mudança de época ou, antes, de ponto crítico histórico. Mais do que qualquer derrota particular ou deficiência intrínseca ao próprio socialismo, o atual período marca o fim do tipo de socialismo que conhecemos nos últimos 150 anos mais ou menos. Mais precisamente, foi a conjuntura específica do Leste europeu e — depois do golpe — da Rússia, que, juntamente com três mudanças conjunturais, parece ter posto fim à cultura socialista existente. A estreita relação entre o socialismo e os acontecimentos posteriores não foi suficientemente orgânica para alcançar uma renovação a partir de suas bases. A derrota do socialismo do Leste europeu — incluindo suas dissidências — combinada com a performance sem brilho, freqüentemente anti-socialista, das social-democracias ocidentais após 1975, parece ter destruído qualquer possibilidade de regeneração do socialismo. À medida que se aproxima o século XXI, nenhum movimento trabalhista, antiimperialista ou regime socialista sobrevivente está oferecendo uma visão convincente do futuro do socialismo.

Uma das mudanças atuais que está afetando de forma crucial a viabilidade do socialismo clássico é o fim do colonialismo e da opressão racista institucionalizada. Depois da recente independência de Angola, Moçambique, Zimbábue e Namíbia, o *apartheid* e a supremacia branca desaparecem na África do Sul. O importante papel que os socialistas tiveram nas lutas anticoloniais e anti-racistas teve impacto direto sobre os principais movimentos de libertação e de fato foi reconhecido por eles. Consideremos, por exemplo, o respeito que os democratas sul-africanos têm pelo partido comunista do país. Entretanto, mesmo depois da derrota do colonialismo e do racismo, a importância da solidariedade socialista com a causa anticolonial e anti-racista, bem como a atração por valores igualitaristas universais, estão diminuindo.[3] O fim do colonialismo e do *apartheid* não significa, é lógico, o fim da intervenção imperialista e do racismo; e a luta contra essas formas de opressão continuarão sendo prioridade da esquerda. O racismo doméstico, contudo, tende a existir de maneira que pode dividir as classes e dificultar uma perspectiva de classes tradicional, que dependa de uma ampla mobilização da classe trabalhadora. E, embora a esquerda possa reunir-se novamente contra a hipocrisia e a brutalidade da atividade imperialista contemporânea, na época pós-colonial as grandes questões em torno da intervenção tendem a ser ofuscadas. Consideremos, por exemplo, a natureza dos três últimos alvos das intervenções militares abertas e diretas dos Estados Unidos: em Granada, os assassinos desconhecidos de Maurice Bishop; no Panamá, o agente a soldo da CIA, o traficante e bandido Antonio Noriega; no Iraque, o ditador, *gas bomber*, incitador de guerra Saddam Hussein e seu regime.

A época pós-industrial

Enquanto a derrota do colonialismo e dos regimes explicitamente racistas gerou uma tendência a dividir e fragmentar o apoio popular mais amplo aos valores socialistas, o surgimento de uma *sociedade pós-industrial* golpeia o cerne das bases do socialismo. Nos países capitalistas desenvolvidos, definidos como aqueles que integram a OCDE, a proporção de trabalhadores industriais no total dos empregados chegou a 37% em 1969, enquanto seus números absolutos declinaram a partir de 1973-74.

Somente na Europa a sociedade tornou-se predominantemente industrial, no sentido de haver relativa preponderância da indústria sobre o emprego agrícola ou no setor de serviços.[4] Outros países — Estados Unidos, Japão, Coréia do Sul e alguns latino-americanos — passaram de agrários a sociedades de serviços. A polarização prevista na teoria socialista entre uma imensa classe trabalhadora do setor industrial e uma pequena classe de capitalistas e seus aliados ocorreu de fato em algumas comunidades e, em escala maior, em muitas cidades industriais, mas só se converteu em fenômeno de proporções nacionais em alguns países europeus e, assim mesmo, por breves períodos, freqüentemente adquirindo variadas formas. Não se materializou no resto do mundo. E isso nunca acontecerá.

O significado da transição para o pós-industrialismo nesse contexto pode ser medido pelos efeitos posteriores na homogeneidade estrutural e cultural. Nos ambientes industriais, onde havia uma concentração de trabalhadores e o orgulho da tradição de força e independência associada ao trabalho na produção, estava o centro do movimento socialista da classe trabalhadora. A desindustrialização ocorrida em vários países em função do crescimento dos serviços públicos sociais trouxe a idéia de previdência e de assistência contra a lógica capitalista do comércio e do lucro. Mas as bases para uma solidariedade de classe que una os trabalhadores nos serviços públicos e os do setor industrial não são evidentes, e as alianças não surgem com facilidade. E mais: o crescimento do emprego nos serviços públicos, ao menos por enquanto, foi interrompido, enquanto continua a fragmentação social produzida pela desindustrialização do setor privado. A precária e sempre contingente unidade da classe trabalhadora, que já existiu, foi quebrada e não há indícios de que possa ser restabelecida.

Ligada ao advento da sociedade pós-industrial há uma mudança no *relacionamento entre empresa e mercado*. A teoria socialista previa que este substituiria aquela. Isso era importante porque as empresas públicas e os interesses do Estado podem ser organizados coletivamente, ao contrário do mercado, cujo funcionamento requer exatamente o oposto do controle coletivo: um conjunto de atores independentes isolados uns dos outros. O progresso da concentração industrial e a extensão da cartelização eram manifestações da antiga tendência, reforçada nos anos 30 pelo declínio no comércio internacional e pelo crescimento da intervenção do Estado. Os anos 30 foram também o auge dos planos qüinqüenais soviéticos e da admiração que despertaram em todo o mundo. No período entre as duas guerras e meados dos anos 40, independentemente de ideologias políticas, a tendência a nacionalizar, municipalizar ou estabelecer o controle público de estradas, estradas de ferro — incluindo, por exemplo, os metrôs de Paris e Londres —, empresas de telefone e sistemas de rádiodifusão, evidenciou o crescente caráter social dessas forças produtivas, especialmente os serviços de transporte e as redes de comunicação. Entretanto, o crescimento registrado após a Segunda Guerra, com sua contínua expansão do comércio mundial e da produção em massa de carros particulares interrompeu esse processo socializante, embora — como era o caso do mercado de trabalho — os efeitos desse novo desenvolvimento fossem compensados durante algum tempo pelo crescimento da previdência. Enquanto esse crescimento foi interrompido, o processo de desindustrialização, o aumento do papel das finanças, o advento da produção informatizada e a rápida expansão dos serviços, tanto nos setores empresariais quanto nos particulares, fornecidos por redes de pequenas firmas, contribuem para ascendência do mercado sobre a empresa.

Em comparação com o caráter tangível e macroscópico da tendência emergente na política e na economia mundiais, a terceira mudança é pouco palpável, e seu impacto, até agora, relativamente pequeno, além de ser incerto ainda seu rumo a longo prazo. Apesar disso, todos os indícios sugerem que terá profundas implicações para o socialismo. Refiro-me ao questionamento de todo o período da modernidade, não nos termos reacionários do passado, mas na forma de *pós-modernidade*. Em certo sentido, o pós-modernismo existe como corrente literária de validade intelectual duvidosa. De outro lado, entretanto, pós-modernidade refere-se a uma motivação cultural claramente visível no mundo mais amplo, além de publicações especializadas: notadamente, a negação ou o profundo questionamento do futuro — isto é, do futuro como algo diferente, novo, amoldável ou alcançável, como algo pelo qual vale a pena lutar. A modernidade e seus conceitos-chave, progresso, desenvolvimento, emancipação e esclarecimento, são limitados pelo conceito de futuro. Então, o socialismo também evolui por esse caminho. Mas, se o futuro é totalmente desconhecido, concebido como mera mutação de formas socioculturais, ou, como idéia, designou uma perigosa utopia, não haverá nova sociedade — socialista ou não — pela qual lutar. Se não é uma questão de desenvolvimento, não existirá vanguarda, nem política nem cultural.

Conectar a crise do socialismo com a crise da modernidade não é tão óbvio como muitos camaradas materialistas podem pensar. Porque, ainda que fundamentalmente um movimento popular e baseado no sistema de classes, o socialismo teve desde seu início vinculação com a alta cultura, nutrida e enriquecida por ampla e muito sofisticada gama de contribuições intelectuais. O marxismo clássico considerava-se herdeiro da política econômica britânica, do socialismo francês (pensamento político socialista e historiografia revolucionária) e da filosofia alemã. A teoria socialista e a política revolucionária sempre cultivaram e mantiveram laços muito próximos e produtivos com o trabalho avançado em ciência, filosofia e arte. O movimento intelectual de 1968, abarcando todo o espectro das artes e outras disciplinas férteis, foi o último ou o mais recente exemplo da troca de idéias entre o socialismo e a alta cultura? O que é certo é que o importante componente intelectual da cultura (com "c" minúsculo) socialista tem uma genealogia e um interesse cognitivo compartilhado que tornam pertinentes para suas próprias perspectivas as atuais controvérsias em torno da modernidade e pós-modernidade.

Fracasso, irrelevância ou sucesso?

A animada controvérsia em torno da questão e a inconsistente e freqüentemente ambígua situação não permitem uma resposta definitiva sobre se fracassou ou foi um sucesso. Apesar da necessidade de sermos cautelosos, a pergunta vem sendo proposta e respostas têm sido dadas, muitas vezes no liminar do empirismo.

A primeira coisa a entender é que a atual — talvez terminal — crise do socialismo pode muito bem dever-se mais a seu sucesso do que a seu fracasso, na medida em que pode ser vista como decorrente das conquistas do pensamento socialista, que conseguiu resolver antigos problemas sociais. Por um lado, a crise pode ser vista essencialmente como o produto da incapacidade de lidar com novas situações resultantes das conquistas obtidas. Por outro pode ser vista essencialmente como o produto do fracasso, na medida em que as recentes derrotas e os retrocessos resultaram de uma sucessão de erros e perdas, que finalmente rompeu seu casulo de desilusão e poder. Uma terceira interpretação é possível: que a crise não estava efetivamente ligada nem ao fracasso nem ao sucesso, mas simplesmente decorreu de uma nova situação em que o socialismo se tornou irrelevante. As três alternativas, como mencionadas aqui, representam, naturalmente, algo de *reductio ad absurdum*; uma questão desse tipo não pode ser avaliada em termos normativos absolutos. Ao contrário, a performance dos socialistas e do socialismo deve ser avaliada histórica e comparativamente, isto é, em relação aos outros movimentos contemporâneos e às outras formas de fazer política.

Em poucas palavras, o socialismo diz respeito à disponibilidade e à distribuição de recursos materiais; à compreensão e à mudança na forma de produção e/ou distribuição. Com o advento dessa nova forma de organização social, o socialismo se tornaria irrelevante, na medida em que deixaria de ser o ponto principal da discussão. As pessoas deixariam de prestar atenção aos recursos materiais se tivessem satisfeitas com o abastecimento e com a distribuição — isto é, se tornariam "pós-materialistas" — ou se os desfavorecidos aceitassem a idéia de que nada poderia ser feito para melhorar sua posição. Mas, como ainda há espaço para muitos debates sobre essas questões, não se pode dizer que os problemas distributivos se tornaram irrelevantes neste mundo. Sinal claro do contrário é o fato de que o Relatório sobre o Desenvolvimento Mundial de 1990, do Banco Mundial, enfocou a pobreza, naquele que foi provavelmente o mais específico de uma série de relatórios produzidos até agora. Mas lá não há base sólida para acreditar que os menos favorecidos estejam a ponto de reverter seu sofrimento passivo pré-moderno (às vezes interrompido por rebeliões desesperadas mas na maioria dos casos sufocadas rápida e facilmente).O conhecimento difundido da prática da democracia de massa e o interesse da mídia internacional em cobrir tanto o sofrimento quanto o protesto da massa fazem retornar o passado pouco prometedor. As preocupações socialistas com a existência e a distribuição dos recursos materiais entre a humanidade tornaram-se, então, menos relevantes em escala global. Pode-se sempre argumentar, com alguma razão, que no mundo pós-industrial e pós-colonial as soluções socialistas clássicas parecem mais distantes das cada vez menos favorecidas massas do que estavam para os trabalhadores das sociedades industriais.

O socialismo fracassou?

Existem duas razões óbvias para que o socialismo possa ser considerado um fracasso. Uma é sua incapacidade de substituir o capitalismo em qualquer país avançado. O cenário de crescimento concebido por Marx e Engels no *Anti-Dühring* não se materializou, e, com as mudanças rumo ao pós-industrialismo e a reafirmação do caráter privado das forças produtivas e do mercado, é bem provável que isso nunca ocorra. A segunda razão é o fracasso dos países que tiveram uma revolução socialista possível de competir econômica e politicamente com os países de capitalismo avançado (isto é, em termos de direitos políticos efetivos para o povo). Ambos os fracassos são fatos inquestionáveis e certamente tiveram muito peso na atual crise do socialismo. Não há mais nada a acrescentar?, podem perguntar algumas pessoas.

Analisemos mais de perto, ainda que de maneira muito breve, os dois argumentos. Considerando a inexistência do cenário previsto por Marx, a história do socialismo, como uma forma de interpretação e uma estrutura de instituições no capitalismo avançado, deve, sem dúvida, ser considerada simplesmente como a história de fracasso. As tendências à concentração do capital, às conexões globais, bem como as crises empresariais recorrentes, a socialização das forças produtivas, o crescimento da classe trabalhadora industrial, o desenvolvimento e a unificação do movimento trabalhista, previstos por Marx e Engels há quase 150 anos, não aconteceram. E mais: a propriedade e o emprego públicos, os mecanismos públicos de redistribuição de renda, a expansão das organizações sindicais, a difusão da franquia e a chegada ao poder de partidos trabalhistas, tudo aconteceu em países de capitalismo avançado, mais ou menos em 1980. A maior parte das propostas mais concretas de socializar os meios de produção mais importantes no capitalismo avançado — tanto no sentido de detalhar medidas específicas quanto de conquistar apoio político majoritário — foram levadas em frente também nessa época: a idéia de criar fundos para os assalariados suecos, do meio dos anos 70, e a sugestão dos socialistas franceses e da Esquerda Unida de promover uma "ruptura com o capitalismo" através de uma série de nacionalizações, do fim dos anos 70, início dos anos 80.[5] Nos países de capitalismo avançado da área da OCDE, a receita do setor de seguros e de assistência social na economia doméstica supera atualmente a renda proporcionada pela propriedade e pelos empresários na Holanda, Noruega e Suécia; é quase igual à última na França e representa dois terços do total na Alemanha e 60% na Grã-Bretanha. Mesmo nos Estados Unidos essas transferências públicas chegam à metade da renda total do capital.[6] O longo período de governos social-democratas na Noruega e na Suécia levou também ao nivelamento econômico extensivo.[7] Em suma, a atual crise do socialismo no Ocidente não segue uma série acumulativa de fracassos, mas, antes, constitui uma outra percepção das perspectivas para o socialismo, diferente daquela que registrava grande impacto e grande influência.

De um modo geral, o Leste europeu sempre foi a parte mais pobre e menos desenvolvida do continente. (Freqüentemente se usa o caso da Tchecoslováquia para contra-atacar, mas não se trata de um bom exemplo. Enquanto a Boêmia era uma região razoavelmente desenvolvida e industrializada, a Tchecoslováquia como um todo não o era. De acordo com os cálculos da Comissão Européia das Nações Unidas, em 1938 o produto industrial per capita Tcheco era cerca de dois terços da média européia.[8]) As revoluções socialistas e os regimes delas decorrentes diminuíram ou aumentaram essas disparidades? Para a Rússia/URSS e para a área como um todo, não excluindo alguns casos e regiões particulares, a evidência sugere que a defasagem cessara. Ocorreu um processo de nivelamento. É verdade que os países do Leste nunca chegaram à situação dos ocidentais. Na verdade, vários indicadores econômicos e sociais mostram que o relativo sucesso do socialismo no Leste europeu foi atingido nos anos 60, ou imediatamente depois.

De acordo com Angus Maddison, destacado historiador econômico ocidental, o crescimento soviético econômico per capita entre 1913 e 1965 foi o mais rápido do mundo, acima de todos os principais países desenvolvidos — mais acelerado do que no Japão. A produção japonesa cresceu cerca de 400%, enquanto a soviética chegava a 440%.[9] Em 1913, a produção per capita do império russo era de aproximadamente um terço do britânico e do americano; em 1965, alcançava 75% do britânico e 50% do americano.[10] Um cientista político norte-americano construiu um "índice do desenvolvimento socioeconômico", com informações relacionando industrialização, comunicações e recursos materiais, que aplicou ao período de 1871-1973 e a todos os países independentes desde 1869. Nele a Rússia ocupava a 24ª posição entre 43 países em 1871 e a 27ª em 1911; em 1927, a URSS estava na 35ª posição, na 17ª em 1953, na 16ª em 1963 e na 17ª em 1968 e 1973.[11]

Dados confiáveis e que permitam uma comparação em termos econômicos são difíceis de estabelecer, e não há consenso sobre os dados referentes ao desenvolvimento do Leste europeu. Mas indiscutivelmente os melhores dados sobre PNB foram reunidos por dois estatísticos norte-americanos, Robert Summers e Alan Heston. A partir de seu trabalho, podemos montar uma tabela do desenvolvimento econômico do pós-guerra nos países do Leste europeu (ver Tabela 1).

O padrão emergente é bastante complexo.[12] As disparidades econômicas entre o Leste europeu e os Estados Unidos diminuíram claramente. Mas a estagnação latente também é evidente a partir de 1970. E o crescimento econômico surpreendente do Leste coincidiu com um *boom* historicamente único no Ocidente europeu. O Leste chegou mais perto dos (então) países mais ricos da Europa ocidental — Suécia, Suíça e Grã-Bretanha — imediatamente antes e depois da guerra. Por outro lado, os países do sudoeste da Europa, da Grécia a Portugal, e os vizinhos mais próximos do Leste, Áustria e Alemanha Ocidental, experimentaram crescimento igual ou superior ao dos países do Leste com melhor performance. Comparando, finalmente, com os países mais desenvolvidos da América Latina, até a marca da modesta Tchecoslováquia parece bastante respeitável.

Por isso não tem fundamento algum caracterizar a história econômica da Europa comunista como fracasso. Antes, deve-se concluir que se alcançaram uma bem-sucedida industrialização básica e uma modernização da economia. Entretanto, o desenvolvimento do consumo de massa, os serviços e a qualidade de vida pós-industriais nunca foram obtidos. O obstáculo ao avanço foi identificado por um destacado grupo de acadêmicos tchecos já em 1965, no Relatório Richta da Academia Checoslovaca de Ciências:

> A experiência mostra que o atual sistema de gerenciamento e os conceitos em que se baseia, surgidos como foram em condições diferentes das atuais, já se mostraram incapazes de permitir ou dirigir a transição da industrialização para uma revolução técnica e científica. Após essa transição, investimentos em mudanças qualitativas nas forças de produção, no crescimento intensivo, na modernização, em novas tecnologias, no desenvolvimento científico e no aperfeiçoamento da mão-de-obra, tornaram-se [...] mais rendosos do que a construção de mais empreendimentos industriais de tipo tradicional[...]. Embora em termos de produção de bens industriais a Tchecoslováquia possa comparar-se às nações mais avançadas do mundo, ela fica muito atrás quando se fala de desenvolvimento (e dinâmica) de suas forças produtivas, bem como nas mudanças progressivas que estão se tornando decisivas neste momento.[13]

Em vez de levar em consideração esse relatório e adotar uma nova direção, os acontecimentos no Leste europeu foram em grande parte determinados pela invasão soviética da Tchecoslováquia, e a busca de um novo caminho não prosseguiu.

Considerando a natureza um tanto inconclusiva dos dados econômicos disponíveis, devemos recorrer a outro tipo de evidência empírica a partir da história socioeconômica do Leste europeu. A mortalidade infantil é um dos nossos melhores indicadores de padrões de desenvolvimento a longo prazo. Existem dados detalhados e mais confiáveis do que estimativas de PNB, além de expressarem o efeito conjunto de condições de vida, educação e serviços de saúde. Os dados podem revelar, portanto, um breve sumário do desenvolvimento relativo do Leste e do Ocidente europeus. O Tabela 2 mostra uma consistente melhora no Leste entre 1947 e 1965. O retrato que ele fornece também é condizente com os dados sobre educação de massa, saúde e recursos para educação na China, no Vietnã e em Cuba, em relação a outros países do Terceiro Mundo.[14] Ele também mostra o relativo subdesenvolvimento da Tchecoslováquia em comparação com a Áustria, e da Alemanha Oriental em comparação com a Ocidental, na época em que se estabeleceram os regimes comunistas. Mas os dados mostram também mais marcadamente a relativa estagnação após 1965, em contraste com o rápido desenvolvimento social daquele período no sudoeste europeu.

Os dados mencionados colocam por terra a tese de um fracasso geral do socialismo, mas em si não confirmam a hipótese de uma crise decorrente do sucesso. Essa possibilidade mantém-se plausível na medida em que o sucesso da democratização das instituições capitalistas no Ocidente, da atenuação dos piores efeitos do ciclo de negócios com um amplo sistema de previdência e do estabelecimento de mecanismos para redistribuição da renda — conquistas sobretudo dos movimentos socialista e trabalhista — criaram uma sociedade em que demandas concretas clássicas do movimento trabalhista foram postas em prática e consideradas garantidas. Mas, como se sabe, seguindo o exemplo desse avanço socioeconômico, surgiram novas demandas e novas preocupações — questões que vão desde autonomia individual até proteção ao meio ambiente global. E o socialismo tem de enfrentá-las para sobreviver.

Hipótese semelhante pode ser proposta para explicar o declínio do Leste, depois de colocada em prática a agenda clássica do socialismo — socialização dos principais meios de produção, emprego pleno, condições de trabalho decentes, alimentação básica para todos, habitação confortável e barata, acesso generalizado à educação, sistema de saúde e lazer. Um período de relativo sucesso no desenvolvimento industrial levou a novo estágio tecnológico e à necessidade de estabelecer as bases para uma sociedade socialista pós-industrial — uma tarefa que os socialistas do Leste europeu não conseguiram realizar. Pode-se até cogitar que seu relativo sucesso socioeconômico tenha cegado os velhos líderes comunistas do Leste para o crescente peso e a justiça das reivindicações populares por democracia, surgidas naturalmente em uma população mais confiante, mais bem alimentada, altamente qualificada e instruída.

Entramos agora, contudo, no campo das interpretações, mais ou menos plausíveis conforme o caso. Não há fatos conclusivos a esse respeito. A esta altura, seria melhor deixar o leitor chegar a uma conclusão preliminar. O que os dados indiscutivelmente demonstram é que a tarefa de compreender as razões da atual situação do socialismo são consideravelmente mais complicadas do que sugere a interpretação da mídia em geral. Como a questão será resolvida não é apenas um assunto acadêmico. A conclusão alcançada definirá amplamente os compromissos e os conflitos políticos da nova era.

As perspectivas da esquerda

As ditaduras comunistas do Leste europeu finalmente transformaram-se em democracias — por exemplo, Hungria, Eslovênia, Rússia e os outros Estados da ex-URSS e, em alguma medida, também Polônia e Bulgária — por sua própria iniciativa, tardia. Mas, qualquer que sejam as razões, esses países não se tornaram democracias socialistas. Apesar do agravamento da crise do consumo nos países pós-comunistas, não se deve sequer considerar uma opção social-democrata em um futuro próximo, embora o desenvolvimento de uma perspectiva política totalmente nova não seja descartada no prazo de, digamos, uma década. (Deveríamos notar que os mais ou menos reformados partidos pós-comunistas tornaram-se os principais líderes da esquerda na Hungria, na Polônia e em muitos outros países.) Além disso, regimes comunistas remanescentes da China, Vietnã, Coréia do Norte e

Cuba devem seguir o mesmo caminho. Na Europa ocidental, o ponto alto das conquistas institucionais socialistas, alcançado pela social-democracia radical e pelo eurocomunismo no fim dos anos 70 e início dos 80, não deve ser atingido novamente tão cedo, nem certamente em formas previstas ou reconhecidas pela teoria socialista clássica. Qual seria então uma agenda realista para a esquerda?

Uma forma de imaginar o futuro da esquerda pode ser olhar para suas circunstâncias fundamentais no passado e, ao verificar as mudanças ocorridas, tentar prever algumas tendências futuras. Recorrendo novamente à sociologia analítica, podemos dizer que as pessoas tornaram-se socialistas e esquerdistas por duas razões: devido a seu lugar na estrutura da sociedade e como resultado da cultura à qual pertenciam ou aderiram. Invariavelmente, as razões podem estar interligadas, mas, para fins analíticos, tentemos desenredá-las.

As pessoas de esquerda não foram distribuídas aleatoriamente em relação aos recursos e às forças que operam na sociedade. Encontram-se sobretudo entre aqueles cujos rendimentos, tenham eles a origem que tiverem (públicos, privados, pensões ou benefícios sociais), não são um custo, mas uma fonte de renda e um meio de vida. Essa divisão estruturalmente produzida não está desaparecendo, e por isso os conflitos que ela traz devem persistir. Contudo, o capitalismo industrial facilitou a concentração de vários grupos desfavorecidos em classes conscientes. É o enfraquecimento dessa lógica em favor da dispersão que produz cálculos mais difíceis quando se considera o futuro em sociedades pós-industriais, pós-agrárias e em que prevaleçam os serviços. Em segundo lugar, essa tradicional orientação de classe estava intimamente ligada à cultura modernista, que deu àquela sua perspectiva de desenvolvimento social-progressista. Essa cultura agora está superada, corroída pelas recentes derrotas do socialismo e pela erosão interna da própria cultura modernista.

Nada disso exclui a possibilidade de que os desfavorecidos da Terra continuem olhando para a esquerda tanto quanto o fizeram as gerações precedentes. Mas essa tendência pode tornar-se mais setorizada e segmentada do que no passado, ou mais propensa a abraçar outras culturas que não o modernismo — o nacionalismo, o fundamentalismo religioso e o populismo. Na ex-URSS e no Leste europeu, atualmente são oferecidas todas essas opções.

Para aderir ou pertencer a uma cultura é preciso levar três aspectos em consideração, de variada importância para os socialistas do passado: uma identidade, um horizonte cognitivo e uma estrutura de valores. Em outras palavras, o quadro é mais complexo do que o contraste normalmente apresentado entre interesses utilitários de classe e valores socialistas. As pessoas tornam-se socialistas ou esquerdistas por razões que não apenas a identificação com classe trabalhadora, os colonizados, a revolução socialista e/ou devido à alienação da cultura burguesa. Os focos positivos da identificação socialista estão desaparecendo rapidamente e talvez se tornem indiscerníveis para as próximas gerações. A alienação dos *yuppies*, de alguns privilegiados ou do evangelho do capitalismo de massas tende a reproduzir-se, por muitas razões éticas e estéticas, provavelmente não menos do que no passado; embora as formas ideológicas dessa alienação sejam muito mais variadas do que na época do socialismo clássico.

O maior golpe na cultura da esquerda ocorreu no campo cognitivo. O pós-modernismo penetrou no verdadeiro núcleo da autoconsciência moderna, e a derrota dos herdeiros da Revolução de Outubro e do socialismo clássico da social-democracia forneceram a infra-estrutura histórico-materialista para a alta cultura pós-modernista. A interpretação esquerdista da história em termos de emancipação revolucionária ou reformista, da Revolução Francesa em diante, foi então desativada, e a concepção progressiva do futuro como uma construção racional possível do bem foi sacudida em suas raízes. Por outro lado, não se sabe o que o panorama histórico apresentará na seqüência do atual turbilhão. Qualquer projeto político transcendental da esquerda naturalmente dependerá, é claro, de uma visão da história em que exista a possibilidade de um futuro — um lugar diferente do presente e do passado — que pode ser alcançado.

Os valores essenciais da cultura socialista — igualdade universal e solidariedade — permanecem intactos. A natureza cada vez mais global dos problemas sociais (pobreza/migração e meio ambiente, por exemplo) e a existência das redes globais de comunicação tornam provável que esses valores ganhem novas adesões e assim nova força, muito mais do que o contrário. Provavelmente, no próximo século, a esquerda clássica será reconstituída nessas bases. Como será, não podemos dizer. Mas parece provável que o futuro da esquerda socialista européia seja mais à imagem da esquerda no Novo Mundo das Américas do que à imagem da esquerda clássica do capitalismo industrial europeu. Será mais heterogênea, tanto em suas preocupações quanto em suas identidades essenciais, bem como em suas perspectivas a longo prazo; mais influenciada por tendências culturais exógenas; mais livre e mais democraticamente organizada, mais pragmática. Se será mais rígida ou mais flexível, mais ou menos radical, mais forte ou mais fraca do que a esquerda dos anos 80, são questões que por enquanto não podemos responder. Entretanto, que haverá uma esquerda com laços com o passado, que hoje é nosso presente, isso parece ser incontestável.

Tabela I
PNB per capita 1950-1980. Index: Estados Unidos = 100

País	1950	1960	1970	190
Bulgária	20	32	41	42
Tchecoslováquia	48	62	61	61
Alemanha Oriental	33	58	62	68
Hungria	34	44	46	48
Polônia	33	38	41	43
Romênia	16	23	27	34
URSS	30	42	47	49
Iugoslávia	17	24	31	41
Áustria	35	52	61	73
França	47	61	75	84
FRG	40	71	79	86
Grécia	19	27	41	49
Irlanda	33	36	42	41
Itália	31	46	56	58

Cont País	1950	1960	1970	190
Portugal	17	23	32	38
Espanha	26	33	48	52
Suécia	68	81	89	85
Suíça	67	84	87	80
Grã-Bretanha	56	65	64	65
Argentina	41	41	41	40
Chile	41	32	32	30
Uruguai	47	48	41	41

Fonte: R. Summers e A. Heston, Improved International Comparisons of Real Product ands its Composition: 1950-1980, *The Review of Income and Wealth*

Tabela II
Mortalidade infantil na Europa Oriental e Ocidental 1913-1988
(por mil)

País	1913	1939	1947	1965	1988
Bulgária	133	139	130	31	14
Tchecoslováquia	—	98	89	26	13
Alemanha Oriental	(151)	(72)	114	25	8
Hungria	201	121	103	39	16
Polônia	—	140	111	42	16
Rússia	237	155*	81	27	25
Áustria	190	73	78	28	8
Alemanha Oriental	(151)	(72)	86	24	8
Grécia	—	118	42	34	12
Irlanda	138	97	84	36	10
Portugal	160	120	107	65	14
Espanha	155	135	71	30	9
Suécia	70	40	25	13	6

Fontes: B. R. Mitchell, *European Historical Statistics 1750-1970*, Londres, 1975, pp. 127 ss; The World Bank, *World Development Report 1990*, Oxford, 1990, pp. 223-24.

Notas

1. Ver G. Therborn, "Vías a través la modernidad", conferência na Câmara de Deputados do México, em 26 de novembro de 1990, e "Revolution and Reform. Reflections on Their Linkages through the Great French Revolution", em *Samhällsvetenskap, ekonomi, historia*, Gotemburgo, 1989.
2. A. Maddison, *Economic Growth in Japan and the URSS*, Londres, 1969.
3. Ver John Saul, "South Africa: Between 'Barbarism' and 'Strutuctural Reform'", *New Left Review*, n° 188, julho-agosto de 1991.
4. Ver G. Therborn, "Class and the Coming of Post-Industrial Society", emn S. Kozyr-Kowalski, org. *Theories of Social Differentiation*, Poznan.
5. Para maiores detalhes e referências, ver G. Therborn, "The Prospects of Labour and the Transformation of Advanced Capitalism", *New Left Review*, n° 145, maio-junho de 1984.
6. OECD National Accounts 1979-1989, vol. 2, Accounts for Households, tabelas nacionais n° 8, Paris, 1990. Os dados referem-se à média de 1985-89.
7. Ver T. Smeeding *et al.*, *Poverty, Inequality and Income Distribution in Comparative Perspective*, Nova York e Londres, Brighton, 1990.
8. I. Svennilson, *Growth and Stagnation in the European Economy*, Genebra, 1954, p. 207. A partir dos gráficos do grande historiador econômico Paul Bairoch, evidencia-se que o PNB *per capita* tcheco em 1929 chegava a 75-80% do irlandês (P. Bairoch e M. Lévy-Leboyer, orgs., *Disparities in Economic Development since The Industrial Revolution*, Londres, 1981, p. 10)
9. Maddison, p. 159.
10. Cáculos a partir de Maddison, pp. XVI e 159.
11. A. Banks, "An Index of Socio-Economic Development 1869-1975", *Journal of Politics*, vol. 43, 1981, pp. 404 ss.
12. As informações de Bairoch (*Growth and Stagnation*, p. 13), por outro lado, mostram contínua tendência de melhora tanto na Europa oriental quanto na ocidental entre 1950 e 1977.
13. Radovan Richta, *La civilisation au carrefour*, Paris, 1974, pp. 87-8.
14. Banco Mundial, *World Development Report 1990, pp. 232-35, 244-45.*

13

O BALANÇO DA ESQUERDA

Nicos Mouzelis

Na *New Left Review*, nº 194, Göran Therborn, adotando ampla perspectiva histórico-comparativa, tentou fazer um balanço das conquistas e dos fracassos da esquerda. De acordo com um de seus principais raciocínios, a crise tanto da social-democracia quanto da esquerda comunista era mais *conjuntural* do que estrutual e "a atual — talvez derradeira — crise do socialismo poderia muito bem ser conseqüência de seu sucesso, mais do que de seu fracasso, na medida em que deriva das conquistas do pensamento socialista na solução de problemas anteriores" (pp. 24-25).

O que gostaria de demonstrar aqui é que o argumento de Therborn segundo o qual a presente crise da esquerda se deve a seu sucesso na superação de problemas mais antigos procede no caso dos social-democratas ocidentais, mas não no caso da esquerda comunista. Neste, a idéia de que a crise se deve a fatores "conjunturais", como o "prolongado crescimento no Ocidente e a estagnação no Leste" (p. 21) verificados nos anos 80 e à "solução de problemas anteriores" baseia-se menos em análise lúcida do que na relutância em aceitar que a experiência soviética foi, do início ao fim, um tremendo desastre. Por outro lado, no que diz respeito às social-democracias, Therborn, sem diferenciar suficientemente o fracasso comunista dos problemas menores enfrentados atualmente pelos regimes social-democratas, aceita muito facilmente a ficção neoliberal sobre a suposta crise, ou mesmo a falência, do Estado de bem-estar social ocidental.

O caso da esquerda comunista

Therborn está certo ao dizer que até os anos 60 o ritmo da industrialização soviética foi bastante impressionante e que foi apenas com a necessária mudança de prioridades, dos bens de capital para os bens de consumo e serviços, que se tornou aparente a rigidez do sistema soviético. Mesmo essa conquista econômica inicial não pode ser considerada uma "solução" bem-sucedida se se levarem em conta o incrível custo em termos humanos da industrialização promovida por Stálin e o fato de a Rússia ter experimentado altas taxas de crescimento industrial nas décadas que antecederam a Revolução de Outubro.

Não há motivo para crer que uma hipotética continuidade no crescimento capitalista depois de 1917 tivesse alcançado resultados menos significativos do que os do programa soviético — particularmente em uma Rússia capitalista que havia adotado um modelo de desenvolvimento autoritário, para não dizer totalitário. De fato, um tipo de desenvolvimento como o do Japão, em uma Rússia onde as forças reformistas tivessem prevalecido sobre os bolcheviques, poderia ter mantido o ritmo de industrialização do fim do século XIX com menor custo humano e dentro de uma estrutura institucional que pudesse fazer a transição dos bens de capital para os de consumo de modo mais eficaz.

Em outras palavras, é muito difícil considerar toda a trajetória comunista apenas como um grande fracasso, um mau passo, que resultou em um trágico beco sem saída. É difícil citar o igualitarismo econômico muito limitado que foi efetivamente alcançado ou uma distribuição mais ampla de alguns direitos sociais (como o direito ao trabalho) como justificativa para um sistema que combinava controles políticos totalitários com rigidez e ineficácia econômicas monumentais.

Se a industrialização inicial soviética não pode ser considerada uma solução bem-sucedida para a Rússia, fica ainda mais difícil sustentar que o colapso do modelo soviético tenha sido decorrente de motivos conjunturais, mais do que estruturais. Mesmo que na Rússia a situação conjuntural fosse favorável, é difícil antever como o sistema soviético se adaptaria com sucesso às realidades pós-industriais do mundo moderno *sem reestruturar radicalmente suas relações produtivas dominantes*. Mesmo se, como ocorre na China, tivesse sido possível mudar as relações coletivistas de produção sem ao mesmo tempo mudar as relações totalitárias de dominação, isso significaria que a revolução resultante (como no sistema econômico chinês) seria produto de desenvolvimentos conjunturais. A crise do Leste europeu era *sistêmica*: tratava-se de aceitar um estado permanente de periferização ou abrir e "liberalizar" o sistema soviético — pelo menos de suas instituições econômicas. Nesse sentido, a crise era claramente estrutural, e não conjuntural.

A esquerda social-democrata

Se a hipótese de uma "crise derivada do sucesso" proposta por Therborn (p. 30) não se aplica aos comunistas, certamente é apropriada para as social-democracias da Europa ocidental. Nesse caso, é absolutamente verdade que as forças social-democratas, com sua crucial contribuição para a construção do Estado de bem-estar social, conseguiram humanizar o capitalismo e criar as necessárias mas não suficientes condições para sua transcendência em algum tipo de futuro distante.

Mais especificamente, parece-me que, considerando não apenas o colapso comunista mas também o estrondoso fracasso das experiências neoliberais do tipo das que fizeram Margaret Thatcher e Ronald Reagan, o real vencedor que surge das ruínas da Guerra Fria é a social-democracia. Apesar da persistente popularidade do neoliberalismo no Leste europeu e em outros lugares, um olhar que não esteja ideologicamente cego perceberá sem dúvida que, na situação atual, o caminho social-democrata para o desenvolvimento capitalista (não apenas na Escandinávia, mas também, em sua variante atenuada, em países como o Japão e a Alemanha, economias dominantes no cenário mundial) combina crescimento com justiça e níveis razoáveis de liberdade política.

Isso não significa, contudo, que a social-democracia clássica não tenha seus problemas. Mas, se trata de problemas com que, digamos, a Suécia e a Dinamarca têm de lidar; dificilmente representariam uma crise para o sistema. Eles são minúsculos quando comparados aos problemas que enfrentam os poucos regimes comunistas existentes e também bastante amenos quando comparados aos da Grã-Bretanha pós-Thatcher. Em outras palavras, a tão falada crise da social-democracia é hoje mais ficção do que fato. Considerando que a social-democracia não está disposta a mergulhar no mesmo tipo de beco sem saída em que tanto o comunismo quanto o capitalismo neoliberal se meteram, ela não enfrenta uma situação que não possa ser superada com simples mudança tática, mas que requer revisão estratégica completa.

Para ser mais preciso, a social-democracia pode e deve ater-se a seu objetivo clássico — o Estado como fornecedor das diretrizes gerais e monitorador da produção, que garanta que a prosperidade econômica e a justiça social andem juntas, em uma estrutura democrático-parlamentar. Esse objetivo permanece firme e inalterado. O que requer mudanças e maior ênfase é:

(*ai*) *no nível econômico*, a necessidade de o Estado monitorar *indiretamente* a trajetória macroeconômica, mais por meio de nacionalizações em massa;

(*b*) *no nível social*, a necessidade de abandonar aquela vaca sagrada da esquerda que pede benefícios sociais *universais* (o que, em uma sociedade desigual, inevitavelmente leva as classes média e alta a se beneficiarem de modo desproporcional em detrimento dos pobres) e encontrar novos e meios imaginativos para canalizar os benefícios do Estado de bem-estar social para aqueles que efetivamente necessitem deles;

(*c*) *no nível político*, a necessidade de ampliar os direitos civis e políticos, concedendo mais poder a grupos que não desfrutam de privilégios (mulheres, minorias étnicas e assim por diante), e estender gradualmente os princípios democráticos de organização para o ambiente de trabalho, a vizinhança e a comunidade local;

(*d*) *no nível cultural*, a necessidade de abandonar o tradicional discurso da esquerda e aceitar a multiplicidade de projetos humanos e de caminhos para alcançá-los.

Creio que as mudanças mencionadas não desfiguram a social-democracia. Na medida que envolvem a disseminação de direitos sociais, civis e políticos para as classes inferiores, elas simplesmente sugerem a ampliação do espectro abrangido por esses direitos — o que significa dizer o aprofundamento do processo democrático. Em outras palavras, na medida em que a tradição social-democrata, diferentemente dos regimes "socialistas existentes", da mesma forma que a tradição social-democrata sempre pretendeu reduzir as desigualdades sociais sem aumentar as desigualdades políticas (isto é, sem destruir a democracia parlamentar), a ampliação adicional dos direitos concedidos aos menos favorecidos é conseqüência natural de suas práticas no passado. Mais: além disso, seu objetivo de perseguir essas conquistas as faz materializarem-se mais rapidamente.

A busca de uma terceira via

Isso nos remete a meu último tema. Acredito que o fracasso de Therborn em distinguir claramente (em se tratando de conquistas da esquerda) entre esquerda social-democrática e esquerda comunista, bem como sua relutância em comparar os evidentes sucessos da primeira com os trágicos fiascos da última, devam-se talvez ao desprezo que não apenas os comunistas tradicionais, mas na verdade a maioria dos intelectuais e ativistas de esquerda, têm para com o "revisionismo" social-democrata, o gradualismo e o reformismo — um reformismo que, diz a esquerda radical, permitiu a sobrevivência do odiado sistema capitalista.

Enquanto a esquerda radical insistir nessa atitude arrogante para com a social-democracia, contudo, não será capaz de superar seu presente confuso. Ao ignorar as conquistas social-democratas, atualmente a esquerda desliga-se do que de mais valioso tem em sua tradição (que no meu entender consiste em trazer à tona certa modernidade em que os direitos civis, políticos e sociais evoluem tanto quanto possível); dissocia-se dos movimentos sociais que — tanto na teoria quanto na prática — têm combinado crescimento econômico com razoável grau de bem-estar e liberdade política.

Outro modo de dizer isso é salientar que já chegou o momento de a esquerda, na academia ou em qualquer outro lugar, admitir que (*a*) afinal quem estava certo era Bernstein, e não Lênin; (*b*) que é muito mais plausível o argumento marxista, quase evolucionista, de que os tipos de liberdade implícitos nos objetivos socialistas/comunistas podem ser alcançados mais facilmente por uma estrutura capitalista completamente desenvolvida do que por uma formação social capitalista retrógrada; e (*c*) que, não importa quantas tenham sido as tentativas de "pular etapas" e passar de uma forma subdesenvolvida ou retrógrada de capitalismo a um socialismo, invariavelmente os resultados têm sido desastrosos. Isso se aplica não apenas ao Leste europeu mas a todos os "socialismos" terceiro-mundistas, sejam árabes, africanos, sul-americanos ou asiáticos. Em todos esses casos, as tentativas de evitar os demônios do capitalismo e do comunismo para forjar uma "terceira via" conduziriam a situações em que a estagnação econômica e a pobreza deram as mãos para a falta de liberdade civis e políticas.

14

RESPOSTA A MOUZELIS

Göran Therborn

Avaliar a complexa experiência histórica do que se chamou socialismo, ou os esforços realizados em direção ao socialismo, é tarefa gigantesca, que requererá muito tempo, aprofundamento no tema e muita reflexão. E certamente será animada pela controvérsia. A resposta de Nicos Mouzelis a minha rápida hipótese inicial é bem-vinda portanto. Mas é pena que ele, um bom cientista social, tenha visto dessa vez sua tarefa como trabalho de um agitador político profissional.

Mouzelis levanta dois tipos de questão: a história e o fim do comunismo e a situação e as perspectivas da social-democracia.

A história do comunismo e a virada de 1989

O braço comunista da esquerda foi formado por dois tipos de experiências e visões sociais ou expectativas por elas geradas — o crescimento da indústria de produção em larga escala e a deflagração da guerra interimperialista. Inicialmente, o comunismo foi fundamentado sobre a classe trabalhadora gerada justamente pelo capitalismo industrial — e se via imbuído da experiência da divisão de classes e da disciplina da organização industrial. A classe trabalhadora era o alvo-chave a convencer e mobilizar — seria a base de poder e a fonte de legitimidade para o desenvolvimento coletivista. O comunismo foi também formado por um contexto de guerra mundial e guerra civil, por violenta repressão e resistência, por "movimentos pela paz" e oposição ao colonialismo e ao apartheid na África do Sul. Os comunistas se distinguiam como organizadores de classe, opositores do colonialismo, racismo e militarismo, e ainda como combatentes, desde os guerrilheiros às forças armadas de uma superpotência, abrangendo também a polícia local.

Nos anos 80, a capacidade industrial e militar do comunismo estava declinando. As conquistas prévias da industrialização legavam novas tarefas, além da modernidade industrial. A geração da Segunda Guerra Mundial estava envelhecendo e seus conhecimentos eram de pouca valia em um processo de estabilização da Guerra Fria na Europa, simbolizada pelo acordo de Helsinque. Eram necessárias mudanças estruturais radicais. Sabemos hoje que isso levou ao fim do socialismo comunista, ou das pretenções socialistas, e à tentativa de restauração do capitalismo. Era inevitável?

Uma resposta segura, afirmativa ou negativa, é impossível. Graves controvérsias têm de lidar com a maior ou a menor plausibilidade de suas hipóteses. Que hipótese aceitar não é apenas uma questão de historiografia acadêmica, contudo. Diz respeito à concepção que a esquerda tem de futuro, seu senso de identidade e seu horizonte cognitivo do mundo.

Existem pelo menos três bons argumentos a favor de uma hipótese conjuntural que pretende explicar a guinada de 1989 e contra aqueles que a vêem como o último suspiro de espécies sociais não-viáveis.

Primeiro, em termos sócioeconômicos, no padrão de vida da população e no poder externo do Estado, o Leste europeu comunista, por algum tempo, viveu uma experiência relativamente bem-sucedida, como indico em meu artigo. Os padrões da União Soviética entre 1965 e 1970 eram claramente superiores aos da Rússia em 1914. E na Rússia de 1917 não estavam à vista reformistas como os japoneses. Uma vitória reacionária provavelmente teria resultado numa variante mais brutal, mais anti-semítica, variante dos regimes de probreza estagnante de Horthy e Antonescu na Hungria e na Romênia.

Avaliar esses ganhos, tendo em vista os custos humanos da repressão stalinista, é uma questão moral. Pessoalmente, não acho que o sucesso da industrialização soviética justifique a brutalidade cruel, por exemplo, da coletivização agrícola. Por outro lado, também não julgo que a história do regime comunista possa ser moralmente reduzida à repressão, nem que a moderna história britânica possa ser adequadamente resumida na ordem colonial "extermínio de todos os brutos" (como Conrad colocou em *Coração das trevas*), nem que a história branca dos Estados Unidos seja apenas o genocídio dos índios e a escravidão dos negros. Mas quem chegaria à conclusão de que o sucesso do capitalismo e do liberalismo norte-americano justifica o extermínio dos índios? Ou que a civilidade do *Financial Times* desculpe a carnificina em Omdurman? Avaliações morais de complexos sistemas sociais e vastas coletividades históricas não podem ser combinadas com julgamentos de indivíduos concretos e suas ações.

Em segundo lugar, o Leste europeu comunista produziu uma consciência intelectual da exaustão do modelo industrial bem como das forças reformistas radicais. O Relatório Richta de 1965, da Academia de Ciências da Tchecoslováquia, é dos mais antigos e eloqüentes documentos do gênero. O 20° Congresso do Partido Comunista da União Soviética (PCUS), no início de 1956, abriu uma era de reformas políticas, que tiveram retrocessos violentos, mas que também eram freqüentemente retomadas. Finalmente, elas tiveram frágil mas triunfante supremacia com o surgimento de Gorbachev e sua *perestroika* no ápice do sistema. Enquanto Gorbachev lutava contra todo tipo de dificuldades por uma democracia socialista na União Soviética, os comunistas húngaros e eslovenos iam transformando mais discretamente seus regimes em democracias parlamentares.

Assim, o sistema comunista tinha possibilidades de desenvolvimento, um momento de bem-sucedida modernidade e capacidade inicial de questionar a si próprio e reformar-se. O terceiro argumento decorre da experiência popular do comunismo reformado. A pesquisa seguinte foi realizada em outubro de 1992 e publicada em 1993. Os entrevistados tinham de responder: "Levando tudo em consideração, você acha que as coisas estão melhores no atual sistema político ou que eram melhores no sistema anterior?" Eles tinham de escolher entre *agora* e *antes*, mas foram computadas também as respostas dos que disseram preferir *nenhum* desses momentos. Outra questão: "Em geral, você acha que as coisas em seu país caminham na direção certa ou na direção errada?"

Aparentemente, um grande número de pessoas não concorda com a afirmação auto-evidente de Mouzelis, segundo a qual "a experiência soviética foi desde o primeiro momento um retumbante fracasso". A razão principal para essa resposta padrão é, sem dúvida, o desastre econômico que o processo de restauração acarretou. Mas, mesmo assim, foi impressionante o fato de que em apenas três entre dezoito países haja uma clara maioria que acredita que está melhor no atual sistema político — Albânia, República Tcheca e Romênia. A avaliação crítica do pós-comunismo nos Bálticos, na Polônia e na Hungria também surpreendeu. Uma nova piada húngara, que me foi contada por Ivan Szelenyi, mostra bem a situação. "Você sabe qual é a pior coisa do comunismo? Não, o quê? O que vem depois dele."

%	A vida está melhor agora ou era melhor antes?			As coisas estão caminhando no rumo certo ou errado?	
	Agora	Antes	Nenhuma das Opções	Certo	Errado
Albânia	84	7	6	77	17
Re. Tcheca	56	24	14	58	34
Romênia	55	27	13	42	49
Eslovênia	44	38	11	62	22
Eslováquia	41	39	16	46	47
Lituânia	39	34	19	25	64
Bulgária	37	37	16	42	40
Polônia	34	38	22	31	48
Letônia	32	38	22	31	48
Geórgia	31	47	14	32	48
Macedônia	23	51	18	47	43

Cont.

%	A vida está melhor agora ou era melhor antes?			As coisas estão caminhando no rumo certo ou errado?	
	Agora	Antes	Nenhuma das Opções	Certo	Errado
Macedônia	23	51	18	47	43
Estônia	22	46	26	41	34
Armênia	19	52	18	18	67
Ucrânia	19	59	15	28	52
Bielorrússia	19	60	15	33	49
Moldova	19	65	11	21	73
Hungria	18	53	18	20	67
Rússia européia	18	59	17	27	61

Fonte: Eurobarometer/Gallup
Obs.: A soma não é necessariamente zero devido às respostas "Não sei".

De qualquer modo, o quadro nada mais é do que uma evidência de que havia outros caminhos imagináveis além dos tomados em 1989-90. O sistema havia gerado seus próprios reformadores, e em outra conjuntura de informação teria havido aí apoio popular. Em uma pesquisa feita em 1986, 21% dos húngaros disseram que estavam "muito satisfeitos com a situação em seu país" e outros 45% estavam "satisfeitos" (*Journal für Sozialforschung*, Viena, 1988, p. 222).

Questões para a social-democracia

Mouzelis talmbém levanta questões sobre a social-democracia, que vou comentar em ordem de importância.

Primeiro, ele acredita que a causa da nossa divergência pode ser "o desprezo que [...] a maioria dos intelectuais de esquerda [...] tem para com o 'revisionismo', o gradualismo e o reformismo [...]". Desde que comecei a escrever sobre social-democracia — e nunca demonstrei esse tipo de atitude — acho essa suposição tão estranha quanto injustificada. O que quer que seja deficiente ou controvertido nesses textos, ninguém em sã consciência que tenha lido algum deles pode acusá-los de "desprezar" seu objeto de estudo.[1] Acrescentaria que, como intelectual de esquerda, tenho grande respeito e simpatia pela social-democracia — particularmente, ainda que não exclusivamente, pela sua versão norte-européia. Como escandinavo curioso, também me interessei pelas raízes da tradição reformista escandinava, que, acredito, começou a tomar forma a partir da Dinamarca e da Suécia no mesmo momento em que os franceses criaram o modelo revolucionário que serviu de exemplo aos movimentos trabalhista de todo o mundo, isto é, no final do século XVIII.[2]

Em segundo lugar, Mouzelis usa definições muito idiossincráticas de social-democracia e capitalismo, que não podem passar sem registro, já que ele distorce um pouco a social-democracia. De um lado, ele opera com uma definição muito extensa do "caminho social-democrata para o desenvolvimento", que inclui o Japão e a Alemanha. Políticos e empresários japoneses, que só foram governados por entidades social-democratas durante alguns poucos meses, em 1947, e os democratas-cristãos alemães, que, exceto nos anos 70, governaram a Alemanha Ocidental desde a guerra, gostariam sem dúvida de ser tachados de social-democratas. Por outro lado, entretanto, Mouzelis esforça-se por enfatizar que o capitalismo é uno e indivisível e que qualquer busca de alternativas resultará inevitavelmente em desastre. Não considero produtiva nenhuma parte da definição e a ligação lógica entre as duas é duvidosa pelo menos.

Sem dúvida, acredito que uma perspectiva contrária seja muito mais esclarecedora. O capitalismo moderno pode e já teve várias formas e percorreu diferentes "vias" entre capitalismo e não-capitalismo (ou socialismo); não há linha demarcatória muito clara, como nos programas do século XIX ou nas atuais polêmicas ideológicas, mas vasta área de terreno inexplorado com limites indistintos. Os partidos e os movimentos social-democratas contribuíram significativamente para essa indefinição das fronteiras sistêmicas, e realmente há muitas outras forças fora dos estreitos limites do liberalismo anglo-saxão.

Ainda há uma divergência política específica que gostaria de debater. O legado de Beveridge, com raros benefícios sociais, é atualmente criticado por muitas pessoas supostamente igualitaristas e progressistas que discutem apenas os benefícios para os pobres. Se Mouzelis estiver correto, a previdência norte-americana seria preferível à britânica. Mas como sabe a maioria das pessoas, não é o que ocorre. Ao contrário, descartar os pobres tem forte efeito estigmatizante, que enfraquece o apoio político à previdência e ajuda a manter os benefícios abaixo do desejável e as condições geralmente degradantes; tem efeitos marginais bastante significativos, que tornam mais difícil sair da situação de pobreza e tendem a deixar boa parte da classe trabalhadora, especialmente a que está longe dos sindicatos, desprotegida contra os riscos sociais, já que têm renda suficiente para não ser "realmente necessitado" e renda insuficiente para pagar previdência privada.

Finalmente, há uma questão empírica: "a social-democracia surgiu como o real vencedor das cinzas da Guerra Fria". A menos que tudo o que não for reaganismo-thatcherismo ou comunista/terceira via seja social-democracia, essa pergunta tem de ser respondida negativamente. (E meu artigo, a que Mouzelis se opõe, falava de social-democracia em sentido estrito.) O fato de nenhum dos integrantes do Grupo dos 7 ter um governo social-democrata, ou mesmo um social-democrata no governo, enfraquece ainda mais a afirmativa de Mouzelis. Mas as coisas são ainda piores. Até agora, o fim da Guerra Fria contribuiu de fato para o enfraquecimento da social-democracia, derrotas que certamente não devem ter efeitos duradouros, mas que para os tempos atuais são bastante significativos.

A social-democracia alemã perdeu o jogo político da reunificação alemã e muitas vezes os protestos posteriores contra seus custos adquiriram formas xenófobas. A social-democracia francesa, descomprometida afinal com a busca de alguma política da razão na crise do Golfo, de alguma contribuição para a "nova ordem mundial", e associada à coalizão terrorista norte-americana, desacreditou a social-democracia por todo o populoso mundo islâmico. Na guerra na ex-Iugoslávia, a Internacional Socialista e a social-democracia revelaram-se totalmente irrelevantes. O ignominioso fim e agora a provável dissolução do Partido Socialista Italiano estão ligados também ao fim da Guerra Fria. A corrupção institucionalizada dentro do sistema partidário italiano tinha suas bases em um pacto da Guerra Fria para manter os comunistas longe do poder. Agora que a ameaça comunista desapareceu, é possível revelar alguns segredos.

No novo quadro político europeu, o peso relativo da social-democracia diminuiu devido à impossibilidade até o momento de criar, exceto na Alemanha Oriental, partidos importantes nos países outrora comunistas. É interessante notar que os únicos movimentos, partidos e políticos "social-democratas" nos novos Estados do Leste europeu são antigos partidos e líderes comunistas. Em 1992 e início de 1993, o político mais popular em cada uma das repúblicas bálticas, por exemplo, era um antigo líder comunista: Rüttel na Estônia, que conquistou mais votos do que qualquer outro candidato a presidente, mas que, por não ter conquistado maioria absoluta, perdeu o lugar para uma coalizão parlamentar anticomunista; Gudunovs, líder do Parlamento da Letônia; Brazauskas na Lituânia, que conseguiu ampla maioria na eleição presidencial. Também na Hungria, o líder do antigo Partido Comunista, Horn, goza amplo apoio. A Internacional Socialista, contudo, mantém distância desses ex-comunistas.

A realidade não é necessariamente como a concebemos. É por isso que há necessidade de pesquisa empírica. A sociedade não é o que deveria ser. É por isso que alguns de nós continuamos sendo de esquerda.

Notas

1. Esses textos tratam da social-democracia como parte fundamental do movimento trabalhista e da política atual, bem como das políticas social, econômica e trabalhista dos governos social-democratas. Sobre o assunto ler: *Le défi social-démocratique* (com C.Buci-Glucksmann), Paris, 1980; "The Prospects of Labour and the Transformation of Advanced Capitalism", *New Left Review*, n° 145 (1984); "The Coming of Swedish Social Democracy", em E. Collotti (ed.), *L'Internazionale Operaia e Socialista tra le due guerre*, Milão, 1985; "Swedish Social Democracy and the Transition from Industrial to Postindustrial Politics", em F. Fox Piven (ed.), *Labour Parties in Postindustrial Societies*, Cambridge, 1991; "A Unique Chapter in the History of Democracy: The Social Democrats in Sweden", em K. Misgeld *et al.* (eds.), *Creating Social Democracy*, Pennsylvania State University Press, 1992. Estudos políticos incluem: "Sweden Before

and After Social Democracy: A First Overview" (com A. Kjellberg *et al.*), *Acta Sociologica*, vol. 21, Suplemento (1978); *Why Some Peoples are More Unemployed Than Others*, Londres, Verso, 1986; "The Working Class and the Welfare State: A Historical Overview and A Little Swedish Monograph", em P. Kettunen (ed.), *Det nordiska i den nordiska arbetarrörelsen*, Helsinque, Finnish Society for Labour History and Cultural Traditions, 1986; "'Pillarization', and 'Popular Movements'. Two Variants of Welfare Capitalism: The Netherlands and Sweden", em F.Castkes (ed.), *Comparative History of Public Policy*, Cambridge, 1991; *Can Welfare State Compete?* (com A. Pfaller, I. Gough *et al.*), Londres, 1991

2. "Revolution and Reform: Reflexions on their Linkages Through the Great French Revolution", em J. Bohlin *et al.* (orgs.), *Samhällsvetenskap, ekonomi, historia*, Gotemburgo, 1989. Este e os textos mencionados na nota 1 foram publicados em inglês ou francês, embora por vezes o livro seja sueco, por vezes multilíngüe.

3. Com exceção do presidente da França François Mitterrand.

IV

O QUE DE FATO EXISTE DEPOIS DA QUEDA

15

AS BASES ECONÔMICAS DA CRISE POLÍTICA RUSSA

Michael Burawoy e Pavel Krotov

A luta travada entre o Executivo e o Parlamento russos parece não ter qualquer ligação com o mundo à sua volta nem ritmo próprio.[*] Cada lado acusa o outro de trair a democracia e conspirar pela restauração do regime totalitário. A população acompanha, entediada com os malabarismos políticos, enquanto tenta sobreviver à escalada dos preços e à escassez generalizada. Quando caracterizada como algo mais do que uma simples luta pelo poder, a disputa entre o presidente e o Soviete Supremo é apresentada como uma luta em torno da reforma econômica, com Boris Yeltsin buscando o rápido avanço da economia de mercado e os parlamentares mantendo-se cautelosos, quando não hostis. Nessa visão do Estado centrada em Moscou, agora como antes, é como se houvesse um reduto de iniciativa autônoma. Entretanto, a autonomia do Estado reflete sua fraqueza, sua distância das realidades regionais e, sobretudo, sua impotência para transformar a economia soviética, ainda dominada por imensos e poderosos conglomerados que incluem, naturalmente, o complexo militar-industrial.

---

[*] Por seus comentários, gostaríamos de agradecer a Peter Fairbrother, Simon Clarke, Lewis Siegelbaum, John Walsh, Erik Wright, George Breslauer e os ativos participantes do colóquio realizado na Northwestern University. O Centro de Estudos Alemães e Europeus, Berkeley, e o Conselho de Pesquisas em Ciências Sociais forneceram os recursos para nossa pesquisa. Uma versão preliminar apareceu em *The Harriman Institute Forum*, dezembro de 1992.

As reformas econômicas não fracassaram porque o Estado estava dividido, mas, ao contrário, o Estado dividiu-se porque as reformas econômicas fracassaram. Elas não deram certo porque na primavera de 1992 os dirigentes econômicos ameaçaram imobilizar toda a atividade econômica se não fossem liberados créditos para salvá-los da bancarrota. Esses créditos, muitas vezes, eram fornecidos pelo Banco Central, criando uma crise econômica caracterizada pela hiperinflação, queda de padrões de vida e de produção. Ao mesmo tempo, de alguma forma as empresas sobreviviam, independentemente de sua performance, violando o princípio básico das recomendações ocidentais para uma terapia de choque.

Desesperado para mostrar ao Banco Mundial e ao Fundo Monetário Internacional que as reformas estavam sendo realizadas conforme os planos, e mostrar a seus antigos partidários que havia benefícios a serem obtidos dessas reformas, Yeltsin começou a fazer privatizações por decreto, culminando, em agosto de 1992, com a distribuição de bônus de privatização. Apresentada como medida popular, a privatização, onde havia ocorrido, na prática tinha enriquecido diretores e administradores, muito mais do que trabalhadores, enquanto fracassava em produzir incentivos para transformação da produção.[1] Como antes, o governo russo e seus conselheiros ocidentais chegaram à conclusão de que a decadência do partido-Estado havia preparado terreno para uma economia de mercado a ser construída por decreto, como se fosse o objetivo de um plano qüinqüenal. O motivo que impossibilitou isso só pode ser entendido deixando de lado o espetáculo político e voltando-se para os processos econômicos menos perceptíveis, especialmente as operações dos conglomerados e de suas empresas.

Os paradoxos de Vorkuta

"É como os franceses dizem", reflete Alexander Sergeyevich, "quando mais as coisas mudam, mais permanecem iguais." Era nosso último encontro com o presidente da Associação de Cidades do Norte, líder das empresas de saneamento e de calefação de Vorkuta e, mais importante para nós, presidente do soviete de diretores do grande conglomerado Vorkuta Ugol (Carvão de

Vorkuta), que compreende as maiores cinqüenta empresas de Vorkuta, inclusive doze de suas treze minas. Com o desaparecimento do aparato partidário, o Vorkuta Ugol tornou-se a principal força política na cidade. Residente há muitos anos em Vorkuta, Alexander Sergeyevich conhece todo mundo e todo mundo o conhece. Até mesmo seus inimigos o respeitam. Ele exerce seu poder com paciência e autoconfiança. Ele sabe como é importante e não precisa gabar-se das reuniões de que participa na Casa Branca, dos negócios que dirige nem da influência que exerce em todos os aspectos da vida local.

Ele estava tentando nos explicar como são distribuídos os subsídios quando um diretor das minas, que havia nos dado uma entrevista breve e pouco informativa, entrou e apoiou seu imenso corpo sobre a escrivaninha. Perguntou a Alexander Sergeyevich o que deveria fazer em relação ao último decreto presidencial sobre privatização — o decreto de 1º de julho de 1992, que, com raras exceções, declara sociedades de acionistas todas as empresas estatais. Cada empresa deveria submeter um plano de transformação ao escritório de propriedade estatal em 1º de novembro. O diretor estava visivelmente embaraçado com nossa presença, já que, dois dias antes, havia dito que sabia tudo sobre privatização. Já naquela altura, havia ficado evidente que ele não tinha a mais vaga noção do que se tratava. Alexander Sergeyevich tentou consolá-lo: "Não se preocupe com a privatização; relaxe". O diretor continuou, dizendo que um outro diretor havia lhe telefonado do Mar Negro, perguntando o que fazer e se deveria retornar imediatamente. Alexander Sergeyevich respondeu: "Diga apenas que ele aproveite suas férias".

O diretor deixou a sala não totalmente convencido, e Alexander Sergeyevich voltou-se para nós. "Olhem para este decreto", disse, exasperado, sacudindo o *Rossiyskaya Gazeta*, onde o texto ocupava duas páginas. Não era a primeira vez que ele diria que o decreto e muitos outros semelhantes eram *nonsense* — enfatizando a palavra. "Quem vai comprar essas ações?", indagava. "Vocês comprariam?" E ao mesmo tempo que respondia: "Não, obviamente não. Ninguém vai comprar estas ações. É um blefe". Percorre com os dedos trechos que já havia sublinhado no jornal e começa a ridicularizar as contradições do decreto: "Então, o que vai acontecer?", perguntamos. A resposta veio rápida e segura: "Nada. Nada vai mudar". Sorrindo, usa outra de suas palavras favoritas: "Este é o paradoxo".

Trata-se efetivamente de um paradoxo quando se reflete sobre a história de Vorkuta. Com uma população de 200 mil pessoas e próxima do Círculo Polar Ártico, é cortada pelo ar gélido da planície e seu solo não produz nada além de amoras. O único motivo de sua existência é o carvão, extraído inicialmente por prisioneiros de campos de trabalho, nos anos 30. O carvão de Vorkuta tornou-se especialmente importante durante a Segunda Guerra Mundial, quando o fornecimento da Ucrânia foi suspenso devido à ocupação nazista. Em 1942, o trabalho dos prisioneiros passou a incluir a construção de uma ferrovia até Vorkuta, para garantir o carvão necessário à produção de aço soviética. Dizem que ainda se podem sentir os ossos dos cadáveres sob a ferrovia, conforme o trem avança em direção ao norte, através da República de Komi, em uma viagem que, partindo de Moscou, dura dois dias. Depois da guerra, Vorkuta ganhou triste fama de centro de prisioneiros políticos. Virou uma cidade-prisão, tão remota que a fuga era praticamente impossível.

Embora os campos tenham sido formalmente dissolvidos nos períodos Kruschev e Brejnev, o duro regime de trabalho foi mantido. Na primavera e no outono de 1989 e, novamente, em 1991, os mineiros de Vorkuta, junto com os de Kuzbass e Donbass, fizeram greves sem precedentes, no primeiro grande choque da sociedade soviética, que acabou resultando no fim do domínio do partido comunista. Não foi surpresa o fato de as mais radicais exigências de trabalhadores terem surgido em Vorkuta, refletindo sua história brutal de campos de trabalho e revoltas reprimidas. Em 1989,[2] o comitê de greves da cidade pediu mudanças substanciais nas condições de trabalho, na ordem político-econômica. Pedia a restauração dos coeficientes para o Norte (compensação monetária para viver e trabalhar naquela região distante), melhor aposentadoria e redução do tempo de trabalho, férias mais longas, descanso para todos aos domingos, melhores condições de habitação e garantia de que teriam acesso aos alimentos básicos. Queria ainda o fim da disciplina feudal (*krepnestoye pravo*) que mantinha os trabalhadores escravizados a apenas uma mina. A segunda série de reivindicações exigia a independência das minas, o direito de dispor de 25% de seus ganhos em moeda estrangeira e a introdução da economia de mercado. Na verdade, um de seus pedidos era a volta do famoso economista Leontiev, para lhes explicar como a economia de mercado funciona! A terceira série de reivindicações era política — o fim do comando burocrata da economia e a revogação do Artigo 6 da Constituição, que garantia o monopólio do poder ao partido. Pediam eleições livres para todas as instâncias do poder, o direito de formar sindicatos e partidos independentes, liberdade de imprensa e o reconhecimento do comitê de greves.[3]

Trabalhadores faziam greves por exigências revolucionárias: o fim do comunismo e a instalação de uma economia de mercado e de uma democracia liberal. Suas demandas foram alcançadas: dissolveu-se o partido, desmantelou-se o comando da economia, instalou-se uma democracia liberal e surgiram os mercados em cada esquina. Então, como Alexander Sergeyevich pode dizer que "nada mudou"? Nossa resposta tem dois níveis. Primeiro, na economia, as mudanças foram grandes, mas restritas ao setor de trocas, à esfera barulhenta do comércio. Enquanto as transações econômicas são guiadas cada vez mais pela busca do lucro mediante o comércio, praticamente nada mudou na produção. Segundo, a persistência do sistema soviético de produção impõe limites à política — a frágil democracia liberal de Moscou coexiste com políticas mercantis regionais que regulam a distribuição de bens, os investimentos, as cotas de exportação e os subsídios.

Para compreender tal situação paradoxal em que tudo e nada mudam, desenvolvemos um modelo de funcionamento de uma economia comandada, para ver como a sua desintegração permite o surgimento do capitalismo mercantil. Aplicamos então o modelo à indústria de carvão de Vorkuta, mostrando como se estabeleceram os monopólios, as permutas e as novas formas de política empresarial. Para concluir, perguntamos sob que condições o capitalismo mercantil poderia transformar-se em capitalismo moderno — que continua-mente revoluciona tanto os produtos quanto a sua produção. Ironicamente, os movimentos de trabalhadores criados para introduzir a economia de mercado acabaram absorvidos por uma nova forma da velha ordem. Se Vorkuta marcou a linha de frente de uma batalha pela economia de mercado, o caráter limitado dessa transição traz lições mais amplas.

Do socialismo de Estado ao capitalismo mercantil

Nossa análise da transição começa com um simples modelo da economia estatal socialista, baseado na apropriação e na redistribuição do excedente. O partido-Estado que dirige o aparato central de planejamento procura maximizar aquilo de que ele se apropria e minimizar aquilo que deve distribuir para as unidades econômicas. Empresas têm interesses opostos, maximizando o que é redistribuído e minimizando o que devem passar adiante. As relações de apropriação e redistribuição funcionam mediante o sistema de permuta — mais ou menos coercitiva—, conduzida no idioma do planejamento. Três aspectos dessa economia administrada são importantes para nossa discussão:

(*1*) Para fazer o planejamento funcionar, deve haver um sistema de delegação de interesses aos ministérios, depois aos conglomerados e finalmente às empresas. Isso dá à economia um *caráter monopolista,* uma vez que a produção dos mesmos bens e serviços por diferentes empresas é mais difícil de ser coordenada. A duplicação é vista como perda de tempo. Os monopólios são, além disso, consolidados pelo sistema emergente de permuta hierárquica em relação a metas, indicadores de sucesso e recursos. As empresas procuram aumentar seu poder em relação ao centro pela expansão e pela produção monopolizada de bens e produtos escassos.

(*2*) Na ausência de duras restrições orçamentárias que definam um fracasso econômico, a compulsão de crescer desperta um apetite insaciável por recursos e uma escassez na economia. Cada empresa sofre limitações do lado da oferta, muito mais do que do lado da demanda, como normalmente acontece nas empresas capitalistas. As empresas, portanto, procuram incorporar a produção de componentes em sua estrutura e enganar o comando da economia, entrando em um relacionamento informal com seus fornecedores. Esse sistema semilegal é organizado por contatos do partido.

(*3*) Na estrutura de uma economia administrada, por duas razões os trabalhadores exercitam considerável controle sobre as vendas. De um lado, com a política de pleno emprego, os trabalhadores têm poder para resistir a pressões contra sua autonomia. O resultado é um compromisso em que os trabalhadores tentam pôr em prática os planos na medida em que os administradores lhes dêem condições mínimas de vida. A empresa apresenta-se, então, como uma frente unida na barganha por um plano menos rigoroso.

O que acontece com o comando da economia quando o partido se desintegra e o centro deixa de comandar? Longe de entrar em colapso, *os monopólios preexistentes ganham força*. Não mais sujeitos ao controle do partido ou dos ministérios, suas tendências monopolistas ganham corpo. Baseados em entrevistas realizadas com gerentes entre 1990 e 1991, Simon Johnson e Heidi Kroll observaram que muitas empresas reagiram a seu desligamento dos ministérios criando "novas organizações verticais" próprias e consolidando ou mesmo ampliando suas posições monopolistas.[4] Os conglomerados locais que protegem os interesses das empresas em determinada indústria agem como grandes *tradings*, com monopólio sobre determinados recursos e produtos.

Ao mesmo tempo, a quebra do comando da economia leva a ao aumento das trocas *laterais*, que anteriormente eram estritamente controladas pelo ministério e pelo partido. As relações comerciais entre empresas em uma economia recessiva, em que o dinheiro tem valor limitado, fazem crescer as trocas diretas. Uma determinada empresa é, portanto, tanto mais forte quanto mais necessários forem seus produtos. Johnson e Kroll também observam a restauração de uma velha estratégia para lidar com a escassez criada pela economia centralizada.

A terceira dimensão de nosso modelo diz respeito ao regime político das empresas. A decomposição do planejamento central deu-lhes considerável autonomia para lidar com um ambiente cada vez mais cheio de incertezas. O interesse comum que, contra o aparato de planejamento central, mantinha unidos diferentes grupos dentro da empresa evaporou-se e em seu lugar surgiram diferentes facções da administração, lutando por estratégias econômicas. Nesse processo, os trabalhadores continuam sem ter representação efetiva, mas cada grupo de gerentes apresenta suas estratégias alegando que elas servem ao interesse de todos os trabalhadores.[5] Tentar conquistar o apoio dos trabalhadores é mais do que uma tática de luta política, é uma necessidade, já que eles passam a ter mais controle das vendas. Sob o regime soviético, os trabalhadores tinham considerável controle sobre o processo de produção devido ao poder que as garantias sociais lhes davam, já que era necessária certa autonomia para enfrentar os tempos recessivos e porque a administração estava mais interessada em cumprir o planejamento e obter as matérias-primas do que em controlar o trabalho. Com o colapso do partido, a supervisão nos locais de trabalho tornou-se ainda mais frouxa e os gerentes passaram a prestar ainda mais atenção a outros aspectos da empresa. O resultado foi o aumento do controle dos trabalhadores sobre a produção.

De um lado, as mudanças após o colapso da antiga estrutura aprofundaram alguns problemas da velha ordem. Mas, de outro, podem ser vistas como o início do mercantilismo, uma vez que a força motora por trás das estratégias das empresas e de conglomerados é a maximização dos lucros através do comércio, vendendo pelo melhor preço e comprando o mais barato possível. O capitalismo mercantil não tem seu próprio sistema de produção, tirando proveito dos sistemas preexistentes, sem necessariamente alterá-los.[6] Da mesma maneira que historicamente o capitalismo mercantil tendeu a reforçar as formas feudais de produção, na Rússia a expansão do comércio preservou e não destruiu a empresa soviética. Mais do que procurar transformar a produção, os administradores lutam para maximizar o retorno proporcionado por seus produtos. Isso significa dizer que a produção está subordinada ao capitalismo mercantil, e não o contrário. Como comerciantes nas primitivas cidades modernas, os altos administradores russos antecipam seus lucros do comércio mediante regulamentação política. Usam seu relacionamento com os órgãos do governo herdados dos tempos soviéticos para assegurar seus subsídios, créditos, licenças de exportação e, ao mesmo tempo, asfixiam a acumulação independente de capital.

Para Max Weber, a característica do capitalismo moderno é "a organização racional do trabalho formalmente livre", que exige inovações contínuas no processo de produção. Isso depende, primeiro, da competição entre os capitalistas que estimulam a inovação para sobreviver. Naturalmente, como sabemos a partir de estudos realizadas em diferentes economias capitalistas, incluindo as do leste da Ásia, a competição pode ser organizada de várias maneiras, mas em qualquer uma delas há competição. Segundo, a competição leva à inovação apenas se o controle do processo de produção capitalista, a subordinação formal do trabalho ao capital, determinar como, quando e com que recursos os funcionários devem trabalhar. Mais uma vez a literatura sobre a organização do trabalho demonstra que não há uma forma de organizar o controle da administração, mas que deve haver algum controle. Finalmente, o controle da administração pressupõe alguma forma de mercado nos fatores de produção, em particular do trabalho e do capital. Resumidamente, a transição russa para o moderno capitalismo requereria a transformação dos monopólios em empresas competidoras, capazes de barganhar no mercado de trocas, e controle dos trabalhadores como parte do controle administrativo. Então, sim, haveria uma verdadeira revolução.

Nas seções seguintes examinamos cada elemento dessa teoria de transição, conforme ela se aplica à indústria de carvão de Vorkuta. Durante seis semanas, em junho e julho de 1992, passamos um, dois e algumas vezes três dias em oito das treze minas, tanto nos subterrâneos quanto na superfície. Entrevistamos e reentrevistamos administradores, gerentes e sindicalistas independentes, membros atuais e antigos dos comitês de trabalhadores, banqueiros, funcionários municipais e políticos locais. Após esses debates, reunimos o material na seguinte análise.

O conglomerado e a competição pelos subsídios

A economia de comando centralizado começou a ser simplificada em 1988, quando o planejamento foi substituído por ordens do Estado. As empresas podiam distribuir sua produção como quisessem, sem se ater obrigatoriamente às ordens recebidas. Desde janeiro de 1992, os conglomerados e as empresas que os integram passaram a ter autonomia ainda maior para distribuir sua produção, mas também deixaram de ter seu abastecimento garantido pelo Estado. Os velhos conglomerados ainda estão em funcionamento, o que não surpreende, muitas vezes com novos nomes, mesmo onde oficialmente banidos por decretos presidenciais. Eles continuam essenciais para o abastecimento e o fornecimento de vários produtos.

O governo russo, preocupado com a manutenção do controle sobre a distribuição de carvão para os complexos metalúrgicos, continua a operar o sistema de ordens do Estado por meio dos conglomerados. O Vorkuta Ugol delegou parte de sua autonomia, de modo a que as minas forneçam 83% de seus produtos conforme as ordens de Estado, ficando 17% livres para serem comercializados conforme desejarem. Os lucros obtidos com essa parte livre são divididos: o conglomerado retém 7% e a mina fica com os 10% restantes.

Ao mesmo tempo que o conglomerado passou a ter mais autonomia para distribuir seu carvão, o Estado também liberou o controle de preços. Os 17% podem ser vendidos pelo melhor preço obtido pela mina, mas os 83% relativos às ordens do Estado devem submeter-se a um preço artificialmente baixo e oficialmente estabelecido. No fim de julho de 1992, esse preço era inferior aos custos e a diferença ficava por conta dos subsídios fornecidos pelo Vorkuta Ugol. A maior autonomia do conglomerado descentralizou o aparato de planejamento, de modo que a luta entre o conglomerado e o Estado foi ofuscada pela luta dentro do conglomerado, entre as empresas, pela distribuição dos subsídios.

Essa luta interna tem dois componentes: o custo para a mina e o custo para o conglomerado. Este, além do custo para a mina, inclui as despesas com a infra-estrutura social (fazendas coletivas, produtores de leite, creches, departamento de água e esgoto, entre outros) e com o aparato do conglomerado em si. O preço para o conglomerado é aquele cobrado do Estado, isto é, o preço recebido pelo conglomerado. Embora a relação entre os dois custos seja um segredo cuidadosamente guardado, os diretores das minas com quem falamos mencionaram algo em torno de 40%.

Isso deixa 60% da renda recebida do Estado para distribuir como subsídios para a área social e como forma de manutenção do aparato do conglomerado. Alguns diretores de minas queixam-se de que parte significativa dos subsídios (não sabem exatamente quanto) volta para a associação Rossiya Ugol (Carvão da Rússia), um grupo de defesa de interesses políticos em Moscou que em nome das minas barganha com o Ministério do Combustível.

É do interesse de cada mina aumentar seu preço e aproximar-se do preço do conglomerado, mas a administração deste exige cuidadosa documentação das justificativas para qualquer aumento de custo. Ao conglomerado interessa manter baixo o preço para a mina e guardar para si a maior parcela possível. Contudo, as minas que conseguem maior eficácia e menores preços, devido aos ricos depósitos de carvão ou a modernos equipamentos, recebem menos do que as mais pobres, minas velhas, com menor produção. Em um contexto de ideologia de mercado e autofinanciamento, as minas mais ricas se ressentem do fato de ter que subsidiar as mais pobres. Por isso, no outono de 1989, os mineiros da maior, mais lucrativa e mais nova mina — Mina 1 — entraram em greve pela independência de sua mina.[7] Ela necessitava pouco do conglomerado, uma vez que sua comunidade é bem provida de lazer e de habitação. Como resultado da greve, a Mina 1 conseguiu sua separação do Vorkuta Ugol, mas agora está diretamente subordinada ao Ministério do Combustível e Energia. Um engenheiro destaca as vantagens: "Nossos chefes estão longe, em Moscou, e não na casa ao lado."

O perfil produtivo da Mina 2 mostra outros motivos para que seus diretores almejem a independência. O Estado vinha aproximando dos preços para a mina os preços de venda por atacado. Por exemplo: no início de 1992 o preço do atacado era 35 rublos a tonelada e, seis meses mais tarde, passou a 800 rublos a tonelada, mas o preço para a mina tinha passado de 935 rublos a tonelada para 1.175 rublos. Se os outros preços permanecessem inalterados, o que não aconteceria, o aumento de 1.300 rublos no preço do atacado tornaria a mina independente de subsídios. O diretor achava que, conquistando a independência do conglomerado, poderia adotar estratégias mais inovadoras e profissionais.[8]

A Mina 2 não apenas estava se tornando menos dependente dos subsídios, como também estava perdendo a batalha por esses subsídios. Uma vez que não há um sistema que garanta o acesso a eles, cada mina apresenta seus motivos para ter seus custos elevados junto ao órgão executivo do conglomerado. A disputa pelos subsídios é uma luta política e, nela, o diretor da Mina 2 estava em desvantagem. Sua história pessoal era de independência política, o que o deixava em má situação junto aos administradores do órgão executivo do conglomerado. Em 1990, foi eleito deputado do Soviete Supremo de Komi e, em junho de 1991, encorajou abertamente a dissolução do partido na mina, para tristeza do secretário local do partido. Antes disso, havia sido o único diretor a apoiar as greves de trabalhadores e até mesmo a defendê-los nos tribunais. Naturalmente, houve vantagens econômicas com esse apoio — quando os mineiros em greve foram a Moscou barganhar com o governo, puderam incluir entre suas demandas a exigência de novas tecnologias. Mas também houve custos. Ele foi marginalizado do conglomerado e passou a ter sérias dificuldades junto ao seu órgão executivo.

Como os subsídios do governo russo para cobrir os custos de produção não estavam mais garantidos, o Vorkuta Ugol queria encerrar as operações mais caras e que não atendiam a seus interesses políticos. É o caso da Mina 3, apropriadamente chamada "Vale da Morte" pelo povo local. Ela fica a cerca de 60 quilômetros ao norte de Vorkuta, numa área ainda mais desolada, ao pé dos Urais. Sua única ligação com o sul é uma estrada de ferro. Cruzes de madeira para os mortos e torres de controle lembram constantemente os tempos dos campos de trabalho, embora há muito tempo estes tenham acabado em Vorkuta. Fora da mina, não há nenhuma outra possibilidade de emprego para seus 4 mil habitantes, muitos dos quais migraram da região mineira de Donetsk na Ucrânia em busca de melhores salários. A comunidade simplesmente acabaria se a mina fosse fechada. Seu custo de produção de carvão é mais alto do que em qualquer outra mina e sua administração pouco competente é politicamente indefensável quando se trata de ameaças de fechamento. Na época de nossas pesquisas, Vorkuta Ugol planejava livrar-se da Mina 3 e passá-la à administração direta de Moscou.

Enquanto o Estado quiser a garantia do fornecimento de carvão para sua indústria metalúrgica, a produção será subsidiada e o trabalho continuará no Vorkuta Ugol. Mas a descentralização do sistema de permuta que caracterizava o velho planejamento deve continuar, de modo que cada mina lute para maximizar o que extrai do conglomerado e minimizar o que lhe concede. Essas relações hierárquicas estabelecem os parâmetros dentro dos quais cada mina recebe os produtos de que necessita e distribui seu carvão.

Combinando permuta e ordens do Estado

A economia soviética era de escassez. A propriedade central dos meios de produção e a direção centralizada da economia fomentaram a permuta, em que o poder político tinha mais valor do que a eficácia econômica, e as limitações orçamentárias não eram rígidas. As empresas procuravam aumentar o seu poder, muitas vezes ampliando-se ou mediante o monopólio da produção de bens e serviços. Isso levou a um insaciável apetite por recursos materiais e humanos. A escassez levou à acumulação, que por sua vez gerou mais escassez. A economia sofria limitações de abastecimento, e a primeira tarefa dos administradores não era encontrar consumidores, já que havia muitos, mas encontrar matérias-primas para garantir a produção. Em nosso estudo de 1991 sobre uma fábrica de borracha e outra de móveis, constatamos problema ainda mais grave de abastecimento.[9]

O que nos impressionou em nossas entrevistas com os administradores de Vorkuta era sua relativa falta de interesse pelos problemas de abastecimento. Um motivo era o fato de a indústria de carvão necessitar apenas de algumas matérias-primas simples, como madeira e aço. A única escassez de que ouvimos falar foi a de trabalho. A baixada de Pechora vem sofrendo cada vez mais de falta de mão-de-obra porque as pessoas partem em busca de um lugar menos difícil para viver. Apesar dos salários muito altos, por falta de recursos humanos, as minas não conseguem mais alcançar as metas estabelecidas. A situação é mais grave em algumas, onde a mão-de-obra disponível fica 20% abaixo da necessidade. Mas, além da falta de gente para trabalhar, o problema é que os primeiros a deixar a região são justamente os mais jovens. Os que já se acostumaram à vida em Vorkuta ou simplesmente não têm dinheiro para partir são os que ficam. Alguns acreditam que no futuro Vorkuta será uma cidade de aposentados e de trabalhadores contratados especificamente para determinadas funções. Conversamos com o presidente de uma associação de amigos da Ucrânia que viveu muitos anos em Vorkuta como vítima da repressão. Ele disse que atualmente 13% da população de Vorkuta são ucranianos e um terço não tem dinheiro para voltar à Ucrânia. Encontrar um lugar para viver com aposentadorias muito pequenas torna-se um problema cada vez maior. A independência da Ucrânia só aumentou as dificuldades, já que o governo de Kiev não pretende ajudar os aposentados provenientes da Rússia.

Também tomamos conhecimento da luta pelas reservas de carvão. Na Mina 4, o engenheiro-chefe levou-nos a uma nova vertente, um pouco distante do resto da mina. O diretor local conseguiu apropriar-se das reservas da nova mina, passando por cima de Vorkuta Ugol e apelando diretamente para seus amigos em Moscou. O engenheiro-chefe tentava nos convencer de que, se fossem feitos os investimentos necessários, a nova mina poderia render uma fortuna. Não é necessário dizer que estava de olho nos recursos do Ocidente.

Embora se preocupem com as perspectivas de longo prazo da indústria de carvão de Vorkuta e da cidade, os administradores ficam absorvidos pelos problemas imediatos, como a venda do produto. De um lado, está o mercado interno, onde 83% da produção atendem às ordens de Estado. Como o governo central garantirá a venda do carvão? Dois terços do que é produzido em Vorkuta vão para o complexo de produção de aço de Cherepovets e outros 10% vão para o complexo de Lipiets.[10] Enquanto estávamos por lá, Cherepovets não pagou o carvão que recebera. Isso era parte de uma cadeia de dívidas em que estavam envolvidos também os compradores de aço. A situação deteriorou-se a tal ponto que o Vorkuta Ugol decidiu suspender o envio de material para Cherepovets.[11] Na Mina 1, os administradores tentavam fazer acordos para limitar o problema, como receber máquinas produzidas em Cherepovets como pagamento pelas dívidas do complexo de aço para com a mina.

O problema não é simplesmente de fluxo de caixa, mas o declínio secular na demanda por carvão. Uma mudança geral na política energética deu prioridade ao gás e ao petróleo.[12] Haverá queda ainda maior na demanda por carvão à medida que o complexo industrial militar encolha. E houve redução na produção nos últimos anos, devido em parte às longas greves, especialmente em 1991. A preocupação mais imediata dos administradores das minas, estimulados pelos sindicatos, pelos sovietes e pelo Conselho de Trabalho Coletivo (STK), era como maximizar o retorno de seus 17% de produção, além de qualquer plano de superprodução. Eles podem vender o carvão para outros países da Comunidade de Estados Independentes (CEI), particularmente para as repúblicas bálticas, que necessitam muito dele, e conseguir alguns lucros. Essa era a estratégia da Mina 2, uma vez que produz apenas carvão de baixa qualidade. Mas isso requeria negociações com as autoridades da alfândega e uma rede de conexões que apenas alguém com fortes laços políticos poderia levar adiante.

A maior parte das minas produz carvão de alta qualidade que pode ser transformado em coque para produção de aço. Elas permutavam o carvão que produziam no mercado europeu, trocando-o por produtos de consumo ocidentais ou mesmo (embora raramente) por novas máquinas para as minas. Uma cadeia de intermediários, empresas comerciais basicamente, faz a ligação de Vorkuta com Moscou ou São Petesburgo e daí com atacadistas europeus (freqüentemente alemães). Essas permutas resultam em grandes negócios e algumas minas têm um sofisticado sistema de distribuição de lucros entre seus empregados. Na Mina 6, por exemplo, com 5.600 rublos os trabalhadores compram bens que valem até 10 mil dólares,[13] isto é, com câmbio em que um rublo compra quase dois dólares. Nesse caso estão televisores, vídeos, liquidificadores, refrigeradores, carros e até automóveis. Os mineiros não só ganharam grandes aumentos salariais como também tornaram-se capazes de comprar cobiçados produtos de consumo ocidentais. Já se cogitara inclusive a ampliação desse sistema, mediante a abertura de contas especiais para trabalhadores em moeda estrangeira. Mesmo assim, havia queixas dos trabalhadores contra injustiças do sistema de distribuição e aos longos atrasos na entrega dos bens. Mas iam sempre até o sindicato ou ao soviete para saber o que estava disponível através desse sistema.

Para exportar por meio de permutas, as minas precisam obter licenças distribuídas pelo Estado, normalmente pelo Vorkuta Ugol. Essas licenças ou cotas, como chamadas, são preciosas. As minas que não podem vender ao exterior normalmente fazem trocas com as que têm autorização para isso. A Mina 8, por exemplo, que produz carvão de baixa qualidade, obteve uma cota da Mina 1 para exportar em seu nome carvão de alta qualidade e, em troca, assumiu a ordem de Estado da Mina 5 para fornecer o produto que tem disponível. Uma vez conseguidos os produtos de consumo almejados, as minas os distribuem a seus funcionários e aos demais. Os produtos permutados pelas exportações de carvão podem ser encontrados nas ruas, nas lojas e até nas cooperativas.

As minas negociam as cotas com o conglomerado, embora muitos diretores das minas vão diretamente a Syktyvkar (capital de Komi) ou Moscou, onde, se for necessário, corrompem altos funcionários para consegui-las. Como acontece com os subsídios, a distribuição é organizada mediante processos políticos que ocorrem basicamente no âmbito do conglomerado. Como as companhias mercantis das cidades dos séculos XIV e XV, o conglomerado organiza um sistema de regulamentação do mercado e de monopólio urbano, enquanto restringe o comércio dos produtores independentes. Não surpreende a descoberta de que as velhas elites comunistas tenham se colocado no centro dessa rede de negociações. Por exemplo, o ex-secretário local do partido é agora responsável pela operação comercial do Vorkuta Ugol, encarregado de organizar as permutas de carvão. Como constatamos em Syktyvkar, emissários do partido ocupavam posições de poder político e econômico na cidade até mesmo antes do golpe de agosto de 1991. Instalados nessas posições, continuam a dirigir a cidade como antes.

Isso nos confundiu. Como é possível essa continuidade da velha ordem, após todas as reivindicações do movimento dos trabalhadores para que se pusesse fim ao domínio comunista e se instalasse uma economia de mercado, considerando o fato de que o comitê de greve dirigiu a cidade durante longos períodos entre 1989 e 1991? Mas, em Vorkuta pelo menos, as coisas deveriam ser diferentes?

De movimento grevista à política empresarial

Quando chegamos a Vorkuta, em junho de 1992, o movimento dos trabalhadores estava em baixa. O comitê de greve da cidade continuava a ser símbolo de grandes vitórias já conquistadas — que iam desde grandes aumentos salariais e mudanças nos códigos disciplinares até a remoção do partido comunista, o estabelecimento de sindicatos independentes e a chegada ao poder de seu líder Yeltsin, que substituiu Gorbachev; mas o comitê de greve não estava mais no centro da atividade política. Seu poder havia diminuído por várias razões. Primeiro, o Sindicato Independente dos Mineiros (NPG), constituído em agosto de 1990 e representando desde os profissionais que trabalham no subsolo até os supervisores, tinha assumido praticamente as funções do comitê de greve. Segundo, os oito representantes do comitê eram pagos pelas minas, o que talvez restringisse sua independência. Terceiro, muitos dos principais líderes do comitê haviam assumido postos políticos em Moscou, ou mesmo em Vorkuta, ou ainda haviam criado negócios próprios.[14] Quarto, o comitê de greve tornou-se reticente em convocar greves por medo de que elas desestabilizassem o governo. Eles não queriam criar problemas para Yeltsin, que consideravam sua "última esperança".

Tudo aconteceu durante o verão de 1992, em plena crise financeira. Desde o início do ano, os aumentos nos salários dos trabalhadores mal conseguiam acompanhar a galopante inflação. Isso resultou em grande escassez de dinheiro — escassez que poderia pôr fim a todas as outras. O governo simplesmente não imprimiu dinheiro suficiente para fornecer à população. Trabalhadores de todo o país deixaram de receber seus salários. Em Vorkuta, o fornecimento de dinheiro variava de mina para mina, dependendo da influência dos administradores junto aos gerentes de bancos e às reservas disponíveis. Os funcionários só podiam retirar determinada quantidade de rublos por dia e mesmo assim se passassem algumas horas nas filas. As lojas de Vorkuta receberam instruções para introduzir um sistema de crédito para que as pessoas tivessem acesso aos produtos básicos para alimentação. A crise financeira ocorreu em um momento particularmente difícil, quando a maioria dos trabalhadores se preparava para passar suas férias habituais no Sul. Os mineiros de Vorkuta consideram direito adquirido mandar seus filhos para centros de recreação no verão ou visitar parentes em outras partes do país. Naquele ano, muitas famílias não puderam fazê-lo ou tiveram grandes dificuldades para conseguir a quantia necessária.

Organizaram-se reuniões para preparar greves. O comitê de greve da cidade propôs que como advertência as atividades fossem interrompidas por um dia (22 de junho) e apoiou a convocação da Federação Russa de Sindicatos Independentes para uma greve geral em 1º de julho. Contudo, em ambos os casos, as convocações foram totalmente ignoradas. Os mineiros talvez não tivessem se entusiasmado tanto com a idéia de propagar o fato de que os salários que recebiam então eram dez vezes maiores do que a média no país. Mas, mais importante, estavam desiludidos com os resultados das greves de 1989 e 1991. A inflação estava corroendo seus salários, o partido havia entrado em colapso e a cidade continuava a ser dirigida pela mesma elite, o abastecimento nas lojas e as condições de habitação não tinham melhorado, o Parlamento já havia mostrado sua ineficácia e o colapso do comando da economia tinha gerado incerteza e insegurança.[15]

Sensível ao desânimo de seus integrantes, o Sindicato Independente de Mineiros (NPG) insurgiu-se contra a greve, argumentando que não adiantaria nada, uma vez que não seria possível criar milagrosamente mais dinheiro. Além disso, o governo não se sentiria ameaçado pela greve. O carvão já se acumulava em Vorkuta porque os compradores não conseguiam pagar suas aquisições. Alguns até mencionaram a possibilidade de que o governo tivesse interesse na greve. Além de considerações estratégicas sobre o sucesso da greve, o NPG tinha interesses próprios. A sede do sindicato era no mesmo prédio da Vorkuta Ugol e geralmente apoiava as decisões do conglomerado. O governo russo deu 40 milhões de rublos para o NPG estabelecer-se. A direção pagava um funcionário para ficar em cada mina e autorizava cada uma delas a reter toda a contribuição de seus integrantes (1% do salário), para que suas finanças não dependessem de qualquer defesa militante dos interesses da categoria. De fato, seus principais executivos pareciam dedicar-se tanto às operações comerciais do sindicato quanto à defesa dos interesses dos trabalhadores, e muitas vezes não se mostravam capazes de distingui-las.[16] Se os interesses ocultos e as desilusões conseguiram enfraquecer o *compromisso* dos mineiros com as greves e com seus órgãos representativos, a ampliação da autonomia das minas, particularmente os discricionários 17% da produção, reduziu a *solidariedade* da classe trabalhadora. Como se pode ver, o planejamento descentralizado levou o conglomerado a vivenciar lutas entre as minas pelas cotas e pelos subsídios. As condições específicas de cada mina — o tipo de carvão produzido, a idade da mina, suas reservas e naturalmente a influência de seu diretor — efetivamente dividiram a categoria. À medida que as estratégias administrativas tornavam-se mais importantes, as organizações de trabalhadores concentravam seus esforços na tentativa de controlar o gerenciamento.

A base desse controle já se estabelecera nas eleições para as direções das minas em 1989 e 1990. Embora os candidatos fossem administradores conhecidos, que apenas mudaram de uma mina para outra, tratava-se ainda de um controle pouco efetivo do poder por parte dos trabalhadores. Os administradores não precisavam apelar aos trabalhadores e fazer promessas e planos para eleger-se. Em cada mina, tanto o sindicato oficial quanto o independente, tanto o STK quanto o soviete da empresa ou uma combinação dos dois, tinham importantes papéis de representação dos trabalhadores diante da administração. Eram particularmente ativos na distribuição de benefícios e permutas e nas estratégias para a venda de carvão. Monitoravam cuidadosamente as tentativas de a direção garantir o acesso de alguns privilegiados às permutas. E a direção tinha de viver sob essa vigilância constante, ameaçada de demissão pelo coletivo dos trabalhadores.

De fato, foi justamente o que aconteceu em uma das minas. A Mina 7 era a mais rica depois da Mina 1. Lá estavam os trabalhadores mais radicais, que, em março de 1989, lideraram as greves não apenas em Vorkuta mas também em outras regiões da URSS. A mina manteve sua tradição de radicalismo. O diretor eleito em 1990 rapidamente deixou muita gente insatisfeita no NPG e no soviete por não ter atendido a seus pedidos. Fizeram-se três tentativas de afastá-lo do posto. Em 1991, foi acusado de ser controlado pelo conglomerado, fazendo acordos que beneficiavam apenas a si próprio. Uma reunião do coletivo de trabalhadores foi convocada para demiti-lo, mas fracassou, porque, no entender dos líderes do soviete e do NPG, o diretor usou o encontro para distribuir carros e refrigeradores para pessoas-chave. A segunda tentativa foi no início de 1992, quando o diretor se recusou a trabalhar com a TAN.[17] De acordo com o presidente do soviete, ligar-se à TAN teria assegurado aos trabalhadores o abastecimento de alimentos básicos e outros bens de consumo. Entretanto, na reunião convocada para demitir o diretor, ele conseguiu desacreditar a proposta do soviete, alegando irresponsabilidade do representante da TAN no comitê de greve. Finalmente, convocou-se um terceiro encontro em maio, ocasião em que o diretor foi acusado de não conseguir melhorar as condições na mina — especificamente os vestiários e a cantina. Houve, então, um voto de desconfiança contra o diretor, que sequer tinha ainda o apoio do conglomerado.

As lutas políticas dão-se de forma diferente em cada mina. A idade da mina, as reservas e a qualidade do carvão estabelecem limites dentro dos quais cada tipo de administração e a história das relações industriais moldam as formas específicas de política empresarial. Em seu estudo sobre os mineiros de Donetsk, Siegelbaum e Crowley também notaram consideráveis diferenças entre as minas. Eles comparam uma mina onde "os trabalhadores ficam totalmente dependentes da empresa e de sua administração" com outra "onde o ativismo levou a um padrão de relacionamento trabalhista que pelo menos se parecia com o estabelecido através do sindicatos".[18] Apesar de todas as diferenças entre as minas e entre Vorkuta e Donetsk, tudo indica que o movimento dos trabalhadores está hoje mais inclinado a uma política empresarial. Essa tendência intensifica-se à medida que as empresas desenvolvem seus planos de privatização.[19]

Nesse novo padrão de relações industriais, como fica a produção? Sob a ordem soviética, como já explicamos, a escassez endêmica levou os administradores a delegar o controle às fábricas, uma vez que a garantia de emprego e a escassez de trabalho limitavam a sua capacidade de controlar efetivamente a produção. As incertezas e os perigos, bem como a necessidade de maior cooperação, tornaram a autonomia dos trabalhadores ainda mais importante. Mesmo assim, as fronteiras dessa autonomia eram rigorosas e policiadas com códigos de disciplina draconianos, conhecidos como *krepnestoye pravo*, cuja violação poderia significar a perda de todos os benefícios, prêmios, férias, acesso a serviços sociais como jardim de infância e a possibilidade de ser transferido para outro local de trabalho.

Não conseguimos descobrir como se colocou em prática esse regime feudal antes das greves de 1989, mas certamente seu fim formal apresentou uma das primeiras vitórias dos movimentos dos trabalhadores. Considerando o número de vezes em que os administradores se referiram à deterioração da disciplina, podemos deduzir apenas que os trabalhadores têm agora até mais controle da produção do que antes. O controle da direção já havia sido reduzido quinze anos atrás, quando o *gorny master* (o primeiro nível de supervisor) perdeu seu poder de garantir e retirar bônus dos trabalhadores. Desde então sua principal responsabilidade tem sido garantir a segurança do local de trabalho — o que é bastante difícil, considerando o mau estado dos equipamentos. O *nachal'nik*, supervisor de nível dois, tornou-se responsável pela distribuição dos bônus. Mas, desde as greves, até mesmo seu poder foi limitado pelas pressões igualitárias. Não é apenas questão de poder administrativo, mas também de oportunidades e interesses. O futuro é tão incerto e as taxas de juros tão elevadas que os administradores preocupam-se menos com o investimento produtivo do que com a obtenção de subsídios, cotas e permutas.

"Quanto mais as coisas mudam, mais permanecem iguais." Agora podemos entender melhor a afirmação de Alexander Sergeyevich. Sublinhando a retórica revolucionária ao lado da democracia e do mercado, o mundo soviético continua existindo. De um lado, as relações de troca e a distribuição sofreram grandes mudanças, marcadas pela liberalização dos preços, o aumento das permutas, o desenvolvimento de cooperativas e o advento de uma cultura de consumo. Tudo isso é abrangido pelo surgimento de *estruturas comerciais*. De outro lado, as velhas relações de produção continuam existindo. A produção ainda é organizada conforme os ditames de uma *economia redistributiva*. Os monopólios retêm o controle da oferta de produtos vitais e os trabalhadores continuam a controlar a produção. Devemos agora pensar em duas questões óbvias: o quão típica é a indústria carvoeira e será este apenas um estágio transitório no caminho para o capitalismo moderno?

Do capitalismo mercantil ao capitalismo moderno?

Conceitos não são inocentes: nos sensibilizam para problemas específicos. No nosso caso, não adotamos o conceito de capitalismo mercantil para dizer que a Rússia está voltando ao passado, mas para questionar o seu caminho para um futuro radiante (capitalista). Trata-se de uma visão, compartilhada por Marx e Weber, de que um revolucionário separa capitalismo mercantil de capitalismo moderno. Especificamente, uma analogia histórica sugere três proposições: a primeira, que já discutimos, diz respeito à ascensão do capitalismo mercantil, enquanto a segunda e a terceira tratam da transição do capitalismo mercantil para o capitalismo industrial.

(1) A desintegração do socialismo de Estado permite o surgimento do capitalismo mercantil, e não do capitalismo moderno. Historicamente, o capitalismo mercantil surgiu dentro do feudalismo e era parasítico em relação às classes feudais dominantes. Trata-se de um capital que depende do Estado para existir e para crescer e, portanto, tem afinidade com sociedades parcialmente soberanas, como o feudalismo e o Estado socialista, em que a política e a economia se fundem, em que a produção depende de fatores extra-econômicos. Como no absolutismo, o Estado pós-soviético proporciona as condições que levam ao capitalismo mercantil.

(2) O capitalismo mercantil não evolui espontaneamente para o capitalismo moderno. Ele ergue as barreiras para a sua própria transformação; tende a preservar, mais do que dissolver, os sistemas de produção existentes. Normalmente, a busca do lucro baseado no comércio reforça formas pré-capitalistas de produção, exatamente como preserva o sistema soviético de produção.

(3) O capitalismo mercantil inibe o desenvolvimento independente do capitalismo moderno. Ele não apenas tende a conservar as formas de produção existentes, de que depende, mas

também tenta conter o crescimento de uma indústria capitalista que pode tornar-se sua rival. Exceto sob circunstâncias excepcionais, a aliança do capitalismo mercantil com as classes dominantes feudais e o Estado absolutista impede o surgimento de um moderno capitalismo auto-sustentável. Do mesmo modo, os laços clientelistas entre os administradores russos e os órgãos de poder político evitam o surgimento de uma burguesia autônoma.

Essas proposições podem ser aplicadas a nosso estudo da indústria do carvão. Envolvidos em redes de comércio, os administradores dedicam-se a reduzir os custos dos insumos e a maximizar o retorno da produção. Esse regime de capitalismo mercantil permanece em torno do conglomerado, que preserva seu monopólio sobre os subsídios e as cotas distribuídas pelo governo russo. Por um lado, o governo opera através do conglomerado para assegurar o fornecimento de carvão à indústria de aço. Por outro, os conglomerados — e aqui estamos falando não apenas do Vorkuta Ugol, mas do complexo militar-industrial em geral — desenvolvem poderosos *lobbies* políticos, como a União Cívica, para manter o sistema de subsídios e créditos. Em outras palavras, o capitalismo mercantil dá margem à política mercantilista, que almeja proteção e condições favoráveis para realizar suas vendas, para ficar em dia com o fisco, e assim por diante.

O capitalismo moderno, portanto, tem mais condições de desenvolver essas empresas estatais fora ou na periferia do complexo militar-industrial? Certamente, essas indústrias devem ser liberadas do controle central. Em junho, voltamos à indústria madeireira que tínhamos estudado um ano antes e descobrimos que o governo russo tinha cortado muitos de seus laços com o conglomerado. A indústria tinha perdido o controle dos preços das toras que antes impunha aos locais de produção — muito inferiores a seu próprio preço de venda. O conglomerado tentava recompor-se, criando novas corporações, fora das empresas de madeira, mais rendosas, para, utilizando-as como isca, atrair investimentos franceses. Existe alguma razão para acreditar que esse conglomerado reconstituído se comportará de modo diferente?

Quais são as chances de as empresas excluídas do conglomerado reconstituído, ou as que o abandonaram, tornem-se competidoras pela produção mais eficiente? Terão acesso às matérias-primas e ao capital agora que estão fora do conglomerado? Pode alguma delas sobreviver no capitalismo mercantil como empresa privada independente, habitualmente identificada como cooperativa? Mais uma vez o quadro está longe de ser auspicioso, porque as empresas estatais não têm permitido às cooperativas a autonomia necessária para crescer como organizações produtivas independentes. Com exceção da indústria da construção, onde existem de fato alguns pequenos empresários privados, as cooperativas ou se organizam dentro das empresas estatais ou na qualidade de firmas comerciais que funcionam como intermediárias entre as estatais, como substituto político de um verdadeiro mercado.[20] Naturalmente, não será surpresa se as cooperativas não florescerem na indústria do carvão, que requer grandes investimentos. Mas mesmo na indústria madeireira, onde são grandes as oportunidades para investimentos de menor escala, as velhas empresas mantêm o monopólio da produção, controlando recursos, crédito e distribuição.

Portanto, como na transição do feudalismo, na transição do socialismo de Estado, o capitalismo mercantil cria obstáculos ao crescimento do capitalismo industrial. Entretanto, pode-se argumentar que o recurso à história pode confundir. Uma coisa é falar na gênese do capitalismo moderno dos séculos XVII, XVIII e até mesmo XIX, outra é considerar seu desenvolvimento no século XX, em que o capitalismo já se consolidou como sistema mundial. De fato, pela teoria da modernização, o capitalismo ultrapassará as trincheiras da economia centralizada, à medida que o Estado totalitário ruir.[21]

Contudo, a história real do desenvolvimento capitalista na segunda metade do século XX oferece um cenário mais pessimista. Uma vez que as barreiras são rompidas, o capital internacional torna-se predatório em relação aos novos candidatos ao mundo capitalista, saqueando as riquezas desses países sem fazer investimentos proporcionais. Quando o capital internacional assume a forma de capitalismo mercantil, cria um subdesenvolvimento não apenas porque explora, mas porque deixa intactos os sistemas de produção.[22] O problema agrava-se quando o capital estrangeiro se considera incapaz de investir, exceto em parcerias com conglomerados domésticos de capitalismo mercantil.[23]

Geralmente, as teorias sobre o subdesenvolvimento alegam que a gênese do capitalismo é de fato muito diferente quando já existe um sistema capitalista no mundo, mas não como antecipado pela teoria da modernização. Quanto mais tarde uma sociedade parte para o capitalismo, mais suas vantagens são drenadas para as economias mais avançadas à sua volta.[24] O desenvolvimento do capitalismo nas metrópoles gera subdesenvolvimento na periferia. Nesse aspecto, mergulhar na economia internacional não é a maneira correta de fazer a transição do socialismo estatal para o capitalismo. "Terapia de choque" torna-se apenas choque, sem terapia.

O escudo protetor do comunismo pode ser um maior estímulo ao desenvolvimento do que a estratégia russa, inspirada pelo Ocidente, de derrubar todas as barreiras comerciais. Os sucesso das reformas econômicas na China exemplifica bem essa questão. Victor Nee, por exemplo, mostra como os governos regionais e locais da China criaram novas empresas estatais voltadas para o mercado e firmas privadas, impulsionando o país em direção a uma economia mista.[25] Como é diferente da Rússia, que consolida conglomerados estatais monopolistas! Ao preservar seu escudo comunista, a China move-se em direção à economia de mercado mais rapidamente do que a Rússia. O caso húngaro é igualmente instrutivo. Sob o guarda-chuva do socialismo de Estado, vinte anos de reforma econômica substituíram o planejamento físico pelo planejamento fiscal, criaram mercados consumidores e uma moeda relativamente estável, com um rudimentar sistema bancário e de crédito, bem como uma saudável estrutura de empresários independentes.[26] Ironicamente, a URSS subsidiava o desenvolvimento dessa economia mista, mas, com o desaparecimento do comunismo, até a Hungria está enfrentado dificuldades para navegar nos mares da competição internacional. Então a transição na Rússia deve ser muito mais difícil, já que ela está tentando estabelecer as mesmas instituições de um dia para outro, sem qualquer tipo de proteção?

A teoria do subdesenvolvimento foi criticada por causa de seu reducionismo econômico e de seu determinismo, por inverter mais do que corrigir a teleologia otimista da teoria da modernização, bem como por ignorar as exceções como os países de industrialização recente. O subdesenvolvimento torna-se um desenvolvimento dependente quando, em vez da auto-suficiência econômica, os Estados tiram vantagem de sua posição na ordem mundial pela construção de alianças entre o capital nacional e o internacional.[27] Teorizações recentes, por exemplo, argumentam que a acumulação capitalista em países menos desenvolvidos requer um Estado suficientemente forte e suficientemente autônomo.[28] Quão preparado está o Estado russo para administrar essa transição rumo ao capitalismo moderno? Primeiro, o Estado continua infestado por forças políticas que impedem a sua autonomia. Segundo, ele perdeu a capacidade (que um dia talvez tenha tido) de regular a economia. A partir de estudos sobre a situação econômica russa, como o nosso, fica claro que a política do Estado tem sido especialmente ineficaz na implementação de seus objetivos.[29] Terceiro, no nível ideológico, a rejeição de uma economia centralizada e a adoção do livre mercado não favorecem o papel do Estado na construção do caminho para um capitalismo moderno.

Se é difícil falar de estratégias de um Estado tão fraco e incoerente como o russo, temos de nos voltar para a teleologia do subdesenvolvimento — uma que enfoque mais o modo como as forças locais determinam o crescimento econômico.[30] O diversificado quadro do desenvolvimento que surge dessa abordagem explica, por exemplo, por que a ordem soviética se rompeu de forma tão dramática na indústria madeireira, em que a situação ficou ainda pior do que no caso do carvão. A mobilização dos trabalhadores da indústria carvoeira foi importante para preservar a proteção do Estado, enquanto os trabalhadores da indústria madeireira não se mostraram capazes de ter a mesma influência. Mesmo dentro da indústria carvoeira existem grandes diferenças. O isolamento da Mina 2 e seu precário futuro enfraquecem os trabalhadores e limitam as inovações, enquanto o melhor equilíbrio de forças na Mina 7 conduz a novas e melhores formas de comercialização.

De modo geral, reformas econômicas e capital estrangeiro combinam-se com as forças de produção existentes para criar efeitos desiguais. Uma fábrica de móveis bem situada comercialmente enfrenta menos pressões no sentido da inovação do que uma fábrica de borracha que não se mostra capaz de administrar uma ampla gama de insumos e produtos. Enquanto aquela continua a confiar em seus velhos acordos produtivos, esta experimenta continuamente novas formas de organização. Mas geralmente as pressões pela inovação são mais fortes onde os recursos são mais escassos e, onde, portanto, as novidades têm menos possibilidade de êxito.[31] Apesar disso, essa pers-pectiva teórica que dá atenção às diferenças institucionais entre os setores, dentro dos setores e entre as empresas, e até mesmo dentro das empresas, entre os departamentos, permite ver diferentes possibilidades de trajetórias de desenvolvimento.

Se a diversidade de respostas dá lugar à esperança, a situação parece bem mais difícil. Por causa de todas as desigualdades de seu desenvolvimento econômico, o legado do passado conspira com o contexto internacional para dar ao capitalismo mercantil uma presença poderosa. Não importa como evoluirá a atual corrida entre os diferentes ramos do Estado; a tarefa de sair de uma economia que busca o lucro a partir do comércio para uma que busca o lucro a partir da transformação da produção é desencorajadora. Temos, portanto, de contemplar a triste hipótese de que a Rússia esteja, mais uma vez, tentando uma transição utópica. Somos forçados a perguntar até que ponto a transição do socialismo para o capitalismo será mais fácil do que a transição no sentido inverso. Ou, mais especificamente, se as condições para a transição de um capitalismo mercantil para um capitalismo moderno são mais propícias do que para a transição do socialismo de Estado para um socialismo democrático. E até que ponto a ideologia do mercado não tem o mesmo papel de sua predecessora, a ideologia socialista, ampliando o abismo entre a dura realidade presente e a promessa de um futuro radiante.

Notas

1. Ver Simon Clarke, "The Quagmire of Privatization", *New Left Review*, n° 196, novembro-dezembro de 1992.
2. "A famosa revolta de 1953". Ver o trabalho dos ex-prisioneiros, Edward Buca, *Vorkuta*, Londres, 1976, Joseph Scholmer, *The Story of a Slave City in the Soviet Arctic*, Londres, 1954.
3. Para maiores informações sobre as greves de mineiros e suas reivindicações ver Theodore Friedgut e Lewis Siegelbaum, 'Perestroika from Below: The Soviet Miners' Strike and Its Aftermath", *New Left Review*, n° 181, 1990.

4. "Managerial Strategies for Spontaneous Privatization", *Soviet Economy*, vol. 7, n° 4, 1991, p. 293. Ver também Heidi Kroll, "Monopoly and Transition to the Market", *Soviet Economy*, vol. 7, n° 2, 1991.

5. Ver Michael Burawoy e Kathryn Hendley, "Between Perestroika and Privatization: Divided Strategies and Political Crisis in a Soviet Enterprise", *Soviet Studies*, vol. 44, n° 3, 1992.

6. Embora nosso conceito de "capitalismo mercantil" seja semelhante à noção de "capitalismo político" de Jadwiga Staniszkis (*The Dynamics of the Breakthrough in Eastern Europe*, Berkeley, 1991), divergimos na ênfase. Primeiro, não acreditamos que haja tanta mudança na área de produção como na área de distribuição. Segundo, destacamos a subordinação da produção ao comércio. Terceiro, a idéia de um "capitalismo político" exagera no aspecto "político" e passa por cima da dinâmica autônoma da economia como tal. Gostaríamos também de nos distanciarmos de nosso uso anterior do conceito de "capitalismo mercantil" para descrever o sistema de trocas *e* produção. Ver Michael Burawoy e Pavel Krotov, "The Soviet Transition from Socialism to Capitalism: Worker Control and Economic Bargaining in the Wood Industry", *American Sociological Review*, vol. 57, n° 1, 1992. Nós adotamos agora o termo mais convencional "capital mercantil", que se refere apenas ao modo de trocas sem qualquer implicação na forma de produção. Agradecemos Simon Clarke e Oleg Kharkhordin por nos forçar a esclarecer nossa posição.

7. Para esconder a identidade das minas, alteramos seus nomes por números. Isso também acontecia nos tempos dos campos de prisioneiros, quando as minas também era identificadas por números.

8. O diretor já havia mostrado iniciativa, cortando custos, ao contratar seus próprios engenheiros para fazer os trabalhos de manu-tenção. Ele era também membro fundador de um banco local que tinha as contas de diversas minas.

9. Burawoy e Hendley, *op. cit.*; Burawoy e Krotov, *op. cit.* Ver também o estudo de Kathryn Hendley sobre o conglomerado de aviação de Saratov, "Legal Development and Privatization in Russia: A Case Study", *Soviet Economy*, vol. 8, n° 2, 1992.

10. Em 1991, 7,8 milhões de toneladas de carvão foram para indústrias metalúrgicas, sendo que Cherepovets recebeu 6,1 milhões e Lipiets 0,9 milhão de toneladas. Mais 1,3 milhão de toneladas foram para a geração de energia em Vorkuta. *Figures on the Activities of the Conglomerate Vorkuta Coal, 1991*, p. 64.

11. Nós também ouvimos dizer que a demanda por carvão de Cherepovets havia caído durante o verão devido a problemas em um ou mais fornos, que estavam sendo revisados.

12. Friedgut e Siegelbaum, *op. cit.*; Rutland, *op. cit.*

13. Nessa altura o câmbio normal estava em torno de 125 rublos por dólar.

14. Um dos mais bem sucedidos e controvertidos ex-líderes gabou-se para nós dos milhões de rublos que estava ganhando e do fato de empregar

cerca de mil pessoas com apenas sete gerentes. Ele não via contradição alguma em proclamar suas virtudes como homem de "negócios" e, ao mesmo tempo, reclamar da burocratização do comitê de greves ou de como seus líderes não estavam mais interessados em promover o bem estar dos trabalhadores. Ele havia deixado completamente o movimento de trabalhadores e, sem pestanejar, abraçou os negócios como única forma de, no seu entendimento, promover o bem estar geral.

15. Para expressar sua frustração, os mineiros organizaram algumas greves isoladas contra seus próprios sindicatos e contra o comitê de greve.

16. Interessante constatar que o comitê de greve havia tentando resistir à abertura a atividades comerciais. Na verdade, em 1989, o comitê de greve aceitou apoiar a União de Cooperativas da URSS, mas isso foi uma política de alianças baseada na oposição ao regime. Ver Anthony Jones e William Moskoff, *Ko-Ops*, Bloomington, 1991, p. 116. No início de 1992, havia uma luta aberta pelo controle do comitê. A TAN — uma renomada e controvertida cooperativa que espalhou suas asas por todo o país — havia convencido (alguns dizem que graças a propinas) alguns integrantes do comitê de greves a apoiar seu plano de construção de uma rede de sindicatos que deixaria o conglomerado de lado, forjando relações diretas com as minas e o complexo de Cherepovets. Eles prometeram aos mineiros uma nova situação que se caracterizaria pela abundância. No comitê de greve, a maioria, em aliança com o conglomerado, lutou contra a TAN e seus planos, conseguindo por fim tirar do comitê os defensores da idéia. Ver *Zapolarnaya*, 12 de dezembro de 1991; *Vorkuta, Chas-Pik*, 25 de janeiro de 1992.

17. Ver nota 21.

18. Lewis Siegelbaum e Stephen Crowley, "Survival Strategies: The Miners of Donetsk in the Pos-Soviet Era", manuscrito não publicado, 1992, p. 13.

19. Por exemplo, Kathryn Hendley mostra como o conglomerado de aviação de Saratov teve que criar seu próprio regime político-legal, já que as leis existentes eram ambíguas e inadequadas, além de não preverem mecanismos para garantir a sua aplicação. Hendley, *op. cit.*

20. "Em 1989, cerca de 80% de todas as cooperativas estavam fisicamente localizadas dentro de empresas estatais ou operavam sob o guarda-chuva de uma. Além disso, elas conseguiram boa parte de seu capital e adquiriram a maior parte de suas matérias-primas do Estado." Anthony Jones e William Moskoff, *Ko-Ops*, Bloomington, 1991, p. 40.

21. Ver Michael Burawoy, "The End of Sovietology and the Renaissance of Modernization Theory", *Contemporary Sociology*, vol. 21, n° 6, 1992.

22. Para informações sobre a tendência do capitalismo mercantil de preservar os sistemas existentes de produção ver, por exemplo, Elizabeth Fox-Genovese e Eugene D. Genovese, *Fruits of Merchant Capital*, Oxford, 1983; Geoffrey Kay, *Development and Underdevelopment*, New York, 1975; Maurice Dobb, *Studies in the Development of Capitalism*, New York, 1947. Para informações sobre o debate sobre se o capitalismo mercantil dissolveu o feudalismo

ou se permitiu o crescimento do capitalismo, ver Rodney Hilton et al., *The Transition from Feudalism to Capitalism*, Londres, 1976.

23. Muitas dessas transições com parceiros estrangeiros são feitas através de uma série de intermediários que obviamente incluem firmas ocidentais e russas. Ver, por exemplo, os muitos artigos tanto na imprensa russa quanto na ocidental sobre o que aconteceu com os acordos relativos à indústria de petróleo e alumínio que acabaram nas mãos do infame comerciante internacional de commodities, Marc Rich, procurado pelo Ministério da Justiça dos EUA, indiciado em inúmeros processos por fraude, chantagem e evasão fiscal ("Rico, influente e muito perigoso", *Izvestia*, 2 de junho de 1992; "Artem Tarasov, Marc Rich e outros", *Izvestia*, 8 de julho de 1992; "Novamente os mistérios dos 'grandes negócios'", *Izvestia*, 3 de agosto de 1992; "Como Marc Rich foi atingido onde dói", *Business Week*, 11 de maio de 1992; "Como os ricos ficam ricos", *Forbes*, 22 de junho de 1992.)

24. As formulações clássicas são: Paul Baran, *The Political Economy of Growth*, New York, 1957; Andre Gunder Frank, *Latin America: Underdevelopment and Revolution*, Nova York, 1969; Samir Amin, *Unequal Development*, Nova York, 1976; Immanuel Wallerstein, *The Modern World Sustem*, Nova York, 1974.

25. Victor Nee, "Organizational Dynamics of Market Transition: Hybrid Forms, Propoperty Rights, and Mixed Economy in China", *Administrative Science Quarterly*, n° 37, 1992.

26. Ver, por exemplo, Alec Nove, *The Economy of Feasible Socialism*, Londres, 1983; David Stark, "Coexisting Organizational Forms in Hungary's Economy", em Victor Nee e David Stark, eds., *Remaking the Economic Institutions of Socialism*, Stanford, 1989; Nigel Swain, *Hungary: The Rise and Fall of Feasible Socialism*, Londres, 1992.

27. Ver Fernando Henrique Cardoso e Enzo Falletto, *Dependency and Development in Latin America*, Berkeley, 1979; Peter Evans, *Dependent Development: The Alliance of Multinational, State and Local Capital*, Princeton, 1979.

28. Ver, por exemplo, Dietrich Rueschmeyer e Peter Evans, "The State and Economic Transformation: Toward an Analysis of the Conditions Underlying Effective Intervention", em Dietrich Rueschmeyer, Peter Evans e Theda Skocpol, *Bringing the State Back In*, Cambridge, 1985; Peter Evans, "The State as Problem and Solution: Predation, Embedded Autonomy, and Structural Change", em Stephan Haggard e Robert Kaufman (eds.), *The Politics of Economic Adjustment*, Princeton, 1992; Vedat Milor, *The Comparative Study of Planning and Economic Development int Turkey and France*, Madison, a ser publicado; Gary Hamilton e Nicole Biggart, "Market, Culture and Authority: A Comparative Analysis of Management and Organization in the Far East", suplemento da *American Journal of Sociology*, 1988; Frederic Deyo (ed.), *The Political Economy of the New Asian Industrialism*, Ithaca, 1987.

29. O estudo de Mary McAuley, por exemplo, mostra como as velhas elites de Arkhangel, Perm e São Petesburgo conseguiram manter seu domínio

local com o resultado que "muito pouca coisa mudou na esfera econômica, exceto o fato de ter havido um declínio do padrão de vida". ("Politics, Economics, and Elite Realignment in Russia: A regional perspective", Soviet Economy, vol. 8, n° 1, 1992, p. 68.)

30. Ver, por exemplo, Robert Brenner, "Agrarian Class Structure and Economic Development in Pre-Industrial Europe", *Past and Present*, n° 70 (1976) e "The Origins of Capitalist Development: A Critique of Neo-Smithian Marxism", *New Left Review*, n° 104, 1977; Colin Leys, *Underdevelopment in Kenya*, Berkeley, 1975. Mais recentemente, Robert Bates, *Beyond the Miracle of the Market*, Cambridge, 1989, e Joel Migdal, *Strong Societies and Weak States*, Princeton 1988; ambos destacaram a importância das organizações econômicas locais.

31. Ver Burawoy e Hendley, op. cit., e Burawoy e Krotov, op. cit.

16

O FUTURO DA CHINA

Entrevista com Liu Binyan

Você poderia começar contando alguma coisa sobre sua formação e sua vida na China?

Nasci em 1925 no nordeste da China e cresci em Harbin, uma cidade muito influenciada pela cultura russa. Meu pai viveu na Rússia durante muitos anos e, ao voltar para a China, tornou-se intérprete de russo em um escritório da ferrovia. Essa família de formação russa teve influência decisiva no início de minha vida. Comecei a desenvolver sério interesse pelo marxismo aos 14 anos, através de um grupo de leitura organizado por comunistas. Participei do movimento clandestino de resistência contra o Japão quando tinha 18 anos e tornei-me membro do Partido Comunista em 1944. Trabalhei como jornalista a partir de 1951, mas em 1957 fui condenado e considerado um direitista que agia contra os interesses do Partido por defender a liberdade de imprensa, o direito de fazer críticas e revelar em meus artigos as mazelas da sociedade chinesa. Depois de ser expulso do Partido, tornei-me um pária e passei a ter uma vida muito simples e modesta, sem direitos políticos, que durou 22 anos. Fui oficialmente reabilitado em 1979 e comecei a escrever novamente, no mesmo tom, para o *Diário do Povo* e outros jornais literários. Fui novamente expulso do Partido, pelas mesmas razões, em 1987. Na condição de perseguido, em 1957 fiquei completamente isolado, mas trinta anos depois, novamente condenado, atraí simpatia popular e apoio.

Que contraste! A partir de 1988 passei a visitar os Estados Unidos e atualmente trabalho na Universidade de Princeton. Minhas últimas publicações em inglês são *Autobiography — A Higher Kind of Loyalty, Tell the World* e *China's Crisis, China's Hope*. Pretendo voltar à China o mais rápido que puder.

A China é hoje um dos poucos países do mundo, e certamente o maior deles, onde o regime comunista continua no poder, alegando ter sucesso econômico e certo grau de apoio popular. Como você explica isso, em contraste com o destino dos comunistas na ex-União Soviética e no Leste europeu?

Primeiro, a trajetória histórica da China é muito diferente tanto da União Soviética quanto dos outros países do Leste europeu. Por mais de duas décadas antes da tomada do poder, em 1949, os comunistas chineses resistiram heroicamente à classe dominante e à burguesia burocrata, opondo-se à ocupação japonesa do país, em tenazes combates militares. O crédito que essas campanhas lhes garantiram, somadas às conquistas dos primeiros anos da República do Povo — fim do desemprego e da inflação e de alguns problemas sociais antigos como o vício em ópio, a prostituição e a bandidagem —, representaram uma grande mudança em relação ao regime corrupto e incompetente do Kuomintang. O altruísmo e a integridade dos líderes comunistas reforçaram a imagem do Partido como "o grande libertador" do povo. Por volta de 1953, a reconstrução da economia nacional e o movimento de cooperativas rurais, que foi um grande passo em direção à reforma agrária, foram um sucesso. Enquanto isso, a condição social dos camponeses pobres e dos trabalhadores — que constituíam a maioria da população — foi radicalmente transformada graças à prioridade que lhes foi concedida, e a seus filhos, em matéria de educação, emprego e promoções. Eles também se beneficiaram da previdência social criada para funcionários do Estado, que incluía assistência médica gratuita. Essas mudanças criaram as condições que, a essa altura, serviram para legitimar o poder do Partido Comunista.

Em segundo lugar, a atual estabilidade da China é produto do controle efetivo tanto da informação quanto ideológico, que filtra e impede o acesso a muitos dos fatos ocorridos ao longo destes últimos quarenta anos. Relatos eventuais e mesmo protestos ocasionais nunca são relacionados uns com os outros: permanecem fragmentados e contingentes — acontecimentos esporádicos, de modo a não permitir qualquer forma de compreensão dos acontecimentos e muito menos permitir que a opinião pública tenha conhecimento de que existem. O sistema político evitou o surgimento de qualquer organização de oposição, dentro ou fora do Partido, sem dar espaço para alternativas. É muito difícil desafiar um poder totalitário em um país que não tem tradição democrática e *intelligentsia* independente.

Em terceiro lugar, é preciso ter em mente o relativo sucesso econômico da China. Embora o movimento democrático de 1989 tenha nascido como resposta direta ao aumento da corrupção e das desigualdades sociais, não se questiona o fato de que a melhoria nos padrões de vida do povo, trazida pelas reformas econômicas, representou grande força para a manutenção do regime comunista.

São explicações convincentes. Quando você diz que as conquistas iniciais do regime ainda são um elemento favorável para a sua continuidade, você está afirmando que o regime comunista ainda não perdeu sua legitimidade, apesar da corrupção e da polarização social? Ou se pode fazer uma distinção entre o regime e as conquistas sociais de longo prazo? Qual é a raiz do drástico e aparentemente fatal processo de degradação do comunismo? É o papel histórico do Partido Comunista uma justificativa para que intelectuais se identifiquem com o governo?

Vou responder inicialmente à questão sobre a legitimidade do regime. No início dos anos 70, o comunismo, como representado pela "Gangue dos Quatro", havia perdido sua legitimidade. As reformas realizadas após a morte de Mao deram ao Partido a possibilidade de recuperar parte de seu crédito. Para muitas pessoas, contudo, a repressão ao movimento estudantil de 1989 marcou o fim da legitimidade do comunismo. Mas o colapso do comunismo na ex-União Soviética ajudou muito o regime, porque o medo do caos, da divisão do país e da crise econômica que caracteriza a atual situação no antigo império soviético fizeram o povo chinês dar nova chance ao governo comunista.

Apesar disso, é preciso que se diga que a antiga imagem positiva do comunismo também já desapareceu na China. Deixando de lado todos os outros fatores, as grandes tragédias e os fracassos protagonizados pelo Partido Comunista são cada vez mais difundidos. Acontecimentos como a crise de alimentos de 1960/62, que custou milhares de vidas; o desperdício representado pela "terceira linha" e outras indústrias que nunca se mostraram verdadeiramente úteis, embora tenham consumido o sangue e o suor de milhares de trabalhadores; as intermináveis campanhas políticas que produziram incontáveis injustiças; as condições desumanas dos campos de trabalho para onde foram levados centenas de inocentes; a execução de jovens dissidentes inspirados pelo marxismo. É claro que a atitude pública para com o Partido varia muito, de acordo com a geração, com a profissão e com os interesses pessoais.

Não creio, entretanto, que a pusilanimidade e a subserviência dos intelectuais chineses possam ser justificadas. A maioria de nós aderiu ao Partido quando e porque ele liderava a luta pela libertação dos explorados e dos oprimidos, bem como a luta pela independência nacional. Mas as conquistas do passado não podem compensar os erros e os crimes recentes. A falta de espírito crítico entre os intelectuais é um problema grave em nossa tradição cultural.

Voltemos à questão da fraqueza dos intelectuais chineses mais tarde. Você poderia agora nos dizer mais alguma coisa sobre o impacto do colapso soviético na China? Especificamente, o povo chinês tende a achar que Deng agiu certo e Gorbachev estava errado, ao contrapor o progresso econômico da China e sua estabilidade política com a difícil e confusa "transição" para lugar algum verificada na Rússia e nas ex-repúblicas soviéticas?

O impacto foi duplo. Por um lado, o colapso do socialismo stalinista confirma nossa experiência chinesa: o fim desse sistema é bom, não importa onde. Mas por outro lado, políticas anticomunistas — atos de vingança e discriminação contra comunistas na Rússia, na Alemanha Oriental ou na Tchecoslováquia, por exemplo — afetaram muitos comunistas chineses e encorajaram-nos a adotar uma atitude defensiva, que por enquanto ajuda a consolidar a unidade do Partido. Minha impressão é que nós não nos entusiasmamos com uma reforma do comunismo chinês ao estilo Gorbachev, porque sua tentativa fracassou. O comunismo não foi reformado, mas totalmente derrotado.

A difícil situação da Rússia também ajuda a reforçar o nacionalismo ou o sentimento de orgulho nacional na China, fazendo com que se tenha pena dos russos, que, com grande facilidade e um pouco cegamente, abandonaram toda uma cultura de tradição revolucionária?

Antes de mais nada, não acredito que o socialismo esteja morto, mesmo na Rússia. A mídia ocidental cria uma falsa imagem das coisas quando decide, por exemplo, não cobrir as atividades da oposição esquerdista russa ou o trabalho dos socialistas dentro dos Partidos Comunistas nos países "pós-socialistas". No que é realmente importante, não há, para mim, nada a ser celebrado no "orgulho" nacional chinês. Nacionalista é a última cartada dos conservadores reacionários, que ainda podem utilizá-lo para mobilizar muitas pessoas em função dos interesses de uma política totalitária. Nesse contexto, o nacionalismo é repugnante e perigoso.

No que diz respeito à performance da China na área econômica nos últimos dez ou quinze anos — aqueles que sucederam a elevação dos padrões de vida —, quero destacar um fator muitas vezes negligenciado: é menos por causa do governo e muito mais devido ao esforço do povo chinês que as reformas foram realizadas e tiveram sucesso. O movimento de descoletivização foi iniciado pelos próprios camponeses. Inicialmente, teve a oposição da liderança do Partido, que também não formulou qualquer política viável antes de que as coisas já tivessem avançado bastante. O mesmo ocorreu com o desenvolvimento da indústria em regiões remotas do país. Ainda estou inclinado a acreditar que cooperativas organizadas em bases verdadeiramente voluntárias representam a saída para a até então pouco mecanizada agricultura chinesa. Acho também que os camponeses estão novamente prestes a tomar a iniciativa de reorganizar as coisas e prepará-las para o futuro.

As reformas encontraram resistência da parte dos conservadores, o que causou alguns retrocessos no processo, embora elas tenham acabado por se materializar. Qual foi o real significado das mudanças e qual a relação entre a reforma política e a econômica? As atitudes repressivas do regime de Pequim explicam o dinamismo econômico? Ou é o contínuo avanço econômico, de alguma forma ameaçado pela velha estrutura de poder, que permanece intacta? Ou será ainda que a continuidade do processo em si assegura a mudança política?

A vantagem da reforma econômica da China é que há coincidência entre as preocupações básicas das pessoas, que querem melhorar de vida do ponto de vista material, e o compromisso fundamental do Partido que garante a sua permanência no poder. De fato, só uma pequena minoria dentro do Partido vem até agora se opondo às reformas econômicas. Mesmo alguns daqueles que em nome do "socialismo" se opunham à idéia do mercado mudaram de opinião posteriormente, sobretudo porque se beneficiaram dele desde o momento em que entraram em contato com seus mecanismos. A inexistência de resistência às reformas que poderiam levar a uma economia de mercado revela uma ideologia muito menos dogmática dentro do Partido Comunista Chinês do que a de seus colegas soviéticos. Nós nunca tivemos um líder reformista do porte de um Gorbachev ou de um Dübcek. Apesar disso, embora persistam disputas sobre aspectos táticos ou técnicos e haja pontos de vista diferentes sobre o rumo a tomar, pode-se encontrar em todos os níveis do Partido apoio consistente para ambas as reformas — tanto para as políticas, que requerem mais democracia, quanto, principalmente, para as econômicas, como o uso dos mecanismos de mercado.

Nossa reforma, contudo, é muito prejudicada pela tradição chinesa, em que eram estatizados o comércio e a indústria. Ainda está se realizando a transformação em burguesia de uma economia de mercado de funcionários privilegiados do Partido. O melhor meio de pôr fim ao mistério sobre os "comunistas" que não se preocupam com o "capitalismo" é simplesmente perceber que o grupo mais interessado nas reformas econômicas é constituído pelos líderes e suas famílias. Por meios legais ou ilegais, eles acabam tendo acesso ao Tesouro Nacional e controlam volume de riqueza muito grande.

Esse fenômeno se parece "as quatro grandes famílias" do período pré-libertação, sob o regime do Kuomintang?

Em certos aspectos, sim, se considerarmos que os dois contextos históricos são obviamente muito diferentes. A combinação atual de capital nacional e estrangeiro em mãos de quem, como funcionário do Estado, é "servidor público", ou daqueles que, como homens de negócios, estão em busca de ganhos pessoais, é de longe a mais séria possibilidade de corrupção, além de fonte de descontentamento popular e, portanto, de crises potenciais. Gostaria de acrescentar que à medida que a reforma se processa parece que as forças sociais terão de se realinhar, e pode-se prever uma divisão no Partido.

Você pode elucidar um pouco mais este tema? Você considera o comunismo algo que pode ser reformado na China e seria capaz de especificar as forças que a esta altura atuam no Partido? Existem razões para supor que o comunismo reformado possa ser mais bem-sucedido na China do que em qualquer outro lugar?

Um dos resultados das reformas de Deng nos anos 80, que propunham o recrutamento de jovens e quadros bem-educados, é que hoje a maior parte do segundo e terceiro escalões constitui-se de pessoas entre 40 e 50 e poucos anos, bem qualificadas para os cargos que ocupam. Sua aparência e seu modo de pensar são muito diferentes daquele dos líderes veteranos. Eles estão muito bem informados sobre o que ocorre no mundo e as novas tendências internacionais. Alguns são seduzidos pelo Ocidente, mas os que estão mais familiarizados com a realidade chinesa, que mantêm sua crença nos velhos ideais da revolução e são, eles próprios, reformistas convictos, esses permanecem céticos em relação à solução "capitalista" e sua exigência de uma "privatização em larga escala". Ambos os grupos, cada um com sua perspectiva, opõem-se a uma reforma que conduza a um "capitalismo com características chinesas" — a combinação de burocratismo inato com capitalismo importado — e defendem em seu lugar uma reforma política, além do que previu Deng, em direção à democracia. O que estou querendo dizer é que os observadores estrangeiros tendem a restringir sua atenção a uns poucos e à luta pelo poder dentro de um pequeno círculo, ignorando as novas lideranças que estão surgindo em escalões inferiores, mas que efetivamente têm apoiado a reforma.

Além disso, não basta mais concentrar-se apenas no Partido e em seus conflitos internos. O crescimento da tecnocracia, tanto na área econômica quanto na política e na cultural, precisa ser levado em consideração, por exemplo. Um outro grupo significativo é a chama-da "geração pensante", aqueles que estão com 30 e tantos anos ou 40 e tantos, que se formaram durante a Revolução Cultural. Suas experiências, primeiro na Guarda Vermelha de Mao e, em muitos casos, posteriormente, na condição de vítimas de expurgos, vivendo entre camponeses e trabalhadores e defendendo as causas dos menos privilegiados, sendo educados durante um período caótico mas muito criativo — tudo isso fez com que passassem a ter profundo conhecimento das reais condições do país. Isso tudo lhes deu condições para desenvolver seus próprios projetos de mudança. Nossos melhores escritores, repórteres, cineastas, empresários e quadros do Partido saíram dessa geração, que agora constitui a espinha dorsal da sociedade chinesa. A atitude dos funcionários do Estado para com a reforma é muito importante para seu futuro: ainda não se sabe o que deve substituir a atualmente criticada estabilidade para toda a vida.

Existe alguma discussão a respeito de autogestão?

Não, ainda não. Houve no início dos anos 80 um movimento das lideranças pela participação dos trabalhadores — parte da relutante reforma de Deng. Em 1988, ocorreu uma tentativa, ainda por iniciativa dos que estavam na liderança, de garantir a independência dos sindicatos. Mas, como a estrutura do Partido deve permanecer acima desses desafios, qualquer iniciativa para criar "comissões re-presentativas de trabalhadores" ou qualquer outra forma da chamada "administração democrática" não deve passar de uma conversa sem sentido, simples declaração de intenções. Agora, contudo, o movimento parece estar sendo revitalizado por pressões das bases. De um lado, os trabalhadores parecem entusiasmados com suas conquistas políticas, que consideram quase como uma contrapartida pela perda da segurança econômica —

dividir o poder sobre a produção e a distribuição é sobretudo do seu próprio interesse. De outro lado, a posição do Partido foi consideravelmente enfraquecida nos últimos anos, à medida que se distanciou da administração e deixou de intervir diretamente nos assuntos econômicos.

Você está dizendo que em termos de vida cotidiana o Partido não é mais uma instituição decisiva? Pode-se dizer que o atual regime corresponde ao clássico modelo comunista como havia na União Soviética? Você poderia dar uma visão geral da estrutura política da China e de como ela funciona?

O comunismo chinês sempre foi muito diferente do modelo soviético, desde o início. A longa batalha entre os bolcheviques treinados pelo Comintern e os marxistas maoístas terminou com a vitória dos últimos. Embora a China tenha copiado quase todos os itens do sistema soviético nos anos 50, Mao sempre enfatizou as "características chinesas", seguindo um caminho diferente da ex-URSS, cooptando mais do que expropriando a burguesia nacional, e também tomando um rumo menos violento no que diz respeito à coletivização. Um outro exemplo é a atitude adotada em relação aos partidos não-comunistas que se aliaram ao CCP durante a revolução. Eles obtiveram autorização para continuar funcionando, ainda que não como oposição independente.

Então houve a Revolução Cultural, na segunda metade dos anos 60, que foi um duro golpe para a máquina do Partido. Apesar dos enormes esforços feitos no período pós-Mao para recuperar essa máquina, parece que o que funcionou no passado — sua rígida disciplina, seu alto prestígio junto às massas e seu inequívoco compromisso ideológico —, foi definitivamente ultrapassado. Mas, após um certo abrandamento na organização do Partido, passou a haver debate interno, e as divergências são divulgadas em diversos canais. Essa importante mudança permitiu que os que estão nas bases do Partido tenham mais influência nas decisões do Politburo.

Outro ponto a destacar é que nos últimos anos, desde que altos funcionários do Partido, tanto na administração central quanto nos níveis locais, foram para o Congresso do Povo ou para a Conferência de Consulta Política Popular em Pequim e em outras partes do país, o poder dessas duas instituições cresceu muito. Seu suposto papel de "supervisores" das decisões do Partido Comunista ganhou significado real.

Suas explicações são muito esclarecedoras. Você poderia explicar mais um pouco o equilíbrio de forças dentro do regime, acrescentando algumas informações sobre os militares? É verdade que os militares ainda têm um papel decisivo no destino da China? As ligações de Deng com os militares foram um fator decisivo para sua permanência no poder? Há uma aparente contradição entre a poderosa posição dos comandantes militares de um lado e a drástica redução no tamanho do Exército e do Estado militar de outro.

É verdade que a China reduziu suas forças em cerca de um milhão de soldados e converteu um grande número de indústrias militares em instalações que agora produzem bens de consumo para civis. Embora essa redução não tenha agradado exatamente aos militares, é importante lembrar que aqueles padrões antigos se justificavam no período das três guerras civis, das guerras contra o Japão e a Coréia. O poder político dos comunistas, nas palavras de Mao, cresceu muito além do necessário nas comunidades rurais. Se Deng não fosse ele próprio um militar com estreitas ligações ao alto-comando do Exército, não teria sido capaz de ter sucesso nem em seu projeto geral de reformas nem na reorganização do Exército.

Como no Partido, sempre houve no Exército uma unidade de certa forma problemática. Um dos legados da peculiar via chinesa para o comunismo foi o que nós costumávamos chamar "mentalidade de cidadela nas montanhas", numa referência ao sectarismo que se originava das diferenças entre as bases e os grupos de militares, e do fato de eles compartilharem interesses e uma causa comuns. A arte da política foi então, em grande parte, administrar as facções. Mao era um fantástico estrategista e tinha tanto poder e prestígio pessoal que podia agir como queria. O poder de Deng não pode ser comparado ao de Mao, ainda que desde a morte deste ele tenha revelado possuir tanto capacidade quanto credenciais para manter o controle do país, assim como dos militares. O Exército, como o Partido, envolveu-se em negócios sancionados pela política de reformas e ficou conhecido por sua ousadia, bem como pela relativamente pouca corrupção existente em suas fileiras. Mas isso produziu uma polarização entre os comandantes, que mais se beneficiaram das reformas, e os soldados e oficiais menos graduados. Minha esperança é que haja mudanças assim que oficiais mais jovens e preparados cheguem a postos mais importantes.

Qual é a relação entre comandantes regionais e autoridades locais? Isto é, como conciliar o controle militar centralizado com o poder das autoridades locais?

Não se pode generalizar. O único caso que conheço se baseia em interesses econômicos compartilhados: os militares e os funcionários do Partido na região de Guangdong uniram-se para pedir mais autonomia.

Mas a que pode levar esse tipo de reivindicação? Nós vimos os exemplos da Iugoslávia e da União Soviética, de ruptura de federações comunistas. Poderia acontecer algo similar (como movimentos separatistas) na China? As províncias do sul poderiam querer uma separação? Existe atualmente algum tipo de movimento nacionalista sério entre as minorias? Qual é a sua interpretação sobre as conseqüências das tendências separatistas registradas em Guangdong?

Sempre acreditei no direito à autodeterminação. A única maneira de manter unido um país multiétnico como a China e garantir seu desenvolvimento econômico e cultural é preservar esse direito. Felizmente, até agora não enfrentamos um movimento nacionalista como os que ocorreram na Iugoslávia e na ex-União Soviética. No que diz respeito ao separatismo, tenho simpatia pelas reivindicações de autonomia regional, porque elas ajudam na democratização do sistema comunista. Em outras palavras, na ausência de uma oposição organizada, o confronto entre o centro e as autoridades regionais tem função vital: ajuda a conter o totalitarismo. Graças à tradição chinesa de ter um Estado unificado, não acredito que qualquer província de nacionalidade han (96% da população) vá declarar sua independência. A descentralização da economia e do poder político é agora tendência irreversível.

Você fez uma observação muito interessante sobre a função dos poderes locais. Ainda nesse tema, você poderia comentar a influência de Formosa e Hong Kong na China? Em especial, qual a resposta popular para o crescente movimento pró-independência em Formosa?

Sou especialmente grato ao povo de Hong Kong, que, entre os chineses que se encontram fora do país, foram os que demonstraram maior apoio ao movimento democrático de 1989. Hong Kong foi um abrigo seguro para os chineses perseguidos desde os primeiros anos da revolução — para comunistas e seus camaradas durante o regime de Kuomintang e para dissidentes durante o comunismo. Já a influência de Formosa foi sobretudo econômica. As reformas democráticas por lá tiveram pouco impacto sobre o continente, e a maior parte da população parece ter pouco interesse na questão da unificação com a China. Apesar disso, dentro de pouco tempo, os dois partidos no poder (CCP e KMT) provavelmente retomarão a política de cooperação. Um problema que nos preocupa atualmente, devo admitir, é o efeito comercial e cultural nas regiões costeiras, especialmente nas "zonas econômicas especiais".

Você parece de certa forma nostálgico. Talvez pudéssemos voltar agora à questão da "cultura" — especificamente no âmbito da psicologia e da consciência popular. Qual é a sua impressão sobre a gravidade da "crise ideológica" chinesa e dos problemas sociais decorrentes do processo de reformas? Você os atribui apenas à política de portas abertas e à influência estrangeira?

Devo dizer que não tenho nenhuma saudade da essência da ideologia comunista chinesa, que negou a individualidade e efetivamente "instrumentalizou" as pessoas e a vida cultural durante várias décadas. É justamente devido à penúria e à hipocrisia desse extremo ascetismo que a cultura consumista, a pornografia e o fascínio pelo dinheiro encontram tantos adeptos hoje em dia. Como disse antes, embora a China tenha copiado o sistema soviético, ela nunca seguiu exatamente o mesmo caminho em matéria de desenvolvimento político e econômico. Uma diferença importante entre as duas sociedades é a eficácia chinesa no uso de conceitos éticos para impor controle ideológico e para mobilizar as pessoas para o movimento de "auto-educação" ou "auto-reconstrução", de modo a convencê-las de que essa submissão representa vontade. Durante longo período, acreditamos na idéia de ser "um instrumento dócil do Partido", que o individualismo era o "berço do demônio", que não se devia temer "nem a dureza nem a morte". De fato, muitos de nós buscaram deliberadamente o endurecimento ou mesmo a morte, que eram considerados partes essenciais da vida, senão virtudes e objetivos em si. Qualquer preocupação com o ego era totalmente inaceitável.

Tudo isso tinha sua origem na tradição dos militares comunistas chineses: da mesma forma que as guerras brutais esquecem todo o tipo de respeito pela vida humana, as condições cruéis impostas por um inimigo extremamente forte evitam o desenvolvimento dos espíritos livres e da confiança. O preço que se pagou pela libertação do povo e da nação em uma revolução genuína foi a total repressão do humanismo individual. A luta armada racionalizou essa repressão, chamando-a de "tradição revolucionária" do período de paz que sucede uma revolução. Ficou claro, por minha própria experiência, ao viver três anos em uma área liberada, antes dos comunistas tomarem o poder, que a revolução garantiria às pessoas uma vida material melhor, mas elas talvez não fossem tão livres e felizes. Isso parece ser conseqüência do estilo militar e do fato de Mao e os comunistas não acreditarem que os homens pudessem ser livres sem querer regressar ao estado de degradação em que se encontravam anteriormente. Infelizmente, meus sentimentos em relação a esse tipo de socialismo de estilo militar se mostraram corretos mais tarde.

A campanha de propaganda contra a "humanismo burguês" foi também importante na construção da mentalidade antiindividualista?

Sim, muito importante. Essa campanha durou trinta anos, com o objetivo principal de instrumentalizar cada indivíduo. Até mesmo a tão celebrada e pouco duradoura política de "uma centena de flores" tinha o mesmo sentido, fazendo referência apenas à variedade de formas e estilos, sem conteúdo. Mas como, pode-se indagar, é possível existir um socialismo sem indivíduos, apenas com máquinas? Qual o objetivo do socialismo e como ele pode ser construído sem gente? Esse paradoxo revela o problema fundamental do socialismo maoísta.

Vejo a degradação moral da China no período da reforma em parte como reação (ou uma compensação) à equivocada condenação do humanismo, mais do que como resultado de influências externas negativas. Uma vez que a velha doutrina entrou em colapso, muitas pessoas comprometidas com as mudanças tornaram-se passivas, apáticas ou cínicas; algumas, muito amargas. Fiquei bastante impressionado com o que, desde meados dos anos 80, pode ser descrito como um consumismo desesperado e uma busca desenfreada de prazer, a exploração da sociedade e das outras pessoas, a onda de crimes, as levas de migrantes que deixavam o país, a destruição sem motivo das propriedades públicas e estatais — um comportamento anti-social alimentado pelo egoísmo e pela adoração cega de tudo o que fosse estrangeiro. Pela primeira vez em minha vida, estou encontrando gente comum que não considera mais a China como seu próprio país, e muitos deles a contemplam como algo a ser odiado ou desprezado.

Se, como você sugere, a sociedade toda está se degenerando, onde se pode encontrar inspiração para a mudança? Você não acha que talvez você esteja exagerando no pessimismo?

Não, não acho. O que estou dizendo é que na atual conjuntura o declínio moral e o despertar da autoconsciência estão muito próximos. A Revolução Cultural teve o mérito de desafiar as bases de nossa mentalidade "de escravos". Um dos ganhos da nossa mais recente reforma, que começou com o movimento pela "emancipação da mente", foi ter removido dos cidadãos chineses sua "servidão ao Estado" — um processo que teve e continuará tendo implicações políticas consideráveis. A libertação dos camponeses das comunas, por exemplo, foi, nesse sentido, uma conquista significativa: serviu para reduzir os vínculos dos cidadãos com o Estado e estimulou o desenvolvimento de uma ética de independência.

Ainda não está claro o que precisamente está por trás da doutrina contra o humanismo (burguês). Parece claro, através da história, que o PCC estava equivocado ao resistir à desestaliniza-

ção conduzida pelo PCUS no fim dos anos 50 e que esse equívoco foi decisivo e fatal. Se tivesse adotado essa política, a China provavelmente não teria ido longe em direção ao stalinismo, considerando que Mao não respeitava nem Stálin nem o Comintern. E talvez o comunismo internacional tivesse tomado outro rumo, de renovação, em vez da derrota. O que você diria desse importante fato histórico?

Acho que você tem razão ao enfatizar o significado do racha sino-soviético. O slogan adotado na era Kruchev era "tudo pelo homem". As críticas do Partido chinês ao "moderno revisionismo" destinavam-se a contrapor-se a esse slogan. Isso também explica por que a tão falada "questão dos direitos humanos" não era sequer considerada na China até bem pouco tempo atrás. O que estava em questão, no fundo, era a garantia do poder absoluto do Partido, para o que era necessário eliminar todo tipo de pensamento independente.

Voltando à questão dos direitos humanos, o que você acha das acusações feitas à China? O que você tem a dizer sobre as tentativas de o governo chinês se defender?

Ninguém pode defender o indefensável. Nenhum funcionário do governo pode negar o desrespeito aos direitos humanos. Não se pode pretender minimizar essas acusações e considerá-las "opiniões ocidentais". É uma questão muito importante que teremos de enfrentar. A existência de um sistema em que as regras eram ditadas pelas pessoas e não pelas leis permitiu todo tipo de violência física e psicológica — tanto contra os que vivem e trabalham em áreas rurais quanto contra aqueles que atuam em escritórios de Zhongnanhai. E isso durante experiências sociais bem-intencionadas, assim como em disputas de poder por motivações doentias. O movimento voluntarista por uma "transformação socialista" a qualquer custo superou os ganhos obtidos na construção da economia e afetou seriamente a qualidade de vida, para não mencionar sua contribuição para o excessivo crescimento demográfico e os danos em larga escala causados ao meio ambiente. Já disse antes que em alguns aspectos o Partido Comunista deu uma contribuição valiosa para o bem-estar da nação. Se tivesse sido capaz de entender e respeitar os direitos humanos, muitos desastres e muito sofrimento teriam sido evitados, e o povo chinês teria tido uma vida mais satisfatória e feliz.

Gostaria de voltar ao assunto dos intelectuais. Qual é a situação atual dos meios literários e da imprensa chineses? Quem efetivamente controla a mídia nas diferentes partes do país?

A mídia oficial — de fato o único canal formal de circulação de informações — é controlada pelos Departamento de Propaganda do Partido em Pequim e nas regiões. O Ministério do Rádio, Televisão e Cinema recebe instruções de um grupo especial do Comitê Central do Partido encarregado de cuidar da propaganda e dos assuntos culturais. Mas a China é um país tão grande, com uma tradição conhecida como "o céu é tão alto e o imperador está tão longe", que a direção do Partido não pode controlar tudo. Além disso, devido à inexistência de um órgão oficial encarregado da censura, a qualidade dos jornais, por exemplo, depende muito da capacidade do editor. Nos anos 80, o clima político determinou diretamente os limites da liberdade de imprensa. Por causa disso, muitos jornalistas sofreram bastante com a repressão aos movimentos de protesto de 1989. Muitos amigos me falam da amargura dos jornalistas conscientes, que vêem seus colegas definhar nas prisões e nada podem fazer para ajudar a libertá-los.

A situação nos meios literários é um pouco melhor. Escritores influentes protestaram, recorrendo à desobediência civil: pararam de escrever ou apenas escrevem para publicações fora do alcance dos ideólogos do conservadorismo. Eles também sempre encontram desculpas para evitar aparecer em eventos oficiais. Sabendo desse tipo de resistência, as autoridades ainda não ousaram convocar a 5ª Conferência dos Escritores de Toda a China, que estava marcada para 1989.

Mas se eles todos pararam de escrever, ou mesmo que tenham simplesmente parado de escrever para os jornais importantes, sua influência diminuiu. Se considerarmos o papel que teve a literatura dedicada à crítica social no período pós-Revolução Cultural, essa atitude não representa uma grande perda?

De fato, houve na China pós-Revolução Cultural forte tendência a escrever, ou naquele velho espírito da "arte pela arte" ou com um olho voltado para o mercado ocidental. Essa tendência, da qual não participo, teve inegavelmente efeito negativo no desenvolvimento das artes e da literatura chinesas. Existem, contudo, alguns indícios de que se retoma atualmente a prática de um jornalismo e de uma literatura vigorosos e críticos, decorrentes de uma tendência em favor das reformas. Existem boas razões para acreditar que o clima relativamente aberto se firmará e que retomaremos o ritmo verificado nos anos 80.

Você acha portanto que as forças da reforma estão se fortalecendo. Você pode nos dizer o que está por trás dessa crença? Você está se referindo à conferência do Partido que está para se realizar? Que acontecimentos especificamente você está prevendo?

O 14º Congresso do Partido deve ser um momento crucial, que vai revelar o resultado da disputa — especialmente em termos políticos e ideológicos — entre os comunistas reformistas e os stalinistas intransigentes. As brigas pela necessidade de dar continuidade à reforma econômica, embora não em relação ao modo de colocá-la em prática, já podem ser consideradas resolvidas. Em conseqüência da saída de cena das duas primeiras gerações de comunistas, podem ocorrer mudanças significativas nesse congresso. E provavelmente favorecerão os reformistas. Parece-me que as lutas internas do Partido, à medida que se aproxima o congresso, favorecerão a liberdade de imprensa, como produto direto da necessidade de os dois lados divulgarem suas causas e ganhar apoios.

O que você acha que acontecerá após a morte de Deng?

Não gostaria de dar a impressão de que o destino da China depende de um homem. Se não fosse para ir em busca de uma alternativa, a reforma nem teria começado. Apesar disso, o equilíbrio de poder dentro do Partido neste momento ainda depende muito da força de Deng. Podem ocorrer distúrbios em algumas regiões após sua morte, mas, desde que as lideranças não voltem as costas às mudanças, não deve acontecer nada muito grave.

Creio que a China pode realizar essa transição pacificamente. Mesmo que um dia seja autorizado o funcionamento de outros partidos, acho que um Partido Comunista renovado, livre tanto dos stalinistas quanto de seus elementos burocratas-capitalistas, ainda poderia ser uma das grandes forças políticas do país.

Talvez você pudesse dizer algo sobre esse pouco organizado "movimento pela democracia" existente fora do continente, liderado por exilados políticos da fase posterior ao massacre da Praça da Paz Celestial, que defende um sistema multipartidário e uma economia de livre mercado para a China?

Minha impressão é que há pouco a ser feito fora do país. Prefiro apoiar os líderes do movimento de 1989 que ficaram na China, sofrendo perseguições mas preservando seu compromisso com as reformas democráticas. Eles têm o meu mais profundo respeito.

Por último, uma questão pessoal. Você se arrepende de ter sido comunista por cerca de meio século? Que esperança você tem para o futuro de seu povo e de seu país?

Como disse no início, comecei lendo marxismo a sério aos 14 anos e entrei para o Partido Comunista aos 19. O que eu buscava era uma nova China, livre e florescente, uma sociedade sem exploração nem repressão. Olhando para trás, não me arrependo do caminho que escolhi — nem de minha participação na Revolução, nem de meu complicado relacionamento com o Partido, nem da influência que o marxismo teve sobre mim. Minha experiência entre 1957 e 1979, quando me encontrava no fundo do poço, me transformou em um fiel integrante da classe dos trabalhadores. Orgulho-me de minha atuação contra os privilégios dos burocratas do Partido e a injustiça social em geral. Acredito que a China encontrará seu próprio caminho e construirá um socialismo convincente. Os fracassos e os sucessos do passado prepararam, muito mais do que destruíram, o terreno para esse futuro.

17

CHINA HOJE: O DINHEIRO DISSOLVE A COMUNA

Lin Chun

Antes de voltar para a China, no ano passado, eu estava trabalhando em um ensaio intitulado (que tomava emprestado e combinava Raymond Williams e Juliet Mitchell) "Cultura: a mais longa revolução", em que explicava como seria difícil nos livrarmos de nossa herança cultural dominante do patriarcado e, mais especificamente, o que chamava de patriarcado socialista chinês. Para minha grande surpresa, percebi, a partir dessa visita, o quanto estava errado, talvez totalmente, em relação à estrutura patriarcal como um todo, pelo menos sobre sua versão socialista, que combinava repressão totalitária e proteção, que nos fazia ter como certa a nossa dependência das autoridades ou do Estado, como se dizia na linguagem cotidiana chinesa.[*]

Viajando por cidades prósperas da costa e indo até áreas ainda bastante pobres do interior, falando com pessoas de diferentes origens, entrevistando aqueles que haviam estado no centro dos debates sobre a política de reformas desde o fim dos anos 70 e participando de vários projetos de pesquisa, alguns dos quais localmente organizados e financiados, aprendi muito sobre os recentes acontecimentos no país e percebi como e quão profundamente a sociedade chinesa transformou-se. Não se tratava apenas de constatar que a China isolada do Grande Salto para a Frente e

---

[*] Sou grato ao professor Robert Cohen por suas gentis sugestões e correções bem como por seu duro questionamento e suas discordâncias.

da Revolução Cultural — em que minha geração se criou, acreditando na versão maoísta do marxismo e do socialismo — tinha acabado, nem mesmo que o estágio inicial das reformas iniciadas pela popularmente conhecida "Terceira Sessão Plenária" (do 11º Comitê Central do Partido Comunista, em 1978) que legitimou o objetivo de Deng Xiaoping, "socialismo com características chinesas", tinha ficado lá atrás. Mais surpreendente, o clima de 1989 havia também desaparecido mais facilmente do que se poderia pensar. Os episódios na Praça da Paz Celestial e as perseguições políticas não tinham mais o mesmo caráter emocional, mesmo para os jovens e os intelectuais de Pequim. Hoje, a população está mais interessada em dinheiro e riqueza do que em luta de classes ou em "servir ao povo". Por trás desse evidente espírito materialista e individualista, há uma revelação mais profunda e politicamente mais significativa: o fato de que agora cada um deve se responsabilizar por sua própria vida.

Um novo tipo de revolução cultural

O contexto mais amplo ou a base material desse rompimento que vem destruindo o socialismo patriarcal, ligado ao terrível fenômeno que Marx chamou fetichismo da mercadoria, é o crescimento das forças de mercado. Lembro que fiquei espantado no início dos anos 80, como muitos outros, com algumas tentativas surgidas nos jornais de promover a frase "Toda atenção ao dinheiro" (pronunciada da mesma maneira em chinês que o slogan "politicamente correto" "Olhe apenas para a frente!"). Mas não precisou muito tempo para que esse refrão se tornasse aceitável e, de fato, parte da dura realidade. Marx estava absolutamente certo ao destacar o poder mágico do dinheiro e o valor de troca em relação ao capital acumulado, onde quer que isso acontecesse. "Tudo o que é sólido desmancha no ar, tudo o que é sagrado é profanado..." O que acontecia nos tempos das conquistas triunfantes da burguesia, como foi brilhantemente resumido no *Manifesto comunista*, está se repetindo de forma ainda mais acelerada na China sob regime comunista, embora em circunstância histórica completamente diferente. A esse respeito, como uma possibilidade histórica real, a cultura não é realmente algo muito difícil de ser mudado. Uma revolução cultural pode ocorrer no curto período de tempo de uma geração. Foi necessária de fato apenas uma década para que os chineses mudassem profunda e radicalmente seu modo de pensar e agir, em suma, de viver. Valores, crenças, gostos, perspectivas, atitudes, retórica e metáforas, política, moral, social e pessoal — tudo foi dramaticamente transformado e continua a se transformar.

Não é surpreendente que um trabalhador especializado de uma empresa estatal diga-lhe que, embora esteja preocupado com a redução drástica dos benefícios que a previdência garantia anteriormente para ele e sua família no passado, concorda com a necessidade de mudanças, tanto por razões morais quanto políticas. Ele pode também ter ou estar procurando um segundo trabalho para garantir uma renda extra (o que não era permitido antigamente), como consultor técnico de uma indústria local, ou se tornando um trabalhador autônomo, que produz depois da jornada oficial. Você fica perplexo igualmente ao chegar a um local de trabalho urbano e ver o incalculável número de gente do interior, proveniente de áreas rurais superpovoadas, que chega às grandes cidades e vive em condições extremamente pobres, apesar do bom salário que recebem. Note que eram camponeses, literalmente presos ao local onde nasceram e se criaram, sendo fatalmente considerados agricultores. Se você perguntar a uma jovem, menor de idade, sobre o trabalho infantil, ela responde com total segurança que, se estivesse em sua terra natal, teria começado a trabalhar ainda mais cedo e por menos dinheiro.

Em qualquer caso, durante nove anos ela deveria supostamente freqüentar a escola, de acordo com o novo programa de educação compulsória. Mas aparentemente a tentação de ganhar dinheiro supera qualquer consideração sobre uma carreira melhor no futuro, especialmente porque ela é mulher e, aos olhos de muitos, não vale a pena investir em sua educação. Um problema que se tornou bastante sério é o fato de muitas escolas, públicas e (pobremente) financiadas pelo governo, terem começado arbitrariamente a cobrar taxas impossíveis de serem pagas por famílias pobres. Isso também revela outro aspecto do enfraquecimento geral do Estado e de sua autoridade. A orientação política central, muitas vezes, é totalmente ignorada nas regiões, de acordo com interesses a curto prazo e interesses específicos. Mais do que isso, existe ainda uma escassa regulamentação do mercado (observem apenas, por exemplo, a confusão do mercado financeiro ou de qualquer empreendimento estatal que lide com propriedade pública) ou então, quando o governo age, é freqüentemente equivocado ou inadequado. A descentralização só foi até onde permitem não apenas o alto grau de autonomia local mas também as numerosas práticas empregadas para conseguir dinheiro. Parece que o controle popular é a única área remanescente em que o poder comunista autoritário é firmemente mantido e racionalmente justificado, com suficiente consenso social.

Mesmo a anteriormente censurada imprensa está agora mais livre, o que resulta em algumas publicações deliciosas e outras terríveis. Se você tiver paciência para visitar uma livraria de uma rua movimentada ou vasculhar todos os tipos de jornais e revistas não-oficiais, encontrará uma quantidade impressionante de informações, confiáveis ou não, sobre os mais variados assuntos, que vão desde detalhes curiosos sobre a Guerra do Golfo até a vida particular de estrangeiros ou de pessoas destacadas na sociedade local, bem como técnicas sexuais ou maneiras de operar no mercado de ações. Não se surpreenda nem se encontrar artigos oficiais promovendo não o espírito de cooperação mas a lei da selva, ainda que sob uma moral socialista. Uma foto de um tanque de peixes com dois peixes enormes foi recentemente mostrada na revista *China's Non-State Enterprises*, patrocinada pela Comissão Estatal de Ciência e Tecnologia, com uma legenda explicando que o tanque havia sido colocado no escritório de um novo administrador da empresa, que costumava alimentar todos os dias os peixes com outros, de menor tamanho, para não esquecer nunca o competitivo ambiente do mercado. A mesma publicação deu espaço para a reivindicação de um grupo de empresários: "Por que não podemos ser abertas e respeitavelmente capitalistas?" Nas livrarias estatais operadas pela Xinhua, um dos livros mais vendidos é *Minha explicação dos mistérios*, em que se defendem as bases científicas das superstições. Mas existem naturalmente livros de melhor qualidade. Um amigo meu publicou recentemente um estudo sobre a comunidade gay em Pequim. Uma aventura pioneira e sem dúvida, em um terreno escondido de nossa vida, o trabalho chocou o público e as autoridades, que negam a existência de coisas como a homossexualidade.

Não apenas avanços capitalistas

A mídia ocidental tem noticiado essas mudanças, com maior ou menor profundidade, a partir de dois pontos de vista basicamente: para celebrar o crescimento econômico que é atribuído aos processos de privatização e de desideologização ou para reduzir o processo de reformas a seus piores resultados, como corrupção, poluição, crime e prostituição. Ambos baseiam-se na metódica e rígida visão de que a China está a caminho do capitalismo, não sendo mais reconhecida como socialista, seja esse socialismo desfavoravelmente identificado com o estatismo ao estilo soviético ou stalinista, seja, de forma mais simpática, identificado com uma idealizada utopia maoísta e populista. Cada um desses estereótipos é apenas meia verdade. Entretanto, precisamente porque a China ainda percorre um complicado caminho de reformas sociais e culturais, ela não se enquadra em nenhum esquema rígido de análise.

Apesar de um forte impulso capitalista e de muitos elementos capitalistas e pequeno-burgueses ou semicapitalistas em suas mudanças econômicas, não é apenas o capitalismo que avança na China. Ao contrário do caminho escolhido pelo ex-império soviético, o grande setor público é preservado, incluindo as grandes indústrias, o comércio exterior, o sistema bancário, os transportes, as telecomunicações, a saúde, a educação e as pesquisas científicas — mesmo que ele seja cada vez menos submetido ao controle centralizado e suplementado por instituições não-governamentais. Algumas economias capitalistas avançadas também contêm grandes setores públicos. Mas não possuem um setor tão grande e dinâmico da economia controlado pelo Estado, como ocorre na China. Nem se vê no horizonte o típico antagonismo entre uma classe dominante capitalista que obtém sua mais-valia da exploração dos trabalhadores, muito freqüentemente acompanhados de subclasse de desempregados, que geralmente caracteriza a economia política capitalista. Talvez seja diferente nos Estados em que o capitalismo tem um forte sistema social, embora nem modelo da Suécia nem o de Formosa tenham mostrado que isso pode atenuar a situação, mas não resolvê-la.

Antes de mais nada, está um grande grupo de empresários que surgindo e, quaisquer que sejam suas características, não parece ser uma classe unida de capitalistas. Quanto a suas respectivas relações com os meios de produção, muitos estão no setor público e realmente não passam de trabalhadores especializados (como gerentes ou inspetores) de estatais ou empresas coletivas não-estatais. Os que estão no setor privado muitas vezes sofrem várias restrições impostas pelas condições sociais externas e ficam longe de poder aspirar a qualquer tipo de hegemonia. O significado político e econômico do crescimento de um estrato independente de administradores, contudo, não deve ser negligenciado. Em segundo lugar, dado o predomínio do setor público (muito mais amplo do que o Estado) e dada a ausência de uma burguesia hegemônica nascente, os trabalhadores não são operários livres num mercado de trabalho integral. O mercado de trabalho que está sendo formado sofrerá os condicionamentos da "economia socialista de mercado", regulamentada por autoridades locais ou nacionais. Essas autoridades políticas têm motivos para respeitar e alimentar alguns princípios socialistas referentes às exigências do trabalho. Mesmo essas dezenas de milhões de trabalhadores que deixaram sua região (embora a maior parte possua seu próprio lote de terra) não chegam a formar um proletariado emergente em luta contra os "inimigos de seus inimigos" (referência à monarquia feudal e aos proprietários), como Marx observou em relação à era da revolução burguesa. Em terceiro lugar, a questão das relações entre os chefes estrangeiros e seus funcionários chineses, nas empresas de capital estrangeiro e nas *joint-ventures*, não chega a ter tanta importância a ponto de determinar a natureza do sistema. As novas regras devem ser desenhadas de acordo com o caminho que a nação abraçar no futuro, que ainda não está definido, embora alguns estejam preocupados com a possibilidade de um neocolonialismo.

A questão mais difícil é o "capitalismo burocrático", como tendência à formação de uma burguesia entre as elites partidárias e suas famílias privilegiadas. Os chineses recordam muito bem o caso das "quatro grandes famílias", diretamente ligadas à corrupção do regime de Kuomintang, que controlavam três quartos da indústria nacional e foram o principal alvo da revolução comunista — uma das "três grandes montanhas" a serem derrubadas, junto com o imperialismo e o feudalismo. Algo semelhante poderia ocorrer novamente? Será que aqueles que ocupam posições oficiais no governo, controlando recursos públicas e propriedades, tirando proveito de seus cargos, bem como os filhos e filhas desses altos funcionários, que fazem acordos com importantes personagens locais e investidores estrangeiros, auferindo enormes lucros pessoais, constituem uma nova classe? Será que essa classe, se é que realmente existe, é muito diferente daqueles dominadores de antigamente? O impressionante é que o enfraquecimento do Estado e a descentralização não tenham sido acompanhados de uma derrocada da burocracia. A fortemente enraizada tradição burocrática chinesa tem se mostrado capaz de "absorver" o mercado, desde que o dinheiro e o poder, ou o poder econômico e político, possam permanecer nas mãos particulares de alguns indivíduos comunistas em nome da reforma do socialismo!

Tenho motivos, contudo, para ver uma tendência no sentido de tornar transitório o capitalismo burocrático, por mais ameaçador que ele pareça. Considerando o fato de que onde existem espaços vazios ou políticas confusas surgem burocratas corruptos, não seria lógico esperar que, quando a transição de duas velocidades não for mais necessária e o mercado amadurecer, surgirão proteções legais e institucionais? Como será e funcionará o mercado, que deseja coexistir com o socialismo, é um outro assunto. Acima de tudo, existem forças importantes surgindo, sobrepondo-se ao desenvolvimento de economias coletivas ou individuais. Ainda, sob o fantasma dos movimentos de protesto de 1989, a autoridade estatal, enquanto se esforça para evitar problemas sociais, tem também de lutar contra o enfraquecimento de seus quadros locais. Embora a palavra "democracia" tenha desaparecido durante um bom tempo de nossa linguagem cotidiana, o descontentamento popular com a corrupção continua crucial para os chineses e pressiona no sentido da reforma. Nesse contexto, sou otimista em relação à classe trabalhadora. Libertando-se da apatia e da passividade, no caso dos trabalhadores urbanos, e da ignorância e da estreiteza, no caso dos novos trabalhadores, com suas raízes camponesas, só a sua luta consciente pode ser decisiva na derrota do capitalismo em geral e da burocracia capitalista em particular.

Trabalhadores e camponeses

Mas algo mais precisa ser dito sobre as mudanças e a ambígua situação da velha classe trabalhadora industrial. Reconhecida como a "classe líder" na Constituição da República Popular e protegida por um abrangente sistema de segurança e previdência, essa classe foi, assim mesmo, envenenada por uma mentalidade totalmente depen-dente, entregando seu poder ao sistema de representação partidária e perdendo sua própria iniciativa e visão de si mesma. As curtas experiências encorajadas por Mao para a participação dos trabalhadores e para a democracia nos ambientes de trabalho foram válidas mas não tiveram impacto duradouro. O mais danoso em termos de consciência de classe foi a posição específica dessa classe, ao mesmo tempo subordinada e privilegiada, em contraste com os demais, contratados ou trabalhadores temporários, e especialmente com as massas de camponeses. Em outras palavras, sob o patriarcado socialista essa classe foi beneficiária e vítima ao mesmo tempo. Com sua inclinação à passividade, um dos grandes frutos da revolução chinesa, a libertação política e produtiva de sua mais avançada classe transformou-se em seu oposto. Aos poucos e silenciosamente, o sistema tornou-se limitador das forças produtivas, motivo pelo qual a atual reforma terá de abandoná-lo e procurar substituí-lo por um outro mecanismo de proteção e de incentivo. Isso precisará ser acompanhado de uma grande remodelação dos sindicatos apolíticos e dependentes. O questionamento do papel da classe trabalhadora no futuro rumo da economia política chinesa um dia se tornará crucial.

Entretanto, o fato de ter sido historicamente justificado o tratamento preferencial aos trabalhadores urbanos — uma decisão política convencionalmente socialista — é altamente discutível, mesmo levando em consideração o fato de a China ter indiscutivelmente criado as bases que permitiram a industrialização do maior país pobre do mundo, em menos de três décadas e em circunstâncias internacionais desfavoráveis. Há também um ponto moral aqui: privilegiar trabalhadores foi discriminar os camponeses, gerando a conhecida acumulação "interna" de capital graças à exploração e ao sacrifício da população rural. É triste, socialmente deplorável, imaginar que o preço pago pelo progresso econômico foi realmente necessário, que a industrialização tem inevitavelmente de começar com a sujeição do interior ao controle das cidades. E parece verdade que (como coloca Istvan Mészáros), mesmo depois do capitalismo, nós ainda temos de nos dar conta de que o poder do capital assume várias (não convencionalmente capitalistas) formas de se apropriar da mais-valia, de preservar o processo de trabalho alienado, a divisão do trabalho e o Estado burocrático. Isso se torna mais grave porque a revolução comunista na China surgiu e ganhou força a partir das bases vermelhas no interior. Foi quase uma traição deliberada da parte da liderança comunista dar prioridade total à indústria e ao desenvolvimento urbano, e não foi por acaso que as tentativas de Mao de remediar esse desvio nunca tiveram sucesso. É tendo em mente esse passado que a iniciativa da reforma, parcial mas fortemente motivada pela urgente necessidade de eliminar a pobreza rural, deve ser apreciada.

Não há nada a lamentar em relação à dissolução das comunas populares, que prepararam o caminho para uma segunda libertação dos camponeses (como é comumente visto na China) depois da reforma agrária, no meio do século. A comuna chinesa certamente era diferente das fazendas coletivas soviéticas em muitos aspectos — ela (mais do que o Estado) detinha a propriedade da terra, tinha baixo grau de mecanização e foi criada na base de pequenas cooperativas, em grande parte organizadas por voluntários. Mas era, como no caso soviético, uma forma de extrair do campesinato os recursos para a industrialização, além de a longo prazo ser responsável pela estagnação do desenvolvimento rural. Lembro como ficamos confusos nos primeiros dias que passamos no campo, em um vilarejo do norte, onde morei por cinco anos. Era inverno e nossa equipe estava encarregada de preparar a terra. Em vez de usar suas pás, os camponeses limitavam-se a ficar perto de nós conversando, dia após dia, observando nosso trabalho com ar cínico até o cair da tarde. Considerados verdadeiros modelos para a juventude urbana, como poderíamos ver neles algum "entusiasmo e vigor socialistas"? Só mais tarde percebemos que eles não se empenhavam no trabalho porque tinham tão pouco para comer que poupavam suas energias. Além disso, não ia fazer muita diferença em suas vidas se a terra fosse preparada ou se a próxima colheita fosse melhor. O fracasso da utopia maoísta do socialismo comunal era tão amargo e evidente em praticamente todos os lugares — inclusive em áreas férteis ao sul do rio Yang Tse — que a descoletivização, uma vez iniciada pelos próprios camponeses no fim dos anos 70, tornou-se imperativa e prosseguiu de maneira irresistível.

Revertendo o processo de acumulação primitiva através do empobrecimento do interior, tanto na em sua forma capitalista quanto na socialista, a recente reforma agrária chinesa foi uma maneira de tirar os camponeses da estagnada, pobre e isolada situação em que se encontravam. Em uma fotografia tirada no vilarejo durante minha visita, ano passado, meus amigos estavam tão felizes, saudáveis e bem-vestidos, muito mais do que eu, que poderiam facilmente ser considerados recém-retornados da "rica América". Eles não precisam mais abrir mão de um pouco de lazer e correr para descansar em uma cama rústica de tijolos depois do jantar, antes de ficarem com fome novamente; e desfrutam de residências novas e bem decoradas, com alguns equipamentos modernos como água corrente e televisores em cores; há uma escola secundária em construção, que a maioria das famílias tem algum integrante que recebe dinheiro de um trabalho que não seja agrícola, seja na cidade, seja em alguma indústria local; eles têm começado a exercitar alguns procedimentos democráticos elementares ao eleger um "comitê autogestionário dos residentes no vilarejo"; em vez de esperar instruções superiores, eles falam de novos projetos para o próximo ano e para a próxima geração. Situações semelhantes ocorrem em todo o interior da China. Apesar da atual crise e dos protestos gerados pelos fracassos políticos de várias decisões tomadas pelo governo, a situação melhorou significativamente até nas províncias mais pobres.

O Partido Comunista sob a liderança de Deng e seus colegas reformistas merece crédito por suas sábias políticas em favor das mudanças. Um grande número de comunistas decentes, bem posicionados e com a consciência culpada por terem permitido que a pobreza e o analfabetismo rural durassem tanto tempo, lutaram resolutamente contra a resistência interna ao que era confusamente visto como "restauração capitalista". (Em Yanan e na região da montanha Jiaggang, por exemplo, consideradas lugares sagrados da revolução.)

A economia da emancipação

Apesar de tudo isso, os heróis que realmente estão mudando o país são os camponeses. Foram eles, como um todo (a velha classificação baseada na situação sócioeconômica de uma pessoa antes de 1949 foi oficialmente banida em 1980), que criaram o sistema de contrato familiar e a produção doméstica especializada (mais facilmente mecanizada) na agricultura, que fizeram crescer as empresas locais que hoje respondem por 40% da produção total e então, na avançada região sudeste, começaram a criar novas cidades com seu próprio investimento. Enquanto a burguesia tradicional, movida pelo lucro, revolucionou constantemente a produção e as relações sociais na Europa, os camponeses chineses assumiram a liderança da atual reforma e modernização do país. Na vanguarda desse movimento histórico, mais uma vez desafiaram a definição de uma classe "camponesa conservadora" encontrada nos dicionários marxistas, pela vontade consciente de se transformar. De fato, uma parte considerável deles não é mais camponesa e está integrada aos novos modos de vida urbanos. Uma parcela ainda maior, enquanto a maioria permanece onde estava, tornou-se trabalhadores ou empresários, entre outras ocupações, na indústria, no comércio e nos serviços locais. De um ponto de vista estritamente econômico, se você indagar como, apesar de uma grande parte da renda da força de trabalho rural ter deixado o campo, aumentou a eficácia rural, aqui está a resposta. Muito mais do que elevar os padrões de vida da grande massa de camponeses e reduzir as desigualdades entre cidade e interior, o significado da reforma rural reside também em seu significado político — auto-emancipação, como mencionamos antes — e em seu impacto econômico em escala nacional. Foi observando para o que acontecia no interior, especialmente no dinâmico Sul, que pudemos ter uma dimensão do caminho adotado pela China para se industrializar e urbanizar. Isso tem grande importância se levarmos em conta as tremendas dificuldades para introduzir os mecanismos de mercado em qualquer país: com o pesado aparato burocrático de planejamento de um lado e, de outro, o elevado custo social do desenvolvimento de muitos países do Terceiro Mundo após a fase colonial. Na China, graças ao sucesso inicial da reorganização agrícola e das indústrias rurais, o velho problema da escassez de grãos parece ter sido em grande parte resolvido e, devido ao fornecimento adequado de bens de consumo, uma vida melhor foi assegurada à maioria da população. A economia chinesa, portanto, deve superar os atuais problemas como a inflação e o excesso de atividade, e o governo está estudando a possibilidade de finalmente suspender o controle de preços e reformar a estrutura e a administração das indústrias urbanas bem como das instituições financeiras. Firmas operadas pelo Estado estão para deflagrar uma reforma em seu sistema de propriedade, por exemplo, através do lançamento de ações e da entrega de parte delas a seus funcionários, o que os tornará acionistas, preparando-os mental e psicologicamente para as reformas pioneiras que já estão em marcha no setor privado. Sem uma "terapia de choque", a China está estabelecendo um sistema exemplar de transformação de uma economia de controle centralizado em uma economia de mercado.

É verdade que a cada dia milhares de migrantes chegam a Pequim, Guangzhou e outras cidades grandes à procura de trabalho, aumentando a pressão sobre o desemprego urbano que caracteriza muitas economias capitalistas desenvolvidas. Muitas vezes as condições mínimas legais de trabalho e de proteção ambiental não são respeitadas nas pequenas indústrias rurais e nas minas. Empresas que não se adaptam aos novos tempos quebram, sem ter qualquer acordo que proteja seus funcionários. Piores ainda são os casos de exploração privada e usura, bem como a crescente polarização entre ricos e pobres. São problemas sérios mas não suficientes para me convencer de que está em formação uma economia capitalista, mesmo que em seu estágio inicial.

É preciso levar em consideração, em termos de propriedade e controle, o grande número de empresas locais pertencentes aos moradores de cada pequena cidade, criadas em seu próprio benefício. Normalmente, por decisão consensual, essas empresas são obrigadas a tomar conta de todas as famílias da comunidade, através de medidas que assegurem igualdade de emprego e de recursos para a previdência. Essas firmas, de propriedade de organizações locais, são muito semelhantes quanto à orientação política. A sua força propulsora não é necessariamente o lucro ou uma renda extra para reinvestimento, mas apenas a vontade de melhorar na vida — aquele velho slogan criado por Deng: "Ficar rico rapidamente." Como muitas dessas empresas são de natureza mista e difíceis de classificar sob qualquer categoria disponível, não se dispõe de estatísticas precisas relativas a elas.

Deve-se levar em conta, sobretudo, o contínuo desenvolvimento de cooperativas de crédito rural e outras cooperativas, como no comércio, na melhoria das variedades de sementes e outros implementos agrícolas, bem como no serviço de saúde. Aulas de agricultura e tecnologia, muitas das quais ainda gratuitas em uma cultura que cada vez mais valoriza o dinheiro, são dadas tanto por autoridades quanto por camponeses que foram aprendendo por conta própria ou nas escolas locais e nas universidades regionais. De modo mais amplo, existem também algumas mudanças institucionais feitas nos últimos dez anos, que afetam especialmente o Congresso do Povo. Os deputados, cada vez mais, se envolvem em debates políticos reais, lutam por e contra, por exemplo, a Lei de Falências, ou pela construção do terceiro dique sobre o rio Yang Tse. Faço questão de mencionar também alguns ambiciosos projetos, sobretudo na área de transportes, em remotas e pobres regiões rurais. Eles são supervisionados por uma organização nacional chamada Comissão de Combate à Pobreza, que não apenas recebe grande quantidade de recursos do Ministério das Finanças, mas também se beneficia de um considerável volume de contribuições de fontes não-governamentais. Mais de um quarto dos condados chineses ainda está abaixo da linha oficial de pobreza e depende substancialmente de subsídios governamentais.

Tomar este último aspecto como não-capitalista é muito complicado. Algo semelhante pode ser encontrado em países em desenvolvimento da América Latina, de orientação capitalista, para não mencionar os novíssimos tigres asiáticos, que são até mais capitalistas. Mas na China isso não se aplica, pois existe uma diferença substancial de motivações e consciência social em relação a esses e outros exemplos citados. Este é o penetrante poder das idéias socialistas, com ênfase no igualitarismo e na justiça social, em sua expressão chinesa, num país que não é religioso. Se não mais como uma norma ideológica ou cultural, eles permanecem presentes e são fonte de inspiração. Ainda mais relevante, destacaria, é a presença contínua de um sentimento anticapitalista na sociedade pós-revolucionária. Recordando as causas da destruição do antigo regime bem como as forças que criaram o novo, esta sociedade reconhece, apesar dos efeitos da "falsa consciência" que atualmente prevalece, que não é possível privatizar em larga escala ou criar graves desigualdades, nem forjar a livre competição e deixar em desespero os muito fracos e pobres. O Projeto Esperança, um programa nacional de captação de recursos, destinado à educação de filhos de famílias pobres, é apenas um pequeno exemplo.

O legado revolucionário

Afinal, a China viveu uma revolução popular épica. Essa revolução não apenas conquistou legítima independência nacional e completa reforma agrária, mas também derrubou, em 1949, uma classe de burocratas capitalistas apoiada por poderes imperiais e, em 1956, eliminou a burguesia nativa. O capitalismo, de fato, nunca teve sucesso nas antigas civilizações de nosso território. Ele foi terrível em nossa memória histórica, primeiro (desde a

Guerra do Ópio) como um brutal e desavergonhado invasor e depois como um cúmplice das oligarquias indigentes. Fundamentalmente está portanto ligado aos erros e aos sofrimentos da velha sociedade a que ninguém quer voltar. Nesse sentido, o capitalismo já era anacrônico antes de ter tido chance de desenvolver-se "normalmente" na China. Portanto, falar sobre nosso legado revolucionário — que foi amplamente proclamado durante as campanhas realizadas antes de 1976 e depois implícita ou explicitamente denunciado por alguns reformistas radicais — é de certa forma falar sobre o dilema da China moderna, ao ser comparada com o capitalismo.

Após a abertura do país nos anos 80, o Ocidente capitalista parecia maravilhoso. Surgiram muitas ilusões sobre o novo capitalismo chinês, sem distorções, liberal, abundante e responsável, com "lei e ordem". Mas é apenas uma fantasia, se não se tratar de uma piada: as ilusões não vão muito longe; tivemos uma antevisão do que poderia ser a pior mistura dos dois sistemas em histórias de funcionários milionários com contas na Suíça. Se tivesse de ocorrer uma regressão histórica na China (onde as condições sociais e as tradições são tão diferentes tanto do Ocidente quanto das antigos países socialistas do Leste europeu), não teríamos nenhum capitalismo ocidental a restaurar, mas nossa própria versão semifeudal. Alguns intelectuais marxistas acham que a China precisa alcançar algum estágio de capitalismo que lhes parece inevitável. Isso, entretanto, apenas mostra a falta de sentido da realidade e uma queda pelo idealismo dogmático ou pela ilusão de que seus desejos, pelo simples fato de existirem enquanto tais, se materializarão. O que o próprio Marx considerava um quebra-cabeça, sua tese eurocêntrica do desenvolvimento humano — da "criança normal" da Grécia, à maturidade capitalista européia, até a classe trabalhadora como o grande risco do capitalismo mundial —, tem de ser desafiado em qualquer discussão das transformações sociais do século XX, sem deixar de levar em consideração a experiência chinesa.

Venho argumentando que a China não vai em direção ao capitalismo, mas o país tampouco está marchando conscientemente no caminho do socialismo, se o socialismo for definido em termos de eliminação do trabalho alienado, da criação e da ampliação da liberdade, com a redução do tempo dedicado ao trabalho, em termos de democracia política e de autogestão através de associações de produtores. Tendo pouco a pouco perdido o controle, nossos líderes pragmáticos nunca elaboraram uma estratégia coerente ou uma teoria interessante. Pela "economia socialista de mercado", eles simplesmente pretendem manter o Partido no poder, enquanto o mercado é introduzido para racionalizar a economia. Da parte de nossos economistas reformistas, além de um Estado intervencionista que pretende promover os interesses públicos, o que distingue um mercado socialista de um capitalista nunca foi claramente explicado. Eles também, encantados pelo fetiche da suposta mágica do mercado, acham que ele resolverá todos os problemas da China, já que é "perfeito" em si mesmo. Até aqueles que têm explorado formas de "socializar" o mercado ignoram completamente a que isso levaria, especialmente do ponto de vista político, no contexto internacional da economia capitalista.

A discussão em torno do destino da China — capitalismo ou socialismo — foi oficialmente banida desde o início do ano passado, com o pretexto de isolar os ideólogos de esquerda que usavam o rótulo "capitalismo" para se opor ao processo de reformas. Uma típica ação de Deng baseada em seu hábito autoritário e em sua "teoria do gato" acabou reforçando a atmosfera pragmática em que toda a sociedade está se movendo, sem uma visão de futuro. Excluindo a segurança e as melhorias materiais, por exemplo, que tipo de relações sociais queremos ter entre nós — administradores e produtores, homens e mulheres — e entre as comunidades, incluindo os hans e as minorias nacionalistas? Que tipo de sistema político se deseja para regular as interações entre indivíduos e sociedade, grupos de interesses e conflitos, e procedimentos racionais de tomadas de decisão? Que tipo de desenvolvimento cultural é benéfico, em termos de qualidade e variedade, contribuições institucionais e espontâneas, peculiaridades nacionais ou assimilação transnacional? Questões como essas têm sido colocadas e discutidas, mas atraem pouca atenção tanto do público quanto das elites e, com a atual corrida atrás do dinheiro, estão fora de moda. O socialismo, afinal, conforme a definição do próprio Deng na nova Constituição adotada pelo Partido em 1992 e amplamente aceita, deve "desenvolver as forças produtivas, abolir a exploração e alcançar a prosperidade comum". Liberdade, democracia, autodeterminação ou, em suma, controle sobre as condições da existência humana, são dispensadas sem grandes problemas. Também ruim que tudo o que se situar além de um idealizado patriarcado socialista esteja fora de sua imaginação, bem como de toda liderança chinesa. E pensar que Cingapura e a Coréia do Sul tornaram-se modelos para o socialismo chinês!

Vivendo transformações econômicas, sociais e culturais sem precedentes — que em grande parte são políticas também —, a China está se dirigindo para algum lugar além do capitalismo ou do socialismo, conforme esses termos são normalmente compreendidos. As perspectivas são muito amplas. Talvez uma mistura de tudo, temperada pelas condições chinesas? Mas mais do que isso, deixando de lado a preservação de sua herança revolucionária e pré-revolucionária e imitando tanto Ocidente como seus vizinhos altamente industrializados, a China criou e certamente continuará criando novas formas e conteúdos para a vida e o convívio social que inexistiam nos sistemas já conhecidos. De qualquer modo, é certa a queda do socialismo patriarcal. Paralelamente a essa "evolução pacífica" do Partido Comunista, é fatal que seu poder seja reduzido — o poder do pai da nação, ao mesmo tempo protetor e repressor, arbitrário e responsável, antigo e moderno. Sua glória desapareceu e a velha ordem hierárquica estabelecida também se foi, deixando para trás o que era conhecido — ligações pessoais e dependência, puritanismo hipócrita e anti-humanismo. O chinês comum está agora descobrindo seus desejos e potencialidades e lutando pela sua salvação. Sob o poderoso impacto do fetiche do dinheiro, a nova sociedade florescente na China pode muito bem degradar-se e desmoralizar-se. Por outro lado, contudo, a participação consciente, as iniciativas, as atividades criativas e a autodeterminação de centenas de milhares de pessoas devem ser verdadeiramente libertadoras. É essa gente, homens e mulheres (as mudanças na situação e na consciência das mulheres são agora objeto de estudos), que está proporcionando oportunidades para o governo e para eles próprios.

Enquanto historicamente a produção avançada de mercadorias eliminava todas as relações pré-capitalistas, o novo mercado está destruindo a China tradicional (embora não "pré"-capitalista) em termos de transformação cultural. E isso é uma revolução genuína, pelo menos tão profunda quanto a comunista que a antecedeu. O dinheiro está dissolvendo a comuna, mas certamente este não é o fim da história.

18

SUPERANDO O PASSADO

Jürgen Habermas e Adam Michnik

Gostaria de que vocês dois, com suas diferentes biografias e experiências em relação à esquerda européia, trocassem opiniões como se se tratasse de um debate sobre a Alemanha, a "superação do passado", o legado do socialismo, a Europa e a falta de sincronia entre a Alemanha e a Polônia. Semelhanças e diferenças podem ser reveladas à medida que os dois responderem às mesmas perguntas. Poderíamos começar talvez com o ano 1989: a queda do Muro de Berlim e a unificação alemã foi uma surpresa para vocês?[*]

Jürgen Habermas — Fiquei surpreso, como a maioria dos alemães. Mas no verão de 1988 havia estado na Alemanha Oriental pela primeira vez, em Halle. O estado mental das pessoas que participaram daquele simpósio me impressionou muito. Eles eram cínicos e pareciam desesperados. Não havia mais nada que lhes desse uma perspectiva de esperança. Nesse sentido, estava ciente desde então do quanto o sistema estava desgastado já àquela altura. Mas claro que eu não previa o que acabou acontecendo.

Adam Michnik — Lembro-me de uma discussão com você em Varsóvia, em 1979, quando você não queria dizer nada sobre

---

[*] Esta discussão, mantida em Varsóvia em novembro passado, foi presidida por Adam Krzeminski. A primeira versão alemã apareceu em *Die Zeit*, 17 de dezembro de 1993.

a questão da unificação alemã. No primeiro momento fui muito modesto — como poderia não compartilhar a posição de Habermas? —, mas depois disse que a esquerda alemã, no meu modo de ver, estava repetindo o mesmo erro que Rosa Luxemburgo havia cometido na Polônia, ao recusar-se a entender a força e a dinâmica do sentimento nacional alemão. Para mim, o paradoxo é que naquele momento, acho, eu estava certo. Mais tarde, contudo, quando li sua polêmica na disputa com os historiadores, concordei quando dizia que Stürmer, Hillgruber e Nolte estavam tentando relativizar os crimes de Hitler em função dos crimes de Stálin e do renascimento do nacionalismo. Tenho uma atitude bastante esquizofrênica em relação a essa questão. Estou totalmente de acordo com sua posição no debate com os historiadores e penso que nós, poloneses, pouco teríamos a dizer em uma discussão dessas. Sobre a unificação alemã, contudo, provavelmente eu estava correto, pois a classe intelectual alemã subestimou efetivamente esse problema.

No verão de 1989 o Muro ainda estava em pé e sólido, mas os alemães do Leste já faziam as malas na Hungria, quando Adam Michnik e Bronislaw Geremek começaram a falar abertamente de unificação alemã. Isso foi uma surpresa para muitos no Ocidente e na Polônia. A idéia de que a divisão da Alemanha não seria eterna estava muito viva na Polônia, em função de suas próprias experiências históricas.

JH — Perdi as declarações de Michnik e Geremek no verão de 1989, mas naquela época certamente me pronunciaria contra a idéia da unificação. No que diz respeito à consciência nacional alemã, não podemos esquecer — pelas bem conhecidas razões históricas — de que as coisas se deram de maneira diferente na Alemanha e na Polônia, e continuarão assim. Por 150 anos a consciência nacional garantiu aos poloneses sua identidade, apesar de sua falta de independência. Na Alemanha, contudo, a consciência nacional teve um papel progressista enquanto valor político só até 1848. A Prússia nunca funcionou em bases nacionais. O império de Bismarck inicialmente fez bom uso do nacionalismo, mas a partir de 1890 cometeu muitas injustiças em nome dele. Depois de 1945, quando uma semidemocracia razoável se instalou na Alemanha pela primeira vez, isso só foi possível porque o nacionalismo havia caído em descrédito.

AM — Por muitos anos fiquei impressionado com o excelente ensaio do professor Habermas sobre o patriotismo constitucional, e, de certa forma, essa ambigüidade pode ser vista ainda hoje. A primeira fase da unificação alemã trouxe liberdade, a segunda levou ao *pogrom* de Hoyerswerda. Na Polônia, ocorre algo semelhante ou que pode tornar-se semelhante.

JH — Isso está colocado de modo muito severo. Acredito que a primeira impressão foi a de liberdade e a segunda — três semanas depois — foi o slogan: "Nós somos um só povo". Inicialmente se gritava "Nós somos o povo" e depois "Nós somos um só povo". Hoyerswerda, contudo, bem... sou um alemão ocidental e não tenho um conhecimento intuitivo da experiência dos alemães do Leste. Mas de certa forma posso entender, ainda que não desculpar, o modo como esse terrorismo de direita se desenvolveu na Alemanha Oriental. O que era mais difícil para mim era entender o contágio que esses ataques provocaram no Ocidente, já que nada havia mudado em nossa situação. O que deve ter acontecido no lado ocidental é que os portões da comunicação estavam abertos e a atmosfera mudou de tal forma que os estereótipos e preconceitos, que já eram compartilhados por cerca de 15% da população, ganharam novo status.

De repente, era possível dizer novamente coisas que durante muito tempo foram consideradas tabus. E, nesse sentido, cresceu o clima em que mesmo na Alemanha Ocidental surgiram a xenofobia e o anti-semitismo, além do fato de muitos jovens sentirem como se estivessem manifestando pontos de vista de uma maioria silenciosa. Estou certo de que eles não representam a opinião da maioria. E acho que isso é um problema maior na Alemanha Ocidental do que no Leste, onde — como vocês podem julgar melhor do que eu — está em marcha um grande processo de transformação. Não havia tantos estrangeiros vivendo na Alemanha Oriental, e todos os estereótipos negativos eram banidos pelo regime.

AM — Você não acha que hoje em dia, em praticamente todas as democracias da Europa ocidental, se observa uma crise na idéia de uma sociedade multicultural e, nesse sentido, a Alemanha não vive uma situação excepcional? Nós vemos a mesma coisa na França e mesmo que de forma diluída na Polônia. Por outro lado, o que você diz a respeito do repentino surgimento de sentimentos nacionalistas no Leste alemão é muito interessante. Quando visitei a Alemanha Oriental, ouvi a seguinte história. Um alemão oriental encontra-se com um alemão ocidental e diz: "Saudações. Somos um só povo". E o ocidental responde friamente: "Sim, é verdade".

O que se deduz disso é que a hostilidade para com os estrangeiros não é uma forma de consciência nacional. Constatei isso na Polônia. Com exceção possivelmente da Alemanha Oriental, a Polônia é talvez o único país pós-comunista em que não há um problema de minorias nacionais. E, mesmo assim, há conflitos poloneses-lituanos, poloneses-bielorussos, poloneses-ucranianos, poloneses-alemães, como ocorreu em Oppeln, o *pogrom* contra ciganos em Mlawa, e anti-semitismo, em um país sem judeus. Em outras palavras, o que está em questão aqui não são realmente conflitos étnicos, mas algo mais.

JH — Penso que essa análise só se aplica aos povos da Europa central, que estão vivendo uma crise social muito grande, devido à transformação de seu socialismo de Estado. E, nesse sentido, a hostilidade a estrangeiros não é um fenômeno exclusivamente alemão. Pesquisas de opinião mostram que a xenofobia na Alemanha não é pior do que na França ou na Grã-Bretanha. Mas, penso que em outros países ocidentais existem raízes etnocêntricas para isso. No caso da Alemanha Ocidental, a resposta, provavelmente, é que, cada vez mais, as pessoas estão se confrontando com os filhos e os netos de imigrantes; e essas pessoas acreditaram que eles viriam, trabalhariam e, depois de um certo tempo, iriam embora. Mas ficaram, e seus filhos nasceram na Alemanha.

Um segundo problema é a nova leva de imigração que vem atraindo atenção da mídia. E essa é outra diferença fundamental entre a Alemanha e a Polônia. As minorias na Polônia representam cerca de 1,5% da população, enquanto na Alemanha somam 7 ou 8%, ou quase 10%. Algo semelhante acontece nas ex-colônias francesas e britânicas. Naturalmente, esse etnocentrismo é, sem dúvida, manipulado de cima, como a hostilidade contra estrangeiros pode ser usada para desviar a atenção do crescente descontentamento. Acho, na verdade, que pela primeira vez temos de considerar seriamente o fenômeno de uma sociedade multicultural. Na Europa, a composição da população está mudando de fato e isso cria uma situação economicamente difícil, pois crescem os índices de desemprego, enquanto a mídia divulga a idéia de que o etnocentrismo e o nacionalismo jogam novamente um papel central.

AM — Acompanhei os acontecimentos na Iugoslávia com muita atenção e tenho muitos amigos lá. Minha impressão é que a situação nos Bálcãs representa um desafio fundamental para a Europa. O que eles estão dizendo é "não falem de Auschwitz, a Europa democrática está acabada, agora nós temos a utopia dos Estados etnicamente puros". Trata-se da mais terrível mensagem que já ouvi em minha vida. É mais perigosa do que o comunismo. E tenho uma pergunta para o professor Habermas, que é um grande defensor das idéias do Iluminismo: por que a idéia do Estado etnicamente puro está tão forte e por que está tendo essa trajetória vitoriosa?

Mas talvez ela naufrague, talvez estejamos presenciando o último e sangrento paroxismo, e não o anúncio de uma volta aos Estados nacionais.

JH – Não acredito que se trate de uma trajetória vitoriosa. Quando estava em Zagreb, alguns anos atrás, ouvi de alguns amigos, que tenho em todos os países da ex-Iugoslávia, que o melhor que poderia lhes acontecer era os americanos ocuparem o país e ficarem por lá durante quarenta anos. Achavam que assim teriam uma democracia estável.

Na Somália esse modelo não deu certo.

JH — É verdade. Só mencionei isso para dizer que a democracia poderia se desenvolver na Alemanha numa terceira tentativa porque ela passou muito tempo ligada ao lado ocidental e não era uma nação soberana. Mencionei a sensação de desespero de meus amigos croatas simplesmente para dizer que nem tudo está perdido por lá e que existe uma perspectiva otimista.

AM — Mas onde disseram isso para você, na televisão?

JH — Não, falaram particularmente. Não é coisa que possam dizer em público.

AM — Sei o que estou perguntando; também estive em Zagreb. Eles vivem o mesmo paradoxo que nós, de certa forma. Na Polônia, sou editor do maior jornal diário, Gazeta Wyborcza, mas mesmo assim muitos de meus adversários consideram-me um traidor de nosso povo.

Essa afirmação sobre o nosso nacionalismo não é um pouco exagerada? Essa tendência existe, mas, no todo, muito mais fraca do que se poderia temer, como mostraram as recentes eleições.

AM — Entre outras coisas, aprendi com o professor Habermas que devemos ser cautelosos e vigilantes. A idéia de um Estado étnico sempre leva a um abismo profundo. Por isso li a discussão dos historiadores nos anos 80 como se fosse uma aula sobre a Polônia.

JH — Mas nós, alemães, erguemos nossos campos de concentração na Polônia. Em meu vôo para Varsóvia, ontem, lembrei mais uma vez o quanto fomos cuidadosos ao ocultar tudo de nossa população, de modo que ninguém pudesse perceber o que tínhamos feito de pior.

AM — Sim, mas é muito diferente quando um alemão diz isso ou um polonês. Agora vou dizer algo que não sei se terei a coragem de ver impresso: antes de Hitler entrar na Polônia, nós já tínhamos construído nossos próprios campos de concentração aqui, em Bereza Kartuska; e não é exatamente uma justificativa o fato de que apenas algumas pessoas foram mortas lá e que os campos nazistas foram muito piores. Por um lado, enquanto os poloneses dizem que Hitler não foi muito pior do que Stálin, já que fomos vítimas dos dois, isso significa algo um pouco diferente do que quando é dito por um historiador alemão, como Ernst Nolte — a vulgarização das "conquistas" alemãs nessa área. Mas, se dissermos que os poloneses eram basicamente inocentes, isso significa apenas uma licença para errar novamente. O que significa afinal a culpa coletiva de uma nação?

JH — Isso não é culpa coletiva. Os culpados, sejam eles quem forem, devem responder individualmente pelo que fizeram.

Ao mesmo tempo, contudo, existe essa coisa de responsabilidade coletiva pelo contexto mental e cultural em que os crimes em massa se tornam possíveis; e somos herdeiros dos acontecimentos do passado. É por isso que temos de estar conscientes de que essas tradições todas são ambivalentes e adotar uma postura crítica diante delas para que fique claro o que se quer que tenha prosseguimento e o que não deve continuar. A responsabilidade pelo passado em um país em que algo extremo aconteceu, como na Alemanha — mas não só na Alemanha —, deveria nos fazer desconfiar do contexto em que essas tradições e cultura ocorreram, bem como do conhecimento dos erros de nossos pais e avós. Ao mesmo tempo, em um país como a Alemanha, os políticos, ou pelo menos o debate político, deve alcançar assuntos que em outros países podem ter um papel secundário. Nós temos de voltar sempre à questão de nossas tradições políticas e de nossa mentalidade, enquanto sociedades com tradição democrática mais consistente não precisam fazer isso, já que é um fato considerado normal.

AM — Estive na Sérvia, e os sérvios que apóiam Milosevic têm um sentimento de total inocência histórica. Estou falando de uma certa consciência coletiva. Os sérvios acham que uma grande injustiça foi cometida contra eles, acham que o mundo todo os traiu. E, nesse sentido, embora respeite sua atitude para com as singularidades da experiência alemã, não posso compartilhar essa visão triunfalista da culpa germânica.

JH — Um triunfalismo negativo.

AM — Especialmente considerando o quanto está generalizado o triunfalismo da inocência na Polônia. Nenhum de nós jamais fez mal a ninguém. E quem disser que houve a pacificação das aldeias ucranianas na Polônia ou bancos especiais para judeus nos auditórios das universidades é simplesmente um inimigo da Polônia, subornado pela máfia internacional. Eu certamente acredito que existe isso que se chama memória coletiva e responsabilidade coletiva. Eu tenho o direito de me orgulhar das conquistas polonesas, sobre as quais Mickiewicz e Kolakowski escreveram, mas também tenho o dever de envergonhar-me do que os fascistas poloneses fizeram.

JH — O que sugere certa divisão do trabalho. Adam Michnik disse que muitas coisas adquirem seu significado a partir do contexto em que são ditas. A disputa entre os historiadores foi em função dos alemães, não dos poloneses. Seria um nacionalismo negativo se pretendêssemos preservar essa briga, tornando-a parte da cultura política de nossos países. Parece-me que Adam Michnik tira as conclusões certas desse debate no que diz respeito à Polônia. Mas é preciso distinguir o que alguém diz em seu país e o que se diz no que pode ser considerado um território neutro.

Mas, para voltar à nossa questão, também sinto o mesmo nervosismo diante da situação na Iugoslavia, na Alemanha, na Geórgia, na Polônia e assim por diante, como Adam Michnik. Ao mesmo tempo, contudo, pergunto-me por que ele vê essa "limpeza étnica" como uma mensagem para a Europa. Por que ele não diz que se trata de uma regressão, uma terrível e apavorante regressão que está custando um grande número de vidas humanas? A Europa ocidental superou essa fase apenas em 1945. Até então, cultivava as mesmas idiotices nacionalistas que arrastavam as massas. E isso pode ser superado novamente. Em condição econômica muito favorável, por que os países da Europa central não podem ter a oportunidade de superar essa fase?

Naturalmente, existe ainda na Polônia muita gente que vive em condições sociais e econômicas precárias. Sabemos que, quando as pessoas se encontram em uma situação dessas, apegam-se a coisas muito concretas: cor da pele, raça, nação, características externas. Em que mais podem se agarrar, se as coisas vão tão mal para elas, se sua vida cotidiana gera tanta ansiedade? Nenhum de nós sabe como serão as coisas no futuro, mas pergunto por que, quarenta anos depois, poloneses, húngaros, tchecos e eslovacos não podem ter a mesma situação que os alemães ocidentais? Afinal, vocês tinham pelo menos uma democracia incipiente e, mesmo agora, têm suas conquistas.

Não estou tentando fazer a apologia de meu país, pois podemos ter problemas por lá também. De minha parte, observei com grande ansiedade o que aconteceu na Alemanha depois da guerra e, apesar de minhas críticas, devo admitir que as instituições políticas tornaram-se mais estáveis e a democracia alemã melhorou substancialmente. Naturalmente, não estou imune ao medo de que os riscos aumentem novamente e ingressemos em uma nova fase, como nos anos 50; mas hoje estamos repetindo a construção da democracia em um nível mais maduro. O que aconteceu em 1989 não pode ser revertido.

Isso é interessante. Você é um defensor do progresso e se apresenta como um "otimista confiante", enquanto Adam Michnik, que alertou para os riscos do "progresso da liberdade", se apresenta como um pessimista.

AM — Tenho três perguntas para o professor Habermas. Primeiro, fiquei surpreso ao ver que a maior autoridade moral e intelectual da esquerda alemã tenha se tornado tão pró-americano em relação à disputa entre os historiadores. Segundo, o que o senhor ainda preserva de sua fé no socialismo, no marxismo e no progresso? — já que para mim a única coisa remanescente é a própria fé. E, terceiro, como nunca sucumbi à histeria antialemã em que a Polônia mergulhou graças à propaganda comunista, agora que não há mais comunistas e que portanto acabou essa propaganda, começo a temer os alemães. Hoyerswerda e Rostock deixaram-me amedrontado. Se abro o jornal, temo ler mais uma vez que pessoas que buscam asilo foram queimadas vivas. Thomas Mann, que é um de meus gurus, escreveu que os alemães que seguiram Hitler não são diferentes dos outros alemães. Eram os mesmos bons alemães que ele, Thomas Mann, amava; os mesmos alemães ricos dos *Buddenbrooks*, que foram enganados. Minha pergunta, portanto, é se parte dos bons alemães de hoje não está entrando em uma canoa furada.

JH — Suas perguntas não são simples. A mais fácil é a que indaga a respeito do americanismo. Primeiro, é necessário distinguir a orientação mental e cultural do Ocidente e uma outra, puramente política. Nos anos 50, opus-me a Adenauer, embora hoje veja que sua política externa estava correta. Ainda considero, contudo, que Adenauer teve um efeito altamente desastroso na cultura política alemã, por ter escondido todo o passado alemão sob o tapete. Mas...

AM — ... mas a esquerda alemã rejeitou a direita alemã em nome do socialismo e de um projeto antiamericano. Não havia uma tradição que fosse tanto de esquerda quanto européia ocidental.

JH — Sim, havia. Nos anos 20 o marxismo europeu ocidental tinha grande destaque.

AM — A Escola de Frankfurt?

JH — Por exemplo. Havia um marxismo ocidental que se opunha veementemente ao stalinismo, que o considerava um fascismo.

AM — Isso não é correto. Não foi por acaso que Jürgen Habermas nunca escreveu nada contra o stalinismo.

JH — Um momento. Toda a geração mais antiga da Escola de Frankfurt, Horkheimer, Neumann, Marcuse, claro que escreveu contra o stalinismo...

AM — Marcuse escreveu que se tratava de uma má interpretação de Marx.

Ah, agora estamos chegando à discussão em torno de Kolakowski.

JH — Uma coisa de cada vez. Estamos tratando da primeira pergunta de Adam Michnik sobre a origem de minha orientação ocidental. E minha resposta foi que existe uma clara tradição intelectual do marxismo ocidental, que nunca aceitou a criação da Terceira Internacional.

AM — Quem? Você poderia dar nomes, por favor.

JH — Gramsci.

AM — Gramsci era um comunista. Não há análise do stalinismo em nosso país, nada mais do que na teoria crítica da Escola de Frankfurt.

JH — Mas muitas pessoas acreditam que o que eles chamam de mundo gerenciado, capitalismo administrativo, era em sua estrutura o mesmo que o stalinismo. Eu nunca aceitei essa teoria como correta, mas essas teorias existiam. Os ensaios de Horkheimer dos anos 50 eram totalmente antistalinistas.

AM — É verdade; mas ele não transformou a natureza totalitária do comunismo no centro de suas atenções.

JH — Certo. Eu estava pouco preocupado com o stalinismo e não assumi nenhuma posição fortemente anticomunista em público, mas você tem de levar em consideração o contexto da política doméstica. Na Alemanha de Adenauer, o anticomunismo tinha um papel especial: era um meio de estabelecer uma falsa continuidade na história alemã. Isso era inaceitável para nós. Por outro lado, ninguém duvidava de que eu não tivesse nada em comum com os stalinistas. Eu nem estava envolvido na Comissão de Valores Essenciais do SPD — que manteve discussões programáticas com a SED —, e ninguém se atreveria a me convidar para ir a Rússia até 1988. Nossa falta de críticas não significava apoio silencioso.

AM — Sei disso. Minha crítica é outra.

JH — Que eu não discuti teoricamente com os stalinistas? Está bem, aceito a crítica, mas voltemos à minha orientação ocidental. Para alguém que começou seus estudos em 1949, o marxismo ocidental era a variante mais radical na tradição do Iluminismo e do antifascismo. Venho de uma família burguesa, sem qualquer tradição política socialista. Mas em uma perspectiva alemã, eu não poderia ser mais antifascista do que aderindo ao marxismo ocidental, que para nós não se opunha à democracia radical nem ao Iluminismo.

Quando comecei a escrever *Teoria e prática*, referi-me à aceitação das leis naturais, a Hobbes, Locke, Kant, o Hegel de esquerda, e era óbvio para mim que a leitura ocidental de Marx pertencia ao mesmo universo intelectual. A orientação cultural e mental do Ocidente era uma resposta às tradições irracionais alemãs, que sempre se haviam colocado contra o Iluminismo francês. Não precisei de Nolte para adotar a perspectiva ocidental. Tenho de dizer, contudo, que só ficou claro para mim nos anos 80 que a integração ao Ocidente contra a qual lutei nos anos 50, conforme rejeitava a restauração do capitalismo, estava correta.

AM — Excelente. Eu poderia estar ouvindo minha própria biografia intelectual!

JH — E, por essa razão, sou tão favorável à rápida integração européia quanto Helmut Kohl.

E agora, a segunda pergunta. O que restou do socialismo?

JH — A democracia radical.

AM — Concordo plenamente.

JH — Acrescentaria, contudo, que da mesma forma que no passado ainda hoje é possível fazer a crítica do capitalismo a partir da tradição marxista, uma crítica que agora talvez seja mais necessária do que nunca, já que, com a queda do Estado socialista, aumentou a auto-afirmação do capitalismo. Dificilmente alguém hoje critica o capitalismo. E até mesmo na União Européia temos 17 milhões de desempregados. Além disso, ninguém sabe — eu certamente não sei —, como sair dessa situação de desemprego crescente. Em outras palavras, temos de pensar em algo novo, de modo a criticar esse sistema. Mas o padrão de crítica só pode ser através de uma democracia radical, o que naturalmente envolve conduzir o capitalismo a um estágio em que garanta certos direitos sociais; mas não sabemos extamente como.

AM — Eu colocaria assim: comparando com a situação de trinta anos atrás, estamos mais pobres apenas de ilusões e mais ricos em humildade. De acordo?

JH — Plenamente de acordo.

E agora, a terceira questão. Devemos temer os alemães?

JH — Bem, não escondo o fato de que eu também me faço essa pergunta.

AM — Não pergunto isso como alguém que tem problema com os alemães; não tenho um complexo ou um sentimento antigermânico. Aprecio a cultura alemã e me sinto muito confortável na Alemanha.

JH — No que me diz respeito, tinha as mesmas ansiedades, em 1982, quando Kohl chegou ao poder, que Adam Michnik tem agora, que na realidade é o medo da força alemã. O ano de 1977 foi muito ruim. O seqüestro de Hans Martin Schleyer por terroristas de esquerda foi terrível, mas a reação a esse fato foi amedrontadora, chegando a lembrar um *pogrom*. Então, quando Kohl chegou ao poder e percebi que ele não teria condições de pôr em prática a política que pretendia, cheguei à conclusão de que uma geração já havia crescido e que o clima e a atitude política tinham mudado. Isso perdurou alguns anos, até 1989, quando pela primeira vez tive a sensação de que não era mais possível para a Alemanha voltar ao passado. Mas não estou tão certo assim. Precisamos considerar os dois lados da questão. Há de um lado a volta dos estereótipos anti-semita, racista e xenófobo. Lembro que, durante a visita de Kohl e Reagan ao cemitério de Bitburg, algumas pessoas — aparentando ter cerca de 40 anos — mais ou menos desenhavam símbolos anti-semitas nas paredes e me perguntei de onde teriam saído. As pessoas em si me assustavam menos do que o meio social de onde elas teriam surgido. Por outro lado, penso que a maioria dos alemães ocidentais de menos de 50 anos são liberais e isso não precisa mais ser inculcado, já faz parte de sua estrutura.

AM — Conto com isso na Polônia. Se falo com pessoas do SLD, os pós-comunistas, percebo que eles não são capazes de voltar a ser comunistas. Eles já provaram a liberdade, a riqueza da Europa. Muitos deles certamente não gostam do que aconteceu na Polônia desde 1989; falam de anos perdidos, mas certamente a idéia da volta da censura ou do fechamento das fronteiras está fora de questão.

JH — Isso é excelente; nos dá esperança. O processo da unidade européia deve prosseguir, caso contrário seria difícil estar seguro de qualquer coisa. Esta é uma questão muito importante para a Polônia também, mesmo se o que estou dizendo agora vai contra os interesses poloneses. Há uma tendência entre as elites alemãs para transformar a Alemanha mais uma vez em uma grande potência independente na Europa central; e só a união política do continente pode ajudar a contê-los.

Há pouco tempo o senhor Stoiber (chefe do governo da Baviera) disse em uma entrevista: vamos acabar com a unificação européia, com a moeda única; no máximo podemos ter uma união simbólica, em que sejam preservadas a autonomia alemã e nossa política externa — especialmente em relação aos países do Leste. Essa tendência tem se fortalecido e pode ser resumida em uma frase: a Alemanha deve tornar-se novamente a grande potência da Europa central. E não se pode imaginar que esse pensamento não tenha possibilidade de obter sucesso. Seus defensores tendem a esconder-se por trás de problemas concretos e difundiram, por exemplo, a idéia de que a moeda única só será possível se houver uma política econômica e social única. Eles podem dizer também que os alemães devem ajudar os poloneses, os tchecos e os húngaros. E isso é apenas retórica: os objetivos são muito diferentes.

Isso significa que você está nos alertando para os perigos da ajuda externa, que de qualquer modo é bastante modesta?

JH — Não. Estou apenas dizendo que a independência de uma Alemanha poderosa não é do interesse da Polônia. E, nesse sentido, a única ajuda que podemos ter é o Tratado de Maastricht e a rápida união política.

Mas Maastrich nos exclui. Nem mesmo a Alemanha ratificou a entrada da Polônia na União Européia e nós vemos ainda o que está acontecendo com a Organização do Tratado do Atlântico Norte. A imprensa alemã também mostra crescente reserva para com a integração com o Leste. Devo confessar que a cada semana, quando leio o Der Spiegel, *me preocupo ao constatar uma simpatia estratégica pela Rússia e um desprezo pela incapacidade polonesa. E a esta altura em que somos nós, e não os russos, quem se encontra numa situação econômica relativamente estável.*

AM — Augstein defende um nacionalismo compartilhado por uma certa ala da esquerda burguesa tradicional.

JH — Só que Augstein nunca foi de esquerda.

AM — Em relação à época de Adenauer provavelmente era de esquerda.

JH — Talvez, mas por favor não esqueçam que os que se opunham a Adenauer muitas vezes tinham fortes motivações nacionalistas. Mesmo no SPD, como Schumacher por exemplo. O período de Adenauer pôs fim a algumas velhas divisões; a direita, por exemplo, conservadora tornou-se pró-ocidental, na esteira do anticomunismo, enquanto parte da esquerda era antiocidental. Hoje podemos observar um realinhamento e as velhas formações têm sido recompostas.

Professor Habermas, você disse que Maastricht era necessário para manter a Alemanha sob controle, ao mesmo tempo que Maastricht contrariava os interesses poloneses. Como pode ser resolvida essa contradição? Para nós é uma questão de vida ou morte — se somos aceitos na Europa ou se somos deixados deliberadamente na órbita russa, que recuperaria sua posição de grande potência conforme desejo do Ocidente.

JH — Maastricht só contraria os interesses poloneses de curto prazo.

Mas, se o Ocidente não nos ajudar, não teremos condições de fazer nossa própria guinada em direção a ele. Como se pode resolver essa contradição fundamental da política alemã, de modo que não fique por nossa conta ser simultaneamente próocidental e pró-russo?

JH — Isso não pode ser resolvido de um dia para o outro. Para a Polônia, uma Alemanha que não esteja integrada ao Ocidente talvez seja economicamente interessante, mas politicamente seria uma catástrofe.

AM — Concordo totalmente com isso.

JH — Permita-me fazer-lhe uma pergunta. Como vai a reconciliação com o passado na Polônia? Na Alemanha, não se ouve falar sobre o tipo de emoções que se vive.

AM — Na Polônia, cada um resolve isso à sua maneira. Quando ganhamos as eleições, em 1989, comecei imediatamente a conversar normalmente com todos aqueles que tinham me colocado na prisão. Acho que esta é a função dialética do Iluminismo.

JH — Preferiria dizer que se trata de um caráter generoso.

AM — Não, é mais do que isso. Acredito que o pior que poderia acontecer a meu país é a tendência a impregnar a Polônia de uma identidade unitária, que primeiro foi comunista, depois anticomunista, depois católica, depois anticatólica. Enquanto isso, existe uma identidade polonesa comum, que é pluralista e heterogênea, que é a nossa riqueza, que temos em nossos genes. E meu ponto de vista, mesmo que seja pouco comum nesse caso, é que as recentes eleições, embora não tenham me deixado feliz com seu resultado, tiveram um aspecto muito positivo: a arrogância anticomunista do Solidariedade ficou para trás. Havíamos chegado a um ponto em que eu, que passei seis anos na prisão por causa dos comunistas e que fui durante vinte anos um ativo oposicionista, lia a cada dia nos jornais do Solidariedade que eu era criptocomunista. E isso pelo simples fato de que não acreditava no enforcamento do ex-presidente Jaruzelski nem queria uma legislação anticomunista. Muitos ativistas do Solidariedade sucumbiram à tentação de pular do comunismo com um rosto bolchevique para um anticomunismo com um rosto bolchevique. Isso era chantagem mental.

JH — E como você vê a posição da Igreja Católica? A Polônia está se tornando um Estado secular?

AM — Houve um fenômeno na Polônia que ninguém poderia prever. No espaço de dois anos, a autoridade política da Igreja entrou em colapso.

JH — Por causa da lei do aborto?

AM — Não apenas isso. A Igreja, fundamentalmente, fracassou em compreender o que estava acontecendo no país. Em 1989, os poloneses escolheram a liberdade. A Igreja pensou que eles a tivessem escolhido e tentou substituir o marxismo-leninismo pela ideologia católica. Os poloneses rejeitaram isso. E algo aconteceu que ninguém previu. Durante quarenta anos, os comunistas tentaram minar a autoridade da Igreja Católica e nunca conseguiram. Mas nossos agressivos políticos católicos e nossos bispos politiqueiros acabaram com ela em dois anos de liberdade.

JH — O que acontecerá com o novo governo? Permanecerá no poder, ou o pêndulo vai mais uma vez balançar para o lado da direita nas próximas eleições?

AM — Os postos econômicos mais importantes estão ocupados pelos comunistas e eles vão seguir uma política mais para Balcerowicz do que o próprio Balcerowicz. Naturalmente apoio isso, não apenas porque nas próximas eleições o pêndulo irá para a direita, mas porque é a política correta. Além disso, com essas eleições consolida-se o enterro do passado. Acredito que por longo tempo os políticos na Polônia não deveriam se comportar em função do que já aconteceu, mas em função do que vai acontecer. Helmut Schmidt esteve na Wehrmacht de Hitler, Willy Brandt encontrava-se na Noruega e Herbert Wehner era comunista; e os três se uniram em nome do que era realmente importante e do que deveria ser. Temos de fazer isso.

O futuro da Polônia depende de ultrapassarmos o horizonte da descomunização. Você não pode descomunizar um país em que os comunistas desistem do poder em uma Távola Redonda. Se os americanos tivessem nos libertado, seria uma outra história. Mas foi Jaruzelski e o ministro do Interior, Kiszcak, que deixaram o poder. É um paradoxo que as mesmas pessoas que decretaram a lei marcial em 1981 tenham permitido à Polônia abandonar o comunismo sem derramamento de sangue, sem barricadas e sem execuções.

JH — Este governo de coalizão está orientado em direção ao futuro?

AM — Acho que não. Será sempre um governo de transição. Não se pode descartar a hipótese de um racha no SLD, que é a imagem no espelho do Solidariedade em 1989. A única base do Solidariedade naquele momento era o anticomunismo e a única base do SLD agora é o pós-comunismo. Seu único fator de integração é sua origem, o medo do anticomunismo e da discriminação. No momento em que o SLD entrar no governo, tudo isso se tornará passado. E há de tudo dentro dele, desde bolcheviques nostálgicos até democratas radicais.

JH — Quando ouço você falar — e sei que você hoje vê Jaruzelski de modo amistoso —, sou tentado a comparar sua atitude com as reações de muitos escritores que deixaram a Alemanha Oriental nos anos 70 e 80 ou, como Wolf Biermann, foram expulsos de lá. Esses escritores são bem menos favoráveis a uma reconciliação.

AM — Porque eles emigraram e eu fiquei.

JH — Mas seis anos na prisão não é pouca coisa.

AM — Professor Habermas, você lembra o que Heinrich Böll escreveu em *O palhaço*? Ele disse que aqueles que voltaram do exterior não entenderam tudo o que realmente aconteceu na

Alemanha. Siegfrid Lenz escreveu algo semelhante. Você vê, acho que nada destrói tanto uma pessoa como o ódio e a vontade de retaliar. E o que tenho a reprovar em meus amigos da Alemanha Oriental é que eles não são cristãos consistentes. Na prisão, li três escritores alemães: Thomas Mann, Jürgen Habermas e Dietrich Bonhoeffer. Entendi o que significa ter de conviver com o fascismo. Depois disso, cheguei à conclusão de que temos de defender a anistia e ser contra a amnésia.

JH — Está muito bem colocado.

AM — Se não for assim, não se pode viver. Você tem de lembrar, mas também tem de ser capaz de ir além do horizonte de seu sofrimento. Tive grandes problemas com meu jornal, que foi fundado pela oposição anticomunista, e eu sempre disse: parem com a retaliação. Nós não temos isso na *Gazeta*.

JH — Isso me faz lembrar a Espanha.

AM — A Espanha é um exemplo positivo para a Polônia. Os espanhóis dizem "nós não tivemos uma *dictadura*, apenas uma *dicta-blanda*", uma ditadura amenizada.

Poderíamos voltar novamente ao dilema para a Polônia da encruzilhada alemã: leste ou oeste?

AM — Li um artigo sobre Jürgen Habermas em um periódico polonês que primeiro apareceu clandestinamente e era muito bom em sua própria defesa da polícia, mas que hoje, legalizado, tem dificuldade de se defender da economia de mercado. O autor sustentava que Habermas tinha uma atitude distante e até depreciativa para com a Polônia e o Solidariedade. O que havia de verdade nisso?

JH — Vejo o Solidariedade como um movimento da mesma importância da oposição da Iugoslávia antes de 1968 ou da Primavera de Praga. O que criava certas dificuldades emocionais para mim era aquele padre que sempre aparecia por trás de Walesa. Mas, se você quer saber a minha atitude para com a Polônia, vou colocar da seguinte forma: até 1979 eu tinha uma idéia histórica e literária sobre o país, conhecia os laços intelectuais mantidos com Paris e sabia que sua intelectualidade era a mais ocidentalizada dos países do Leste, talvez com exceção da Hungria. Quando visitei a Polônia, em 1979, tive contato apenas com uma pequena parte da vida intelectual, mas fiquei com a impressão de que esses poloneses possuíam um conhecimento positivista e secular, como se encontra apenas em um país católico. E isso muito me agradou, já que aprendi que o positivismo é um dos elementos mais estáveis da tradição Iluminista.

Como se pode evitar uma situação em que a indiferença do Ocidente pela Polônia não force os poloneses a, no futuro, desempenhar um papel de "revolucionários permanentes ou emigrantes"?

AM — Não há nenhum outro conselho para a Alemanha e para a Polônia, a não ser juntas, tanto quanto possível. Isso é um fator de estabilidade na Europa. É uma oportunidade para a Alemanha, bem como para a Polônia, já que a Alemanha é um real aliado democrático do Leste. Eu digo isso abertamente também a meus amigos russos.

JH — Precisamos, naturalmente, pôr em marcha o mesmo processo de aprender, um com o outro, como tivemos com os franceses. A França era nossa inimiga e desde a Revolução Francesa adversária constante dos mandarins alemães. Mas o sentimento antipolonês também estava firmemente ancorado no nacionalismo alemão, e isso precisa ser superado. Acho que para os cidadãos da velha Alemanha Ocidental isso não é mais problema, já que não tínhamos nenhuma fronteira com o Leste, exceto a Alemanha Oriental. Do ponto de vista psicológico e mental, as barreiras entre os poloneses e nós são menores do que entre a Alemanha Ocidental e a Oriental. Nesta campanha eleitoral, o SPD deve ter como um de seus principais temas a luta contra o desemprego e a necessidade de uma nova política para o Leste.

Muito provavelmente confiará novamente na Rússia.

JH — *Podemos somente esperar que eles não confiem exclusivamente na Rússia.*

19

O ESFACELAMENTO DA IUGOSLÁVIA E O DESTINO DA BÓSNIA

Robin Blackburn

O colapso da Iugoslávia e a sangrenta guerra civil resultante tornaram-se o pior conflito a afligir a Europa em quatro décadas. À medida que a tragédia se desenrolava, nem os governos do Ocidente nem as partes e movimentos de esquerda achavam fácil orientar-se, com partidários da solução rápida (jogando armamentos no problema) tornando-se particularmente indignados e superiores. Em certos aspectos vitais, essas guerras específicas dos Bálcãs exigiram uma atitude nova, em contrapartida à novidade da situação na ex-Iugoslávia. As paixões que animaram esse desastre não deviam ser atribuídas apenas, ou primordialmente, a inimizades ancestrais. Embora estas tenham contribuído, ganharam nova e poderosa virulência, irresponsabilidade e desespero graças a fúrias modernas como o desenvolvimento angustiadamente desigual, a hiperinflação, o desemprego em massa, os programas de austeridade, a demagogia dos meios de comunicação, o militarismo, a corrupção política, o totalitarismo étnico e o frenesi intolerante de minorias instáveis que se poderia chamar demência democrática. Realmente, um dos aspectos mais sinistros da divisão da Iugoslávia é o fato de seu cenário ser muito moderno e sua evolução nos anos 80 ter ofuscado muitas das receitas domésticas e internacionais que nos anos 90 estão sendo tentadas em outros Estados pós-comunistas.

Para sobreviver no mundo moderno, Estados multinacionais precisam de um imaginário coletivo sustentado por um tantinho de competência administrativa, desenvolvimento democrático, progresso econômico e esperança no futuro. De certa maneira contra as probabilidades, a Suíça, a Espanha, a Grã-Bretanha, a Bélgica, o Canadá e a Índia mantiveram-se até agora acima do limiar. Até 1970, a Iugoslávia atingiu o tantinho necessário, mas o domínio cada vez mais autoritário e esclerosado da Liga dos Comunistas primeiro ameaçou e depois destruiu esses feitos. A legitimidade relativamente ampla do domínio comunista na Iugoslávia, derivada da guerra de guerrilhas e do rompimento com Stálin, a princípio deu espaço para a federação eslava do sul respirar, apesar do legado venenoso de ustashe e chetniks, responsáveis pelo massacre de centenas de milhares durante os anos de guerra. Mostrou-se fatal a decisão de fazer Kossovo (com sua população de maioria albanesa) uma província sérvia em vez de uma república separada. Mas afora isso a Iugoslávia ofereceu uma representação formal de suas diversas nacionalidades; e por determinado período até Kossovo desfrutou certo grau de autonomia.

Infelizmente, a relativa viabilidade e a legitimidade das partes constituintes da velha Iugoslávia ajudaram a tornar o conflito entre as duas repúblicas — Sérvia e Croácia — mais constante e degenerado. Após as reformas de 1974, decretadas em resposta ao reformismo nacional croata, a vida política e o poder público foram cada vez mais canalizados e concentrados apenas no governo republicano — laços entrelaçados e poderes federais enfraqueceram-se gradualmente. Enquanto se diluía a autoridade do centro, o processo político produzia programas nacionalistas rivais. A democracia e o nacionalismo cresceram juntos, mas num espaço estratificado e restrito. A força decrépita da burocracia federal era forte o suficiente para inibir ou suprimir o crescimento das forças democráticas entre as repúblicas. As reformas de 1974 permitiram aos meios de comunicação em rede baseados nas repúblicas substituir acordos federais em que, por exemplo, cada centro republicano se revezava na apresentação do principal jornal televisivo noturno. Na Espanha, a transição pacífica pós-Franco foi auxiliada pelo fato de que partidos políticos, sindicatos e movimentos sociais de esquerda desenvolveram-se em bases transnacionais e em aliança com o reformismo nacional democrático na Catalunha e no País Basco e com o regionalismo em Andaluzia. O admirável crescimento da economia espanhola na década e meia depois de 1977, impulsionando a Espanha para as fileiras dos países desenvolvidos, deve ter ajudado a química do federalismo, quaisquer que sejam os problemas sociais e as injustiças que legue aos anos 90. O federalismo iugoslavo nos anos 80 foi frustrado pela dupla maldição do autoritarismo e do fracasso econômico.

A sedução do Ocidente

Slavoj Zizek escreveu sobre a tendência de os que vivem na região traçar uma linha ao sul depois da qual acaba a Europa e começa o atraso dos Bálcãs, de tal maneira que austríacos desprezam eslovenos, que desprezam croatas, que desprezam sérvios, que desprezam bósnios, albaneses ou macedônios. Zizek observa que agora tais presunções se desdobram num contexto altamente específico: "o que está em jogo nos Estados pós-socialistas é a luta pelo lugar de cada um: quem será admitido — integrado na ordem capitalista desenvolvida — e quem permanecerá de fora".[1]

Muitos eslovenos e croatas ficaram seduzidos pela noção de que poderiam simplesmente juntar-se ao Ocidente avançado, com sua invejável prosperidade e liberalismo, permitindo que seus ex-compatriotas mais atrasados encontrassem seu próprio nível. Somos lembrados com freqüência de que a Iugoslávia foi cindida por linhas ancestrais de divisão parecidas com as que separavam o Ocidente e o Império Romano do Oriente ou ainda com aquelas que opunham os Habsburgos e os Otomanos, ou as igrejas católica e ortodoxa — com tudo isso separando sérvios e croatas, apesar de sua língua comum. Enquanto tais legados têm grande importância, também é verdade que a Iugoslávia ficou em oposição ao abismo moderno que separa o mundo avançado do empobrecido mundo em desenvolvimento. A Croácia e a Eslovênia desfrutaram maior prosperidade do que o restante da federação e tiveram maior participação no *boom* turístico. De sua parte, a Sérvia estava numa precária posição intermediária, com a Macedônia e Kossovo bem atrás.[2]

Nenhum outro Estado comunista estava mais afinado com o estilo de vida ocidental do que a Iugoslávia. Turistas indo por um lado e trabalhadores migrantes pelo outro ajudaram a dramatizar as falhas de uma ordem econômica em que o PNB médio estava mais de um quinto abaixo do da Europa ocidental. Enquanto os iugoslavos que engoliram o sonho ocidental não podem fugir à responsabilidade de seus atos, é também verdade que o Ocidente, a Comunidade Européia e as organizações financeiras internacionais comportaram-se de maneira desastrosa. Nos anos 80, impuseram cronogramas punitivos de reembolso e políticas de austeridade que colocaram o país à beira do colapso econômico fora dos enclaves litorâneos. Nos anos 90, ofereceram um encorajamento disfarçado a forças fissíparas e deixaram de adotar sanções severas contra a truculência e o militarismo dos sérvios. A corajosa tentativa de o último governo da Iugoslávia, Ante Markovic, assegurar o federalismo democrático foi sabotada por medidas financeiras que no final de 1990 o deixaram sem condições de pagar o soldo de seus soldados. O desastroso fracasso do Ocidente em apoiar economicamente Markovic foi movido em parte por avareza e em parte por anticomunismo — sabia-se que a Liga dos Comunistas permanecia forte no oficialato iugoslavo.

A comunidade internacional não desejava abandonar a Iugoslávia, uma vez que via as autoridades federais tanto como garantia para uma dívida de US$ 20 bilhões quanto como sua melhor alavanca para remodelar sua sociedade e sua economia. Mas, ao obrigar o governo federal a adotar a austeridade e o *laissez-faire*, destruiu sua credibilidade e enfraqueceu sua autoridade sobre as Forças Armadas. Sob pressão ocidental, o regime federal foi obrigado a aplicar quase um quinto da renda nacional para cobrir o serviço de sua dívida externa. Os salários reais caíram 40% entre 1978 e 1983 e continuaram aos encontrões neste nível pelo resto da década. E, como o desemprego atingia um terço ou mais da força de trabalho, os que recebiam salários modestos eram relativamente afortunados. Um setor da classe média, especialmente os que tinham ligações no exterior ou contatos oficiais, continuou a emular os padrões de consumo de sua contraparte ocidental.

O Banco Mundial expressou-se desta maneira em seu *Relatório* de 1990:

Medidas para a redução da demanda, combinadas com tentativas hesitantes para reduzir subsídios, provocaram declínios no salário real urbano nos dois países [isto é, Polônia e Iugoslávia] e um crescente desemprego na Iugoslávia [...]. A pobreza urbana aumentou substancialmente. Embora a reforma já estivesse em marcha em alguns países da Europa oriental nos anos 80, medidas muito mais radicais estão sendo implementadas nos anos 90. Esses passos devem aumentar as pressões sobre a mão-de-obra urbana. Um corte substancial da mão-de-obra no setor estatal será necessário [...]. Subsídios são um grande problema; eram 14% do PNB na Polônia em 1988, 12% na Hungria e 9% na Iugoslávia. A tarefa é claramente imensa. Mesmo assim, o princípio da ação eficaz e antecipada de fundamentos políticos, junto com medidas para conter o consumo, aplicam-se também aqui.[3]

Frases amenas sobre medidas para reduzir a demanda, diminuir o emprego, cortar subsídios, restringir o consumo e o resto, na verdade significam miséria social generalizada. A Iugoslávia era então um país semi-avançado, com a maior parte de sua população dependente de processos econômicos complexos. Em seu *Relatório* de 1991, o FMI, com menos recurso para eufemismos, também louvou as políticas de estabilização propostass pelas autoridades federais iugoslavas. Apenas um problema sério estragava esse "feito encorajador": ao executar-se tão fielmente os planos do FMI, destruiu-se a federação.

A irresponsabilidade do FMI não pode justificar as políticas demagógicas e expansionistas perseguidas pelas elites políticas dominantes nas repúblicas, principalmente as da Sérvia. Se o governo federal tivesse repudiado a dívida, teria atraído sanções contra seu comércio e a suspensão de projetos como a auto-estrada para Belgrado. No entanto, talvez pudesse ter feito mais para resistir às pressões desastrosas da comunidade financeira internacional. Como aconteceu, a legitimidade do governo central foi bastante enfraquecida pela política que aquele foi obrigado a impor. A desigualdade regional piorou e, na Eslovênia, na Croácia e na Sérvia, a opinião pública foi encorajada a ver sua república como injustamente sacrificada. Os sérvios consideraram-se um mercado cativo para as mercadorias eslovenas e viram seus impostos aumentar para financiar o desenvolvimento de regiões e de repúblicas mais pobres do que a Eslovênia ou a Croácia.[4] A formação social da Iugoslávia evidentemente nutria paixões desintegradoras que o Estado federal não podia conter. Nos anos 50 e 60, o "socialismo autogerenciado" da Iugoslávia ganhou respeito generalizado entre a esquerda. Na época, associava-se o "modelo iugoslavo" a conquistas econômicas consideráveis e a algumas concessões modestas ao pluralismo cultural. Mas críticas à esquerda sempre advertiram que o modelo de autogerenciamento tinha dois defeitos sérios. Primeiro, na ausência de democracia política, podia ser desnaturado e manipulado pelo partido único governante em cada república. Em segundo lugar, poderia encorajar um certo egoísmo de cada coletivo de trabalhadores; até se mostrou que níveis crescentes de desemprego e desigualdade poderiam resultar de tal corporativismo desatento. Evidentemente, essas duas falhas podiam alimentar-se mutuamente. Também seriam agravadas por mercados de difícil regulamentação, porque as autoridades federais não tinham a legitimidade democrática necessária, e pela circunstância de que a única forma de pluralismo político permitida, dentro de certos limites, era a de cada contingente republicano (geralmente nacional) do partido governante. As reformas constitucionais de 1974 impulsionaram os poderes das repúblicas na época em que os lemas do fascismo do tempo da guerra, o antistalinismo dos anos 50 e o socialismo autogerenciado estavam deixando de ser elementos eficazes de um imaginário coletivo capaz de levar a Iugoslávia a um futuro melhor. Entrou em cena uma lógica fatal de desintegração. Em ondas sucessivas seguiu-se um processo competitivo de descentralização. Elites econômicas esculpiram nichos para si mesmas; elites nacionais republicanas fizeram o mesmo no âmbito político. Finalmente, gangues militares competitivas entraram na briga com diferentes milícias políticas e exércitos republicanos. Cada elite procurou atrair seus próprios seguidores e, em muitos casos, várias disputaram a representação autêntica da nação. Sucessivamente, a empreitada autogerenciada, governo republicano e o bando étnico militar transformaram-se em veículos de uma acumulação primitiva de rapina.

Se estamos procurando o homem cuja demagogia inconseqüente desencadeou a tragédia, então seu nome é Slobodan Milosevic. Ele encorajou os ressentimentos sérvios a assumir uma forma profundamente chauvinista. Sob sua liderança, o Governo sérvio embarcou numa política de violência brutal e de expansionismo que levaria, se não fosse contida, à balcanização sangrenta da Iugoslávia.[5] Os albaneses de Kossovo foram a princípio as vítimas principais. Os líderes eslovenos e croatas estavam inclinados a permitir liberdade de ação para os chauvinistas sérvios em Kossovo desde que sua própria autonomia fosse respeitada ou ampliada. Pelo menos esse parece ser o único meio de explicar por que representantes eslovenos e croatas permitiram que os direitos do povo de Kossovo fossem espezinhados. Instituições federais e partidárias deram aos representantes eslovenos e croatas diversas oportunidades para impedir a tomada sérvia de Kossovo — e a intimidação de Vojvodina —, mas nada aconteceu. Em março de 1989, divulgou-se em Ljubljana uma *Declaração* denunciando a política sérvia para com Kossovo, que ganhou grande apoio público e orientou a atividade de representantes eslovenos nos encontros da Liga dos Comunistas iugoslavos, até que eles se retirassem em janeiro de 1990. Mas não ficou claro, para dizer o mínimo, em que a retirada dos eslovenos ajudou os kossovenos. Com o afastamento dos comunistas reformistas pelos liberais e pelos nacionalistas, a defesa da democracia na Iugoslávia foi substituída por uma advocacia da secessão.

Se Milosevic é o principal culpado, os líderes eslovenos e croatas são seus cúmplices. Os comunistas eslovenos e croatas tenderam a apaziguar Milosevic, enquanto seus rivais nacionalistas favoreciam uma retirada que o deixaria livre para agir. Os eslovenos e, de maneira mais qualificada, os croatas tinham um argumento para a independência, derivado simplesmente do direito nacional de autodeterminação e da evidência da vontade popular. Mas agora sabemos que sua maneira pessoal de enfrentar a demagogia chauvinista de Milosevic provocou uma luta comunal assassina. Os líderes eslovenos optaram por uma política *sauve-qui-peut* que causou terríveis lesões aos seus vizinhos. Antes da secessão, os governos da Eslovênia e da Croácia tinham grande autonomia e raramente resmungavam sob o jugo sérvio, como Kossovo. Eles podiam continuar procurando mais autonomia na federação. E ao mesmo tempo trabalhar para derrubar Milosevic — em aliança com sérvios que desejavam opor-se à demagogia nacional. Por outro lado, certamente devem ter sabido quão frágil era o estado das relações à luz de toda a história e do desenvolvimento do país — mais particularmente em vista da carnificina da Segunda Guerra Mundial e do sentimento sérvio de insegurança e ressentimento.

Democracia e autodeterminação

Os sérvios da Sérvia dificilmente abandonariam suas ilusões chauvinistas, sendo simplesmente abandonados à sua miséria econômica. E os sérvios da Croácia ficariam cada vez mais vulneráveis, mesmo que o governo croata se dispusesse a oferecer-lhes plenas garantias como minoria nacional. Do jeito que estava, sem tais direitos, com os HOS (fascistas croatas) inspirados pelos ustashes, que se agitavam e se armavam abertamente, com seu obtuso e intolerante nacionalista croata Franjo Tudjman, uma figura instável como presidente do novo Estado, dificilmente a minoria sérvia da Croácia se tornaria uma cidadania leal. Tudjman era, afinal, conhecido por tentar negar a escala de assassinatos em massa perpretados pelo Estado Ustashe nos anos de guerra. De um dia para o outro, os sérvios da Croácia tinham-se tornado cidadãos de segunda classe — ou pior — no que pensavam ser o seu próprio país. Tudjman expurgou da polícia e da administração civil os cidadãos croatas de extração sérvia.[6] O medo e a sorte desses sérvios só poderiam alimentar o seu chauvinismo.

Assim como os eslovenos deveriam ter ponderado as implicações de suas ações para outras repúblicas, o mesmo deveriam ter feito os líderes croatas. A doutrina de um Estado étnico anunciado pelas novas autoridades de Zagreb também era ameaçadora para as minorias croatas em toda parte — acima de tudo em Vojvodina e na Bósnia-Herzegóvina —, como para os sérvios na Croácia, cerca de 12% da população, e outras minorias, o que aumentava para 24% a população total não-croata de um Estado que se designava como "a terra dos croatas". Tudjman achou que a ameaça da Grande Sérvia podia ser usada para promover a Grande Croácia. O presidente croata empenhou-se em discussões com Milosevic em dezembro de 1991 destinadas à partição da Bósnia-Herzegóvina entre forças sérvias e croatas. Dessa vez, as principais vítimas seriam os muçulmanos da Bósnia, embora, mais uma vez, muitos croatas e sérvios também sofressem, vivendo ou não no lugar "certo".

Se não fossem as implicações desastrosas para o precário equilíbrio da Federação Iugoslava, certamente os eslovenos teriam razão em exercer seu direito à autodeterminação. O exercício croata do direito à autodeterminação devia ter sido, em grande extensão, condicionado à sua própria disposição de reconhecer e garantir os direitos das minorias. Mudanças de fronteiras só poderiam ser apoiadas quando ocorressem por acordo mútuo ou onde oferecessem boas perspectivas para suspender a opressão nacional. Tais considerações aplicam-se, com alguns requisitos, a fronteiras internas — com o alerta de que mudanças no status de uma divisa podem ser quase tão delicadas quanto uma mudança na sua posição. Tentativas de fazer fronteiras coincidirem com colônias étnicas estão sempre destinadas a conter um elemento de arbitrariedade, especialmente na ex-Iugoslávia. Onde qualquer fronteira é arbitrária, uma que exista na prática, sancionada por diversas décadas de desenvolvimento, é melhor do que nenhuma. No ex-mundo colonial reconheceu-se amplamente que, mesmo se derivadas das potências coloniais, as fronteiras existentes devem ser respeitadas. Um princípio bastante semelhante se aplica à ex-URSS.

A federação iugoslava não existe mais, embora acalentada em alguns recantos do país — e provável futuro objeto de nostalgia. As repúblicas da velha federação tinham direito à autodeterminação, como Kossovo. Até onde conduz a população para a vida política, o nacionalismo tem um conteúdo democrático poderoso, bem como inclinações absolutistas e intoleráveis; o problema é que com freqüência esses dois impulsos são tanto combinados quanto separados. Mas, no mundo contemporâneo, o conteúdo democrático do direito de um povo à soberania torna-se coerente e consistente à medida que respeita direitos das minorias e tolera certo grau de cooperação supranacional e vigilância. No caso de algumas ex-repúblicas da Iugoslávia, é improvável que se mantenham independentes a menos que estejam preparadas para fazer concessões significativas entre si e aderir a tratados internacionais para aquele fim.

A problemática manobra da Bósnia para a independência

Depois dos sangrentos choques de 1991, as repúblicas e as províncias remanescentes da Iugoslávia enfrentaram uma assustadora situação embaraçosa. A Bósnia-Herzegóvina e a Macedônia declararam independência em fevereiro de 1992, depois de ter ficado clara a desintegração da velha federação. No caso da Bósnia-Herzegóvina, a declaração de independência só veio depois que forças livre-atiradoras sérvias, com a conivência do Exército iugoslavo, começaram a ocupar porções do território da república. Numa situação difícil e apavorante, o novo presidente da Bósnia-Herzegóvina, Izetbegovic, optou pela independência, esperando obter apoio internacional e ajuda croata. Um referendo apoiou a declaração embora a grande maioria dos sérvios bósnios se recusasse a tomar parte e seus líderes eleitos formassem uma assembléia em separado. A realização do referendo violou uma regra amplamente aceita na vida política da Bósnia-Herzegóvina — que a mudança constitucional na república exigiria o apoio de todas as três maiores comunidades étnicas.[7] Izetbegovic não é um "muçulmano fundamentalista" (seja lá o que isso signifique), mas é responsável por fundamentar em sua república uma organização política em bases étnico-religiosas. O presidente Izetbegovic e os diversos membros de seu governo eram cortejados assiduamente por diplomatas ocidentais, o que os levou a se verem em posição favorecida no cenário internacional (e ainda contavam com uma aliança com a Croácia). Mas a ajuda internacional foi muito pequena e essa teve um preço muito alto. Louvadamente, Izetbegovic insistiu no caráter secular do seu governo, mas logo perdeu seus principais aliados sérvios e ortodoxos. Apesar da declaração de independência, a maior parte da Bósnia-Herzegóvina permaneceu à mercê das forças sérvias — sem disciplina ou humanidade, mas bem armadas — e dos aliados croatas infiéis, que logo declararam seu próprio mini-Estado. Na verdade, a Bósnia-Herzegóvina, não importam as declarações de seus líderes, só poderia ser verdadeiramente independente se seus próprios sérvios e croatas estivessem dispostos a endossar o fato e se fosse aceito pelas autoridades de Belgrado e Zagreb. A velha Iugoslávia federal tinha sido capaz de oferecer e garantir um status republicano funcional para a Bósnia-Herzegóvina; para sobreviver como entidade autônoma, seria necessário novo acordo confederado com a Sérvia e com a Croácia.

A declaração bósnia de independência baseou-se na presunção de que era desejável e provável a intervenção da "comunidade internacional"— governos das potências ocidentais. Toda a política subseqüente do governo e das forças da Bósnia-Herzegóvina parece ter tido o objetivo de assegurar a intervenção militar externa. Em sua orientação para patrocinadores internacionais, os líderes da Bósnia-Herzegóvina estavam seguindo o exemplo da Eslovênia e da Croácia, que receberam apoio da Alemanha e da Áustria, e dos militares sérvios, com seus laços com a Rússia. Esse padrão moderno tem algumas características afins com outro já observado por Trotsky nas Guerras dos Bálcãs de 1912-14, onde "revolucionários nacionais", ao contrário de revolucionários sociais, sempre procuraram ligar suas operações conspiratórias com as atividades de dinastias e diplomatas?[8] Trotsky acreditava que cálculos diplomáticos dos revolucionários nacionais funcionavam como substituto para a tentativa de construir uma maioria popular através de linhas étnicas, que pudessem abarcar "turcos" (muçulmanos), sérvios e macedônios. Na Bósnia-Herzegóvina em 1992, como na Croácia em 1991, as esperanças depositadas no patrocínio ocidental pareciam tornar redundante a necessidade de buscar o consenso das minorias sérvias.

As forças sérvias remanescentes na Bósnia-Herzegóvina herdaram formidável arsenal do Exército iugoslavo, quando suas estruturas de comando foram retiradas formalmente. Os comandantes sérvios dispunham de pelo menos 60 mil soldados regulares bem armados e de muitos milhares de milicianos. A maior parte dos soldados sérvios nascera na Bósnia e, em qualquer confronto militar, lutariam pela terra natal e pelo lar. Mesmo assim, as forças sérvias bósnias dependiam do apoio político e logístico de Belgrado. Periodicamente, seu contingente era reforçado pelas formações militares ou paramilitares sérvias de outras regiões. Glenny informou que em 1991 uma reunião entre Milosevic e Tudjman acertara os princípios gerais da divisão da nova república.[9] Em Krajina, na maior parte de 1992, houve um cessar-fogo, enquanto os conflitos entre sérvios e croatas eram localizados, em vez de generalizados, na Bósnia-Herzegóvina. O governo de Sarajevo ainda parecia depositar sua fé na aliança com os croatas e na eventual chegada de ajuda internacional. A opção pela independência desencorajou qualquer busca por aliados entre forças de oposição dentro da Sérvia e entre os resquícios da velha federação.

Uma maneira particularmente enganosa e pouco útil de avaliar o conflito na ex-Iugoslávia é rotular de fascista um ou outro dos principais Estados contendores. É uma verdade lamentável que, na medida em que essas repúblicas partilhavam seus compromissos políticos passados, a agitação neofascista ganhou terreno. Mas, apesar da notória tendência expansionista da Sérvia e da "limpeza étnica", a vida política da Sérvia — sem Kossovo e Vojvodina — incluiu eleições e agitação de movimentos oposicionistas. Certamente, já deveríamos estar acostumados com o fato de que governos eleitos mais ou menos democraticamente podem comportar-se de maneira execrável — especialmente para subjugar povos. Afinal, a história da Grã-Bretanha ou dos Estados Unidos tem seus próprios episódios desagradáveis de demência democrática. Numa escala mais modesta, o Estado croata também procurou expandir-se às custas da Bósnia-Herzegóvina, e sua política para com os croatas sérvios ajudou a tirar centenas de milhares de pessoas de suas casas. Na Bósnia-Herzegóvina, a presença dos abertamente fascistas HOS estava amedrontando os bósnios sérvios desde o começo. Em diversas ocasiões desde de outubro de 1992, as forças croatas na Bósnia-Herzegóvina viraram-se contra os muçulmanos; a "limpeza étnica" da região que controlam ajudou a engrossar a onda de refugiados muçulmanos. Mas esse comportamento infame não fez da Croácia um Estado fascista. Tudjman é um governante eleito e, mesmo com relutância, permite certa oposição. Enquanto nesses países houver oportunidades significativas para o desenvolvimento de movimentos oposicionistas, não faz sentido tachá-los de fascistas, embora seus governos sejam brutais e depravados.

A limpeza étnica procurou integrar as áreas sérvia e croata da Bósnia-Herzegóvina em enclaves homogêneos, mas sempre ficou claro que não eram auto-suficientes e não poderiam sobreviver sem seus patrocinadores em Belgrado e Zagreb. Também havia muitas evidências de que o JNA e o HVO (exército croata) controlavam a logística das forças irregulares ativas na Bósnia-Herzegóvina. A guerra na Bósnia não começou até depois da trégua declarada entre a Croácia e a Sérvia. Desde o começo, sua lógica real era a da partição da Bósnia segundo os interesses da Grande Sérvia e da Grande Croácia.

A Bósnia-Herzegóvina existe como um tipo de entidade política há mil anos mas sempre foi uma colcha de retalhos. No último censo, os bósnios muçulmanos eram 44% da população, os sérvios ortodoxos 33%, os croatas católicos 17% e os restantes 6% de outras nacionalidades (albaneses, ciganos, judeus e mestiços). Essas comunidades não estavam distribuídas em zonas distintas, mas entremeadas, com os muçulmanos mais representados em cidades e escassos nas zonas rurais. Além disso, cada comunidade bósnia tinha acesso a armas e treinamento. A ex-Iugoslávia tinha um esquema descentralizado de defesa popular, e a Bósnia-Herzegóvina era um de seus principais redutos. Em tais circunstâncias, a partição ameaçava ser cruel, arbitrária e sangrenta. Os sérvios e croatas do campo, de onde saíam os integrantes dos grupos militarizados, não morriam de amores pelo pessoal das cidades.

Se a declaração de independência não recebeu sanção dos bósnios sérvios, então o desdobrar da lógica de partilha e de conflito étnico provocou um cisão entre a maioria dos muçulmanos bósnios e a maioria dos croatas bósnios. Deve-se fazer justiça ao governo bósnio, pois ainda há sérvios e croatas em posições oficiais ou servindo em algumas unidades militares. Mas Izetbegovic era o verdadeiro representante dos sérvios bósnios ou croatas em março de 1992, ou outubro de 1992, ou março de 1993? Infelizmente, ele e seu governo eram de confiança apenas como representantes dos muçulmanos, que constituem a minoria da população, embora numerosa. A longo prazo, torna-se inviável um Estado que não é apoiado pela maioria da população. Claro, a menos que houvesse ampla desmilitarização do campo na Bósnia, seria impossível saber o que a maioria da população desejava. Mas em si o governo de Izetbegovic não podia ser um instrumento para realizar essa desmilitarização, uma vez que logo se tornou um dos beligerantes num conflito religioso-militar de três vias.

Se não fossem a complexidade inerente da Bósnia-Herzegóvina e as grosseiras intervenções e intimidações praticadas por sérvios e croatas, teria sido o caso de simplesmente aceitar a lógica da partilha. A Bósnia-Herzegóvina de ontem e de mil anos de história era garantida por Estados centrais com pouco ou nenhum caráter democrático. Neal Ascherson argumentou que na Europa pós-comunista as "velhas divisões de religião, língua e raça" inevitavelmente definem aspirações populares ao autogoverno. Quando perguntaram a Radovan Karadzic por que estava substituindo a tolerância multiétnica pelo nacionalismo, pôs seu odioso dedo em cima: "As pessoas não precisam mais viver daquela maneira. Temos liberdade de escolha... A verdade dura é que, se quisermos reduzir o sofrimento humano, temos de ajudar as nacionalidades a se separar pacificamente, em vez de mantê-las unidas".[10]

No caso específico da Bósnia-Herzegóvina o ímpeto para a fragmentação étnico-religiosa derivou a maior parte de sua virulência da mais ampla guerra sérvio-croata e da destruição de um contexto federal que foi amplamente *aceito* pela população da república. As eleições de dezembro de 1990 deram a vitória aos partidos nacionalistas, que juntos obtiveram três quartos dos votos. Mas, para começar, os partidos nacionalistas sérvios, croatas e muçulmanos mantiveram a identidade da Bósnia-Herzegóvina e formaram um governo de coalizão, congratulando-se pela vitória sobre os comunistas e dividindo postos no governo. Além disso, um quarto do eleitorado na época apoiou partidos que se definiam em termos iugoslavos. Havia dessa maneira ainda um frágil nacionalismo e identidade iugoslava e bósnia, englobando e contendo as identidades étnico-religiosas nacionais mais específicas. Mesmo os partidos nacionais demonstraram preocupação de que o separatismo pudesse significar desgraça para todos uma vez que o princípio da nacionalidade fracassou em identificar as novas fronteiras. Os eventos decisivos que destruíram a disposição de respeitar as estruturas da Bósnia-Herzegóvina não foram as eleições de 1990, mas a disseminação das hostilidades entre sérvios e croatas quase um ano depois, o reconhecimento internacional da independência da Croácia e o referendo sobre a independência da Bósnia-Herzegóvina em desafio à oposição dos representantes eleitos dos sérvios bósnios. Enquanto o Estado desabava, a solidariedade étnico-religiosa forneceu o magneto para a organização militar, especialmente nas áreas rurais. Bandos militares étnico-religiosos rivais têm um potencial terrível para criar o antagonismo comunalista que é seu sangue vital simplesmente adotando um padrão dúbio sistemático, favorecendo certas identidades e perseguindo outras. Assim aqueles com uma determinada identidade católica e croata descobriram que só estavam seguros onde houvesse capangas HVO ou HOS para protegê-los, mesmo que abominassem os ustashes, tivessem convicções ateísticas, primos sérvios ortodoxos e acalentassem características bósnias de uma civilização híbrida parcialmente islâmica. Da mesma maneira, rapazes com uma determinada identidade muçulmana descobriam que não podiam se tornar membros verdadeiros do HOS, não importa quão zelosamente fizessem a saudação pavloviana "Heil Hitler". A descoberta da identidade em tal situação não é algum tipo de eleição espiritual pura, nem tampouco o despertar de alguma essência interior, mas a adoção de uma marca social imposta, policiada pela repressão implacável e pelo medo. Claro que todas as nações-Estados existentes — incluindo até os Estados Unidos, a Grã-Bretanha e a França — foram formadas pelo uso de tais métodos em regiões de fronteira e terras disputadas. Progressivamente, ocorrera um relaxamento do critério étnico-religioso de cidadania e isso foi produto de pressão exercida por movimentos liberais, socialistas, anticoloniais e de direitos civis, bem-sucedidos em estabelecer alguns princípios seculares multiétnicos que, embora precariamente e formalmente, começaram a ligar a cidadania à residência. Não existe uma boa razão porque cada nova nação tenha que recapitular as barbaridades das velhas nações-Estados estabelecidas, especialmente onde, como no caso da ex-Iugoslávia, também existem tradições seculares e democráticas que podem ser mobilizadas contra o identitarismo. É notável que o mais intenso banho de sangue na ex-Iugoslávia tenha acontecido entre grupos étnico-linguísticos muito próximos uns dos outros: sérvios, croatas e muçulmanos falam virtualmente a mesma língua e representam misturas raciais sobrepostas. No entanto, a religião e a história separaram essas comunidades e as jogaram numa armadilha identitária. O domínio das identificações religiosas tende a ser generalista porque está ligado a experiências universais como nascimento e morte. Pode ajudar a qualificar e a enfraquecer os laços da identidade nacional, reduzindo a tentação de conceber os últimos em termos totalitários onde não haja coincidência. Mas onde a religião e a nacionalidade operam ao longo das mesmas fronteiras então a ilusão de uma auto-identidade total e exclusiva é mais facilmente sustentada, como mostram muitos dos mais persistentes regimes comunalistas (Ulster, Israel, Chipre, Paquistão). Na ex-Iugoslávia há duas tradições que contradizem potencialmente identidades confessionais particularistas — comunismo e anticomunismo liberal. Mas por razões óbvias negociar uma aliança entre elas não tem sido fácil.

Estratégias de intervenção

Desde o começo os governos europeus e dos Estados Unidos fizeram diversas tentativas de patrocinar um acordo negociado entre as diferentes forças políticas da Bósnia-Herzegóvina. Iniciada a batalha, negociar um acordo entre as comunidades em luta seria uma tarefa que demandaria tempo e nunca poderia ser concluída ignorando as lideranças políticas locais. A partir do verão de 1992, as lideranças políticas dos muçulmanos bósnios, sérvios e croatas foram levadas a negociar entre si e, de vez em quando, as bases de um acordo pareciam ao alcance da mão. O governo de Izetbegovic estava certo ao abandonar sua recusa de negociar com os líderes sérvios bósnios e croatas. E os mediadores dos EUA e da União Européia estavam certos em pedir que Milosevic e Tudjman também demonstrassem seu apoio aos acordos alcançados. As fronteiras internas propostas pelos mediadores nunca foram aceitas, o que encorajou a disputa pelas terras. Mas pelo menos o princípio de um Estado federal da Bósnia-Herzegóvina, garantido por seus vizinhos, foi preservado. Os direitos das minorias dentro de cada província foram mencionados, mas só por questão de formalidade, sem condições para implementá-los. Similarmente, os líderes civis de cada lado negaram e condenaram deportações forçadas, estupros em massa e coisas do gênero. Não importa quão vazias tais declarações possam ter sido, elas poderiam ter fornecido as bases para tentativas subseqüentes de assegurar os direitos humanos e, mais tarde, o retorno dos refugiados, se as forças de paz das Nações Unidas tivessem poder suficiente para implementá-las. Claro que as formações militares sérvias e croatas, oficiais e avulsas, fizeram pouco segredo de sua intenção de zombar dos princípios proclamados em Genebra, Nova York e Atenas. Apesar disso, os acordos acertados, defeitos à parte, ofereceram um caminho para diminuir a escalada e até mesmo pacificar os conflitos entre as diferentes comunidades em luta. O problema principal dizia respeito à implementação e não ao conteúdo dos acordos esboçados por Owen e Vance. A ONU estabelecera forças de manutenção da paz e de ajuda humanitária na Bósnia-Herzegóvina e na primeira instância seriam estas forças que teriam de assegurar o cumprimento do acordo, buscando isolar ao máximo os que tivessem inclinados a sabotá-lo.

As forças da ONU não eram vistas apenas como outra força beligerante junto com HVO, Armiya e formações sérvias. Em março deste ano o general da ONU Philippe Morillon mostrou que a intervenção internacional não precisa possuir um caráter militar. Ao estabelecer seu quartel-general no conflagrado enclave muçulmano de Srebrenica, e ao falar aos dois lados, ele estava, pelo menos temporariamente, em condições de quebrar o cerco sérvio. Enquanto tais sucessos podiam valer a pena como parte de uma estratégia a longo prazo de desmilitarização, sem tal estratégia se teria apenas que proteger concentrações miseráveis de refugiados.

As frustrações geradas pelo processo de paz e o fracasso em encontrar meios eficazes de implementar acordos provocaram uma demanda calorosa por uma operação ao estilo Tempestade no Deserto, não apenas de Margaret Thatcher como também da opinião liberal dos EUA e de alguns na esquerda. Como candidato e presidente eleito, Clinton parecia simpatizar com uma política anti-sérvios muito mais vigorosa. A intervenção militar maciça atraía todos que acreditavam numa solução pronta disponível, embora raramente explicassem qual seria. Os defensores da intervenção com freqüência alegavam que o poder dos expansionistas sérvios desmoronaria rapidamente se posto à prova. Mas os generais ocidentais, temerosos de baixas, estavam muito reticentes em comprometer efetivos de terra em condições tão difíceis.

Porque havia petróleo no Golfo Pérsico, o Ocidente montou uma vasta expedição na Arábia Saudita em 1990-91 que, alguns esperavam, seria capaz não apenas de tirar as forças iraquianas do Kuwait mas também remover Saddam Hussein do poder. Isso não aconteceu, como sabemos. A intervenção ocidental contra Milosevic e os partidários da Grande Sérvia deveria ser outra empreitada curta para fazer recuar o demagogo sérvio. Mas nem o terreno nem a correlação de forças eram remotamente tão favoráveis à intervenção estrangeira como no Kuwait. Por outro lado, as tragédias dos curdos, árabes das terras pantanosas, e levantes xiitas poderiam se repetir numa escala muito maior. Um ataque violento do Ocidente ou da ONU poderia imediatamente detonar represálias contra as forças de paz da ONU em toda a região e contra um número significativo de comunidades muçulmanas vulneráveis. Sem dúvida uma intervenção patrocinada pela ONU poderia ter assegurado uma cabeça de ponte em Sarajevo e aumentado ligeiramente alguns dos locais seguros para os muçulmanos. Mas tudo isso exigiria uns 100 mil soldados, que enfrentariam a perspectiva de uma guerra de guerrilhas sérvias lutando em seu próprio terreno e com boas linhas de suprimentos. Ataques aéreos contra os sérvios aumentariam a popularidade de Milosevic e desgastariam a lealdade dos aliados russos do Ocidente. A intervenção militar ocidental provavelmente seria incapaz de assegurar o controle sobre maior parte de território do que as chamadas "zonas de segurança" indicadas na Declaração de Washington de 22 de maio. O que reservaria o futuro para tal zona ocupada pelo Ocidente, sem viabilidade econômica ou lógica política? Por que empreender uma operação militar de alto custo e risco por um feito tão insignificante?

Poucos defensores da intervenção argumentaram que deveria ser dirigida contra o HVO croata e contra a força de apoio ao exército croata, o HV. Os planos ocidentais de intervenção baseavam-se num deslocamento de forças da Otan em aliança com forças croatas e o governo croata. Da mesma maneira que a aliança ocidental com a Arábia Saudita asseguraria a falta de apoio à oposição a Saddam Hussein, assim também o alinhamento com Tudjman e Bobma serviu de freio para a política ocidental em relação à Bósnia. Esses dois políticos foram prodigamente financiados pela diáspora ultranacio-nalista croata e advogavam abertamente a integração de Herzeg-Bosne à Croácia. Os sérvios bósnios declaram seu próprio micro-Estado mas não a incorporação à Sérvia. A opinião pública ocidental está tão fixada na hiena militar sérvia que não reparou no chacal irredentista croata: algumas reportagens da TV americana sobre o expurgo de refugiados muçulmanos de Mostar deram a entender que isso era trabalho dos sérvios também. No entanto, o alto comando da OTAN sabe o que está fazendo, ou seja promovendo a Croácia ao papel de aliado regional. E esse objetivo pode ser alcançado sem todos os riscos de uma intervenção. Em sua decepção depois da Declaração de Washington, Izetbegovic queixou-se a jornalistas de que a OTAN estava mais interessada em assegurar uma base no Adriático em Fiume (o porto croata de Rijecka) do que em salvar a Bósnia. A Croácia nunca foi sujeita a sanções como as impostas à Sérvia apesar de seu papel destacado na partilha da Bósnia. Naturalmente, uma intervenção simultânea contra a Sérvia e a Croácia seria uma impossibilidade logística. Com o fortalecimento das Forças Armadas croatas é possível que vejamos a ameaça de uma ofensiva croata apoiada pelo Ocidente contra a Sérvia, mas a restauração da Bósnia-Herzegóvina não será um dos objetivos da guerra.

O Regime decrépito de Milosevic

Com a intervenção abandonada ou adiada quais são as perspectivas de oposição interna ao agressivo novo nacionalismo sérvio e croata? Na Croácia há sinais de uma crescente oposição social democrata, mas o mesmo não acontece na Sérvia. O apoio a Milosevic foi estimulado por ameaças de intervenção, ajudando-o a vencer as eleições de dezembro de 1992. Enquanto a ameaça de um confronto militar total foi explorada por Milosevic, permitindo que aparecesse como campeão no país que conduziu tão mal, sanções pacíficas sobre material de guerra e artigos de luxo poderiam, se eficazmente mantidas, enfraquecer a máquina de guerra e forçar a elite política a buscar um acordo. O desenrolar do conflito militar por sanções estratégicas e incentivos às negociações abre espaço para que as forças civis de oposição possam se tornar eficazes. As estruturas da Sérvia, com suas províncias ocupadas de Kossovo e Vojvodina, e da Iugoslávia sem autoridade, com a inquieta relação com Montenegro, permanecem politicamente injustificáveis e vulneráveis. A pressão internacional deveria ser dirigida para assegurar um acordo democrático em Kossovo e Vojvodina, bem como encorajar um novo acordo sobre a Bósnia-Herzegóvina. Os que argumentam que as sanções são inúteis deveriam considerar o destino da União Soviética e da África do Sul. As sanções mais eficazes são, sem dúvida, as dirigidas aos interesses materiais e ao amor próprio das elites políticas. Em abril de 1993, Milosevic, movido em grande parte por um desejo de evitar sanções, concordou com o plano Vance-Owen e exigiu que os sérvios bósnios fizessem o mesmo. Relatos plausíveis dessa mudança de posição apontam para o desejo de ver descongeladas contas que ele controla no Banco Cipriota e, talvez mais importante, ser reconhecido pela "comunidade internacional".

A Grande Sérvia *de facto* que agora existe enfrenta grandes problemas de coerência interna e não tem legitimidade internacional. E precisa ser encorajada a empreender atos difíceis de descolonização. Os líderes albaneses em Kossovo promoveram muitos tipos de resistência cívica, inclusive instalando sua própria administração em muitas partes da província. Também procuraram encorajar e influenciar oposicionistas em Belgrado. Na área de Sandzak, perto da fronteira com a Sérvia e Montenegro, uma maioria muçulmana ainda sustenta sua própria e precária região autônoma. Em Vojvodina as autoridades sérvias dominam uma população mestiça e temerosa com grandes minorias húngaras e croatas. Em Montenegro existe um ressentimento crescente pela tutelagem sérvia e pelas depredações das forças ao estilo Chetnik. Na própria Sérvia a oposição ganhou 35% dos votos na última eleição em dezembro, apesar de uma barragem hostil da imprensa e muita intimidação. Dessa maneira, a recém-proclamada Federação Iugoslava é em si um amálgama instável e desconfortável, com muitos grupos do eleitorado hostis ao projeto ultranacionalista; a anódina Iugoslávia não inclui, naturalmente, os micro-Estados declarados pelos sérvios na Bósnia e na Croácia. O governo da Macedônia declarou a independência, convencendo representantes da minoria albanesa a entrar para a coalizão. A situação nessas áreas é obviamente delicada. Existe a necessidade de uma coordenação entre todas as forças que podem ser incluídas num acordo pacífico e democrático naquele grande arco de território agora sujeito à intimidação Chetnik.

Um acordo democrático na região não poderia deixar de reconhecer as autoridades civis em Belgrado e Zagreb e as lideranças civis das três principais comunidades étnicas da Bósnia-Herzegóvina. Isto se faz necessário não importa quão odiosa e intolerante seja a política deles. A médio e longo prazo devemos esperar a derrota e o descrédito da política de Milosevic e Tudjman. Mas enquanto eles retiverem um mandato democrático, tentativas de derrubá-los por forças militares externas seriam extraordinariamente custosas e improdutivas. Por razões próprias, Tudjman procura neutralizar o HOS e Milosevic restringir os Chetniks. A tarefa de remover Milosevic e Tudjman cabe aos que vivem nas áreas que eles governam. Isto não isenta os que estão de fora a pressionar pelo tipo de política com apoio internacional que encorajaria e garantiria um acordo local mas deve-se ter cautela em relação à idéia de que o "liberalismo militar" do Ocidente com seu recurso à "força esmagadora" tem a resposta. A força esmagadora pode causar grande morte e destruição sem efetivamente resolver o problema.

Armar os muçulmanos?

Muitos dos que se opunham a uma intervenção militar na Bósnia mostraram-se favoráveis a que pelo menos o embargo do fornecimento de armas aos muçulmanos fosse suspenso. Isto traria enormes problemas logísticos e políticos. O governo bósnio não tem comunicações seguras com o mundo exterior e um controle precário sobre partes desajeitadas de território. As forças croatas não cooperariam porque também sofreriam com o aumento do poder de fogo dos muçulmanos bósnios. Por outro lado, se aviões da Otan se encarregassem de levar material de guerra para Sarajevo ou Tuzla, os sérvios tentariam derrubá-los. Além disso, o levantamento do embargo de armas para a Bósnia provavelmente estimularia o fornecimento de armas para sérvios e croatas. Apesar de as sanções e os embargos não serem uma política autosuficiente, e serem contraprodutivos quando têm como alvo o consumo popular, elas causam um constrangimento tão grande aos novos detentores do poder que seria tolice não utilizá-las.

Existe uma objeção adicional e decisiva à política de armar os muçulmanos: o fato de o governo não poder mais alegar que representa o país como um todo. Izetbegovic pode ser mais liberal do que Boban ou Karadzic mas ele é um muçulmano nacionalista e não pode ser apresentado como representante legítimo de sérvios e croatas bósnios. Até mesmo os muçulmanos mais seculares e os "iugoslavos" da Bósnia-Herzegóvina, tais como os influentes social-democratas de Tuzla, sempre tiveram vívidas reservas sobre Izetbegovic e o partido nacionalista confessional que ele ainda lidera. Um levantamento do embargo de armas mais provavelmente beneficiaria os muçulmanos que lutam sob a bandeira verde e não os que defendem as *fleurs de lys* da Bósnia. Quando o presidente Clinton despachou Warren Christopher para convencer os governos europeus da necessidade de suspender o embargo, ele explicou que existia um plano para implementá-lo. A Arábia Saudita tinha sido convencida a desembolsar uma soma substancial para a compra de armas enquanto vários go-vernos da Europa Oriental tinham grandes excedentes que ficariam alegres em ceder. Uma reação européia típica foi que a Bósnia já tinha viajado longe o suficiente na direção do Afeganistão sem dar este passo extra.

Apesar de todas as objeções, a estratégia de armar os bósnios poderia, na ausência de alternativas, ter alguns argumentos a favor. Há 2,5 milhões de muçulmanos bósnios. A Declaração de Washington condena essa gente a viver em campos de concentração por tempo indefinido. Embora alguns de seus proponentes não tenha percebido, a política de armar os muçulmanos na verdade admite que a Bósnia-Herzegóvina não é uma entidade viável e que a partilha é inevitável. Os defensores mais realistas do levantamento do embargo poderiam esperar que pelo menos essa partilha não fosse injusta com a comunidade muçulmana bósnia. Uma vez que a política de armar os muçulmanos seja entendida sob esta ótica, no entanto, os problemas logísticos tornam-se mais fáceis uma vez que os croatas não têm interesse em permitir que os muçulmanos reconquistem o território. Existe até uma boa razão para supor que o comando croata não deseja ver os muçulmanos levar vantagem às custas dos sérvios, já que estão engajados numa relação de troca com os sérvios, esperando retomar o controle de Krajina em troca de ceder aos sérvios seu objetivo estratégico na Bósnia. Em diversas ocasiões, os muçulmanos tentaram cortar o corredor estreito que liga os sérvios a Banja Luka, mas em cada ocasião as forças croatas ficaram felizes em ver o Armiya se exaurir buscando esse objetivo sem sua ajuda.

Pode ser que a Bósnia-Herzegóvina, como a ex-Iugoslávia, esteja simplesmente morta. Mas mesmo que isso seja verdade, algo como metade de sua ex-população precisa de um território razoável e condições mínimas para reconstruir uma existência decente. A metade à qual me refiro compreende os muçulmanos, junto com a maior parte da parentagem mestiça e aqueles com um ponto de vista amplamente secular. Eles têm direito ao menos à parcela de território oferecida a eles sob o plano Vance-Owen. Mas hoje, como no passado, o principal problema é a implementação. Onde a ONU encontrará as forças para colocar em prática os acordos alcançados?

Novos princípios para a ONU

Como vimos, as grandes potências, particularmente os Estados Unidos, estavam relutantes em fornecer forças de manutenção de paz. Washington só desejava comprometer forças que operassem a distâncias (relativamente) seguras de 20 mil pés de altura. O governo dos EUA foi impedido de comprometer forças terrestres por dois motivos. Primeiro, tropas americanas só podem lutar sob comando americano. Segundo, a doutrina militar americana não aceita facilmente as restrições impostas pelo papel de "manutenção da paz", que limita os militares a agir em autodefesa e para a implementação de acordos alcançados pelas principais partes locais em luta. Mas mesmo se descontarmos tais problemas e as relações abaladas entre Clinton e os militares, permanece o fato de que nenhuma potência ocidental se dispôs a mandar mais forças. Mesmo forças de manutenção da paz correm o risco de sofrer baixas; e quando poderiam ser retiradas?

Nas duas últimas décadas o Ocidente, notavelmente os Estados Unidos, optou em várias ocasiões por agir através de procuração, usando forças locais em vez de seus próprios homens. Foi o caso dos contras na Nicarágua, da Unita em Angola, da Renamo em Moçambique e do Khmer Rouge no Camboja. Mas em cada caso essas forças tiveram um objetivo quase que exclusivamente destrutivo, cometendo morticínios para sabotar os governos constituídos desses países. Por outro lado, a ONU recentemente assumiu algumas administrações com um objetivo diferente — construtivo. Ela supervisionou a transferência de poder na Namíbia e as recentes eleições no Camboja. O objetivo dessas administrações foi o de ajudar a fortalecer as forças democráticas locais e construir um Estado local eficaz. A Bósnia-Herzegóvina em 1992 precisava claramente de uma ajuda desse tipo; mesmo depois do desastroso ano desde a "independência", uma administração da ONU oferece a melhor esperança de supervisão de uma partilha amigável ou, se isso ainda for possível, de restauração da Bósnia-Herzegóvina.

O objetivo do novo processo de paz devia ser o fortalecimento dos elementos de uma sociedade civil democrática e multi-religiosa através da maior parte possível da ex-Bósnia-Herzegóvina, com o objetivo de preparar eleições ou um referendo sobre a forma de Estado e governo.[11] A melhor maneira de assegurar que a Força de Proteção da ONU teria poderes para cumprir esses deveres seria através do recrutamento e treinamento de uma força auxiliar local multiétnica, paga pela ONU e sob seu comando. Alguns dos efetivos das atuais forças muçulmanas, sérvias e croatas poderiam ser integrados nessas forças auxiliares, desde que se tomasse cuidado em distribuí-las em cada unidade. Não deveria ser difícil achar voluntários para tal força nas três comunidades.

Nesse contexto, vale a pena citar um relatório de Ed Vulliamy que cita um comandante muçulmano da polícia militar Bósnia em Travnik: "Não tenho respeito por nenhuma dessas pessoas — Karadzic, Boban ou mesmo o nosso Izetbegovic. Somente Tito... Esta é a minha opinião como civil. Este uniforme me foi imposto pelos que destruíram a Iugoslávia. Não estou mais lutando pela Bósnia. Estou apenas lutando pelas crianças que estão por aí, pelos velhos e fracos que não podem lutar por si mesmos... Só para poder viver no mesmo lugar, muçulmanos, croatas e sérvios, e acabar esta guerra suja e enojante".[12] Certamente vale a pena tentar descobrir se esses sentimentos são amplamente compartilhados.

Não se deve esquecer que a rápida ascensão dos partisans de Tito em 1942-43 deveu-se muito ao fato de que eram vistos como estando acima do odioso conflito étnico — sabiamente a missão militar aliada decidiu canalizar toda ajuda para eles. Na primeira instância a operação da ONU deve ser dirigida a não mais do que salvaguardar as "áreas de segurança", embora também possa tentar a implementação gradual de aspectos do plano Vance-Owen que os líderes das três comunidades aceitaram. Pressões sobre Belgrado e Zagreb poderiam forçar negociações para um acordo mais amplo a ser retomado. O estabelecimento de uma força auxiliar bósnia, núcleo de uma futura autoridade estatal, permitiria eventualmente a retirada das forças de proteção da ONU e a transferência da autoridade para autoridades eleitas em todas as comunidades. No momento atual, as forças da Unprofor estão concentradas em regiões específicas; a formação de unidades auxiliares permitiria à Unprofor negociar uma extensão da área de operação. Suas regras operacionais deveriam permitir que atacasse forças militares avulsas que violassem os acordos de paz com o objetivo de desarmá-las e dispersá-las. Uma dessas regras poderia ser que tal ação não seria empreendida até que houvesse uma esmagadora superioridade local.

A ONU precisa do núcleo de sua própria força militar independente, como o internacionalista britânico e especialista militar Tom Wintringham sugeriu logo depois que ela foi fundada.[13] Mas também precisa ser capaz de recrutar "boinas azuis" locais, que desejem lutar e morrer pela oportunidade de estabelecer instituições democráticas no país em que vivem. No caso bósnio existe a complicação especial das fronteiras contestadas. Mas persiste o fato de que Tudjman, Boban, Milosevic e Karadzic assinaram um acordo reconhecendo formalmente a existência da Bósnia-Herzegóvina. Não deve ser impossível fazê-los concordar formalmente — que qualquer partilha precisa ser sancionada por um referendo e que antes dele deveria haver a desmilitarização e o estabelecimento de comissões de paridade para acertar fronteiras regionais em comum acordo. Tal processo de paz não seria curto, mas enquanto estivesse em andamento a ONU poderia ir desenvolvendo suas próprias administrações locais que poderiam ser responsáveis pela implementação dos resultados do referendo.

Poderia parecer que a esquerda nunca deveria alinhar-se com agências internacionais ou projetos que devem ser mais ou menos instigados pelos países ricos. As principais intervenções da ONU até agora foram moldadas para atender aos interesses americanos, seja na Coréia, Congo (Zaire), Israel/Palestina ou no Golfo. Espera-se muito que a operação da ONU na Bósnia não se tome simplesmente uma extensão das estruturas da OTAN. A participação da Ucrânia, Rússia e Egito ajuda a dar um maior equilíbrio às forças de paz e, de certa maneira, a mostrar a idoneidade do controle ocidental. Mas, mesmo assim, nossa situação embaraçosa guarda semelhança com o socialismo do século XIX em sua atitude contra os poderes crescentes exercidos pelo Estado capitalista. Enquanto anarquistas e sindicalistas simplesmente rejeitavam o Estado e todas as suas obras, reformistas e colaboracionistas de classe simplesmente subordinavam os movimentos trabalhistas ao imperialismo no exterior e ao paternalismo burocrático internamente. Rosa Luxemburgo mostrou que uma política diferente podia ser construída, colocando exigências democráticas e antimilitaristas diante do Estado capitalista e lutando por objetivos universalistas de bem-estar social. Giovanni Arrighi ressaltou que hoje vivemos numa época marcada pelo surgimento de um Estado internacional, com agências transnacionais de coordenação e intervenção.[14] Uma esquerda transnacionalista precisa desenvolver o sentido de tal agência cosmopolita que seria democrática e antimilitarista e construída contra o sentido da fibra do privilégio econômico maciço que atualmente estrutura a economia mundial. Instituições internacionais, como as Nações Unidas, ou acordos, como os de Helsinque, são profundamente insatisfatórios de tal ponto de vista. Mas pelo menos operam em nível global e internacional e reivindicam representar um interesse que é menos inerentemente particularista do que o da nação-Estado. A ex-Iugoslávia, onde a busca do princípio nacionalista provocou um impasse, é uma prova de que a "internacionalidade" é, de sua própria maneira incômoda, fato tão real quanto a "nacionalidade".

Sérvia, Croácia e Bósnia-Herzegóvina estão hoje mais estreitamente entrelaçadas pelo confronto militar e pela negociação política do que jamais estiveram na velha federação. O comércio continuou em meio às hostilidades.

Os eslovenos, cujo egoísmo negligente tanto fez para esfacelar a velha federação, descobriram que precisavam de intensas trocas comerciais com a Sérvia e com a Croácia, uma vez que seu comércio com a Comunidade Européia caíra além das expectativas. De fato, a Eslovênia fez trocas comerciais com os dois beligerantes desde o início da guerra. Deve-se esperar que esse espírito pragmático possa ser aplicado a um fim mais valioso — a construção de uma federação mais livre de Estados independentes nos Bálcãs. A Comunidade Européia poderia levantar as sanções e fazer ofertas generosas de ajuda, condicionando-as a garantias de fronteiras, direitos humanos e procedimentos democráticos. Em princípio, todas as ex-repúblicas iugoslavas deveriam receber uma oferta de *status* associado à Comunidade Européia, como estágio preliminar para a plena integração. A perspectiva aqui proposta não é totalmente exorcizada por nacionalistas sérvios e croatas. Por meio dela, eles são encorajados a abandonar as ilusões absolutistas e identitárias que abraçaram recentemente. Movimentos sociais, movimentos humanitários, lutas de classes, versões atenuadas de nacionalismo, liberalismo e socialismo, movimentos pacifistas, até mesmo uma memória revivida da velha federação, tudo poderia desempenhar um papel em tal educação moral e política da consciência coletiva. Externamente, tais procedimentos podem ser encorajados, mas nunca forçados, uma vez que tudo depende dos ex-iugoslavos.

Notas

1. Slavoj Zizek, "Ethnic Danse Macabre", *The Guardian*, 22 de agosto de 1992. Enquanto Zizek é perceptivo sobre as motivações eslovenas, sua interpretação da política ocidental é questionável, uma vez que ele parece acreditar que o Ocidente sempre vinha clandestinamente apoiando Milosevic. A relutância dos governos ocidentais em mandar suas tropas contra a Sérvia significa como seria difícil e de alto custo tal campanha. É verdade que poderiam ter partrocinado sanções mais cedo e mais duras contra Belgrado. Mas também é verdade que círculos cristãos-democratas da Alemanha ofereceram encorajamento inicial a nacionalistas eslovenos e croatas e o governo alemão ofereceu o reconhecimento de suas declarações de independência, levando à decisão de reconhecimento geral da Europa em janeiro de 1992.

2. Tomando a média iugoslava como 100 per capita, o produto social da Eslovênia era 208, na Croácia 128, na Sérvia 101, em Montenegro 74, na Macedônia 64 e em Kossovo 27. Iraj Hashi, "The Desintegration of Yugoslavia", *Capital and Class*, n° 48, 1992, pp. 41-88, p. 63. Em 1989, o desemprego estava em 3,4% na Eslovênia, 8,6% na Croácia, 18,3% na Sérvia, 28,3% na Macedônia e 58,3% em Kossovo em 1989 (p. 65). Os números croatas escondem disparidades regionais, com o litoral e as regiões norte perto da Eslovênia muito mais ricas do que as da fronteira com a Sérvia ou a maior parte da Bósnia. Iraj Hashi mostra que nos anos 80 as desigualdades regionais e entre as repúblicas aumentaram.

3. Relatório de Desenvolvimento do Banco Mundial 1990, p. 108.

4. Iraj Hashi, "The Desintegration of Yugoslavia"; ver também Jasminka Udovicki, "Yugoslavia's War Without End", *Radical America*, vol. 24, n° 3, 1993.

5. Branka Magas, "The Balkanization of Yugoslavia", *New Left Review*, n° 174, março-abril de 1989, pp. 3-32.

6. Ver Misha Glenny, *The Fall of Yugoslavia*, Londres, 1992.

7. Ver Misha Glenny, "What Is To Be Done?", *New York Review of Books,* 27 de maio de 1993, pp. 14-16.

8. Leon Trotsky, *The Balkan Wars, 1912-13,* Nova York, 1991, pp. 234-35.

9. Misha Glenny, "Yugoslavia: The Revenger's Tragedy", *New York Review of Books*, 13 de agosto de 1992.

10. "Better Peaceful Separation than Enforced Tolerance", *The Independent on Sunday,* 16 de maio de 1993.

11. Mary Kaldor, "The Wars in Yugoslavia", *New Left Review*, n° 197, janeiro-fevereiro de 1993.

12. Ed Vulliamy, *The Guardian*, 14 de novembro de 1992.

13. Em seus rascunhos para um livro sobre a projetada *World Guard (*1949).

14. Ver Giovanni Arrighi, "Global inequalities", *New Left Review, n° 189, setembro-novembro de 1991.*

20

AS REPÚBLICAS DO LESTE EUROPEU

Slavoj Zizek

Por que o Ocidente está tão fascinado pelos acontecimentos recentes no Leste europeu? A resposta parece óbvia: o que fascina o Ocidente é a *reinvenção da democracia*. É como se no Leste europeu a democracia, que no Ocidente mostra indícios crescentes de decadência e crise, perdida na rotina burocrática e nas campanhas eleitorais de estilo publicitário, estivesse sendo redescoberta em todo seu frescor, como novidade. A função dessa fascinação é puramente ideológica: no Leste europeu o Ocidente busca suas origens perdidas, uma autêntica experiência de "invenção democrática". Em outras palavras, o Leste europeu funciona para o Ocidente como seu ego-ideal: o ponto de onde o Ocidente se vê de forma idealizada, digno de ser amado. O objeto real de fascinação é, portanto, a contemplação, especialmente o suposto olhar ingênuo com que o Leste europeu contempla o Ocidente, fascinado por sua democracia. É como se a contemplação do Leste pudesse ainda perceber nas sociedades ocidentais o tesouro capaz de entusiasmar-se com a democracia, cujo sabor foi há muito perdido no Ocidente.

A realidade que está surgindo no Leste europeu é, contudo, uma distorção perturbadora desse retrato idílico dos dois olhares, mutuamente fascinados. Pode ser mais bem ilustrado pelo estranho destino de uma conhecida piada soviética sobre Rabinovich, um judeu que quer emigrar. O burocrata da emigração pergunta por quê. Rabinovich responde: "Há dois motivos. O primeiro é que temo que os comunistas percam o poder na URSS e que as novas forças culpem os judeus por seus crimes...". "Mas", interrompeu o burocrata, "isso não faz sentido; os comunistas permanecerão no poder para sempre!" "Bem", respondeu calmamente Rabinovich, "este é meu segundo motivo." Em *The Sublime Object of Ideology*, publicado em 1989,[1] ainda era possível acreditar na eficácia dessa piada; mas, de acordo com as últimas informações, a principal razão citada pelos judeus para deixar a União Soviética é o primeiro motivo de Rabinovich. Eles temem, de fato, que, com a desintegração do comunismo e o surgimento de forças nacionalistas que defendem abertamente o anti-semitismo, a culpa recaia sobre eles. Por isso, hoje se pode imaginar o outro lado dessa piada, com Rabinovich respondendo assim à pergunta do burocrata: "Existem dois motivos. O primeiro é que sei que o comunismo na Rússia vai durar para sempre, nada vai realmente mudar aqui; e essa perspectiva é inaceitável para mim..." "Mas", interrompe o burocrata, "isso não faz sentido; o comunismo está se desintegrando em todo o mundo!" "Este é meu segundo motivo", responde Rabinovich.

O lado negro no processo em curso atualmente no Leste europeu é, portanto, o gradual retrocesso da tendência liberal-democrática em função do crescimento do populismo corporativo nacional, com todos os seus elementos tradicionais, como a xenofobia e o anti-semitismo. A velocidade desse processo tem surpreendido: hoje, encontramos anti-semitismo no leste da Alemanha (onde se atribui aos judeus a falta de comida e aos vietnamitas a falta de bicicletas) e na Hungria e na Romênia (onde continuam as perseguições às minorias húngaras). Mesmo na Polônia se percebem sinais de divisão do Solidariedade, com o crescimento de uma facção populista que atribui aos "intelectuais cosmopolitas" (o nome de código que o velho regime dava aos judeus) o fracasso das recentes medidas governamentais.

A Nação-Coisa

Para explicar essa mudança inesperada, temos de repensar as mais elementares noções sobre identidade nacional — e aqui a psicanálise pode ajudar. O elemento que mantém unida determinada comunidade não pode ser reduzido a uma identificação simbólica: os laços que unem seus integrantes sempre envolvem uma relação compartilhada em função da Coisa, da personificação do divertimento.[2] Essa relação com a Coisa, estruturada por meio de fantasias, está presente quando falamos em ameaças a nosso modo de vida apresentadas pelo Outro. É o que nos ameaça quando, por exemplo, um inglês entra em pânico por causa da presença de estrangeiros. O que ele quer defender a qualquer preço não pode ser reduzido à estrutura de valores que sustentam sua identidade nacional. A identidade nacional é por definição apoiada na relação com a Nação enquanto Coisa. Essa Nação-Coisa é determinada por uma série de propriedades contraditórias. Parece-nos "nossa Coisa" (talvez pudéssemos dizer *cosa nostra*), como algo que fosse acessível somente a nós, como algo que "eles", os outros, não podem alcançar, mas que apesar disso é constantemente ameaçado por "eles". É como se fosse o que dá vivacidade e plenitude a nossas vidas, e a única maneira de determiná-la é recorrendo a versões diferentes de uma tautologia vazia: tudo o que podemos dizer sobre ela, afinal, é que a Coisa é "a Coisa real", "aquilo de que realmente se trata", e assim por diante. Se perguntarmos como podemos reconhecer a presença dessa Coisa, a única resposta consistente é a Coisa é apresentada como essa entidade chamada "nosso modo de vida". Tudo o que podemos fazer é enumerar fragmentos desconectados do modo como nossa comunidade organiza suas festas, seus rituais, suas cerimônias de iniciação — em resumo, todos os detalhes pelos quais se torna visível o modo como uma comunidade *organiza o seu divertimento*. Embora a primeira, por assim dizer, automática, associação que surge aqui seja naturalmente o reacionário e sentimental *Blut und Boden*, não se deve esquecer que essa referência a "modo de vida" pode ter também uma conotação "esquerdista", diferente. Observem-se os ensaios de George Orwell, durante os anos da guerra, em que tentava definir os contornos de um patriotismo inglês que se opunha ao oficial, à versão imperialista dele: seus pontos de referência são precisamente aqueles detalhes do "modo de vida" que caracterizam a classe trabalhadora (os encontros de fim de tarde no *pub* local, e assim por diante).[3]

Essa existência paradoxal de uma entidade que "é" somente na medida em que os sujeitos acreditam em sua existência, é o modo de se manter adequado às Causas ideológicas: a ordem "normal" de causalidade é invertida, já que é a Causa em si que é produzida por seus efeitos (as práticas ideológicas que ela contém). Contudo, é precisamente nesse ponto que a diferença que separa Lacan do "idealismo discursivo" surge com mais força: Lacan está longe de reduzir a Causa (nacional ou qualquer outra) a um efeito de práticas discursivas que a ela se referem. O efeito puramente discursivo não tem "substância" suficiente para exercer a devida atração para a Causa; e o termo lacaniano para a estranha "substância" que precisa ser adicionada de modo que a Causa obtenha sua consistência positiva ontológica — a única "substância" admitida pela psicanálise —, é, naturalmente, o *divertimento* (como Lacan afirma explicitamente em seu *Le Séminaire XX — Encore*). Uma nação existe enquanto seu divertimento específico continuar materializando-se em certas práticas sociais e for transmitido aos mitos nacionais que estruturam essas práticas. Para enfatizar, de forma "desconstrutivista", que a Nação não é um fato biológico ou trans-histórico, mas uma construção discursiva contingente, um determinado resultado de algumas práticas textuais, é desvirtuadora, portanto. Ela sobrepõe o papel de algo que lembra um divertimento que deve ser apresentado à Nação para que ela conquiste sua consistência ontológica.[4]

Mas seria errôneo reduzir a Coisa nacional aos itens que compõem seu "modo de vida" específico. A Coisa não é simplesmente uma coleção desses itens, existe "algo mais", algo que está *presente* nesses itens, que *aparece* através deles. Membros de uma comunidade que compartilham um determinado "modo de vida" *acreditam em sua Coisa*, e essa crença tem uma estrutura de reflexão adequada ao espaço intersubjetivo: "Eu acredito na Coisa (nacional)" é igual a "Eu acredito que outros (membros de minha comunidade) acreditam na Coisa." O caráter tautológico da Coisa fundamenta-se precisamente nessa estrutura reflexiva paradoxal. A Coisa nacional existe enquanto os membros da comunidade acreditarem nisso; é literalmente o efeito dessa crença em si. A estrutura aqui é a mesma do Espírito Santo no cristianismo. O Espírito Santo *é* a comunidade de crentes na vida de Cristo após sua morte: acreditar Nele é acreditar na crença em si — acreditar que não estou sozinho, que sou membro de uma comunidade de crentes. Não preciso de nenhuma prova externa ou confirmação de que minha crença é verdade: pelo simples fato de acreditar na crença de outros, o Espírito Santo está aqui. Em outras palavras, o significado da Coisa consiste no fato de que "significa algo" para as pessoas.

O roubo do divertimento

O nacionalismo apresenta um domínio privilegiado para o surgimento do divertimento no campo social. A Causa nacional é, em última instância, nada mais do que o modo como determinada comunidade étnica organiza seu divertimento através dos mitos nacionais. O que está em jogo nas tensões étnicas, portanto, é a posse da Coisa nacional. Nós sempre atribuímos ao Outro um divertimento excessivo; ela ou ele querem roubar nosso divertimento (arruinando nosso modo de vida) e/ou têm acesso a algum divertimento secreto, perverso. Em síntese, o que realmente nos incomoda no Outro é seu modo peculiar de organizar seu divertimento: o que vem a mais, precisamente, o "excesso" que ele contém — o cheiro de sua comida, o barulho de suas músicas e suas danças, sua maneiras estranhas, sua atitude para com o trabalho (na perspectiva racista, o Outro tanto pode ser um viciado em trabalho que rouba nossos empregos ou um preguiçoso que vive de nosso trabalho; é bastante divertido notar a facilidade com que um passa da reprovação porque o outro recusa-se a trabalhar à reprovação porque rouba o trabalho). O paradoxo básico é que nossa Coisa é concebida como algo inacessível ao Outro e, ao mesmo tempo, ameaçada por ele. Esse é o caso da castração que, de acordo com Freud, é vivenciada como algo que não pode de fato acontecer, mas que assim mesmo deixa todos assustados, enquanto uma possibilidade. O terreno da incompatibilidade entre diferentes posições do sujeito étnico não é apenas a estrutura diferente de suas identificações simbólicas. O que resiste categoricamente à universalização é a estrutura particular de seu relacionamento com o divertimento:

> Por que o Outro permanece Outro? Qual é a causa de nosso ódio por ele, de nosso ódio ao simples fato de ele existir? É o ódio ao divertimento no Outro. Esta poderia ser a mais generalizada fórmula do moderno racismo que vemos hoje: o ódio à maneira particular de o Outro divertir-se... A questão da tolerância ou intolerância não diz respeito ao sujeito da ciência e seus direitos humanos. Está situada no nível da tolerância ou intolerância em relação ao divertimento do Outro, o Outro que essencialmente rouba meu próprio divertimento. Sabemos, naturalmente, que a condição fundamental do objeto é ser sempre agarrado pelo Outro. O problema é aparentemente insolúvel já que o Outro é o Outro dentro de mim. A raiz do racismo é, portanto, o ódio a meu próprio divertimento. Não há outro divertimento que não o meu próprio. Se o Outro está em mim, então o ódio também é meu.[5]

O que escondemos ao atribuir ao outro o roubo do divertimento é o traumático fato de que *nós nunca possuímos o que supostamente foi roubado de nós*: a falta ("castração") é original; o divertimento constitui em si próprio um roubo ou, para parafrasear a formulação precisa de Hegel em seu *Science of logic*, "só se torna algo ao ser deixado para trás".[6] A Iugoslávia hoje é objeto de estudo desse paradoxo, em que somos testemunhas de uma detalhada rede de "decantações" e "roubos" de divertimento. Cada nacionalidade construiu sua própria mitologia narrando como outras nações usurparam uma parte vital de seu divertimento, a parte que lhes permitiria viver plenamente. Se lermos todas essas mitologias juntas, obteremos o bem conhecido paradoxo visual de Escher: uma rede de bacias em que, seguindo o princípio do *perpetuum mobile*, a água cai de uma bacia na outra até que o circuito seja fechado, de modo que, movendo todo o sistema, nos encontremos novamente no ponto de partida. Essas fantasias são estruturadas de forma complementar, simétrica. Os eslovenos estão sendo desprovidos de seu divertimento pelos "sulistas" (sérvios e bósnios) devido à sua proverbial preguiça, à corrupção balcânica, a seu sujo e barulhento divertimento e porque querem apoio econômico, roubando aos eslovenos o que eles acumularam e que constitui sua preciosidade, que permitiria à Eslovênia integrar a Europa ocidental. Os eslovenos, por sua vez, acreditam ser natural roubar aos sérvios devido à sua dureza e ao seu calculismo. Em vez de se contentarem com uma vida de prazeres simples, os eslovenos, perversamente, gostam de encontrar modos de tirar dos sérvios o produto de seu trabalho, através de lucros comerciais, revendendo o que eles compram barato na Sérvia. Os eslovenos temem que os sérvios os "inundem" e então percam sua identidade nacional. Os sérvios reprovam nos eslovenos seu "separatismo", o que significa simplesmente que os eslovenos não estão preparados para reconhecer a si próprios enquanto subespécies dos sérvios. Para marcar sua diferença em relação aos "sulistas", a recente historiografia popular eslovena tem, de forma obsessiva, afirmado que os eslovenos não são exatamente eslavos, mas de origem etrusca. Os sérvios, por sua vez, fazem tudo para provar como a Sérvia foi vítima de uma "conspiração Vaticano—Comintern": sua idéia fixa é que existe um plano secreto a unir católicos e comunistas para destruir os sérvios. A premissa básica dos dois lados é naturalmente: "Não queremos nada estrangeiro; só queremos o que de direito nos pertence". Em ambos os casos, a raiz dessas fantasias é claramente o ódio ao divertimento do outro. Os eslovenos, por exemplo, reprimem seu próprio divertimento com uma atividade obsessiva, e é esse mesmo divertimento que volta na figura dos sujos e malandros "sulistas".[7]

Essa lógica, contudo, está longe de limitar-se ao passado dos Bálcãs. O "roubo do divertimento" ou — para usar o termo lacaniano — a castração imaginária, é uma noção extremamente útil para analisar o atual processo ideológico e pode ser exemplificado por um típico aspecto da ideologia norte-americana dos anos 80: sua obsessão com a idéia de que ainda podem existir prisioneiros de guerra no Vietnã, levando uma vida miserável, esquecidos por seu próprio país. Essa obsessão está relacionada a uma série de aventuras de super-homens solitários que realizam sozinhos fantásticas missões de resgate (*Rambo II: missing in action*). O cenário de fantasia utilizado é sempre muito interessante. É como se lá, na distante floresta vietnamita, os Estados Unidos tivessem perdido parte de si mesmos, tivessem sido privados de um elemento essencial de sua vida, a essência da potência; e como se a última causa do declínio e da impotência pós-Vietnã, os anos Carter, também lhes tivesse sido roubada, uma parte que se tornou integrante da reafirmação da superpotência norte-americana durante os anos Reagan.[8]

Antagonismo e divertimento

O que aciona essa lógica do "roubo do divertimento" não é naturalmente a realidade social imediata — a realidade de diferentes comunidades étnicas vivendo juntas —, *o mas um antagonismo inerente a essas comunidades*. É possível ter uma multidão de comunidades étnicas vivendo lado a lado sem tensões raciais (como hoje na Califórnia). Por outro lado, não é preciso muitos judeus "reais" para imputar-lhes algum misterioso divertimento que nos ameaça (é bem sabido que na Alemanha nazista o anti-semitismo era mais feroz nas regiões em que quase não havia judeus; como hoje na antiga Alemanha Oriental os *skinheads* são muito mais numerosos do que os judeus, na proporção de 10 para 1). Nossa percepção do judeu "real" é sempre mediada pela estrutura simbólico-ideológica que tenta lidar com um antagonismo social: o real "segredo" do judeu é nosso próprio antagonismo. Atualmente nos EUA, por exemplo, um papel semelhante ao que já foi desempenhado pelo judeu é o do japonês. Há obsessão na mídia norte-americana pela idéia de que o japonês não sabe se divertir. As razões da crescente superioridade econômica japonesa em relação aos Estados Unidos estão localizadas no misterioso fato de que os japoneses não consomem o suficiente, que acumulam muita riqueza. Se olharmos mais de perto para a lógica dessa acusação, fica claro que o que a ideologia "espontânea" dos EUA realmente reprova nos japoneses não é simplesmente sua inabilidade em se divertir, mas a relação distorcida que para eles têm trabalho e divertimento. *Como se eles encontrassem divertimento em sua excessiva renúncia ao prazer*, em seu zelo, em sua falta de habilidade para "deixar rolar", para relaxar e aproveitar; e essa atitude é percebida como uma ameaça à supremacia dos EUA. Por isso a mídia norte-americana mostra, com evidente alívio, como os japoneses estão aprendendo a consumir, e a televisão divulga imagens de turistas japoneses olhando espantados para as maravilhas da indústria da diversão nos EUA: finalmente estão se tornando "como nós", aprendendo como se divertir. É fácil dizer que esse problema é uma simples transposição, um desvio ideológico, dos verdadeiros antagonismos sócioeconômicos do capitalismo atual. O problema é que, enquanto isso é indiscutivelmente verdadeiro, é *exatamente desse desvio que o desejo é constituído*. Quando transpomos a percepção dos antagonismos sociais inerentes a esse fascínio pelo outro (judeu, japonês), o que obtemos é a fantasia organizada do desejo. A tese de Lacan sobre o divertimento é, em última instância, sempre o divertimento do Outro — suposto divertimento, imputado ao Outro —, e que inversamente o que se odeia no divertimento do Outro é sempre o que se odeia em nosso próprio divertimento, perfeitamente explicado conforme essa lógica do "roubo do divertimento". O que são as fantasias sobre o que o outro pode ter de especial, de excesso de divertimento — sobre a potência sexual ou o apetite sexual superior dos negros, sobre a relação especial que judeus e japoneses teriam com o trabalho e o dinheiro —, senão várias *maneiras de organizarmos nosso divertimento*? Não obtemos satisfação através da suposição de que o outro se diverte de uma maneira inacessível para nós? A razão por que o divertimento do outro exerce uma fascinação tão grande para nós não é o fato de que ele representa nossa própria relação com a diversão? O ódio que o capitalismo tem ao judeu não é o ódio a algo que lhe é essencial? Por essa razão, não é suficiente ver que o outro representa uma ameaça a nossa identidade. Precisamos inverter a posição: a fascinante imagem do outro personifica nossa divisão interna e evita que alcancemos nossa completa identidade. *O ódio ao Outro é o ódio a nosso próprio excesso de divertimento.*

Como o real "volta a seu lugar"

A Coisa nacional funciona então como uma espécie de "absoluto particular" *que resiste à universalização*. Por essa razão, o surgimento da Coisa nacional com toda a sua violência sempre surpreendeu os adeptos da solidariedade internacional. Talvez o caso mais notável de colapso desastroso da solidariedade internacional tenha ocorrido em função da euforia "patriótica" na Primeira Guerra Mundial. Hoje é difícil imaginar o choque que foi para os líderes de todas as correntes da social-democracia e do socialismo, de Eduard Bernstein a Lênin, quando os partidos social-democratas de todos os países (com exceção dos bolcheviques russos e dos sérvios) se manifestaram chauvinistamente e permaneceram "patrioticamente" ao lado de "seus" governos, deixando para trás a proclamada solidariedade internacional da classe operária. O choque, a fascinação dos que não detinham poder, sentida por seus participantes, chega perto da realidade do divertimento. Isto é, o paradoxo básico é que esses repentes chauvinistas não eram esperados. Anos antes do início da guerra, a social-democracia chamou atenção dos trabalhadores para o fato de que as forças do imperialismo estavam preparando uma nova guerra mundial e advertiram contra o chauvinismo patriótico. Mesmo quando as hostilidades começaram, nos dias que se seguiram ao assassinato de Sarajevo, os social-democratas alemães alertaram os trabalhadores de que a classe dominante usaria o assassinato como desculpa para declarar guerra. Além disso, a Internacional Socialista adotou uma resolução formal obrigando todos os seus integrantes a votar contra os créditos para a guerra. Quando a luta efetivamente começou, a solidariedade internacional desapareceu inteiramente. Há uma história que mostra como essa guinada pegou Lênin de surpresa: quando viu um jornal diário da social-democracia alemã anunciando na primeira página o voto favorável dos deputados social-democratas a favor de recursos para a guerra, inicialmente se convenceu de que aquele número da publicação havia sido produzido pela polícia alemã para desviar a atenção dos trabalhadores.

O mesmo acontece hoje no Leste europeu. A pressuposição era de que o que tinha permanecido reprimido por lá, o que viria à tona assim que o totalitarismo fosse removido, seria o desejo de uma democracia em todas as suas formas, do pluralismo político ao florescimento da economia de mercado. O que se está vendo, ao contrário, são conflitos étnicos, baseados em diferentes "ladrões de divertimento": como se, sob a superfície comunista, existisse uma enorme quantidade de fantasias patológicas à espera do momento certo para emergir — uma perfeita exemplificação da noção lacaniana de comunicação, em que o que fala recebe de volta de seu interlocutor sua própria mensagem em sua verdadeira e invertida forma. A emergência de Causas étnicas rompe com a fórmula mágica narcísica do reconhecimento complacente pelo Ocidente de seus próprios valores no Leste: os europeus do Leste estão devolvendo ao Ocidente a verdade reprimida de seu desejo democrático. E o que podemos ver é o que resta do fascínio dos intelectuais críticos de esquerda quando têm de enfrentar o surgimento do divertimento nacional. Eles relutam, naturalmente, em abrir totalmente a Causa nacional; tentam, desesperadamente, manter alguma distância disso. Essa distância, contudo, é falsa: uma rejeição do fato de que seu desejo já está subentendido.

Longe de ser produzida por um rompimento radical no Leste europeu, uma adesão obsessiva à Causa nacional é precisamente o que permanece igual nesse processo — o que, por exemplo, Ceausescu e os radicais nacionalistas de direita em ascensão na Romênia têm em comum. Aqui encontramos o Real, o que sempre volta ao seu lugar (Lacan), o que permanece imutável em meio às mudanças radicais na identidade simbólica da sociedade. É errado, portanto, imaginar a ascensão do nacionalismo como um tipo de reação à suposta traição dos comunistas às raízes nacionais: a idéia habitual de que, como o poder comunista aboliu a tradicional estrutura da sociedade, a única coisa que resta é apoiar-se na identidade nacional. Foi justamente o poder comunista que produziu essa ligação compulsiva com a Causa nacional, laço que se tornou mais poderoso do que a mais totalitária das estruturas de poder. Os casos mais extremos são encontrados na Romênia de Ceausescu, no Camboja sob o Khmer Vermelho, na Coréia do Norte e na Albânia.[9] A Causa étnica é, portanto, o que permanece após a desintegração da estrutura ideológica comunista. Podemos detectar isso no modo como a figura do inimigo é construída hoje na Romênia: o comunista é tratado como algo estrangeiro, um intruso que envenenou e corrompeu o corpo são da nação, como algo que não poderia mesmo ter origem nas suas próprias tradições étnicas e portanto deve ser eliminado para que a sanidade nacional ressurja. A conotação anti-semita é aqui indiscutível: na União Soviética, a organização nacionalista russa Pamyat gosta de enumerar os judeus que havia no Politburo de Lênin, de modo a provar seu caráter não-russo. Um passatempo popular no Leste europeu é não mais simplesmente pôr a culpa nos comunistas, mas indagar "quem estava por trás dos comunistas" (judeus, para os russos e romenos; croatas e eslovenos, para os sérvios, e assim por diante). Essa construção do inimigo reproduz o modo como o inimigo era construído no final dos regimes comunistas nacionalistas e totalitários: o que se obtém, uma vez derrubada a forma simbólica do comunismo, é a relação com a Causa étnica.

Dominando o excesso

Então por que esse desapontamento inesperado? Por que o nacionalismo autoritário esconde o pluralismo democrático? Por que a obsessão chauvinista pelo "ladrão do divertimento", em vez de uma abertura à diversidade étnica? Porque, a esta altura, se mostra equivocada a análise padrão que a esquerda faz das causas das tensões étnicas dos países de "socialismo real". Sua tese era que as tensões étnicas eram instigadas e manipuladas pela burocracia do partido no poder, como forma de nele permanecer. Na Romênia, por exemplo, a obsessão nacionalista, o sonho da grande Romênia, a assimilação forçada dos húngaros e de outras minorias, criou uma tensão constante que legitimava a permanência de Ceausescu no poder. Na Iugoslávia, as tensões crescentes entre sérvios e albaneses, croatas e sérvios, eslovenos e sérvios, e assim por diante, mostravam como burocracias locais corruptas podiam prolongar-se no poder apresentando-se como as únicas defensoras dos interesses nacionais. Essa hipótese foi refutada de modo espetacular pelos recentes acontecimentos: uma vez acabado o reinado do poder comunista, as tensões étnicas emergiram com mais força ainda. Então por que essa ligação com a Causa étnica persiste mesmo depois que a estrutura de poder que a produziu entrou em colapso? Aqui é preciso combinar a clássica teoria marxista do capitalismo com a psicanálise lacaniana. A questão elementar do capitalismo está em sua falta de equilíbrio estrutural, seu caráter antagonista: as crises constantes e a incessante reformulação de suas condições de existência. O capitalismo não tem um estado normal, equilibrado; seu estado normal é a permanente produção de um excedente — a única forma para sobreviver é expandir-se. O capitalismo é, portanto, vítima de um círculo vicioso que já havia sido claramente elucidado por Marx: ele produz mais do que qualquer outra estrutura socioeconômica para satisfazer suas necessidades, mas o resultado é a criação de novas necessidades para serem satisfeitas; quanto mais riqueza ele cria, maior a necessidade de criar ainda mais riqueza. Com isso fica claro por que Lacan designou o capitalismo como o reino do "discurso histérico": o círculo vicioso do desejo, cuja aparente satisfação só aumenta o tamanho de sua insatisfação; o que define a histeria. Existe, efetivamente, um tipo de semelhança entre o capitalismo e a noção freudiana de superego. O paradoxo básico do superego também diz respeito a certo desequilíbrio estrutural; quanto mais se obedece a seu comando, mais nos sentimos culpados; então a renúncia só gera a necessidade de mais renúncia, mais culpa — como no capitalismo, onde o crescimento da produção para preencher uma necessidade só aumenta a necessidade.

É novamente desse quadro que precisamos para compreender o que Lacan chama (discurso do) Mestre: seu papel é precisamente introduzir o equilíbrio, regular o excesso. As sociedades pré-capitalistas ainda são capazes de dominar seu desequilíbrio estrutural próprio do superego na medida em que seu discurso dominante era o do Mestre. Em suas últimas palavras, Michel Foucault mostrou como o antigo Mestre personificava a ética da "justa medida": toda a tradição da ética pré-capitalista tinha o objetivo de evitar que o excesso próprio da economia explodisse. Com o capitalismo, contudo, essa função do Mestre foi suspensa, e o círculo vicioso do supergo cresceu livremente.

Deve ter ficado claro agora de onde vem a tentação corporativa, isto é, por que a tentação é necessária. Vamos tomar a estrutura ideológica do corporativismo fascista: o sonho fascista é simplesmente ter do capitalismo seus "excessos", sem o antagonismo que causa seu desequilíbrio estrutural. É por isso que temos no fascismo, de um lado, a volta da figura do Mestre — o Líder — que garante a estabilidade e o equilíbrio da estrutura social, que mais uma vez nos salva do desequilíbrio estrutural da sociedade; e, de outro, o motivo desse desequilíbrio é projetado na figura do judeu, cuja acumulação e avareza excessivas provocam o antagonismo social. Portanto, já que o excesso foi trazido de fora — um estrangeiro intruso —, sonho é que sua eliminação permita recuperarmos a estabilidade social que forma um corpo corporativo harmônico onde, em contraste com o constante deslocamento social produzido pelo capitalismo, todo mundo possa de novo ocupar seu próprio lugar. A função do Mestre é dominar o excesso ao localizar sua causa em um agente social claramente determinado: "São eles que roubam nosso divertimento, que, por sua atitude excessiva, introduzem o desequilíbrio e o antagonismo". Com a figura do mestre, o antagonismo inerente à estrutura social é transformado em uma relação de poder, na luta pela dominação entre *nós* e *eles*, a causa do desequilíbrio.

Capitalismo sem capitalismo

Talvez essa matriz nos ajude a entender o ressurgimento do chauvinismo no Leste europeu como um tipo de atenuador do choque gerado pela repetida exposição à abertura e aos desequilíbrios do capitalismo. É como se, no momento em que se rompe a corrente que impedia o livre desenvolvimento do capitalismo — a produção desregulada do excesso — surgisse a necessidade de um novo Mestre para contê-lo. A demanda é pela criação de um corpo social estável e claramente definido que contenha o potencial destrutivo do capitalismo, cortando seu elemento excessivo; e, como esse corpo é concebido como uma Nação, a causa do desequilíbrio naturalmente assume a forma do inimigo nacional.

Quando a oposição democrática ainda estava lutando contra o poder comunista, uniu sob o signo da sociedade civil todos os elementos antitotalitários, da Igreja aos intelectuais de esquerda.

No âmbito da experiência unitária dessa luta, um fato crucial passou despercebido: as mesmas palavras usadas por todos os participantes referem-se a duas linguagens totalmente diferentes, a dois mundos diferentes. Agora que a oposição ganhou, essa vitória assume necessariamente a forma de uma divisão: a entusiasmada solidariedade para lutar contra o poder comunista perdeu o seu potencial mobilizador; a distância que separa os dois universos políticos não pode ser mais ignorada, portanto. Essa divisão é, naturalmente, a da bem conhecida dupla *Gemeinschaft/Gesellschaft*: a sociedade tradicional e organicamente estruturada *versus* a sociedade alienada que dissolve todos os laços orgânicos. O problema do populismo nacionalista do Leste europeu é que ele percebia o comunismo como uma ameaça, do ponto de vista da *Gemeninschaft* — como um corpo estranho que corroía a textura orgânica da comunidade nacional. Em sua oposição moralista, a maioria nacionalista-populista sem querer prolonga o regime comunista. O desejo por trás dessa sintomática substituição do comunismo pelo capitalismo é o desejo do capitalismo-*cum-Gemeinschaft*: o desejo do capitalismo sem a alienação da sociedade civil, sem as relações formais e externas entre os indivíduos. As fantasias sobre o "roubo do divertimento", o ressurgimento do anti-semitismo, e assim por diante, é o preço a ser pago por esse desejo impossível.

Paradoxalmente, podemos dizer que neste momento o Leste europeu precisa de mais alienação: da criação de um Estado alienado que mantivesse sua distância da sociedade civil, que fosse formal e vazio, não assumindo nenhum sonho, de nenhuma comunidade étnica em particular (preservando portanto o espaço para todas elas). De outro modo, a visão desenhada por Margaret Atwood em seu *The Handmaid's Taile*, a visão de um futuro próximo como o da República de Gilead, onde impera a maioria fundamentalista, estaria mais próxima de se tornar realidade no Leste europeu do que mesmo nos Estados Unidos.

Notas

1. Este ensaio é uma versão revisada de um trabalho apresentado no colóquio "Ideologia e psicanálise", na Universidade da Califórnia, San Diego, em

28 de abril de 1990. O autor agradece a Perry Anderson, Frederic Jameson, Peter Wollen e Robin Blackburn suas preciosas sugestões.

2. Slavoj Zizek, *The Sublime Object of Ideology*, Verso, Londres, 1989, pp. 175-76.

3. Para maiores detalhes sobre a noção da Coisa, ver Jacques Lacan, *Le Séminaire VII — L'étique de la psychoanalyse*, Paris, 1986. Note-se aqui que divertimento não corresponde exatamente a prazer: divertimento é precisamente "prazer na falta de prazer"; designa essa paradoxal satisfação buscada em um doloroso encontro com a Coisa que perturba o equilíbrio do "princípio do prazer". Em outras palavras, divertimento está situado "além do princípio do prazer".

4. O modo como esse fragmentos subsistem e superam as barreiras étnicas pode ser algumas vezes bastante interessante: por exemplo, quando um jornalista perguntou a Robert Mugabe qual era o mais precioso legado do colonialismo britânico para o Zimbábue, este respondeu sem hesitar: o críquete, um jogo em que os gestos, estabelecidos por uma tradição não-escrita (o modo de atirar a bola, por exemplo) parecem grotescamente "disfuncionais".

5. O fato de que um sujeito exista totalmente através do divertimento — o que é a coincidência final de existência com divertimento — foi tratado por Lacan em seus primeiros seminários em função da condição ambígua e traumática da existência: "Por definição, existe algo tão improvável em relação à toda existência que a pessoa está de fato perpetuamente se questionando sobre sua realidade" (*The Seminars of Jacques Lacan, Book II*, Cambridge, 1988, p. 226). Essa proposição torna-se muito mais clara se apenas substituirmos "existência" por "divertimento", ficando: "Por definição, existe algo tão improvável em relação a todo divertimento que a pessoa está de fato perpetuamente se questionando sobre a sua realidade". O posição subjetiva fundamental de um histérico consiste precisamente nesse questionamento sobre a existência enquanto divertimento, enquanto o pervertido sádico evita esse questionamento transpondo a "dor da existência" para o outro (sua vítima).

6. Jacques-Alain Miller, "Extimité", palestra não-publicada, Paris, 27 de novembro de 1985.

7. G.W. G. Hegel, *The Science of Logic*, Oxford, 1975, p. 402.

8. O mecanismo em operação aqui é naturalmente o de paranóia. Em seu nível mais elementar, paranóia consiste na externalização da função da castração, aparecendo como "ladrão do divertimento". Assumindo os riscos de uma generalização sobre o Em-Nome-do-Pai (a estrutura elementar da paranóia, segundo Lacan), poderíamos talvez sustentar a tese de que a paranóia da Europa do Leste surge justamente do fato de que os países do Leste europeu ainda não estão verdadeiramente constituídos enquanto "Estados autênticos"; é como se a fracassada autoridade simbólica do Estado "voltasse a ser realidade" na figura do Outro, o "ladrão do divertimento".

9. Essa idéia foi extraída de um texto de William Warner "Spectacular Action: Rambo, Reaganism, and the Cultural Articulation of the Hero", apresentado no colóquio "Psychoanalysis, Politics and the Image", na New York

State University, Buffalo, em 8 de novembro de 1989. Nesse aspecto, *Rambo II* é muito inferior a *Rambo I*, que consegue uma rearticulação ideológica extremamente interessante: condena na mesma pessoa a imagem "esquerdista" de um *hippie* solitário ameaçado pelo clima de uma pequena cidade, personalizado na figura de um xerife cruel, e o "direitista", como um aventureiro solitário que toma a lei em suas próprias mãos e deixa de lado a máquina burocrática corrupta. Essa condensação implica, naturalmente, a hegemonia da *segunda* figura, de modo que *Rambo I* era bem-sucedido ao incluir na articulação do direitista um do pontos cruciais do imaginário político "esquerdista" dos EUA.